한·중·일 자유무역구 문제연구

초판 1쇄   인쇄 2018년 1월 15일
초판 1쇄   발행 2018년 1월 16일
지 은 이   장빈(張彬) · 류천양(劉晨陽)
옮 긴 이   김승일 · 이인선
발 행 인   김승일
디 자 인   조경미
펴 낸 곳   경지출판사
출판등록   제2015-000026호

판매 및 공급처   도서출판 징검다리
주소 경기도 파주시 산남로 85-8
Tel : 031-957-3890~1 Fax : 031-957-3889 e-mail : zinggumdari@hanmail.net

ISBN 979-11-88783-08-3 93340

한·중·일
자유무역구
문제연구

장빈(張彬)·류천양(劉晨陽) 지음 | 김승일·이인선 옮김

경지출판사

CONTENTS

머리말

●————————●

　최근 몇 년간 국제 지역경제의 통합 붐이 세계를 휩쓸었다. 동아시아의 경제발전이 좋은 성적을 냈지만 역내 경제통합 방면에서 아시아의 진전이 유럽과 아메리카에 훨씬 뒤처졌으며, 특히 유럽의 진전이 매우 빨랐다.

　중국, 일본, 한국은 세계적으로 중요한 경제체로 2012년 3국의 GDP 합계가 15조 3,000억 달러에 달해 그 해 세계 GDP의 20%를 차지했다. 3국은 또한 세계 무역대국이기도 한데 2012년 수출입 총액이 세계무역에서 차지하는 비중이 20%가까이 되었다 일본은 선진국으로 자금, 기술방면의 강점이 있고, 한국은 신흥공업화 국가로 역시 일정한 자금, 기술방면에서의 강점이 있다. 그러나 중국은 일본, 한국과 달리 자원대국으로서 노동력과 시장 방면에서 거대한 강점을 가지고 있다. 이런 경제구조는 3국간에 매우 큰 의존관계가 존재하도록 했다. 중국, 일본, 한국은 동아시아의 가까운 이웃일 뿐만 아니라 무역과 투자방면에서도 매우 강한 의존성을 가지고 있다.

　그렇기 때문에 경제통합 협정을 통해 서로간의 경제무역관계를 심화시키는 것은 3국 공동의 바람이다. 2009년 10월 10일 베이징에서 열린 제2차 한·중·일 정상회의에서 3국의 지도자는 이미 완성된 3국의 실행가능성 합동 연구보고를 바탕으로 한·중·일 자유무역지대 정부·산업계·학계 합동연구를 가동하기로 만장일치로 합의했다. 2010년 5월 제3차 한·중·일 정상회의에서 3국은 각 분야에서 협력하기로 공통인식을 같이 하였으며, 2012년에 한·중·일 자유무역지대 정부 산업계 학계의 합동연구를 완성했다.

2013년 3월 26일 한·중·일 자유무역지대 담판이 정식으로 가동되었으며, 건립될 경우 한·중·일 FTA는 아시아태평양지역에서 가장 중요하고 가장 영향력 있는 자유무역협정의 하나로 될 것이다. 2011년 난카이(南開)대학 APEC 연구센터가 제출한 연구 프로젝트 「한·중·일 자유무역지대 문제연구」가 교육부 인문사회과학 중점연구기지 중대프로젝트(프로젝트 번호: 10JJDGJW001)로써 비준을 받았다. 우한(武漢)대학 장빈(張彬) 교수의 주도하에 연구팀은 2년간의 노력을 거쳐 프로젝트 연구를 완성했다.

이 사이에 시리즈로 연구논문을 발표하여 중국 지도자가 APEC 회의에 참석하는데 필요한자문할 수 있는 연구보고를 제공했으며, 중국 외교부, 상무부의 인정을 받고 연구성과 증서를 발급 받았다. 그렇기 때문에 나는 이 프로젝트의 최종 성과인 『한·중·일 자유무역지대 문제연구』 저작의 출판이 시기적절하고 도움이 된다고 생각한다.

이 저작은 모두 6장으로 구성되었다. 이 저작은 아래와 같은 몇 개의 뚜렷한 특점을 가지고 있다.

첫째, 이 책은 한·중·일 자유무역지대의 국제와 지역 환경, 기본 조건을 심도 있게 분석했고, 중 일 한 자유무역지대 건설의 객관적 현실을 분명하고 상세하게 논술하여 독자들로 하여금 한·중·일 자유무역지대 건설의 정치 경제 배경을 전면적으로 이해할 수 있도록 했다.

둘째, 이 책은 FTA의 화물무역 자유화, 투자 효과, 서비스무역 자유화, 무역편리화 협력의 기본 이론을 체계적으로 상세하게 논술하였는데, 이는 한·중·일 자유무역지대 건설의 현실조건, 경제적 영향, 존재하는 장애 등의 전면적인 고찰에 분석의 강도와 연구의 깊이를 증가시켜주었다.

셋째, 책은 한·중·일 자유무역지대 건설의 중요한 분야를 체계적으로 심도 있게 분석했는데 여기에는 화물무역 자유화, 투자자유화, 서비스무역 자유화, 무역편리화 협력 등이 포함된다. 이는 한·중·일 3국이 이미 달성한 자유화수준과 미래의 개방 압력을 비교하고 한·중·일 FTA가 건설된 후의 자유화 경제효과를 전망하고 독창적인 견해를 밝혔다.

넷째, 이 책은 한·중·일 FTA 건설에 영향을 미치는 많은 요소를 결합시켜 한·중·일 FTA를 추진하는 종합적인 전략, FTA 틀 안의 난제 처리, 구체적 분야의 협력 전망 등을 일일이 분석하였으며, 제기한 대책의 사고맥락은 한·중·일 FTA 진행과정에 중요한 참고적 가치가 있다. 종합적으로 이 책은 구조가 완정하고 자료가 상세하고 확실하며, 논거가 충분하고 논술이 체계적이고 전면적이며, 분석도 심도가 있고 창의적이다. 나는 이 책이 국내에서 공개적으로 출판된, 한·중·일 자유무역지대 연구에서 처음으로 체계적이고 구체적인 학술적 가치가 있는 저작이며, 중구의 학술계가 중일 한 자유무역지대에 관한 연구에서 취득한 만족할 만한 하나의 성과라고 생각한다. 한·중·일 FTA는 중국이 역내 자유무역협정을 체결하는 중대한 실천문제인 한편, 학술계가 연구하고 관심을 두는 중점문제이기도 하다. 이 저작은 학술연구의 특점을 체현해 냈을 뿐만 아니라 FTA의 구체적인 실천과 밀접히 결합되었는데, 한·중·일 FTA에 관심을 갖는 독자들에게 커다란 도움이 되리라 믿는다. 물론 학술연구에는 한도가 없으므로 한·중·일 FTA 담판은 끊임없이 진전해 나가면서 일련의 새로운 문제가 생겨날 것이므로 또 다른 분석이 필요하게 될 것이다. 저자들은 이 방면에 대해 앞으로도 계속해서 추적연구를 통해 한층 더 훌륭한 성과를 거두기를 고대해 마지않는다.

궁잔쿼이(宮占奎)

2013년 5월 난카이원(南開園)에서

제1장

● ● ●

한·중·일 FTA의 배경

제1장
한·중·일 FTA의 배경

1990년대부터 세계무역기구(WTO)가 이끌고 있는 세계 다각무역체제의
발전 속도가 늦춰졌다. 이와 선명한 대비를 이룬 것은 각종의 양자 간
또는 지역성 자유무역협정(Free Trade Agreement, FTA)이 대량으로 생겨
나고 역내경제통합(Regional Economic Integration)이 세계 경제발전의
새로운 이슈로 된 것이다. 유럽, 북미 등 세계의 기타 주요 지역에 비하면
동아시아지역의 경제통합 협력은 장기간 상대적으로 뒤처진 상태였다.

동아시아지역의 경제대국인 중국, 일본, 한국 3국간의 경제무역
관계는 날로 밀접해지고 있다. 그렇기 때문에 한·중·일 FTA를 구축하여
동아시아지역 경제통합의 진행 과정을 촉진시켜야 한다는 목소리가 점점
높아지고 있다.

제1절
한·중·일 FTA의 세계적 배경

    자유무역협정이란 두 개 또는 여러 개의 경제체가 서로 간에 존재하는 무역장벽을 허물고 상품과 서비스의 자유로운 유동을 추진하고자 체결하는 협정을 말한다. 자유무역협정은 여러 가지 형식을 취할 수 있는데 여기에는 특혜무역지대, 자유무역지대, 관세동맹, 공동시장, 경제동맹 등이 포함되며, 그들은 차례로 지역 경제통합의 서로 다른 단계를 구성한다.

    특혜무역지대에서는 회원 사이에 부분적인 특혜 관세에 대한 양해를 실행한다. 자유무역지대에서는 회원들 간에 서로 관세와 비관세 장벽을 취소하지만 매 회원은 비회원에 대해 각자의 관세세율을 설정할 권리가 있다. 관세동맹은 자유무역지대를 토대로 모든 비회원들에게 똑같은 대외관세를 실행한다. 공동시장은 회원 간의 모든 무역과 투자 장벽을 취소할 뿐만 아니라, 자본, 노동력 등 생산 요소의 자유로운 이동을 허락한다.

    경제동맹은 지역 경제통합의 고급 형식이며, 여기에는 각 회원의 경제정책 통합이 포함되는데 예를 들면 재정정책과 통화정책을 통합하거나 심지어는 정치통합까지 이루어 경제정치동맹[1]을 형성하기도 한다.

현재 WTO가 통보한 자유무역협정에는 주로 자유무역지대, 관세동맹, 특혜무역지대 세 가지 형식이 포함되며 그중에서 자유무역지대의 수량이 가장 많다.

1. 세계적 범위에서 일어난 FTA 붐

FTA의 역내 경제통합 협력은 신생 사물이 아니라 일찍이 1950년대에 벌써 세계무역체제의 한 구성부분으로 되었다. 반세기 동안 세계적 범위에서 FTA를 발전시키는 붐이 세 번 일어났다.

첫 번째 붐은 1950~60년대에 일어났는데, 그것은 1958년 유럽경제 공동체(European Economic Community, EEC)의 결성이 그 표상(表象)이다.

제2차 세계대전 이후 국제관계에 새로운 구도가 형성되었기 때문에 전쟁으로 약화된 유럽 국가들은 미국, 소련과 맞서기 위해 단결하여 자신을 보호하고 스스로 강해지는 길을 걷기 시작했다. 1957년 3월 25일, 프랑스, 독일연방, 이탈리아, 네덜란드, 벨기에, 룩셈부르크 6개 나라의 정상과 외교장관이 로마에서 「유럽경제공동체 조약」[2]에 조인했는데, 그 목적은 공동시장을 결성하고 각 성원국의 경제정책을 점차 접근시켜 전 공동체 내에서의 경제활동을 조화롭게 발전시키고, 날로 안정적인 성장을 이루게

---

1) [미국] 피터 롭슨: 『국제통합의 경제학』, 상무인서관 2001년판, 제15-16쪽.
2) 이 조약과 「유럽원자력공동체 조약」 등 파일을 합쳐 「로마조약」 이라고 부른다.

하며, 생활수준을 현저하게 제고시키고, 회원국 간의 관계를 가일 층 밀접해지게 하자는 것이었다. 조약은 유럽경제공동체가 효과적으로 역할을 발휘하도록 하고 또 각 회원국 간의 상품 수출입 관세와 정량제한 및 동등한 영향을 가진 기타 모든 조치를 취소하기로 했다. 이 조약은 6개 국가 의회의 비준을 받고 1958년 1월 1일 발효됐다. 이는 유럽경제공동체가 정식으로 탄생했음을 의미한다.

이번 붐으로 또 하나의 중요한 자유무역협정이 성사되었는데 그것이 바로 유럽자유무역연합(European Free Trade Association, EFTA)이다. 자유무역지대로서 이 연합은 영국이 스웨덴, 노르웨이, 스위스, 오스트리아, 덴마크, 포르투갈과 연합하여 1960년에 창립한 것으로, 회원국 간의 공산물 관세와 기타 무역장벽을 점차적으로 해소하고 내부에서 자유무역을 실행하여 유럽경제공동체와 대항하는 것이 목적이었다. 7개국은 1960년 1월 4일에 「유럽자유무역협정」을 체결했고 같은 해 5월 3일에 유럽자유무역연합이 공식 설립되었다. 그 후 1970년 3월 아이슬란드가 가입했다. 핀란드는 1961년 6월에 준회원으로 되었다가 1986년 1월에 정식으로 회원이 되었다. 그러나 영국과 덴마크는 1973년 1월에, 포르투갈은 1986년 1월, 오스트리아, 스웨덴, 핀란드는 1994년 12월에 차례로 유럽자유무역연합에서 탈퇴하고 유럽경제공동체(후에 유럽연합으로 발전했음)에 가입했다.

그리하여 유럽자유무역연합의 회원은 4개(노르웨이, 스위스, 아이슬란드와 리히텐슈타인)로 줄었다. 1972년 7월, 유럽자유무역 연합은 유럽경제공동체와 「대자유무역지대」건설조약을 체결하고 1973년 4월 1일부터 5년 동안의 과도기를 걸쳐 상호간 관세를 완전

하게 취소하기로 합의했다. 1992년 5월 유럽자유무역연합은 또 유럽
경제공동체와 「유럽경제지역협정」을 체결하여 1993년부터 5년 내에
단계별로 점차 경제지역 내의 상품(농산물 제외)과 인력 · 자본 · 사람의
자유로운 이동을 실현하기로 합의했다.

유럽지역의 자유무역협정이 순조롭게 발전한 반면에 같은 시기 라틴
아메리카에서는 개발도상국이 발기한 자유무역협정이 대부분 실패로
끝나면서 현저한 대조를 이루었다. 미국의 강력한 반대 때문이었다. 당시
세계적으로 가장 큰 무역국이었던 미국은 모든 형식의 역내 경제협력을
강력히 반대하면서 다각적 무역담판으로 자유무역을 실현할 것을 주장했다.

FTA 발전의 두 번째 붐은 1980년대 말부터 90년대 초까지이며 유럽연합
(European Union, EU)과 북미자유무역지대(North American Free Trade Area,
NAFTA)의 설립을 표상으로 한다. 1985년 6월 이탈리아 밀라노에서 열린
정상회의에서 유럽공동체위원회는 내부에 단일시장을 건설할 것이라는
백서를 발표했는데 목적은 유럽에 '국경 없는' 단일시장을 만들어 사람,
상품, 자본,서비스의 자유로운 이동을 실현하자는 것이었다. 백서의 실행을
추진하기 위해 유럽공동체는 1986년 2월에 열린 정상회의에서 「단일유럽
의정서」를 채택하고 백서의 282가지 조처를 실행할 구체적인 계획과
시간표를 내어 놓았으며 늦어도 1993년 초까지 단일시장 시스템을 만들기로
결정했다. 이밖에 「단일유럽의정서」는 또 처음으로 「로마조약」에 대해
중요한 수정을 하여 '가중특정다수결'로 '만장일치'를 대체함으로써 단일시장
관련업무의 결정 절차로 삼았으며 단일시장을 건설하기 위한 유럽공동체의
노력에 큰 편리를 가져다주었다.

1993년 1월 1일 유럽 단일시장이 기본적으로 건설되어 정식으로

운행되었다. 1993년 11월 1일 유럽공동체의 전체 12개 회원국의 비준을 거쳐 「유럽연합조약」(「마스트리히트조약」이라고도 함)이 발효되었는데 이는 유럽연합의 탄생을 의미한다. 그 후 끊임없는 수정을 거쳐 유럽연합은 공공시장 개방, 회원국의 세수차별 감소, 자본시장과 금융서비스의 자유화, 회원국 인원의 자유로운 이동, 회원국의 기술과 관련된 법률 법규 및 지적소유권에 대한 법률 법규의 조율 등 여러 방면에서 효과적인 성과를 거두었다. 북미자유무역지대는 1994년 1월 1일 설립되었다. 회원국에는 미국, 캐나다, 멕시코가 포함되어 있다. 이에 앞서 미국과 캐나다는 1989년 1월에 「미국-캐나다 자유무역협정」을 체결했다. 이 협정이 발효된 것은 지역경제 협력에 대한 미국의 태도에 중요한 변화가 생겼음을 의미한다.

즉 지역 경제협력을 반대하던 입장을 포기하고 지역 자유무역협정에 참여하고 주도함으로써 더욱 많은 경제적 이익과 정치적 이익을 얻으려 한 것이다. 「미국-캐나다 자유무역협정」이 체결된 후 멕시코는 미국과 자유무역협정을 체결하는 것을 의사일정에 올려놓았다. 1987년 11월 미국과 멕시코의 지도자는 양국 간 무역과 투자 프레임 및 절차를 협상하는 협의를 체결했다. 그것을 기반으로 두 나라는 여러 차례 담판을 진행한 끝에 1990년 7월 「미국-멕시코 무역과 투자협정」을 정식으로 체결했다.

같은 해 9월 캐나다가 담판에 참가한다고 선포했다. 세 나라는 1991년 6월 12일 캐나다의 토론토에서 첫 담판을 시작했다. 14개월의 협상을 거쳐 1992년 8월 12일에 최종적으로 「북미자유무역협정」을 체결했다. 북미자유무역지대는 설립 초기에 3억 6,000만 명의 소비자를 보유했고 국민총생산액이 6조 달러를 넘었다. 북미자유무역지대는 야심만만한 계획이라고 할 수 있는데, 이는 자유무역지대의 형식으로 무역, 투자 등의 여러 방면에서 전면적인 자유화를 실현하여 전반적으로 북미지역의 경제무역 발전을 이끌어가려 했다.

유럽연합의 창립과 북미 자유무역지대의 설립은 역시 라틴아메리카와 아프리카 지역의 역내 경제협력의 발전을 이끌어갔으며 여러 개의 자유무역지대가 생겨나게 했다. 그중에는 남미공동시장, 안데스공동시장, 서아프리카경제 통화연합체(UEMOA) 등이 있다. 아태지역에서 1989년에 창립된 아태경제협력기구(Asian Pacific Economic Cooperation, APEC)는 비록 FTA는 아니지만 이 기구의 취지는 무역 및 투자자유화와 경제기술 협력을 통해 아태지역의 경제발전과 공동번영을 추진함으로써 앞으로 이 지역에서 FTA가 번영하는데 좋은 기반을 마련하려는 것이었다. 예를 들면 동남아국가연합(Association of Southeast Asian Nations, ASEAN. 아세안이라고 약칭.)의 회원국은 1992년에 관련 협의를 체결하여 아세안 자유무역지대(ASEAN Free Trade Area, AFTA)를 건설하기 시작했다.

FTA 발전의 세 번째 붐은 1990년대 후기에 나타나 지금까지 지속되고 있다. 이번 붐의 주요 특징은 양자간 FTA가 세계 각지에서 대량 생겨난 것이다. 양자간 FTA와 다자간 무역체제가 추구하는 목표는 모두 무역의 자유화이지만 추진하는 범위가 다르기 때문에 탄생한 영향도 많이 다르다. 어떤 시점에서 보면 양자간 FTA는 무역 자유화를 추구하는 하나의 단계적인 선택이다.

세기가 교체되기 전후, 미국, 일본, 중국 등 세계적으로 많은 무역국가들은 시의적절하게 자체의 자유무역 전략을 수정하여 자유무역협정 담판의 강도를 높여 왔으며, 원래 다자간 담판에 치중하던 데서부터 다자 및 양자 간의 담판을 동시에 추진시켰다. 아울러 많은 개발도상 경제체도 자유무역

담판에 적극적으로 참가하여 본국을 중심으로 하는 FTA 네트워크를 구축하려고 했다.

2011년 연말까지 세계적 범위에서 이미 발효된 FTA는 거의 400여 개에 달했고 또 많은 FTA가 담판 및 준비단계에 있었다. FTA에 포괄된 내용도 전통적인 화물무역 자유화에서 점차서비스무역, 투자, 지적소유권, 정부조달, 노동자, 환경 등의 많은 방면으로 확대되고 있다.

2. FTA 붐이 일어난 정치적 요인

비록 FTA 자체가 경제협정의 범주에 속하지만 FTA 붐이 일 때마다 각국가와 지구가 적극적으로 가담한 것은 단순하게 경제방면의 원인만이 아니라 안전과 정치 방면도 고려해서였다. 그 뿐만 아니라 일부분 FTA의 내용 자체에도 정치적 조항이 포함되어 있다. 북미자유무역지대 및 미국이 요르단, 이스라엘, 싱가포르와 체결한 쌍무 FTA 등을 예로 들 수 있다. FTA 붐이 일어난 정치적 동기는 아래 몇 개 방면에서 구체적으로 나타난다.

첫째, FTA를 통해 회원국 간의 정치적 연대성을 강화한다. 21세기 초부터 지정학 시대의 구조에 변화가 일어나면서 세계 각국 정부는 점차 FTA의 담판에 눈을 돌리고 지역 간의 협력을 강화하거나 또는 나라와 나라 간의 정치적 연대성을 강화했다. 그들은 FTA를 통해 외교적 연계를 강화하고 동맹관계를 구축하고 기타 지정학적 목적에 도달하려 했다.

경제외교와 정치외교는 각국 외교의 두 가지 큰 수단이며 일반적으로 두 가지 방법을 병행하여 함께 사용한다. 때문에 참여국은 FTA를 체결할 때 FTA 경제외교의 역할을 중시할 뿐만 아니라 정치외교적 역할도 중시하게 된다. 예로 들면 싱가포르는 세계적으로 가장 개방된 시장으로 거의 제한성이 없는 무역조치를 취했는데, 이 나라가 FTA에 가입한 중요한 목적의 하나는 세계적 범위에서 많은 국가들과 더욱 밀접한 연계를 가져 정치적 불안감을 해소하고 본국의 발전을 위해 더욱 안정된 정치 환경을 마련하기 위해서였다. 또 예를 들면 중국이 아세안과 FTA를 체결한 후 양자의 정치적 우호관계가 한층 더 발전했다. 양자는 함께 「비전통 안전영역의 협력에 관한 공동선언」과 「남해(南海) 각 측의 행위선언」을 발표했으며, 중국은 「아세안 우호조약」에 정식으로 가입했다. 경제 협력이 가일 층 심도 있게 진행되면서 중국과 아세안은 정치, 안전보장 등 여러 분야의 협력도 전면적으로 발전시키게 된다. 이밖에 미국도 지리적으로 인접되지 않은 국가와 FTA를 체결하곤 하는데 대부분의 경우에는 글로벌 전략과 외교정책 방면을 고려해서이다. 미국과 이스라엘의 FTA, 미국과 요르단의 FTA를 예로 들 수 있다. 이 두 자유무역협정을 통해 미국은 이스라엘, 요르단과의 정치적 관계를 강화했으며 나아가서 중동지역에서의 발언권과 영향력을 높이고 중동에서의 지위와 이익을 확보하는데 도움이 됐다.

둘째, FTA를 통해 공동으로 세계적 또는 지역적 문제에 대응한다. 글로벌 시대에는 경제요소와 비경제요소가 날로 많이 얽히고 세계적 및 지역적 문제가 날로 많아지게 된다. 이런 문제는 순수한 무역분야를 초월했고 경제 전반의 분야도 초월했다. 국가마다 정도가 다르게 세계적인 문제와 지역적인 문제의 충격을 받고 있다. 단일 국가의 정부는 이런 문제에 대응함에 있어 한계를 느끼고 있다. 그러나 FTA라는 루트로 협력을 하게 되면 각 방면의 입장을 효과적으로 조율하여 공동 대응책을 낼 수가 있다. 예를 들면 FTA 중의 환경조항은 각국이 공동으로 환경 기후문제에 대응할 수 있게 하고 안전영역에 관한 조항은 각국이 공동으로 대 테러작전을 펼칠 수 있도록 한다.

셋째, 쌍무협정 또는 지역성 FTA 체결을 통해 다자간 협상에 참가하는 조건을 높임으로써 국제적 경제규칙을 제정하는데 영향을 준다. 큰 나라든 작은 나라든 다 FTA 안에서 주도권을 얻거나 중요한 역할을 발휘할 수 있기를 바란다. 큰 나라 입장에서 말하면 FTA 역내에서 주도권을 얻으면 역내 협력에서 내부 수익을 얻을 수 있으며 더욱 중요한 것은 역내 협력의 외부 수익까지 얻을 수 있다는 점이다. 즉 다자간 무역 담판의 카드를 늘릴 수 있다는 말이다. 국제무역에서 한 나라가 국제 경제규칙에 미치는 영향력은 주로 그 나라가 세계에 얼마나 많은 수출시장을 제공할 수 있는가에 달렸다.

한 나라의 수입규모가 클수록 규칙에 미치는 영향력도 더 크다. FTA의 가장 직접적인 영향은 바로 한 나라의 시장규모를 확대하는 것이다. 비록 FTA 멤버 사이에 통일적인 대외무역정책은 없지만 큰 나라가 FTA의 주도권을 가진다면 FTA는 그 나라가 기타 대국과 게임을 하는 카드가 될 것이며, 최종적으로 역내규칙을 다자간 무역규칙으로 바꾸고, 나아가서는 국제적 경제규칙을 제정하는 과정에서 주도권을 장악하게 될 것이다. 그러나 작은 나라 입장에서 말하면 자체적 경제실력이 제한돼 있기 때문에 단일한 작은 나라는 하고 싶은 대로 할 수가 없으며 다자간 무역협상에서 유리한 지위를 얻으려면 연합행동을 하여 상호 FTA를 체결하는 방법과 대국과

FTA를 체결하여 자신의 담판카드를 늘리는 두 가지 방법이 있다.

넷째, FTA를 통해 국내개혁을 추진하고 정치적인 저항을 줄인다. 한 나라가 FTA 담판을 할 때면 늘 국내 모종의 특정된 산업부문 이익집단의 반대를 받게 되는데 이는 정치 담판에서 큰 장애물이고 골치 아픈 문제이다.

일본을 예로 들면 농업은 지금까지 일본이 중점적으로 보호해오던 부문이었다. 농업부문을 대외에 개방시키는데 국내의 저항이 너무 컸기 때문에 일본은 농업이 거의 없는 싱가포르를 첫 FTA 담판 대상으로 삼았는데, 농산물 무역 자유화를 회피하기 위해서였다. 그러나 그 후 멕시코, 호주, 태국, 필리핀 등의 나라와 FTA 담판을 하면서 일본은 농산물 시장 개방에서 외부의 압력을 점점 더 많이 받았다. 이로써 일본은 FTA를 이용하여 농업개혁과 구조조정을 촉진시켜야 한다는 노력 방향을 확정했다.

사실상 FTA의 면책약관은 한 나라 정부가 과도시기에 자국이 보호하던 산업을 점차적으로 개방할 수 있도록 허용하고 있으며 이로써 비교적 적은 저항과 정당한 명분으로 그런 산업에 대한 자유화 개혁을 완성할 수 있는 것이다.

다섯째, FTA를 통하여 세계정치를 평화적인 방식으로 통합시킨다. 유럽연합을 예로 들면 유럽연합의 발전 경로는 일부분 제품의 무역 자유화로부터 모든 제품의 무역 자유화 및 공동제품시장으로 발전시킨 후 계속해서 관세동맹, 자본과 노동력의 자유로운 이동, 공동 요소시장으로 발전시켰다가 나중에 공동 통화, 회원국 외교정책의 상호 통합을 실현하는 것이다. 비록 많은 어려움에 부딪히기는 했지만 유럽연합이 최종적으로 정치 통합을 향해 실질적인 걸음을 내디딜 수 있다는 것이 국제사회의 보편적인 인식이다. 유럽연합의 발전역사와 대조하면서 현재의 국제사회에서는 전쟁이 아니라 경제협력을 통해 이익을 얻어야 한다는 공통인식이 날로 광범위하게 받아들여지고 있다. 이처럼 FTA의 세계적인 흥기는 세계 공동 제품시장, 공동 요소시장, 공동통화의 형성을 추진하고 최종적으로는 정치 분야의 높은 수준의 통합을 성사시킬 수 있을 것이라는 추론이 생겨났다.

3. FTA 붐이 일어난 경제적 요인

물론 FTA는 일종의 역내 자유무역협정으로 경제방면에서 회원국에 많은 이익을 가져다준다. 구체적으로 말하면 각 나라와 지역이 FTA에 적극적으로 참가하는 경제적 요인은 아래 몇 가지 방면으로 나타난다.

첫째, FTA는 회원국의 거래비용과 유통비용을 효과적으로 낮추고 국제무역이 더욱 자유롭고 편리해지게 한다. 거래비용과 유통비용을 낮추는 것을 통해 FTA는 회원국 간의 무역을 확대시키는데 이를 '무역창출효과'라고 한다. 무역창출이란 역내 회원국 간 거래비용 감소와 무역 제한 취소로 본국 국내에서 생산한 고비용 제품이 역내 기타 회원국의 저비용 제품에 의해 대체되는 것, 그리고 과거에 양국의 수량 제한과 높은 관세 제한을 받던 본국의 저비용 상품의 수출이 확대되어 역내 수출입 각 측에 더욱 많은 무역 기회와 이익을 가져다주는 것을 말한다.

유럽경제공동체를 예로 들면, 1959년 1월 유럽경제공동체는 처음으로 내부 관세를 낮추었고, 1968년 7월 공동체 내부의 관세가 완전히 취소되었다.

1958~1968년 기간에 유럽경제공동체 회원국 간의 내부 무역액이 원래의 4배로 늘어났으며, 연평균 17%가 증가되어 당시 각 회원국의 총 국제무역액의 성장률을 크게 초과했다. 북미자유무역구의 상황을 살펴보면, 1994년 1~9월을 1993년의 같은 시기와 비교할 경우 미국과 캐나다, 멕시코 간의 무역 성장률이 비회원국과의 국제무역 성장률의 약 2배였다.

1980년, 북미 상품과 서비스 총 수출액 중 역내 내부 수출이 34%를 차지 했으며 1996년과 2002년에는 각각 49%와 56%로 상승했다.[3]

지적해야 할 것은 FTA 회원국 간의 무역 증가는 회원국과 비회원국 간에 무역 대체 현상이 일어나도록 하여 일정한 시기에 FTA 회원국과 비회원국간의 무역량이 줄어들게 되는데 이것이 바로 이른바 '무역 전환효과'이다. 그리하여 세계무역의 총 비용이 계속 내려가게 되며 이런 무역전환효과는 비회원국을 FTA에 적극 참가시킴으로써 세계무역의 총비용을 한층 더 내려가게 한다. 사실상 대체되는 나라가 적극적으로 대처해갈 경우 FTA의 무역대체효과의 영향은 별로 크지 않다. 예를 들면 한 학자가 북미자유무역지대의 창립이 유럽연합의 미국에 대한 수출에 얼마나 큰 영향을 미치는지를 깊이 연구했다. 연구 결과에 따르면 비교적 큰 영향을 받은 제품의 품목이 매우 적었으며 종합적인 영향은 매우 제한되어 있었다.[4]

둘째, FTA는 회원국이 더욱 적극적으로 다국적 무역을 펼쳐가게 함으로써

---

3) 쉬창(徐强), 「세계 자유무역협정의 발전과 중국의 책략-역내 경제협력의 홍기가 세계정치와 경제발전에 미치는 영향을 함께 논한다」, 『국제경제합작』 2004년 제12기, 5쪽.
4) 쉬창(徐强), 위의 논문.

세계 산업구조를 가일 층 최적화하고 세계적 범위에서 더욱 효과적인 자원배치가 이뤄지도록 한다. 우선 다국적 회사가 직접투자(FDI) 지역을 선택하는데 영향을 주는 중요한 요소는 무관세 시장의 규모에 있다. FTA가 없을 때 여러 개의 관세지역으로 구성된 시장 구조에 비해 FTA는 자유시장 규모를 효과적으로 확대시켜 비회원국의 다국적 회사가 FTA 회원국에 투자를 하도록 촉진한다. 다음, FTA 틀 안에서 각 회원국은 노동력 자원, 자연자원과 목표소비자의 새로운 시장 분포 구조에 따라 자본을 다시 배치함으로써 FTA 역내 투자규모를 늘리게 된다. 다음은, 다수의 FTA 자체가 투자자유화와 편리화 방향의 내용을 포함하고 있기 때문에 역내 자본요소의 유동에 유리하다.

유럽공동체와 유럽연합의 상황을 예로 들 경우, 국제연합무역개발회의가 해마다 발표한 『세계투자보고서』에 따르면 1981~1987년 사이에 유럽공동체 각국의 FDI의 유입이 세계 FDI 유입량에서 차지하는 비율이 꾸준히 28% 선으로 유지됐다. 그러나 1992년에 단일시장이 형성될 것이라는 예상을 앞두고 1987년, 1988년, 1989년, 1990년, 1991년 유럽공동체 각국의 FDI 유입이 세계 총 유입에서 차지하는 비례가 각각 28%, 36%, 41%, 49%, 50%를 차지함으로써 지속적으로 대폭 상승하는 추세를 보였다.

1992년 이후 단일시장이 기본적으로 형성되었고 또 기타 요소가 세계 FDI 흐름에 영향을 주면서 유럽연합의 FDI 유입이 차지하는 비례가 점차 하락하기 시작했으며 1996년 이후에는 약 27%로 유지됐다.[5] 강조해야 할

---

5) 쉬창(徐强), 「세계 자유무역협정의 발전과 중국의 책략-역내 경제협력의 흥기가 세계 정치와 경제 발전에 미치는 영향을 함께 논함」, 『국제경제합작』 2004년 제12기, 5쪽.

것은 1987~1991년 기간에 유럽공동체의 FDI 유입이 대폭 증가된 것은 주로 회원국 간의 FDI의 증가로 인한 것이었으며 원인은 각 회원국의 기업이 새로운 단일시장 요구에 따라 앞 다투어 산업구조를 개선해나갔고 이로 인해 대규모의 기업 인수합병이 일어났기 때문이다. 다시 북미자유무역구의 상황을 예로 들면 미국은 슈퍼 경제대국이기 때문에 북미자유무역지대는 FDI 유입에 대한 미국의 영향을 분리하고 식별하기 어렵게 된다.

우리는 1994년 전후에 멕시코에 유입된 FDI 수량 변화로 FTA의 역할을 가늠할 수 있다. 관련된 실증 연구에 따르면 멕시코의 인구당 FDI 유입, FDI와 GDP 비율은 1994년 전후에 모두 다 대폭 상승했다. 그중 미국에서 온 FDI가 현저하게 증가되었을 뿐만 아니라 북미자유무역지대 이외의 경제체에서 온 FDI 성장 역시 가관이었다. FDI의 구체적인 흐름을 보면 미국의 면방 적산업은 요소비용이 상대적으로 저렴한 멕시코를 향해 대규모로 이동한 것, 미국과 캐나다의 자동차 산업의 통합이 심화된 것 등의 방면으로 뚜렷하게 표현된다.

셋째, FTA는 세계 범위의 생산과정과 시장의 통합, 제품 무역의 자유화를 추진하는데 도움이 된다. FTA가 탄생해서부터 흥기하고 세계 단일 FTA의 '목표'를 향해 변화하는 과정은 정밀하게 예측하기는 어렵지만 대체적인 진격 루트는 이미 실마리를 보이고 있다. 최근 몇 년간 지역적으로 보면 FTA의 세계적인 발전은 대체로 유럽권, 아시아권, 아메리카권 삼자 병립의 구도를 형성했고 삼자 간에 통합 또는 연락 메커니즘이 초보적으로 형성됐다. 예를 들면 아세안은 이미 유럽연합에 자유무역 배치에 관한 담판을 할 것을 제안했다. 아시아권과 아메리카권에 대해 말하면 아시아태평양경제협력체는 아시아태평양자유무역지대를 추진하는 좋은 프레임의 메커니즘이다.

유럽권과 아메리카권을 연계시키는 방면에서는 일찍이 1998년 3월, 유럽연합 위원회가 유럽연합 각료위원회에 「뉴 범대서양시장계획」을 제출한 바 있는데 이 계획은 최종적으로 구미 두 대주를 아우르는 '대서양 자유무역지대'가 형성되게 했다. 이 몇 개 지역의 자유무역협정이 연결된 후 세계 범위의 자유무역 목표를 달성하는 것이 멀지 않았다는 것을 예견할 수 있다. 세계 무역의 자유화는 세계의 제품시장이 완전하게 통합된다는 것을 의미한다. 유럽연합과 북미자유무역지대의 경력이 보여주다시피 제품시장의 통합은 다국적 회사가 새로운 시장구도에 따라 생산요소를 재배치하도록 하고 이를 통해서 생산과정의 통합이 실현된다.

넷째, FTA 프레임 속에서는 무역분쟁을 해결하기가 쉽고 무역마찰이 정치화로 나가는 것을 피할 수 있다. 현재 국제무역 분쟁은 WTO의 규정에 따라 해결할 수는 있지만 WTO에서 아직 협의를 달성하지 못한 영역 특히 당사국의 특수한 경제 환경과 시장조건으로 생긴 갈등은 WTO 규정이라 해도 어찌 할 수는 없다. 그러나 양자 또는 다자간 회원국이 체결한 FTA는 무역 자유화의 장벽을 손쉽게 제거할 수 있을 뿐만 아니라 당사국이 광범위한 분야에서 제정한 공통 규칙에 따라 제때에 무역분쟁을 효과적으로 해결하여 무역마찰이 정치화로 나가는 것을 최대한 막고 외교 방면의 압력을 줄여주게 된다. 이밖에 FTA 파트너 간의 무역관계는 본국의 대외무역 안정성을 높이는데 유리하다. 예를 들면 20세기 말, 동아시아의 역내무역의 비중은 약 30% 밖에 안 되어 유럽연합과 북미자유무역지대의

50%~60% 수준에 비해 훨씬 낮았다.[6] 이 역시 동아시아 각국의 역외경제에 대한 의존도가 높고 외부의 경제파동의 영향을 쉽게 받는 중요한 원인의 하나이다. 때문에 FTA 파트너 사이에 무역관계를 강화하게 되면 각국이 외부경제 파동의 영향을 받는 것을 효과적으로 줄여주고 각국 경제의 지속가능한 발전에 더욱 좋은 외부환경을 마련해주게 된다.

---

6) 장진(張震), 「FTA:동아시아 협력의 새로운 붐」, 『동남아시아』 2004년 제3기, 4쪽.

제2절
한·중·일 FTA의 지역적 배경

거시적인 각도로 한·중·일 FTA가 발전하는 세계적인 배경에 대해 개괄적으로 서술한 후 한·중·일 세 나라 자체의 전략과 동아시아 역내 경제통합의 진행과정으로부터 착수해서 그 발전의 심층요인에 초점을 맞추고 분석할 필요가 있다. 사실 한·중·일 FTA는 동아시아 경제통합 진행과정의 중요한 구성부분일 뿐만 아니라 한·중·일 3국이 각자의 FTA 전략을 실시하는 관건적인 절차이기도 하다.

1. 한·중·일 3국의 FTA 전략

종합적으로 말하면 한·중·일 세 나라는 FTA에 늦게 가입했는데 모두 다 21세기 초에야 본국의 첫 FTA를 체결했다. 그러나 그 후의 발전은 무더 다 다 빨랐다. 다른 한편으로 한·중·일 세 나라는 종합적인 국력, 국제적 지위, 대외정치와 경제관계, 국민경제 구조 등의 방면에서 비교적 큰 차이가 나기 때문에 세 나라의 FTA 전략 역시 각자 자체의 특징을 가지고 있다.

1. 중국의 FTA 전략

(1) 중국 FTA 전략의 변천

1990년대 초기부터 세계 범위에서 특히 아태지역에서 FTA가 신속히 발전하면서 역내 경제통합이라는 새로운 추세에 적응하도록 중국에 외부적인 압력을 가하게 됐다. 그러나 그것이 중국이 FTA에 가입한 근본적인 원인은 아니다. 사실상 FTA 가입 추진은 중국이 새로운 세기의 국제 지역전략, 무역 전략을 실행하고 자체 발전을 위해 더욱 많은 정치적, 경제적 이익을 도모하는 중요한 조치이며 기타 다자 및 역내 차원의 국제협력과 상호 보완, 상호 추진 역할을 한다. 개혁개방은 중국이 국제사회로 복귀했다는 신호이며 아울러 국가를 국제관계의 주요한 행위체로 보고 국가의 정치적, 경제적 이익이라는 이중적인 각도로부터 국제사회를 살펴보고 이해하면서 국가 간의 관계를 처리해야 한다.[7] 한편 끊임없이 발전 변화되는 내부와 외부 환경 역시 중국으로 하여금 새로운 국제 지역전략을 제정하게 하여 자체 발전을 위해 더욱 유리한 안전과 정치, 경제조건을 도모하도록 해야 한다.

중국의 국제와 지역전략 지도사상의 변화는 자체의 실력과 국제지위에 대한 인식 및 국가주권과 이익에 대한 인식이 심화된 것에서 비롯됐다. 바로 이런 사상관념의 지도아래에 중국은 세기 교체를 앞두고 새로운 국제 지역전략을 제정하고 외교와 대외무역 정책에 적극적으로 실행해나갔다. 구체적으로 말하면 중국의 국가와 지역의 새 전략은 '안전-경제-정치'를

---

7) 먼홍화(門洪華), 「중국 국제 전략 이념의 변혁」, 『이론의 최전방』 2004년 제12기 13쪽.

주축으로 제정한 것으로 그 핵심 내용은 국가의 이익을 확대하고 지역에서의 대국의 책임을 발휘하는 것을 목표로 하고 양자간, 다자간 및 역내 경제협력을 주요 루트로 국제사무에 적극 참여하면서 국제협력을 강화하는 것이다. 사실상 FTA에 가입하는 것은 중국이 국제 및 지역전략 목표를 실현하는 것과 밀접한 내재적인 연계성이 있다.

우선 FTA는 중국이 국제와 지역의 새 전략을 실행하는 중요한 루트이다. 국제와 지역의 사무에 참가하는 과정에서 한 나라는 패권세력에 도전하거나, '무임승차'를 하거나, 소극적으로 참여하거나, 또는 적극적으로 참여하는 등 여러 가지 책략을 사용할 수 있다. 지금의 국제환경과 국제사회의 발전 추세로부터 볼 때 중국은 패권에 도전하거나 '무임승차'를 할 수는 없다. 중국이 소극적으로 참여하는 방식을 선택할 경우에는 역시 국가의 전략적 이익을 쟁탈하는 과정에서 열세적 위치에 처하게 된다.

이유는 현재 세계의 게임법칙이 주로 서방 선진국의 이익 요구를 반영했고 그 자체에 여러 가지 국한성과 결함이 있어 중국처럼 새로이 굴기한 대국의 이익을 엄중하게 제약하고 있기 때문이다. 때문에 중국은 적극적으로 참가하는 전략을 선택할 수밖에 없다. 따라서 한편으로는 자체 실력과 국제적 지위를 충분히 인식하고 책임감 있는 대국으로서의 역사적 사명을 짊어져야 하고, 다른 한편으로는 자신에게 문제가 존재하고 실력도 제한되어 있다는 점을 인식하고 국제사회에서 고립되고 포위당하는 상황이 나타나는 것을 피하면서 건설적인 태도와 실제 행동으로 국제 사무를 처리하는데 적극 참가하며 '유소작위(적극적으로 참여해서 성과를 이룩한다는 뜻으로,

중국이 취하고 있는 대외정책)'[8] 할 수 있도록 노력해야 한다. 이런 의미에서 말한다면 더욱 많은 경제체와 FTA를 체결하는 것은 중국이 지역에서의 영향력을 적극 확대하고 자체 발전을 위해 더욱 넓은 전략적 공간을 확보하는 중요한 루트라 할 수 있다.

다음 FTA는 중국이 기타 나라와 다각도의 협력 관계를 맺는 중요한 캐리어가 될 수 있다. 앞에서 말했다시피 현재 세계 각지에서 흥기하고 있는 FTA는 무역투자와 관련될 뿐만 아니라 지적 소유권, 환경표준, 정부조달, 경쟁정책 등의 더욱 넓은 내용도 포함하고 있어 각 협상 당사국이 더욱 전면적인 경제협력관계를 구축하는데 도움이 된다. 뿐만 아니라 경제방면 결맹의 하나로 FTA는 각 체결국이 정치적으로 공통인식을 강화하는데 유리하다. 때문에 FTA를 통해 중국은 더욱 많은 경제체와 다각도적 협력관계를 맺고 공동이익을 도모하는 것을 전제로 평등하게 협력하고, 서로 이득을 보고 서로 돕는 지역질서를 세우는데 노력해야 한다.

국제와 지역전략의 시각으로 중국이 FTA에 참가한 원인을 풀이하고 나서 시선을 중국의 무역 전략에 집중시켜보자. 무역 전략이란 한 나라 또는 지구가 경제발전의 종합적인 요구에 따라 국제무역 발전의 목표 및 그것을 실현하기 위한 방법에 대해 전략적인 결정을 내리는 것을 말한다. 2001년에 정식으로 WTO에 가입한 후 중국은 가입 당시에 한 약속대로 관세 및 비관세 장벽을 대폭 줄였고, 수출 지원정책도 대폭 감소시켰으며, 정부가 무역정책을 이용하여 경제에 간섭할 수 있는 변통의 여지가 매우 제한됐고,

---

8) 먼훙화(門洪華),「평화적 굴기를 위한 중국의 국가전략 프레임」,『세계 경제와 정치』 2004년 제6기 17쪽.

무역장려 정책도 점차 중성화로 나아가고 있다. 때문에 국내시장을 바탕으로 하면서 주도적으로 국제 분공과 협력에 참가하고 세계경제의 드넓은 배경 속에 본국의 비교우위를 발굴하고 이용하는 것은 중국이 WTO에 가입한 후 대외 경제무역 전략 조정의 핵심적인 내용이 되었다. 이 지도사상에 근거해 FTA를 통해 역내 경제통합 과정에 적극 융합되고 주변지역과의 경제무역 교류와 자원개발 협력을 가일 층 강화한 것은 중국이 대외경제무역에 대해 전략적인 조정을 실행하는 중요한 조치임이 틀림없다. 그것은 주로 아래 몇 개 방면에서 체현되고 있다.

첫째, FTA는 중국에 더욱 유리하고 안정적이고 예측 가능한 대외무역 환경을 조성해주게 된다. 중국은 FTA 상대국으로부터 더욱 유리한 시장 진입을 허락받을 수 있다. 그리고 그런 나라의 수많은 소비자와 강력한 경제성장은 중국의 경쟁력 있는 수출제품에 대한 거대한 잠재적인 시장을 제공한다. 이밖에 중국기업이 대외에 대한 직접투자와 해외 인수합병의 속도를 다그침에 따라 FTA는 본토 기업으로 하여금 해외로 투자하도록 하는 중요한 루트가 될 것이다. 중국은 FTA 가입과 시장 다원화 전략을 '나가자' 전략과 결합시켜 상품구조를 끊임없이 개선해나가거나, 또는 FTA 상대국에 투자하여 우위성 있는 제품을 생산하는 방법으로 무역장벽을 에둘러 피해 감으로써 시장 점유율을 확대하고 생산원가를 낮추는 목적에 도달할 수 있는 것이다.

둘째, FTA는 중국정부가 무역자유화를 추진하고 국내규제를 완화하고 산업구조 조정을 추진하는 필수적인 수단이다. WTO 프레임 안의 다각무역

담판에 비해 중국이 FTA에 참가하는 과정에서 정책 유연성과 주동성이 더욱 강하므로 이는 쉽게 충격을 받는 관련 산업부문에 대해 구조조정을 하게 하여 자체적으로 경쟁력을 높이는 데 도움이 되고 다자간 프레임 안에서 더욱 큰 범위, 더욱 큰 정도로 시장을 개방하는데 기반을 마련해주게 된다.

장기적으로 보면 이는 중국의 전반적인 경제구조에 대해 전략적인 조정을 하고 각 산업부문이 국제경쟁에 참가하는 능력을 높이는데 도움이 되게 될 것이다.

셋째, FTA는 중국이 'WTO 가입 의정서'에 있는 차별적인 조목 때문에 받는 나쁜 영향을 제거하는데 도움이 된다. 오랫동안 의정서의 덤핑 판정에서 '비시장경제 국가'라고 한 조목은 중국의 노동집약형과 저기술집약형 제품의 수출에 거대한 부정적인 영향을 미치고 있었다. 이 때문에 중국정부는 여러 가지 루트를 통해 더 많은 국가들이 중국의 완전 시장경제적 지위를 인정하게 하려고 줄곧 노력해왔다. 이 방면에서 FTA는 적극적이고 효과적인 역할을 했다. 중국이 상대국과 FTA 담판을 진행하는 전제 조건의 하나가 바로 상대국이 중국의 완전 시장경제 지위를 인정하게 하는 것이기 때문이다.

(2) 중국의 FTA 전략의 특징과 내포하는 의미

개발도상국으로서 중국은 FTA에 가입하는 과정에 정치, 경제, 외교, 안전 등 각 방면의 이해득실을 종합적으로 고려하게 될 뿐만 아니라, 국제와 지역의 정치 · 경제 발전 추세 및 기타의 세계와 역내 대국의 동태도 두루 돌보면서 단기적 이익과 장원한 이익, 부분적인 이익과 전체적인 이익을 서로 결합시키게 된다. 우선 중국은 FTA 프레임 안에서 정책성 개방으로 제도적 개방을 추진하는 것을 매우 중시하고 있다. 1980년대 이래, 중국의 대외개방과 다른 차원의 국제 경제협력은 자체 수요에 의해 제정한 것이기 때문에 일부 방면에서 국제적으로 통용되는 규칙과 일치하지 않을 수 있었고 체제적인 마찰이 개혁개방 과정에 자주 나타났다. WTO에 가입하고 개혁개방의 진도를 다그침에 따라 중국은 안정적이고 개방적인 외부환경이 더욱 필요해졌다. 때문에 중국은 정책성 개방에서 제도적 개방으로 방향을 바꿀 필요가 생겼고, 다른 나라와 FTA를 체결하면서 마침내 중국의 제도적 개방이 유리하게 되는 계기를 맞이했다. 이 과정에서 중국의 대외무역 체제와 경제관리체제는 국제규칙과 전면적으로 연결될 것이고, 중국과 세계의 경제무역 관계도 더욱 밀접해지게 될 것이다. 정책성 개방은 중국의 일부 산업에 충격을 주게 되고 일정한 시기 내에 모종 부문의 실업이 증가할 것이다. 그러나 장기적으로 보면 중국은 더욱 안정적인 국제시장을 얻을 수 있고, 또 진정으로 세계경제에 융합되고 경제의 세계화 체제 건설에서 결정권을 갖는 참가권을 얻을 수 있으며, 이로써 미래의 국제 분업에서 더욱 큰 이익을 얻게 될 것이므로 이는 중국경제의 개혁과 발전에 새로운 동력을 제공하게 될 것이 분명하다.

다음 중국은 FTA에 참가하는 과정에서 정치적인 이익과 경제적 이익, 상호 보완성과 경쟁성의 균형관계를 잘 처리하는 것을 매우 중시해야 한다. 정치적 이익과 경제적 이익은 모두 국가이익의 구성 부분으로 양자는 대다수 상황에서 통일되거나 서로 전환되고 또 어떤 때에는 충돌되기도 한다. 바꾸어 말하면 다른 단계, 다른 장소에서 양자의 관계는 주요한 것과 부차적인 것의 구별이 있으며, 이에 대해 한나라의 정부는 전면적으로 고려하고 융통성 있게 선택해야 한다. 중국은 FTA를 통해 기타 나라와 경제무역 관계를 발전시키고 그들과의 경제협력을 확대하고 있는데 그 의미와 영향은 경제 분야에만 국한되는 것이 아니라, 동시에 중국 외교정책의 불가결한 구성 부분이기도 하다. 때문에 중국이 FTA의 구체적인 절차를 추진하는 것, 예를 들면 상대국의 선택, 시장개방의 분야와 수준 등은 언제나 중국외교의 전략과 구도와 밀접히 연관된다.

상호 보완성과 경쟁성에 대해 말하면, 상호 보완성이 강한 나라 또는 지구와 경제무역 협력관계를 발전시키기는 비교적 쉽고 잠재력도 크지만, 경쟁성이 강한 국가나 지구와 경제무역 협력관계를 발전시키는 것은 비교적 어렵고 잠재력도 작은 편이다. 그러나 이는 중국이 FTA 파트너를 선택할 때 경제의 상호 보완성 강약을 유일한 참고 표준으로 삼는다는 것을 의미하지는 않는다. 사실상 상호 보완성과 경쟁성의 강약은 고정 불변의 것이 아니라 동적으로 발전하는 것이고 일정한 조건 하에서 서로 전환되기도 한다. 원래 상호 보완성이 비교적 강하던 나라에도 반대되는 변화가 일어날 수 있다. 이 때문에 중국은 FTA에 참가하는 과정에 동적인 각도에서 FTA 파트너와의 경제적 상호 보완성, 경쟁성 관계를 종합적으로 고려하는 것을 매우 중시하고 있으며, 또한 무역 자원을 제때에 조정하여 최대의 이익을 얻고 있는 것이다.

그 다음 중국은 FTA 가입을 계기로 정부의 거시경제 조정능력을 강화하는 것을 매우 중시하고 있다. 중국은 FTA에 참가함으로써 시장의 개방 정도를 가일 층 높이게 되는데, 이렇게 되면 국내의 관련 산업이 일정한 충격을 받게 된다. 동시에 FTA 프레임 속의 무역 자유화 절차가 WTO보다 빠르기 때문에 중국의 관세 절감, 비관세 장벽 감소 행동은 다른 스케줄을 따르게 되며, 이는 정부의 거시경제 관리 업무에 더욱 큰 어려움을 보태줄 수밖에 없다. 때문에 FTA에 가입함과 아울러 중국정부는 경제구조에 대한 전략적인 조정을 힘써 추진하고 중국의 구체적인 상황과 비교우위에 근거해서 시장 다원화 전략을 적극 실시하고 수출상품 구조를 최적화하고 투자환경을 개선하고 수출무역과 투자 유치를 추진해야 한다. 동시에 중국은 '나가자' 전략을 추가로 적극 실행하여 FTA 상대국과 지역에 투자해 우세 제품을 생산함으로써 무역장벽을 에돌아 피해가면서 시장점유율 확대와 생산비용 절약의 목적에 도달해야 한다.

넷째, 중국은 전략적인 각도에서 종합적으로 고려하여 FTA 상대국을 선택하곤 한다. 지역 분포를 보면 중국은 아태지역을 FTA 상대국 선택의 중점으로 삼고 있는데 그 원인은 다음과 같다. 아태지역은 중국이 대외정치, 경제활동을 전개하는 핵심지역으로 이 지역의 여러 국가와 FTA를 체결하는 것은 중국의 전략적 공간을 효과적으로 확대하고 중국의 역내 대국의 지위를 높이는데 유리하다. 아시아태평양 경제협력기구를 주도하는 아시아태평양 무역투자자유화 과정에는 이미 중국을 포함한 많은 경제체가 포함되었고, 협력영역은 무역투자자유화, 무역투자 편리화와 경제기술 협력이 포함되며 양자 FTA의 기본 내용을 거의 다 포함하고 있다. 이밖에 중국은 또 '10+3'[9],

---

9) 즉 아세안과 중국 · 일본 · 한국 3국의 협력을 말한다.

상하이협력기구[10](Shanghai Cooperation Organization, SCO)와 「방콕협정」[11] (Bangkok Agreement) 등 역내 협력 메커니즘에도 적극 참가했다. 이런 실천은 중국이 아태지역에서 FTA 상대국을 선택하는데 중요한 참고 역할을 하고 또 담판의 최종적인 성공을 위해 좋은 기반을 마련했다고 볼 수 있다.

대외무역시장의 다원화 전략이라는 각도에서 고려하여 중국은 아태지역 국가와의 FTA 체결을 적극 추진함과 동시에 중동, 아프리카, 라틴아메리카 등의 지역에서 중점적인 국가를 선택해 FTA의 담판 대상으로 삼고 있다. 이런 지역은 중국의 에너지, 광산과 경제작물 등 1차 제품의 주요한 수입 원천일 뿐만 아니라 중국 제조업 제품을 수출하는 중요한 목적지 시장이기도 하다.

중국이 빠른 시간 내에 이 지역의 일부 나라들과 FTA를 체결할 경우 비교적 많은 경제수익을 얻을 수 있는 조건을 갖추게 될 뿐만 아니라 적극적인 시범효과를 보여주어 중국이 위에서 말한 지역의 기타 나라들과의 경제무역 관계를 발전하도록 이끌어주게 된다.

마지막으로 중국은 시종일관 융통성 있고 점진적인 방식으로 FTA의 발전을 추진하고 있다. 중국은 FTA에 참가하는 과정에 있어 자신의 국정에서 출발하고 상대국의 이익도 돌보면서 먼저 전면적인 협의를 달성한 후 점차 실현해나가는 방식을 취해야 한다. 예를 들면 먼저 '조기자유화프로그램'을

---

10) 상하이협력기구는 2001년 6월 15일 설립되었고, 회원국에는 중국, 러시아, 카자흐스탄, 키르기스스탄, 타지키스탄, 우즈베키스탄이 포함된다.
11) 「방콕협정」은 1975년에 체결된 아태지역에서 유일하게 개발도상국으로 구성된 관세 호혜 조직으로 회원국은 방글라데시, 중국, 인도, 라오스, 한국, 스리랑카이다. 중국은 2001년에 「방콕협정」에 가입했다.

체결하고 일부 제품의 관세를 감면해주고 계속해서 협력을 끊임없이 심화시키면서 점차 투자,서비스와 무역 편리화 등의 내용을 포함시켜야 한다. 단기간 내에 조율 및 처리하기 어려운 민감한 영역, 예를 들면 환경과 노동자 표준, 정부조달, 경쟁정책 등의 부분은 일반적으로 남겨두었다가 이후에 해결한다. 이 방식은 FTA의 실효성을 뚜렷하게 높여주고 협정을 체결하는 각 당사국이 되도록 더욱 많은 수익을 얻는데 도움이 될 것이다.

(3) 중국의 FTA 가입 진행과정

중국-아세안 FTA는 중국이 체결한 첫 FTA이다. 2002년 부터 시작해 7년간 함께 노력한 결과 양측은 「화물무역협의」,「서비스무역협의」,「투자협의」를 체결함으로써 자유무 역지대를 전면 건설하는 목표가 기한 내에 실현될 수 있게 했다. 2010년 1월 1일부터 중국은 아세안의 기존 회원국인 브루나이, 필리핀, 인도네시아, 말레이시아, 태국, 싱가포르 등 6개 나라와 90%의 제품에 대해 제로관세를 실행했다. 중국은 아세안에 대한 평균관세를 9.8%에서 0.1%로 낮추었고 아세안 6개국은 중국에 대한 평균관세를 12.8%에서 0.6%로 낮추었다. 아세안의 신입회원국인 베트남, 라오스, 캄보디아, 미얀마도 2015년에 90%의 제품에 대해 제로관세를 실현하게 된다. 양측은 화물무역 이외에 서비스부문에 대한 개방도 확대했으며 투자정책 및 환경이 법률제도의 보장을 받게 됐고 더욱 안정되고 투명해졌다.

중국-칠레 FTA는 중국이 라틴아메리카 국가와 체결한 첫 FTA이다. 이 협정은 2005년 11월에 체결하여 2006년 10월 1일 정식으로 발효됐다. 협정에 따르면 칠레는 중국에서 생산한 5,891종의 제품에 대한 관세를 즉시 취소하고 중국은 칠레산 2,806종의 제품에 대해 제로관세를 실행했다. 이밖에 중국은 2007년 1월 1일부터 칠레산 1,947종의 제품에 대해 제로관세를 실행했다. 기타 제품의 관세는 각각 5년과 10년 사이에 단계별로 제로가 될 때까지 낮추게 되는데 양국의 97%의 제품이 최종적으로 여기에 포함된다. 2008년 4월, 중국과 칠레는 또 양자간 FTA 프레임 속의 「서비스무역보충협정」을 체결했다.

중국-뉴질랜드 FTA는 중국이 선진국과 체결한 첫 자유무역협정이다. 이 협정은 2008년 4월에 체결하여 2008년 10월 1일 정식으로 발효됐다.

이 협정에는 화물무역, 서비스무역, 투자 등 많은 영역이 포함되었다. 그 가운데 뉴질랜드는 2016년 1월 1일 전에 중국에서 수입하는 모든 제품에 대해 관세를 취소하기로 약속했다. 그중 63.6%의 제품은 협정이 발효되면서 즉시 제로관세를 실행했다. 중국은 2019년 1월 1일 전까지 뉴질랜드에서 수입하는 97.2%의 제품에 대해 관세를 취소하기로 약속했는데 그중 24.3%의 제품은 협정이 발효한 당시 즉시 제로관세를 실행했다.

서비스무역 방면에서 뉴질랜드는 상업서비스, 건축, 교육, 환경 4대 부문 16개의 작은 부문에 대해 WTO보다 높은 약속을 했다. 중국은 상업서비스, 환경, 스포츠와 예능, 운송 4대 부문의 15개의 작은 부문에 대해 WTO보다 높은 약속을 했다. 투자 방면에 중국과 뉴질랜드는 투자 추진과 보호에 대해 명확히 규정했으며 투자와 관련된 분쟁을 해결하기 위해 효과적인 메커니즘을 구축했다.

2012년 말까지 중국이 이미 체결하고 실행한 FTA에는 또 내륙과 홍콩, 마카오 사이에 더욱 밀접한 경제무역 관계를 맺은 것, 해협 양안 경제협력 기본협정(ECFA), 중국-파키스탄 FTA, 중국-싱가포르 FTA, 아시아태평양무역협정, 중국-페루 FTA, 중국-코스타리카 FTA가 포함돼 있다. 중국은 호주, 아이슬란드, 노르웨이, 걸프협력기구, 남아프리카관세동맹, 스위스, 한국과 FTA 담판을 진행하고 있다. 이밖에 중국은 또 인도, 카자흐스탄, 몽골 등의 나라와 FTA를 체결하기 위한 실행가능성 분석(도표 1-1 참조할 것)을 하고 있다.

도표 1-1 중국이 FTA에 가입한 상황 (2012년 연말까지)

이미 발효된 FTA	담판 단계에 있는 FTA	실행가능성 분석 단계에 있는 FTA
내지와 홍콩 사이에 더 밀접한 경제무역 관계를 맺은 것	중국-걸프협력기구	중국-인도
내지와 마카오 사이에 더 밀접한 경제무역 관계를 맺은 것	중국-호주	중국-카자흐스탄
해협양안 경제협력기본협정	중국-아이슬란드	중국-몽골
중국-아세안	중국-노르웨이	
중국-파키스탄	중국-남아프리카관세동맹	
중국-칠레	중국-스위스	
중국-뉴질랜드	중국-한국	
중국-싱가포르		
중국-페루		
아시아태평양무역협정		
중국-코스타리카		

자료출처 : 중국 자유무역지대서비스 사이트가 발표한 정보를 정리하여 얻은 것.

2. 일본의 FTA 전략

(1) 일본의 FTA 전략의 변천

일본은 세계적인 경제대국이자 아시아의 정치대국으로 매우 중요한 지역 영향력을 가지고 있다. 때문에 FTA에 대한 일본의 태도는 한·중·일 FTA의 전망, 심지어 전체 동아시아 역내 협력의 질에 직접 영향을 준다.

제2차 세계대전이 끝난 후 무역입국을 기본 국책으로 삼은 덕분에 일본의 경제는 비약적으로 발전했다. 1955년 일본은 GATT의 정식회원이 되었다. 이는 일본이 세계자유무역체제에 가입했다는 것을 의미한다. 그 후 수십 년간 다자주의가 이끄는 무역 자유화정책이 일본기업의 세계 경쟁력을 높여주었고 일본이 산업구조 고도화를 실현하는데 적극적인 역할을 했다. 때문에 일본정부는 전후 세계무역의 성장은 GATT/WTO를 중심으로 하는 다각 무역질서의 틀 안에 이루어진 것이고 일본은 이런 무역질서의 최대 수혜자의 하나라고 생각했으며 따라서 장기적으로 역내 및 양자 FTA에 소극적인 태도를 보였다. 그러나 1990년대 말부터 세계적 범위에서 새로운 FTA 붐이 일어났다.

한국, 싱가포르, 멕시코 등의 나라가 연이어 일본에 양자간 FTA 타당성에 관한 공동연구를 시작할 것을 제안했다. 1999년부터 시작해 일본은 이 나라들의 제안을 받아들였으며 이는 일본이 FTA정책을 바꾸는 계기가 되었다.

1999년의 《통상백서》에서 일본은 처음으로 FTA에 관한 기존의 소극적인 견해를 바꿔 더욱 융통성 있고 건설적인 조치를 취할 필요가 있다고 제기했다. 2000년의 《통상백서》에서 일본은 또 WTO를 중심으로 양자 간 및 역내 협력으로 보완하는 무역정책을 실행할 것을 제기했는데 이는 FTA에 대한 일본의 태도가 실질적인 변화를 가져왔음을 의미한다.

세계 차원의 요인 이외에 일본의 국내 경제상황의 변화 역시 일본으로 하여금 FTA에 가입할 필요성과 긴박성을 깊이 인식하도록 했다. 1990년대 초부터 시작해 일본의 거품경제가 무너지면서 90년대 일본 경제의 연평균 성장률은 1.3%에 그쳤으며 세계 수출에서 차지하는 비중은 1990년의 8.6%에서 2000년에는 7.6%로 내려갔다. [12] 일본의 경제발전은 소중한 10년을 잃어버렸고 국제적으로 일본경제에 대한 평가가 끊임없이 낮아졌다.

경제사회의 여러 가지 심층적 모순에 일본정부가 경제적으로 개입했으나 소용이 없었다. 이 사실은 일본의 기존 경제체제가 내부적이고 폐쇄적인 시장경제에 적응하고는 있지만 개방적이고 경쟁적인 시장경제에는 적응하지 못한다는 것을 설명해주었다. 경제사회 환경의 변화에 적응하고 새로운 경제체제를 구축하기 위해 일본은 반드시 경제구조개혁을 대대적으로 추진해야 했다. 구체적으로 말하면 농업, 유통업, 중소서비스업은 일본에서 경제효율이 가장 낮은 부문이었다. 이런 부문이 각종 규제와 가격보조금, 세제혜택, 수입제한정책의 보호를 받았기 때문에 오랫동안 저효율이라는 악순환에서 벗어나지 못했다. 이런 상황에서 FTA를 체결하여 양자 또는 역내 자유무역을 추진함으로써 국내 상품시장과 요소시장을 가일 층 대외에 개방하고 아울러 현대 시장제도와 시장경쟁 메커니즘을 최대한 도입하는 것이 일본의 경제회복과 발전을 추진하는 중요한 한 방법이 되었다.

---

12) 자오쉐엔(趙雪燕), 귀스신(郭世信), 「90년대 이후 일본의 경기가 침체된 원인에 대한 분석」, 『현대일본경제』 2004년 제1기, 6쪽.

이밖에 '안행형태(雁行形態 Flying Geese Model)'[13]가 효력을 잃은 후 동아시아 역내 경제통합 과정에서 주도권을 따내기 위한 것 역시 일본이 최근 FTA에 적극 참가한 다른 한 원인이 된다. 1980년대부터 일본은 기술과 산업의 순서별 이동방식을 통해 아시아의 '네 마리의 작은 용', 아세안, 중국 내륙의 경제발전을 지도하려 했다. 일본은 '안행형태'를 동아시아 경제발전의 한 가지 현실로 보았을 뿐만 아니라 이 형태를 각별히 추구하고 정성껏 지켜가는 역내 경제 질서로 삼았으며 동아시아에서 자신의 주도적 지위를 확립하려 했다. 그러나 1990년대 중기 이후 동아시아 경제구조에 뚜렷한 변화가 일어났다.

일본경제가 침체에 빠진 한편 동아시아 각국은 오히려 풍부한 노동력 자원과 저임금 우세로 선진국의 자금과 기술, 선진적인 관리 경험을 적극 도입하여 세계적인 경쟁력을 대폭 제고시켰으며, 가전제품, 방직, 조선, 강철 등의 제조업 분야에서 일본에 점점 더 큰 압력을 주었다. 이 국가들은 일본이 시장을 더 많이 개방하여 서로 간에 더욱 평등한 경제관계를 수립할 것을 바랐다. 이런 상황에 초점을 맞추어 일본의 경제산업성은 2001년에 발표한 『통상백서』에서 "일본을 대장 기러기로 하던 동아시아 경제의 '안행형태발전' 시대가 이미 끝났고 동아시아를 무대로 하는 대경제시대가 그것을 대체했다"고 명확하게 지적했다. 때문에 FTA를 체결하는 방식으로 일본과 동아시아 각국의 경제관계를 강화하고 전략적인 높이에서 상호

---

13) 안행형태 : 동아시아지역전체의 발전과정을 말하는데 이는 경쟁력을 상실한 산업이 쇠퇴하고 신흥 산업이 비교우위산업으로 부상하면서 산업구조가 고도화되어가는 과정을 설명한다.

이익과 혜택을 주는 관계를 구축하는 것이 일본의 합리적인 선택으로 되었다. 앞에서 서술한 바를 종합해 보면 국제와 지역, 그리고 국내 방면의 종합적인 요소를 고려해서 일본은 역내 무역배치에 대한 소극적인 태도를 바꾸고 FTA에 적극 참가하려 했다. 2002년 11월 일본 외무성은 특별히 자유무역지대 및 경제동반자관계협정(Economic Partner Agreement, EPA) 본부(FTA/EPA Headquarter)를 설립하고 경제사에 자유무역지대 및 경제동반자관계처를 증설하여 양자간 FTA 또는 EPA의 담판과 계획을 책임지게 했다.

(2) 일본의 FTA 전략의 주요 내용

2002년 10월 일본 외무성은 『일본의 FTA 전략』 보고서를 발표했다. 이 보고서는 FTA를 체결하면 관련국과의 관계가 강화되고 경제, 대외무역, 정치, 외교와 안전보장 등의 방면에서 모두 일본에 중요한 이점이 있다고 지적했다. 세계 각국이 미래 무역질서의 주도권을 쟁탈하기 위해 FTA 체결 범위를 끊임없이 확대하고 있는 한편 일본은 계속 다각 무역 자유화 담판을 견지하는 동시에 대외 경제무역 전략의 중심을 역내 및 양자 무역 자유화를 추진하는 쪽으로 옮기고 있다. 이 보고서는 또 비교적 상세한 FTA 전략계획을 제정했는데 FTA 전략을 추진하기 위한 목표, 원칙 및 FTA 상대국의 선택 기준 등을 전면적으로 상세히 논술했다.

■ 일본이 FTA에 가입하는 목표와 원칙

『일본의 FTA 전략』에 따르면 일본이 FTA에 가입하는 전략적 목표에는 주로 아래와 같은 3가지 방면이 포함된다. 첫째는 FTA를 건설하여 상대국이 무역장벽을 낮추게 함으로써 무역정책의 예측 가능성과 투명도를 높이고 일본기업의 경영에 더욱 좋은 국제환경을 마련하는 것이다. 둘째는 FTA를 통하여 국내 농업정책, 행정체제 등 구조적 개혁의 진행과정을 촉구하는 것이다. 셋째는 FTA를 경제, 외교와 안전보장의 종합체로 삼고 일본의 국가 이익을 전면적으로 확대하는 것이다.

이상의 목표를 바탕으로 일본은 또 FTA 체결의 원칙을 확정했다. 첫째, 다자간 자유무역체제를 고수하는 것을 전제로 FTA에 참가하고 FTA를 무역정책의 새로운 버팀목으로 삼고 적극적으로 이용한다. 둘째, 무역 이익을 얻는 한편 산업구조 조정, 경쟁력 제고, 정치 외교 관계 강화, 안전 수호 방면에서 FTA가 가져다주는 동적 이익을 중시한다. 셋째, FTA를 체결하는 과정에 유연성을 유지하고 일본 국내의 경쟁력이 약한 산업(주로 농림어업)이 과도한 충격을 받는 것은 될수록 피한다.

■ FTA 추진에서 일본이 선택한 모델

『일본의 FTA 전략』에 따라 일본은 FTA와 EPA를 자유무역협정을 추진하는 두 가지 중요한 모델로 삼았다. FTA는 화물무역의 관세와 기타 제한적인 조치를 폐지하는 것을 주요 내용으로 하는 협정이다. EPA는 FTA의 요소를 포함하는 한편서비스무역, 투자, 경쟁정책, 표준적합성, 정부조달, 비즈니스 인원의 이동, 분쟁 해결 등 많은 자유화 내용도 포함하고 있으며 계약 체결 당사국의 무역과 경제발전 상황에 근거해 특정된 영역에 과도적인 조치를 취할 수도 있다.

EPA 모델은 화물무역의 자유화 정도가 WTO 규칙보다 낮을 수 있다.

한편 계약 체결국과 국제사회의 인정을 받기 위해 기타 방면의 자유화 정도는 어느 정도 확대되는데, 예를 들면 서비스무역 자유화, 투자자유화 같은 것이다. 일본이 농산물 무역, 외국 국적 노동자의 취업, 기술자격 인정 등 많은 영역에서 일관적으로 보호주의를 실행해왔기 때문에 단시기 내에 이런 영역을 대외로 개방하는 데에는 큰 어려움이 따른다. 때문에 일본정부는 주로 EPA의 방식으로 양자 간 자유무역지대를 건설한다. 이밖에 EPA에는 투자제한과 지적소유권보호 같은 내용이 포함돼 있기 때문에 '투자입국(투자에 의한 나라 건설)'과 '지식입국(지식에 의한 나라 건설)'을 강조하는 일본에 더욱 유리할 수 있다.

■ 일본이 FTA 상대국을 선택하는 표준

『일본의 FTA전략』은 4가지 표준에 따라 FTA 상대국을 우선적으로 선택한다는 것이다.

첫째, 경제 표준: 체결한 FTA/EPA가 양국의 경제발전을 추진하는데 유리해야 하고, 일본 국내의 구조개혁을 추진하는데 유리해야 하며, 또 기타 국가의 FTA 체결이 일본 기업에 주는 불리한 영향을 효과적으로 상쇄할 수 있어야 한다. 둘째, 지리적 표준 : FTA/EPA는 아시아 역내 내부관계를 강화하고 역내 경제통합과 지역의 안정을 추진하고 일본과 기타 지역 및 국가의 전략적 관계를 강화하는데에 유리해야 한다.

셋째, 정치외교 표준: FTA/EPA는 일본이 상대국과의 우호관계를 강화하는데 도움이 돼야 하고 일본의 외교에 더욱 유리한 조건을 창조해주어야 한다. 아울러 상대국은 비교적 높은 정치의 안정성과 민주화 정도를 갖추어야 한다.

넷째, 현실 가능성 표준 : 고려할 요소에는 민감한 상품이 무역에서 차지하는 비례, 상대국의 성의, 일본 국내 각 방면의 태도 및 FTA/EPA의 타당성에 대해 충분한 연구를 했는지 여부 등이 포함된다.

(3) 일본의 FTA 가입 진행과정

FTA 전략을 확립한 후 일본은 동아시아지역을 중점으로 세계적 범위에서 적극적으로 실시해나갔다. 일본이 선택한 첫 번째 돌파구는 싱가포르이다. 2002년 1월, 일본은 싱가포르와 EPA를 체결했다. 싱가포르는 무역 투자 자유화 정도가 매우 높은 도시국가로 일본에서 수입하는 상품에 대해 100% 제로 관세를 실행한다.

일본이 싱가포르와 EPA를 체결한 것은 경제효과를 극대화하기 위해서가 아니라 싱가포르에 거의 농업이 없고 농업과 어업의 생산액이 GDP 총액의 약 0.1%일 뿐이라 일본의 농업에 위협을 주지 않고, 일본이 농산물 시장을 개방해야 하는 걱정을 할 필요가 없기 때문이다. 싱가포르와 EPA를 체결한 후 일본은 FTA에 가입하는 속도를 다그쳤다. 2012년 연말까지 일본은 13개의 FTA/EPA 협정을 체결했다. 이밖에 또 많은 나라 또는 지역과 FTA/EPA 담판 또는 실행가능성 연구를 시작했다. (도표 1-2를 참조)

도표 1-2 일본이 FTA/EPA에 가입한 상황 (2012년 연말까지)

이미 체결한 FTA/EPA	담판 단계에 있는 FTA/EPA	타당성 분석 단계에 있는 FTA/EPA
일본–싱가포르	일본–한국	일본–캐나다
일본–멕시코	일본–호주	일본–미국
일본–말레이시아	일본–걸프협력기구	일본–유럽연합
일본–필리핀		일본–남아프리카
일본–칠레		일본–남미남부공동시장
일본–태국		일본–몽골
일본–브루나이		
일본–인도네시아		
일본–아세안		
일본–베트남		
일본–스위스		
일본–인도		
일본–페루		

자료출처 : 일본 경제산업성이 발표한 정보를 정리해 얻은 것.

3. 한국의 FTA 전략

한국은 일본과 마찬가지로 '무역입국' 전략의 수익자이기 때문에 WTO 프레임 안의 다자무역 제도를 적극 제창해왔으나 처음 단계에서는 FTA에 별로 관심이 없었다. 그러나 국제와 국내 상황이 발전하면서 FTA에 대한 한국의 태도가 변하기 시작했으며 점차 FTA에 적극 가담하는 나라가 되었다. 1997년의 아시아 금융위기를 분수령으로 한국의 FTA 전략 변화과정은 두 개 단계로 나눌 수 있다.

1997년 아시아 금융위기 전, 한국은 수출 지향형 개발도상국으로 GATT/WTO 프레임을 이용하여 대외무역을 적극 발전시키고 경제의 비약적인 발전을 이룩했다. 1960년대 중기에 '수출제일주의' 방침을 제기한 후 한국은 대외무역으로 국민경제를 발전시키는 정책을 계속해서 실행해왔으며, 세계경제 분업구조에 근거해 본국 산업부문의 경영방향을 확정하고 국제경쟁에 적극 참가했다. '무역입국' 전략을 실행한 결과 한국은 산업구조가 한층 업그레이드되고 농업사회로부터 현대 공업사회로 발 빠르게 전환했다.

이를 감안하면 한국은 아시아 금융위기 전까지 역내 경제통합에 냉담한 태도였다. 그러나 1997년 아시아 금융위기의 충격을 받으면서 한국은 구미시장에 과도하게 의지한 것이 문제였다는 것을 점차 인식했다. 이런 문제는 주로 아래와 같은 두 방면에서 나타났다. 첫째, 금융위기가 동아시아 경제의 취약성을 보여주었고, 이런 취약성을 조성한 중요한 원인의 하나는 동아시아 국가 간의 경제협력이 엄중하게 침체되고 효과적인 위기방어 메커니즘이 부족했기 때문이었다. 이는 이 지역이 경제협력을 강화해야 할 필요성과 긴박성을 부각시켜주었다. 둘째, 한국경제가 경제위기 때문에 곤경에 처했을 때 미국은 이 틈을 타 한국에 금융시장을 가일 층 개방할 것을 요구하고 그것을 대가로 미국의 원조를 얻어내도록 했는데, 이로부터 한국은 단순하게 미국에 의지하는 것은 매우 위험하다는 것을 알았다. 때문에 김대중 대통령의 집정시기 한국은 세계적 범위에서 일어나는 역내 경제통합이라는 발전 추세에 순응하여 FTA전략을 실행하기 시작했다.

지적할 필요가 있는 것은 김대중 집정시기에 FTA정책이 그 전에 비해 더욱 적극적으로 변했지만 여전히 '방어적'인 FTA 전략이었고, '비용극소화' 원칙을 따랐다는 것이다. 즉 FTA가 국내의 열세(劣位)부문 특히 농업, 어업 등의 부문에 미치는 부정적인 영향을 극소화시켜야 했다.

노무현 대통령 집정시기에 한국의 FTA 전략에는 더욱 적극적인 변화가 일어났다. 노무현은 2003년에 한국 대통령이 된 후 FTA 전략을 가일 층 발전시켰다. 김대중 시대의 '비용극소화' 원칙을 '이익극대화' 원칙으로 바꾸었고, 상세한 FTA 전략을 발표했으며 "전면적이고 높은 수준의" FTA를 체결하는데 전력했다. 이미 정한 총 전략에 따라 한국은 FTA 상대국을 3가지 부류로 나누었다. 첫 번째 부류는 즉시 FTA를 체결할 수 있는 상대였는데, 여기에는 칠레, 싱가포르, EFTA, 일본이 포함되었다. 두 번째 부류는 중기 FTA 상대로 멕시코, 캐나다, 아세안이었고 세 번째 부류는 장기 FTA 상대로 유럽연합, 미국, 인도 등이었다.

이명박 대통령은 2008년 2월부터 집정하면서 기본적으로 노무현 정부가 제정한 로드 맵에 따라 한국의 FTA 전략을 추진했다. 한국 외교통상부는 2010년에 『한국의 FTA 책략』을 발표했는데 핵심적인 책략은 여전히 WTO 다자 프레임과 FTA 시스템을 바탕으로 두 대외통상전략을 병행시키면서 세계 범위에서 본국을 위해 정치와 경제 방면의 이익을 도모하는 것이었다.

(2) 한국 FTA 책략의 주요 내용

■ 한국의 FTA 가입 전략적 목표

한국이 FTA에 가입하는 선결 과제는 국민경제의 장기적이고 안정된 발전을 실현하는 것이다. 2006년 8월 30일, 한국은 「2030년 전망」이라고 하는 국가의 경제・사회 복지를 발전시키기 위한 중장기목표 계획을 발표했다. 이 계획에 따르면 2030년까지 한국은 경제성장과 사회보장시스템 등의 방면에서 세계 선진국가가 될 것이고, 국내 총생산액(GDP)은 2조4000억 달러에 달해 2005년의 7,880억 달러에 비해 300%나 대폭 증가한다. 한국의 일인당 평균 GDP는 1995년 처음으로 1만 달러를 넘어섰으며 2006년에는 1만8,000 달러에 달했고 2007년에는 2만1,695달러로 사상 최고치에 도달했다. 그 후 세계 금융위기의 영향을 받아 한국 경제는 심각할 정도에까지 이르렀는데, 2009년에는 GDP가 8,003억 달러로 하락하여 세계 제15위에 머물렀다. 2010년부터는 한국 경제가 회복되기 시작해 GDP가 다시 1조 달러를 돌파했고, 일인당 GDP도 다시 2만 달러대에 올라섰다.

한국의 단계적인 목표는 2020년에 GDP가 세계 10위인 경제대국이 되는 것이다.[14] 이를 위해 수출지향형 경제를 실행하고 있는 한국은 많은

---

14) 왕시원(王喜文), 「한국 경제의 국제적 지위가 신속하게 제고된 원인에 대한 분석」, 『당대 한국』 2011년 제2기, 29쪽.

나라들과 FTA를 체결함으로써 국민경제의 장기적인 안정된 성장에 에너지를 제공하려 노력하고 있다.

다음, 한국은 FTA 가입을 대외무역을 성장시키는 중요한 루트로 삼았다. 일본과 마찬가지로 한국은 대외무역 의존도가 매우 높다. 2009년, 한국의 무역 의존도는 82.4%였고 2010년에는 87.9%로 더욱 높아졌다.[15] 때문에 한국이 경쟁이 치열한 세계 환경에서 살아남으려면 반드시 역내 경제통합의 추세에 순응하여 FTA를 건설하는데 적극 가담함으로써 무역장벽을 효과적으로 피하고 세계에서 본국의 시장 점유율을 확대해야 한다.

그 다음, 한국은 FTA 가입을 국내의 취업기회를 늘리고 산업 고도화를 실현하는 유효한 조치로 삼았다. 최근 몇 년간 한국의 취업상황은 별로 좋은 편이 아니다. 특히 2008년 말기 이후 많은 한국기업이 경제가 빠르게 악화되는 것을 우려해 대규모로 감원하면서 한국의 실업률이 두 자리 수로 올라갔다.

이와 함께 한국은 최근에 경상항목 적자가 끊임없이 늘어났고, 외환상황이 심각하게 악화되고 신용곤란이 점점 더 커졌으며 따라서 한화의 환율이 급격히 평가 절하되고 민중의 실제 구매력이 엄중하게 내려갔으며, 민간의 소비가 날로 급격히 줄어들었다. 이런 상황에 한국 정부는 FTA를 체결하여 무역규모를 확대하고 해외 투자를 흡수함으로써 더욱 많은 일자리를 창출하고 취업률을 높이려 했다. 이밖에 FTA를 체결하면 관세 보호가 취소되기 때문에 한국 기업이 제품시장, 생산요소 자원 등을 재배치하고

---

15) 데이터 출처: 중국 상무부 사이트: http://www.mofcom.gov.cn/aarticle/i/jyjl/j/201006/20100606974356.html.

자체적으로 경쟁력을 높이도록 추진하게 되어 한국의 산업구조 개선 및 고도화에 좋은 조건을 마련할 수 있다.

마지막으로 한국은 FTA에 가입하는 것으로 역내 영향력을 확대하고 한반도 문제 해결에 가능성을 제공하려 했다. 한국은 경제외교가 국가의 정치적 목표를 실현하는 효과적인 수단이고 종합 국력과 세계에서의 영향력을 높이는데 중요한 의의를 가진다고 생각한다. 때문에 한국은 지정학 방면에서 자신이 가지고 있는 장점을 발휘하여 동아시아, 더 나아가서 아시아태평양지역의 많은 나라들과 FTA를 적극 체결함으로써 이를 빌려 국제와 지역의 정치무대에서 역할을 강화하고 역내 정치의 안정을 지키고 한반도 문제를 해결하는데 가능성을 제공하려고 한다.

■ 한국의 FTA 전략의 특징

한국은 FTA 가입에서 늦게 스타트를 했기 때문에 야심만만한 전략적 목표를 실현하기 위해 "다방면으로 공세를 벌이고, 병행 추진하는 방식"으로 세계적 범위에서 자체적인 FTA 전략을 실행하고 있는데, 여기에는 몇 가지 비교적 돌출적인 특점을 보여주고 있다.

첫째, 쉬운 것을 먼저 하고 어려운 것은 후에 한다. 되도록 빨리 실질적인 진전을 이루기 위해 한국은 FTA 상대국을 고를 때 산업구조와 무역구조가 한국과 뚜렷한 상호 보완성을 띠고 협상 저해가 비교적 작은 나라 및 지역을 우선적으로 고려하고 있는데, 이는 단시기 내에 협의를 달성해낼 수 있고 또 국내 각계의 동의를 쉽게 받아낼 수 있기 때문이다.

이 원칙을 따른 결과 한국은 FTA 전략 실행 초기에 손쉽게 칠레, 싱가포르,

아세안과 FTA를 체결했다.

둘째, 점을 가지고 면을 이끌면서 세계적 범위로 네트워크를 형성했다. 한국은 시종일관 세계적인 차원에서 FTA의 종합적인 전략을 추진해왔는데 그 구체적인 조치는 세계 각 주요 지역에 먼저 한 개의 FTA를 구축하여 '견본' 과 '발판'을 만드는 것이다. 북아메리카의 미국과 캐나다, 남아메리카의 칠레, 동남아지역의 싱가포르, 유럽지역의 유럽자유무역연합, 동북아지역의 일본 등을 예로 들 수 있다. 아울러 이를 바탕으로 FTA의 수량을 끊임없이 늘려가면서 본국을 축으로 하는 세계 FTA 네트워크를 형성한다.

셋째, 내용으로부터 보면 한국이 체결한 대다수의 FTA에는 많은 내용이 포함돼 있다. 화물무역에 관한 장점이 있을 뿐만 아니라 무역서비스, 투자, 정부조달, 지적 소유권과 기술표준 등의 영역도 언급돼 있다.

넷째, 한국은 국민의 공통인식을 기반으로 FTA를 추진하려고 많은 노력을 했다. FTA에 대한 국민의 인지도를 높이고 FTA 체결과정의 투명도를 높이기 위해 한국 정부는 2004년 5월에 「자유무역협정 체결 절차에 대한 규정」을 내놓았다. 이 규정은 FTA 추진 과정에 광범위한 범위에서 사회 각계의 의견을 수렴하고 더 많은 민간 전문가를 참가시키면서 최대한 투명도를 보장할 것을 요구했다.

다섯째, FTA와 관련된 기구설치와 부대정책이 비교적 완벽했다. 2004년 3월 한국의 전국경제인연합회, 대한상공회의소 등 4개의 경제단체가 서울에서 FTA 민간촉진위원회를 설립했다. 이 위원회는 한국이 기타 나라와 FTA협상 업무를 펼치는 핵심적인 지원기구로 정부와의 소통, 산업계의 의견을 수렴하고 전달, FTA의 실행 추진 등의 방면에서 적극적인 역할을 했다.

정부 측 기관 설치 방면에서 한국정부는 2004년 12월 외교통상부에 FTA국을 설립하여 FTA 협상담판과 관련된 사무를 전문적으로 책임지게 했으며 직원은 민간전문가, 기타 부문의 직원, 행정과 사법고시 합격자 중에서 초빙하여 임용했다. 이밖에 한국의 일부 산업부문은 또 '특허풀'을 결성해 FTA로 일어난 법률문제에 대처하려 했다. 그 주요 기능과 조치는 기업, 연구기관의 특허 전문가와 변호사를 초빙하여 특허 분쟁에 대응하기 위한 대책과 전략을 제정하고 본국의 핵심적인 중요한 기술이 보호를 받도록 보장하는 것이었다.

(3) 한국이 FTA에 가입하기 위한 진행과정

FTA 전략이 확정된 후 한국은 전심전력으로 실행해나갔으며 상당히 빠른 진전을 가져왔다. 2003년 2월 한국은 칠레와 첫 FTA을 체결했다. 그 후 짧은 몇 년 사이에 한국은 잇달아 싱가포르, 유럽자유무역연합, 아세안, 인도, 유럽연합, 페루 등 여러 나라 및 지구와 FTA를 체결하고 발효시켰다. (도표 1-3 참조할 것) 앞에서 밝힌 이미 발효한 FTA 중 한국-유럽연합 FTA의 경제효과와 영향력이 가장 컸다. 한국은 2007년부터 유럽연합과 FTA 담판을 시작하여 2009년 10월 15일에 FTA 협정을 체결했고 2011년 7월 1일 정식으로 발효됐다.

협정이 발효된 날부터 한국이 유럽연합에서 수입하는 제품 품목의 80.33%와 유럽연합이 한국에서 수입하는 제품 품목의 93.94%가 즉시 관세를 취소했다. 협정이 발효된 5년 후, 즉 2016년 1월 1일전까지 한국이 유럽연합에서 수입하는 제품 품목의 93.45%와 유럽연합이 한국에서 수입하는 제품 품목의 99.6%가 관세를 취소하도록 했다.

지적할 필요가 있는 것은 유럽연합의 평균 관세율은 5.3%이고 한국에서 수입하는 자동차, 텔레비전, 섬유, 피혁 등 중요한 제조업 제품에 대한 관세도 비교적 높은 편이었다. 때문에 한국-유럽연합의 FTA가 발효됨에 따라 유럽연합 시장에서 한국상품의 가격 경쟁력이 대폭 증가되었고 한국이 유럽에 대한 수출을 확대해 가는데 도움이 되었다.

이밖에 미국과 FTA를 체결하는 것도 한국이 자체적인 FTA전략을 추진하고 실시해나가는데에 매우 중요한 것이었다. 한국은 미국과 FTA를 체결하면 한미 경제무역 관계가 더한층 밀접해지고 중국이 점차적으로 주도해나가고 있는 동아시아 정치 경제구도를 견제할 수 있으며, 더 나아가 한미경제동맹을 형성하여 한국에 전면적인 정치·경제 효과와 수익을 가져다줄 수 있으리라고 생각했다. 2006년 6월부터 2007년 4월까지, 한국 정부는 미국 정부와 10개월 간이라는 어려운 담판을 거쳐 끝내 합의를 이끌어냈으며, 2007년 6월 30일 정식으로 FTA협정을 체결했다. 그러나 이 협정이 미국 국회에 회부된 후 미국 국회가 질질 끌면서 비준을 내리지 않아 한미 FTA가 효력을 발생하지 못했다. 오바마가 정권을 잡은 후 부시 집정시기에 체결한 미-한 FTA에 대해 질의를 제기했으며, 이 협정은 농산물 보호와 자동차 무역 조항에서 한국에게 과도하게 양보했고, 미국의 강세인 서비스업이 한국시장에 진입하는데 너무 많은 제한을 유보해 주었다고 여겼다. 이와 동시 한미 양측은 무역 방면에서도 적지 않은 마찰이 생겼다.

예를 들면 2008년 한국에서 미국산 쇠고기를 반대하는 운동이 일어난 것 등이 그것이었다. 이런 상황에 근거해 미국은 관련 조항에 대해 다시 담판을 할 것을 제기했다. 미국의 압박으로 한국은 어쩔 수 없이 자동차 무역 조항 방면에서 중대한 양보를 했다. 2011년 10월 12일, 한 · 미 FTA 이행법안이 미국 국회에서 최종적으로 통과되었다. 2012년 3월 15일, 한 · 미 FTA가 정식으로 발효되었다. 한 · 미 FTA는 앞으로 10년 간 한국에 35만 개의 일자리를 늘려주고 한국의 국내 총생산액을 5.6% 증가시킬 것으로 추산되고 있다.

현재 한국은 걸프협력기구, 호주, 뉴질랜드, 콜롬비아, 캐나다, 멕시코 등의 나라와 지역이 조직하는 FTA 담판에 적극 참가하고 있다. 실행가능성을 갖고 연구단계에 있는 FTA는 모두 9개이다. (도표 1-3을 참조할 것.)

도표1-3 한국이 FTA에 참가한 상황 (2012년 연말까지)

이미 발효된 FTA	담판 단계에 있는 FTA	타당성 연구 단계에 있는 FTA
한국—칠레	한국—캐나다	한국—남방공동시장
한국—싱가포르	한국—멕시코	한국—러시아
한국—유럽자유무역지대	한국—걸프협력기구	한국—이스라엘
한국—아세안	한국—호주	한국—남아프리카관세동맹
한국—인도	한국—뉴질랜드	한국—몽골
한국—페루	한국—콜롬비아	한국—베트남
한국—유럽연합	한국—터키	한국—중앙아메리카
한국—미국	한국—일본	한국—인도네시아
	한국—중국	한국—말레이시아

자료출처 : 한국 외교통상부가 공개한 정보를 정리해서 얻은 것.

2. 동아시아 역내 경제통합의 발전

동아시아지역에는 중국, 일본, 한국, 아세안 등 중요한 경제체가 포함되어 있으며 아시아태평양지역에서 차지하는 대외무역과 투자의 비중이 매우 높다. 때문에 동아시아 경제통합 과정은 이 지역의 경제성장과 번영에 관계될 뿐만 아니라 한·중·일 FTA라는 역내 자유무역 배치의 발전 추세에도 중요한 영향을 미치게 된다. 때문에 우리는 동아시아 경제통합의 진행 과정을 돌이켜볼 필요가 있고 다른 각도에서 동아시아 경제통합의 배경과 원인에 대해 심도 있게 분석해볼 필요가 있다.

1. 동아시아 경제통합의 배경과 원인

1980년대부터 세계 각국의 경제적 연계가 강화되고 시장경쟁이 치열해 지면서 세계에는 경제 글로벌화와 역내 경제 블록화가 병행 발전하는 구도가 형성되었고, 이는 동아시아 경제통합의 거시적 배경과 토대가 되었다. 아울러 각종 정치와 경제적 요소, 내부와 외부요소가 뒤섞여 동아시아 경제통합이 발전하는 직접적인 요인이 되었다.

우선, 세계와 아태지역의 전략적 구도의 변화가 동아시아 경제통합의 정치적 원인이 되었다. 냉전이 끝나면서 미국은 유일한 초강대국이 되었다. 소련이 해체된 후 러시아는 전체적으로 실력이 크게 약화되어 미국과 대항하기 어려워졌으나 여전히 유엔 안전보장이사회 상임이사국의 하나이고 군사와 과학기술의 실력이 막강하다. 그런데다가 최근 몇 년간 경제적으로 실력이 어느 정도 제고되었고, 에너지 외교를 활발하게 진행하면서 국제적으로 여전히 큰 영향력을 보유하고 있다. 일본은 세계 경제 대국이지만 전후 특수한 국제정치 프레임의 속박과 제한을 받고 있다. 때문에 일본은 최근 몇 년간 유엔 안전보장이사회 상임이사국에 가입하는 등의 방법으로 '정치대국화'의 전략적 목표를 실현하려 애를 쓰고 있다. 유럽연합은 국제 사무에서 자기 독립적인 발언공간을 얻기 위해 자각적으로

뭉치고 있으며, 당대 세계 정치경제 구도에서 중요한 한 극이 되었다. 중국은 평화적인 발전전략을 견지하고 종합적으로 실력이 끊임없이 강화되고 있다. 유럽연합은 내부와 외부요소의 협력 하에 최근 몇 년간 여러 가지 적극적인 방식으로 각 정치 대국과 더욱 많은 협력공간을 모색하고 있다. 이로부터 세계 정치구도가 '하나의 초강대국과 여러 개의 강국'으로부터 '다극화' 방향으로 발전하고 있다는 것을 알 수 있다. 동아시아는 하나의 일체이며 세계 정치, 경제와 안전 등의 영역에서 더 많은 발언권을 가지려면 반드시 자체적으로 연합을 강화해야 하고 경제적인 연합은 가장 기본적인 선결조건이다. 때문에 동아시아 경제통합의 진전을 촉구하고 동아시아지역의 전반적인 실력과 국제경쟁력을 제고시키는 것은 필연적인 전략적 선택이다.

다음으로 최근에는 경제통합이 세계 경제발전의 주류가 되고 있다. 그런 이유로 국가 간의 경쟁이 점차 역내 기구 간의 경쟁에 자리를 양보하게 되어 아태지역 경제통합에 직접적인 추진력이 되었다. 20세기 중·후기 이후 동아시아는 세계적으로 경제성장이 가장 비약적으로 발전하는 지역이 되었는데 이로 인해 각국의 상호의존 관계가 강화되고 인적 유동이 빈번해졌으며 경제규모는 북미, 유럽과 함께 전하는 삼분하는 정도에까지 이르렀다. 그러나 동아시아 경제의 번영은 안정된 것이 아니었다. 1997년 동남아 경제위기가 폭발하면서 동아시아 각국은 뭉쳐야만 강해질 수 있고, 동아시아 경제의 장기적이고 지속적인 발전을 추진할 수 있으며, 경제 글로벌화와 지역 블록화의 도전에 대처할 수 있다는 것을 의식했다.

이런면으로 보면 동남아의 금융위기도 적극적인 의의를 가지고 있다고 볼 수 있는데, 동아시아 각국으로 하여금 경제협력 강화와 경제통합 가동의

착상을 의사일정에 올려놓도록 생각을 바꾸게 했다.

마지막으로 기타 역내 경제통합 기구가 가져다준 시범효과와 경쟁 또한 동아시아가 역내 경제통합을 발전시키는 외부 원인이 되었다. 역내 경제통합의 핵심적인 목표는 경제 글로벌화의 기회와 도전에 대응하고 역내 각 회원국을 위해 더욱 많은 경제적 이익을 도모하는 것이다.

때문에 모든 형식의 역내 경제통합조직이 다 역외 국가를 어느 정도 차별 대우하게 된다. 이런 차별 대우에 대응하기 위해 역외 국가는 새로이 지역경제통합기구를 만들거나 또는 기존의 지역경제통합 조직에 가입하거나 해야 한다. 동아시아가 북미 및 유럽과 정립하고 있는 상황에서 유럽연합과 북미자유무역지대가 설립된 것은 동아시아국가가 직면한 것이 더 이상 단순한 국가 간의 경쟁이 아니라 두 개의 커다란 지역 경제통합조직과의 경쟁이라는 것을 보여줬다. 때문에 동아시아국가는 반드시 역내협력을 강화하고 동아시아 경제통합 진행 과정을 추진하여 전체 동아시아지역의 국제적인 지위를 향상시킴으로써 유럽연합, 북미 자유무역지대의 강력한 발전에 대처해야 했다. 구체적으로 말하면 가장 효과적인 책략은 그와 유사한 역내 경제통합조직을 만들고, 역내 자원과 제품의 상호 보완성을 이용하여 역내의 전반적인 경제운행의 효율을 높이고 역내 경쟁력을 제고시키는 것이다. 아울러 동아시아 역내 경제통합 조직의 설립은 역내무역과 투자자유화를 효과적으로 추진하고 관세와 비관세장벽을 낮추고 전 동아시아지역의 자원 배치를 최적화할 수 있다. 뿐만 아니라 동아시아 역내 경제통합조직의 설립은 또 세계에서 본 지역의 발언권과 영향력을 높여 동아시아가 여러 가지 국제 담판에서 더욱 유리한 위치에 설 수 있게 할 수 있을 것이다.

2. 동아시아 경제통합 진행과정에 대한 회고

1980년대 이후 동아시아지역은 세계에서 경제발전이 가장 빠른 지역으로 되는 바람에 세인이 주목하는 '아시아의 경제 기적'을 창조했다. 경제가 발전함에 따라 동아시아 국가 간의 경제적 연계가 날로 밀접해졌고 상호 의존도가 날로 높아졌다. 국제 다자 담판에서 동아시아 개개의 나라는 집단적인 지지를 받지 못하고 있기 때문에 늘 불리한 지위에 서곤 했다.

국제 담판에서 자체적 지위와 경쟁력을 높이고 '아시아의 힘과 목소리'를 부각시키기 위해 동아시아 국가는 점차 본 지역의 경제 통합조직을 만들 준비를 해야만 했다.

(1) '10+3' 협력의 진행과정

1990년 마하티르 말레이시아 총리가 '동아시아경제공동체'를 건설할 것을 창의(후에 '동아시아경제협의체', EAEC로 수정했음)하면서 아세안, 중국, 일본, 한국에게 함께 구미와 필적할 수 있는 경제협력기구를 형성할 것을 제안했다.

동아시아 국가들이 최초에는 이 창의를 지지했지만 이 구상이 미국, 호주 등의 국가를 제외했기 때문에 미국의 강력한 반대를 받았고 나중에 좌초되었다. 1995년 아세안이 또다시 한·중·일 세 나라 정상과 회담을 할 것을 제기했다. 이는 EAEC가 냉대를 받은 후 아세안이 동아시아 역내 협력을 추진하기 위해 행하였던 또 한 차례의 시도였다. 유감스러운 것은 이번 창의가 여전히 일본의 호응을 받지 못해 또다시 좌초된 것이다.

1996년 3월 제1차 아시아 유럽 정상회의(ASEM)가 태국의 수도 방콕에서 열렸다. 중국, 일본, 한국, 아세안 회원국이 형식적으로 한 개 지역의 그룹을 형성했는데 이는 마하티르가 제기했던 '동아시아경제협의체' 회원국의 구성과 일치했다. 이로부터 사람들은 진정한 의미에서의 '동아시아'가 나타났다고 생각했다.

1997년 동아시아 금융위기가 폭발한 후 동아시아지역에 역내 경제 협력기구가 없었기 때문에 동아시아 각국은 합쳐서 위기에 대응할 수 없었다. 어떤 회원국은 심지어 경쟁적으로 평가절하하여 "화를 남에게 전가하는 정책"을 실행했으며, 이로써 동아시아 금융위기가 가일 층 악화되었다.

이런 상황에 따라 동아시아 각국은 본 지역에 경제협력 조직을 건설할 필요성을 인식했으며 이로써 동아시아 경제통합 발전의 계기가 마련되었다. 1997년 12월 15일, 제1차 아세안 및 한·중·일 정상회의가 말레이시아 수도 쿠알라룸푸르에서 열렸다. '10+3' 협력 메커니즘이 이로써 생겨났다.[16] 회의 주요 의제에는 21세기 동아시아 발전 전망, 아셈(ASEM) 협력 강화, 아시아 금융위기의 영향 극복, 역내 경제적 유대 강화, 국제 경제문제에서의 협조와 협력 등이 포함되었으며 이로써 동아시아 경제협력이 시작되었다.

그 후 아세안과 한·중·일 정상은 해마다 회의를 가지고 동아시아지역과 세계경제 이슈에 대해 심도 있게 의논했으며 단계적으로 중요한 성과를 달성했다. 예를 들면 2003년 10월 인도네시아 발리에서 열린 제7차 아세안+한·중·일 정상회의에서 중국은 「동남아 우호협력조약」에 정식으로

---

16) 당시에는 '9+30' 정상회의였다. 캄보디아가 아세안에 가입한 후 '10+3' 정상회의라고 고쳤다.

가입했으며 아세안과 「평화와 번영을 위한 전략적 동반자 관계에 관한 공동선언」을 체결했다. 아세안은 이번 회의에서 일본과도 「아세안과 일본의 전면적인 경제 동반자 관계 기본협의」를 체결하고 아세안-일본의 FTA 일정을 확정하고 기술지원, 인원교류 등 기타 영역에서 일련의 협력 계획을 제정했다.

2004년 11월, 라오스의 수도 비엔티안에서 열린 제8차 아세안+한·중·일 정상회의에서 30여 개의 중요한 서류를 체결했을 뿐만 아니라 '10+3'을 기반으로 '동아시아 자유무역지대'의 설립 가능성에 대해서도 의논했다. 이로써 동아시아 역내 경제통합이 가일 층 발전하는데 선택 가능한 루트가 제공되었다.

'10+3' 틀 안에서 진행된 여러 가지 협력 중 금융협력의 성과가 비교적 뚜렷했다. 2000년 5월 태국의 치앙마이에서 열린 제9차 '10+3' 재무 장관회의에서 지역성 통화 스와프네트워크 구축에 관한 협의를 체결 하였는데, 이를 「치앙마이협정」(Chiang Mai Initiative)이라고 한다. 「치앙마이협정」에는 주로 두 부분이 포함돼 있다. 우선 아세안 스와프 협정 (ASA)의 수량과 액수를 확대했다. 다음 한·중·일과 아세안 국가 간에 양자 스와프 협정을 체결했다. 그 후 아세안 '10+3' 통화 스와프 메커니즘이 실질적인 진전을 가져왔다. 2003년 12월 말까지 한·중·일 세 나라는 아세안 10개 국가와 16개의 양자 통화스와프 협정을 체결했는데 언급된 액수가 누계 440억 달러에 달했다. 그 후 그 많은 양자 통화스와프 협정을 어떻게 다자 협정으로 만드는가 하는 것이 동아시아 금융협력이 중점적으로 추진해야 할 부분이 되었다. 2008년 5월 '10+3' 재정장관회의에서 성명을 발표하여 800억 달러를 출자하여 공동외환준비기금을 설립하고 본 지역의 통화 안정을 유지하는데 사용한다고 밝혔다. '10+3' 공동외환준비 기금이 설립되면서 각국이 체결한 기존의 양자 통화스와프가 다각 메커니즘으로 확대되었다.

금융위기가 일어나게 될 경우 이 기금을 투입하여 본 지역의 통화 안정을 유지함으로써 국제통화기금(IMF) 대출에 대한 역내 각국의 의존도를 감소시킨다. 2009년, '10+3' 외환준비기금의 규모가 더한층 확대되어 1,200억 달러에 달했다. 그중 중국과 일본이 384억 달러씩 출연하고 한국이 192억 달러를 출연하여 각각 보유고 총액의 32%, 32%와 16%를 차지했고 총 80%가 되었다. 아세안 10개 나라가 240억 달러를 출자하였는데 약 20%를 차지했다.

공동외환준비기금의 운행은 각국이 공동으로 체결하여 법률 효력을 가진 계약의 규제를 받고 있으며 이 계약을 전제로 각국은 여전히 기금의 각자 명의하의 외환준비금을 관리할 권한이 있다. 객관적으로 말하면 '10+3' 공동외환준비기금의 각항 메커니즘에는 여전히 개선해나가야 할 점이 있지만 이 기금의 설립은 동아시아지역의 금융 안정을 추진하는 효과적인 루트로 되었다.

(2) '10+1' 협력의 진행 과정

'10+3' 협력은 동아시아지역의 경제협력에 새로운 국면을 열어주었고 아울러 동아시아 자유무역지대를 건설한다는 장기적인 목표를 확정했다.

그러나 아세안과 한·중·일은 '10+3' 협력에 참가할 때 각자 전략적인 구상이 따로 있었다. 한·중·일 세 나라와 종합적인 경제실력 차이가 존재하기 때문에 아세안은 자체의 힘으로는 동아시아 경제협력의 진행 과정을 주도할 수 없음을 잘 알고 있었다. 만약 동시에 동아시아 세 나라와 자유무역 담판을 진행할 경우 아세안은 열세에 처하게 된다. 이런 상황에 아세안은 한편으로 자체적으로 통합수준을 강화하는데 진력하여 2015년에 아세안경제공동체(ASEAN Economic Community, AEC) 건설목표를 확정했다. 다른 한편으로 아세안은 '대국균형' 전략을 실시해서 한·중·일 세 나라와 각각 통합협력 메커니즘을 적극 구축해 나갔으며, 이로써 동아시아 경제협력에서 중심축 역할을 하려 했다. 한·중·일 세 나라의 입장에서 보면 그중 어느 한 나라도 짧은 시간 내에 동아시아지역의 경제협력에서 주도적 지위를 차지하기 어려웠기 때문에 아세안과 깊은 양자 협력을 펼쳐 나가는 것도 좋은 계책이라 할 수 있었다. 때문에 아세안과 한·중·일이 체결한 세 개의 '10+1' 협력이 시대의 요구에 의해 생겨났으며 '10+3' 협력과 병행해 발전하는 상황을 이루었다.

한·중·일 세 나라 가운데 중국이 가장 먼저 아세안과의 자유무역협정 담판을 가동하였다. 2001년 제5차 아세안+중국 정상회의에서 2010년까지 중국-아세안 FTA를 건설하기로 결정했다. 2002년에 열린 제6차 아세안+중국 정상회의에서 양측은 「중국과 아세안의 전면적인 경제협력 기본협정」을 체결하고 중국-아세안 FTA 의 진행 과정을 정식으로 가동했다. 2004년 1월 1일, 중국-아세안 FTA의 조기성과인-「조기수확계획」이 순조롭게 실행되었다. 그 후 양자는 2004년에 「중국과 아세안 전면적인 경제협력 기본협정 화물무역협정」을 체결하고 2005년 7월부터 서로 관세를 전면적으로 낮추었다. 2007년 1월과 2009년 8월 양자는 또 중국-아세안 FTA 「서비스무역협정」과 「투자협정」을 각각 체결했다. 2010년 1월 1일부터 중국-아세안 FTA가 공식적으로 전면 가동되었다.

중국에 이어 아세안은 일본과 FTA 담판을 가동했다. 2002년 10월 8일 일본과 아세안은 「아세안과 일본의 전면적인 경제동반자관계 기본협정」을 체결했다. 양자는 2004년부터 상품무역,서비스무역과 투자자유화 문제에 관한 협상을 시작하는데 동의했다. 2002년 11월 5일 아세안과 일본은 「기본적 경제연계 구상에 관한 공동선언」을 발표하여 10년 내 즉 2012년 전까지 일본-아세안 자유무역지대를 건설한다고 선포했다.

2003년 12월 일본은 아세안 10개 나라와 도쿄에서 특별정상회의를 가지고 양자 간 협력을 추진하는 「일본-아세안 전략협력동반자관계 도쿄선언」과 「아세안-일본 행동계획」을 발표하고 나서 일본과 아세안의 양자 자유무역지대 담판을 최대한 추진할 것이라고 밝혔다. 2005년 4월, 일본은 아세안과 첫 자유무역지대 담판을 가동하였다.

2년 남짓한 시간의 담판을 거쳐 양측은 2007년 11월에 「아세안-일본 전면적인 경제동반자 협정」을 달성했고, 2008년 4월 정식으로 협정을 체결했다. 이 협정에는 화물 무역,서비스무역, 투자와 경제협력 등의 광범위한 영역이 포함되어 있다. 이 협정이 발효된 후 일본은 즉시 아세안으로부터 수입하는 제품 중 90%의 가치에 달하는 제품에 대해 제로 관세를 실행했으며 10년 내 점차적으로 다른 3%의 제품의 관세를 취소하고 나머지 6%의 제품도 관세도 낮추기로 했다. 그러나 쌀, 사탕 및 유제품 등 '특례제품'은 협정에 포함되지 않았다. 6개의 아세안 기존의 회원은 협정이 발효된 후 10년 내에 가치와 종류로 계산하면 90%에 해당되는 일본에서 수입하는 제품의 관세를 점차적으로 취소하기로 했다. 베트남은 15년 내에 점차적으로 일본에서 수입하는 90%의 제품의 관세를 취소하기로 했고, 나머지 회원국은 18년 내에 점차적으로 일본에서 수입하는 85%의 제품의 관세를 취소하게 된다. 아세안의 대다수 국가가 일본에서 수입하는 전기제품, 자동차 부품과 강재 등도 협정의 감세 범위에 포함되었다.

　중국, 일본 두 나라에 비해 아세안은 한국과의 FTA 담판을 비교적 늦게 시작했으나 진행 과정은 더욱 빨랐다. 2005년 4월 21일 한국은 아세안과 FTA기본협정을 달성하는 데에 관한 원칙적인 협의를 체결하여 기본협정의 체결에 길을 닦아주었다. 2005년 12월 13일 아세안과 한국은 쿠알라룸푸르에서 「한국-아세안 자유무역협정 기본협정」을 체결했다. 이 협정에는 상품, 무역, 투자와 분쟁해결 방식에 관한 4개 방면이 포함되었다.

　2006년 3월 아세안의 9개 나라는 한국과 화물자유무역협정(태국은 쌀 무역에서 공통인식을 달성하지 못했기 때문에 참가하지 않았음)을 체결하고 기본협의의 화물무역 부분을 구체적으로 실천했다. 2007년 11월 아세안은 한국과 FTA 프레임 안의 서비스무역협정을 체결했다. 그 후 1년 반의 담판을 거쳐 2009년 6월 아세안은 또 한국과 FTA 프레임 안의 투자협정을 체결했다. 이로써 한국은 중국과 일본을 앞서 아세안과 FTA 화물무역협정, 서비스무역협정, 투자협정, 분쟁해결 메커니즘 협정을 체결한 첫 동아시아 국가가 되었다.

3. 동아시아 경제통합의 특점

　동아시아 각국의 정치체제, 사회문화와 경제발전수준에 비교적 큰 차이가 나기 때문에 동아시아의 경제통합은 역내 경제통합의 일반적인 속성을 가지고 있는 한편 자체의 특점도 보여주고 있다.

(1) 시장이 구동하는 기능성 통합과 정부가 주도하는 제도적 배치가 병행
하여 발전

20세기 중·후기부터 시작하여 동아시아 각국 간의 무역투자 활동이 점점
더 활발해졌고 산업이동과 경제통합이 끊임없이 발전하였으며 객관적으로
시장 메커니즘이 구동하는 역내 경제통합의 진행과정이 형성됐다. 21세기
초까지 동아시아지역의 무역과 생산 네트워크화 정도가 라틴아메리카의
역내 통합기구보다 높았을 뿐만 아니라 북미자유무역지대에 비해도
손색이 없었다. 전망을 보면 시장의 힘이 동아시아 역내 경제통합 과정을
추진하는데 장기적으로 중요한 역할을 발휘하게 된다.

이와 동시에 동아시아의 경제통합 진행과정에 의한 제도적 배치도 각국
정부의 추진 하에 현저한 진전을 이루었다. 아세안이 한·중·일 세 나라와
'10+1' 프레임 안에서 제도적 협정을 체결했을 뿐만 아니라 '10+3' 프레임 안의
여러 가지 협상 대화 메커니즘도 날로 개선되고 있으며 언급된 영역도 날로
넓어졌고 동아시아 각국이 전면적인 협력을 펼쳐나가는데 더욱 효과적인
루트와 플랫폼을 제공했다.

(2) 다양성과 융통성 겸비

동아시아 각국의 정치, 경제와 사회발전의 다원성이 동아시아 경제통합
의 다양성을 결정했다. 현재 아세안과 한·중·일 세 나라 사이에는
동시 에 양자, 삼자, 다자 등 다른 차원의 협력이 존재하고 있으며, 또한
아시아 태평양경제협력기구, 아시아·유럽정상회의 프레임 및 동아시아
역외 국가와 다종 영역에서 여러 가지 방식으로 협력하고 있어 '개방적

지역주의'[17]의 특점을 뚜렷하게 갖추었다.

이밖에 유럽연합과 북미자유무역지대 통합협정의 동일성과 비교해보면 동아시아지역의 통합협정이 더욱 유연성을 가지고 있는데 주로 아래와 같은 두 가지 방면에서 표현된다. 첫째, 각 회원국이 무역자유화 진행과정에 차이가 존재하는 것을 허락하고 관세 감면제품의 범위, 관세 인하폭 등의 방면에서 각 회원국의 경제발전수준과 감당할 수 있는 능력에 근거하여 다른 시간표를 제정한다. 둘째, 회원국마다 단일시장 건설, 생산요소의 자유로운 이동 방면에서 일치할 것을 강요하지 않고 각 회원국이 자본시장, 화폐시장, 노동력시장에 대한 개방시간과 개방수준을 자체로 배치할 수 있도록 한다.

실천이 보여주다시피 각 회원국의 이익을 인정하고 두루 돌보아 주는 유연성은 동아시아 경제통합의 진행과정이 빨리 가동될 수 있게 할 뿐만 아니라 또 점차적으로 본 지역의 경제통합 수준을 높여가게 된다.

4. 동아시아 경제통합 진행과정과 한·중·일 FTA의 관계

최근 몇 년간 동아시아 경제통합 진행과정이 만족스러운 진전을 보였지만 두 가지 방면에서는 여전히 뚜렷한 결함이 존재한다. 하나는 명확한 주도력이 없는 것이고, 다른 하나는 전체 지역을 아우르는 경제통합

---

17) '개방적 지역주의'는 아래와 같은 몇 가지 특점을 가지고 있다. 첫째, 회원국 간의 다양한 경제, 문화, 사회적 차이가 역내 협력을 제약하는 방해물이 되지 않는 것. 둘째, 경제활동을 중심으로 회원국 간의 균형적인 이익을 중시하는 것. 셋째, 무역 투자자유화의 무차별성을 견지하는 것. 넷째, 역내 이익을 실현함과 아울러 다자간 자유화 진행 과정을 지지하는 것.

조직이 형성되지 않은 것이다. 현재 동아시아지역의 각 나라들 가운데 중국이든 일본이든 한국이든 아세안이든 어느 한 쪽도 각 측의 인정을 받으면서 동아시아 경제통합을 지도하고 추진시킬 수 있을 만큼의 실력과 지위를 갖추지 못했다. 비록 일부학자들은 동아시아 경제통합 진행과정을 "작은 말이 큰 차를 끄는 격", 즉 아세안이 주도하고 한·중·일 세 나라가 공동으로 참가하는 것이라고 하지만, 사실은 아세안이 '대국균형' 전략을 이용하여 잠시 유리한 위치에 있을 뿐 진정으로 장기간 동아시아 통합과정을 주도하지는 못한다. 바로 이 때문에 동아시아자유무역지대와 동아시아공동체와 같은 전체지역을 아우르는 통합조직을 건설하려는 착상이 시종일관 실현되지 못하고 있는 것이다. 사실 한·중·일 세 나라의 경제실력은 아세안을 훨씬 초과한다. 2010년 한·중·일 세 나라의 GDP 총액은 세계의 약 20%였고, 아세안은 약 2.3% 밖에 되지 않았다. 한·중·일 FTA가 건설되면 북미자유무역지대와 유럽연합에 버금가는 세계에서 세 번째로 큰 자유무역지대로 될 것이고, 한·중·일 세 나라의 경제에 새로운 발전기회를 가져다줄 뿐만 아니라 아시아태평양 내지 세계 경제무역구도에도 뚜렷한 영향을 미치게 될 것이다.

이밖에 한·중·일 FTA는 또 동아시아지역의 정치적 안정을 강화하는데 도움이 되고 이 지역의 지연정치에 대한 역외 국가의 영향을 줄여줄 수 있다. 더욱 중요한 것은 한·중·일 FTA의 건설이 정식으로 가동될 경우 아세안에 매우 강한 시범효과와 외부압력을 형성하여 아세안이 자기중심적인 생각을 버리고 더욱 적극적인 태도로 동아시아 경제통합의 진행과정에 참가하도록 압박을 하게 될 것이다. 이로부터 볼 때 한·중·일 FTA와 동아시아 경제통합 진행과정은 상부상조하고 서로 추진시키는 관계에 있다.

제3절
한·중·일 FTA 건설의 기반과 진전

중국, 일본, 한국은 동아시아지역에서 경제실력이 가장 강한 나라로 세계경제 시스템에서 차지하는 지위가 날로 높아지고 있다. 한·중·일 3국의 역내 협력을 강화하는 것은 시장을 개척하고 산업을 통합하고 각국의 경쟁력을 높이는데 유리하다. 때문에 한·중·일 FTA를 조속히 건설하는 것은 역내 경제통합 발전 조류의 합리적인 선택일 뿐만 아니라 한·중·일 세 나라가 서로 함께 이익을 도모하는 조치이다.

1. 한·중·일 FTA 설립의 기초적인 조건

1) 가까운 지리적 위치와 서로 양립하는 문화전통

세계적으로 협력성과가 비교적 뚜렷한 역내 경제통합기구를 전면적으로 관찰하여보면 그들 회원국의 지리적 위치는 흔히 인접돼 있거나 가까이에 있는데, 그 예로 유럽연합, 아세안, 북미자유무역지대를 들 수 있다. 한·중·일 세 나라는 바다를 사이에 두고 마주 바라보고 있으며, 지리적 위치에서 남다른 장점을 가지고 있다.

다년간 세 나라는 지리적 장점에 적응하고 그 장점을 충분히 발휘할 수 있는 여러 가지 협력경로를 적극 모색해왔는데, 여기에는 환해경제협력지대, 연해국제경제개발구역과 수많은 '자매결연 도시'가 포함된다. 이런 협력실천은 FTA보다 먼저였고 FTA의 실현에 좋은 선도적 역할을 했다. 이밖에 역사와 문화방면에서 세 나라는 매우 깊은 연원이 있다.

유가문화를 핵심으로 하는 중국 전통문화가 진·한 시기에 일본과 한반도로 전파되었고, 문화의 전파와 더불어 경제교류와 인적 내왕도 매우 빈번해졌다. 2000여 년간이나 유지돼온 이런 관계로 세 나라의 문화적 전통에는 비슷한 점이 많아졌으며, 이로써 동북아지역의 응집력을 위한 중요한 유대관계를 형성할 수 있었다.

2. 한·중·일 경제의 상호 보완성

경제통합이라는 큰 배경 하에 한·중·일 세 나라의 경제적 연계도 날로 밀접해졌다. 앞으로 FTA 프레임 안에서 어떻게 상호이득을 주는 협력을 하는가 하는 것은 세 나라의 관심이 되는 첫 번째 목표이며 경제방면의 상호보완성은 서로 이익을 얻을 수 있는 전제이다. 종합적으로 말하면 한·중·일 세 나라는 자원 부존, 산업구조와 수출구조 방면에서 비교적 높은 상호보완성을 가지고 있다.

(1) 자원의 상호 보완성

자연자원에 대해 말하면 중국의 자연자원은 세 나라중 상대적으로 비교적 풍부한 편이며 특히 농업자원과 광물자원이 매우 풍부하다. 일본은 어업, 삼림과 수력자원이 비교적 풍부하지만 기타 자원은 모두 다 매우 빈약하다.

한국의 상황을 보면 역시 자연자원이 매우 부족하다. 때문에 일본과 한국은 '무역입국' 전략을 실시하고 에너지와 공업원료 자급률이 매우 낮으며 주로 수입에 의지하고 있다. 노동력 자원 방면을 보면 중국은 인구가 많고 노동력 비용이 상대적으로 낮은 편이다. 본국의 경제 발전수준에 필요한 노동력과 비하면 일본과 한국의 총 인구는 적은 편이고 또 1990년대 이후에 인구 노령화가 시작되었기 때문에 현재 두 나라는 노동력 자원이 모자라고 노동력 비용도 높다. 이로부터 한·중·일 3국은 자연자원과 노동력 자원 방면에 상호 보완성이 있다는 것을 알 수 있다.

(2) 산업구조의 상호 보완성

한·중·일 세 나라의 경제발전수준과 산업구조를 보면 현재 3개의 다른 단계에 처해 있다. 일본의 경제는 이미 탈공업화 단계에 들어서 경제가 고도로 발전했으며 기술과 자본집약형 산업방면에 매우 강한 장점을 가지고 있으며 정보공학, 생물공학, 멀티미디어 등 첨단기술 산업을 중점적으로 발전시키고 있다. 한국은 1980년대에 새로 흥기한 공업화 국가이며 전자, 가전제품, 조선 등 기술 집약형 산업이 비교적 발달했다. 중국은 공업화를 실현하고 있는 국가로 일본과 한국에 비해 비교적 낮은 단계에 있다. 그러나 중국도 자신의 장점을 가지고 있는데, 특히 노동집약형 제조업이 비교적 발달했다. 이로부터 볼 때 한·중·일 세 나라는 산업구조와 기술수준에서 비교적 현저한 상호 보완성, 전염성을 가지고 있으며, 이는 한·중·일 FTA의 건설에 적극적인 추진 역할을 하게 된다.

(3) 수출제품의 상호 보완성

국제무역의 요소부존(factor endowments)이론[18]에 따르면 한 나라는 본국에 풍부한 요소를 집약적으로 사용하는 제품을 생산하고 수출해야 한다. 구체적으로 말하면 중국은 노동집약형과 토지집약형 국가이고 일본과 한국은 자본과 기술집약형 국가이다. 때문에 세 나라의 요소비율 차이로 인해 수출제품도 상호 보완성을 가진다. 한·중·일 세 나라의 산업간 무역이 신속히 발전하는 한편 산업 내 무역도 날이 갈수록 많아지고 있으며, 그중에서 수직형 산업무역을 위주로 한다. 국제 산업 분업과정에 일본은 자본재와 제품원자재의 경쟁력이 가장 강하고, 중국은 최종 소비재 방면에서 일정한 경쟁력을 보여주고 있으며, 한국은 일부분의 자본재와 제품원자재가 독특한 비교우위를 가지고 있다.

---

18) 요소부존이론 : 이는 국가 간에 생산요소의 부존상태가 각각 다르고 또 각 상품에 투입되는
    생산비율의 비율이 다르기 때문에 국가 간에 비교생산비차가 발생된다는 것을 설명한 것

3. 한·중·일 무역투자의 발전

최근 30년간, 한·중·일 세 나라의 경제무역 관계가 계속 양호한 발전 추세를 유지해왔고 상호 무역과 투자 규모가 끊임없이 확대되었으며, 무역 의존도가 끊임없이 높아져 한·중·일 FTA 건설에 양호한 기반을 마련해주었다.

(1) 한·중·일 세 나라의 화물무역 상황

중·일 무역은 1980년대부터 빠른 속도로 발전하는 단계에 들어섰으며 양자 간 무역은 파상적 성장을 보여주었다. 2002년, 중일무역이 처음으로 천억 달러를 돌파하여 1,019억 달러에 달했다. 그 후 중·일 양국은 점차 서로 가장 중요한 무역 파트너의 하나로 되었다. 2011년 중일 무역액이 3,428억 3,700만 달러에 달해 2000년에 비해 3.12배 증가했으며 연평균 성장률이 13.74%에 달했다.

중·한 양국은 1992년에 수교한 이래 양자 무역이 빠른 속도로 성장했다. 2005년 중한 양자 간 무역액이 1,119억 2,800만 달러에 달했으며 한국은 여섯 번째로 중국과의 총 무역액이 천억을 돌파한 국가로 되었다. 2011년 중한 양자 간 무역액이 2,466억 3,700 달러에 달해 2000년에 비해 6.15 배 증가됐으며 연평균 성장률은 19.58%에 달했다. 이밖에 일한 양국도 서로 중요한 무역 파트너가 되었는데 2011년의 양자 무역액은 1,059억 6,500만 달러에 달했다. (도표 1-4를 참조.)

도표 1-4 2000~2011년 한·중·일 화물무역 개황 (단위: 억 달러)

연도	중·일 무역			중·한 무역			일·한 무역		
	무역총액	수출	수입	무역총액	수출	수입	무역총액	수출	수입
2000	831.64	416.54	415.10	345.00	112.92	232.07	511.49	307.00	204.49
2001	877.28	449.41	427.87	358.96	125.19	233.77	424.96	252.98	171.98
2002	1,019.00	484.34	534.66	441.03	155.35	285.68	440.54	285.69	154.85
2003	1,335.57	594.09	741.48	632.23	200.95	431.28	527.05	348.06	179.03
2004	1,678.36	735.09	943.27	900.46	278.12	622.34	663.03	442.57	220.46
2005	1,843.94	839.86	1,004.08	1,119.28	351.08	768.20	710.45	466.30	244.15
2006	2,072.95	916.23	1,156.73	1,342.46	445.22	897.24	775.98	502.70	273.28
2007	2,359.51	1,020.09	1339.42	1,598.51	560.99	1,037.52	816.40	543.33	273.07
2008	2,667.33	1,161.32	1506.00	1,860.70	739.32	1,121.38	889.69	594.93	294.76
2019	2,287.83	978.68	1309.15	1,562.15	536.70	1,025.45	692.57	472.73	219.84
2010	2,977.70	1,210.60	1767.10	2,071.70	687.70	1,384.00	909.50	623.69	285.81
2011	3,428.37	1,482.69	1945.68	2,466.37	839.20	1,627.17	1,059.65	661.67	397.98

자료출처: 유엔 상품무역 통계 데이터베이스

(2) 한·중·일 3국의 서비스무역 상황

한·중·일 세 나라의 서비스무역 규모가 화물무역보다 많이 작지만 최근
몇 년 사이에 역시 비교적 빠른 성장을 유지했다. 그 중 중·한 양자간
서비스무역이 가장 빠르게 발전했는데 2004년의 99억8,700만 달러에서
2008년에는 225억4,700만 달러로 급속히 증가됐으며 연평균 성장률은
22.58%에 달했다. 동시에 일 한 양자 간의 서비스무역도 비교적 빠르게
발전했는데 연평균 성장률이 약 10.25%에 달했다. 이에 비해 중·일 양자
간서비스무역의 증가폭은 적은 편인데 연평균 성장률이 7.69%였다. 2009년
세계 금융위기의 영향을 받아 한·중·일 세 나라 간의 서비스무역액이 다소
하락하였다가 2010년에는 반등해서 다시 상승했다. (도표 1-5를 참조.)

도표 1-5 2004~2010년 한·중·일 서비스무역 개황 (단위: 억 달러)

연도	중·일서비스 무역			중·한 서비스 무역			일·한 서비스 무역		
	무역총액	수입	수출	무역총액	수입	수출	무역총액	수입	수출
2004	130.69	64.40	66.29	99.87	50.28	49.59	125.30	75.02	50.18
2005	150.69	70.65	80.04	121.27	57.25	64.02	138.29	74.55	63.74
2006	146.85	75.77	71.08	143.02	67.25	75.77	124.06	66.24	57.82
2007	163.22	81.68	81.54	179.26	89.74	89.52	148.23	71.90	76.33
2008	180.06	90.82	89.24	225.47	122.69	102.78	184.99	91.63	93.36
2019	167.13	78.94	88.19	184.65	97.96	86.69	125.52	85.26	40.26
2010	191.36	101.75	89.61	196.72	129.82	66.90	136.72	99.63	37.09

자료출처: 유엔서비스무역 통계 데이터베이스, http://unstats.un.org/unsd/ServiceTrade.
국제서비스수지확장분류(EBOPS)의 통계를 근거로 했음.

(3) 한·중·일 3국의 투자상황

한·중·일 간의 직접투자는 세 나라의 상호무역의 버팀목과 보충으로서 역시 상당히 중요한 지위를 차지한다. 일본과 한국의 대 중국 직접투자는 1990년대 중기부터 신속히 성장하기 시작해 2004~2005년에 사상 최고 수준에 도달하였으며 그 후 하락하는 추세를 보였다. (도표 1-6) 2010년 일본은 중국 홍콩과 영국령 버진아일랜드에 이어 중국이 세 번째로 큰 직접투자원천국(지역)이 되었으며, 그 해 일본의 대 중국 직접투자는 중국이 실제로 이용한 외국의 직접투자총액의 4.6%를 차지했다. 한국은 싱가포르에 이어 중국이 다섯 번째로 큰 직접투자원천국(지역)이 되었으며 한국의 대 중국 직접투자는 중국이 실제로 이용한 외국 직접투자 총액의 3%를 차지했다.

일본과 한국에 대한 중국의 직접투자는 여전히 시작단계에 있고 규모는 비교적 작다. 2010년 중국의 대외 직접투자 목적국(지구) 중 일본과 한국은 각각 제17위와 제10위를 차지했다. 일본과 한국 간의 투자관계를 보면 일본은 줄곧 한국의 주요 투자원천지국의 하나지만, 일본에 대한 한국의 투자는 시종일관 매우 낮은 수준에 있었다.

도표 1-6 2000~2010년 한·중·일 직접투자 개황

연도	일본의 대중국 직접투자		한국의 대중국 직접투자		중국의 대일본 직접투자 순액		중국의 대한국 직접투자 순액	
	금액 (만 달러)	연간 성장률(%)	금액 (만 달러)	연간 성장률(%)	금액 (만 달러)	연간 성장률(%)	금액 (만 달러)	연간 성장률(%)
2000	291,585	–	148,961	–	n.a.	n.a.	n.a.	n.a.
2001	434,842	49.13	215,178	44.45	n.a.	n.a.	n.a.	n.a.
2002	419,009	−3.64	272,073	26.44	n.a.	n.a.	n.a.	n.a.
2003	505,419	20.62	448,854	64.98	737	n.a.	15,392	n.a.
2004	545,157	7.86	624,786	39.20	1,530	107.60	4,023	−73.86
2005	652,977	19.78	516,834	−17.28	1,717	12.22	58,882	1,363.63
2006	459,806	−29.58	389,487	−24.64	3,949	129.99	2,732	−95.36
2007	358,922	−21.94	367,831	−5.56	3,903	−1.16	5,667	107.43
2008	365,235	1.76	313,532	−14.76	5,862	50.19	9,691	71.01
2019	410,497	12.39	270,007	−13.88	8,410	43.47	26,512	173.57
2010	408,400	−0.51	269,200	−0.30	33,799	301.89	72,168	172.21

주석: 2003년 전까지 중국에는 대외 직접투자에 관한 국가별 정부 측 통계수치가
　　　부족했다.
자료출처 : 2000~2011년 『중국통계연감(中國統計年鑑)』, 『중국상무연감(中國商務年鑑)』.

　　세 나라의 종합적인 경제규모 및 무역거래와 비교하면 중 일, 중 · 한 간의
투자규모는 상대적으로 작고 거대한 발전 잠재력이 존재한다.

투자 활동이 순조롭게 진행되도록 세 나라는 적극적인 노력을 했다. 그중에서 중국은 1988년과 2007년에 일본, 한국과 각각 「투자보호협정」을 체결했고, 일본과 한국도 2003년에 투자협정을 체결했다. 2007년부터 한·중·일 세 나라 정부는 삼자간 투자협정 담판을 시작했다. 2012년 5월, 5년간 13차례의 공식 담판을 거쳐 세 나라는 베이징에서 「한·중·일 무역 추진·편리·보호협정」을 체결했다.

(4) 한·중·일 3국의 금융협력 상황

1997년 아시아금융위기 이후, 한·중·일 3국과 아세안 각국은 역내 금융협력을 강화하기 시작했다. 2000년 「치앙마이협정」이 체결됨에 따라 한·중·일과 아세안 국가는 동아시아 역내 통화스와프 메커니즘을 구축했다. 2001년 7월 일본과 한국은 동아시아 역내 첫 통화스와프협정을 체결했다.

2002년 3월과 6월 중국은 각각 일본, 한국과 양자 간 통화스와프 협정을 체결했다. 이밖에 한·중·일을 핵심으로 하는 동북아 각국은 2003년 6월에 아시아채권기금을 설립했는데, 이는 지역성 통화기금을 건설하는데 기반을 마련해주었다. 이러한 협력 성과는 한·중·일 3국이 FTA 틀 안에서 금융협력을 가일 층 강화하는데 유리한 요소를 제공해주었다.

4. 한·중·일이 이미 건설한 협력 메커니즘

무역, 투자, 금융 영역에 대한 협력 이외에 한·중·일 3국은 기타 영역에서도 장기적으로 밀접한 연계를 유지하고 있으며 그에 따른 협력 및 협의 메커니즘 을 건설했다. 특히 주목할 만한 것은 2008년 후에 '10+3' 프레임 밖으로 독립한 한·중·일 정상회의 메커니즘이 많은 영역에서 주목할 만한 성과(도표 1-7)를 거두었다.

아울러 한·중·일 3국은 또 외교, 과학기술, 정보통신, 재정, 인력자원, 환경보호, 운송 및 물류, 경제무역, 문화, 위생, 중앙은행, 세관, 지적소유권, 관광, 지진, 재해관리 등의 많은 분야에서 16개의 장관급회의 메커니즘[19]을 건설했으며 많은 협력 협의 및 양해각서를 체결했다.

---

19) 중국 외교부: 「한 · 중 · 일 협력」, www.mfa.gov.cn.

도표 1-7 2008년 이후 한·중·일 정상회의 주요 성과

구 분	주요 성과
제1차 2008년 12월 13일 일본 후쿠오카	「한·중·일 협력 행동계획」을 발표하여 3국이 각 영역에서 협력할 구체적인 계획을 제기했다. 아울러 「국제 금융과 경제 문제 공동성명」 및 「3국 파트너관계 공동성명」도 발표했다.
제2차 2009년 10월 10일 중국 베이징	「한·중·일 협력 10주년 공동성명」을 발표하여 한·중·일 협력 10년 과정을 돌이켜 총화하고 세 나라 협력의 미래를 전망하고 계획했다. 3국 경제의 상호 보완성이 강하고 협력 잠재력이 큰 우월한 조건을 충분히 이용하여 경제무역, 금융, 투자, 물류, 지적소유권, 세관, 정보, 과학기술, 에너지 절약, 환경보호, 순환경제 등 중점 영역에서 더욱 높은 수준의 협력을 펼쳐가고 녹색 경제를 크게 발전시키고 3국의 경제발전의 질을 제고해야 함을 강조했다. 아울러 「한·중·일 지속가능발전 공동성명」을 발표했다.
제3차 2010년 5월 29일 한국 제주도	「2020 한·중·일 협력 전망」을 발표하여 앞으로 10년간 5대 영역의 중점적인 협력 내용을 안정적으로 추진하기로 확정했다. 여기에는 지속가능한 경제협력을 발전시키고, 공동 번영을 실현할 것을 창도하는 내용이 포함돼 있다. 세 나라는 무역, 편리화, 세관 협력, 투자, 금융 협력, 과학기술 혁신, 무역보호주의 반대 및 공업, 에너지, 에너지 효율, 자원 등 영역의 정책 협력 등에 대해 광범위한 공통인식을 달성했다. 3국은 동시에 「한·중·일 표준화 협력 공동성명」및 「한·중·일 과학기술과 창의성 협력 공동성명」을 발표했다.
제4차 2011년 5월 21~22일 일본 도쿄	「제4차 한·중·일 정상회의 선언」을 발표하고 재해관리 협력, 핵안전 협력, 재생가능 에너지와 에너지 효율 협력을 강화한다는 성과 서류를 발표했다.
제5차 2012년 5월 13~14일 중국 베이징	「전면적인 협력동반자관계 고도화 선언」을 발표하고 농업 협력, 사막화 방지와 퇴치 협력을 강화할 데 관한 공동성명을 발표했다. 세 나라는 또 「한·중·일 투자 추진·편리·보호 협정」을 공식 체결했다.

자료출처 : 중국 외교부 사이트에 있는 관련 서류를 정리한 것이다. www.mfa.gov.cn

상술한 바와 같이 한·중·일 3국은 가까운이웃 나라로 장기적으로 경제무역 거래를 밀접히 해왔고 또 정치, 외교, 사회, 문화 등의 광범위한 분야에서도 다양한 형식으로 협력을 해오면서 한·중·일 FTA 체결에 기반을 마련했다.

2. 한·중·일이 FTA를 체결하기 위해 해온 노력과 진전

비록 한·중·일이 FTA를 체결하는데 객관적으로 필요한 조건들이 구비됐지만 오아가 익어 꼭지가 절로 떨어질 정도는 아니었으며 여러 가지 복잡한 내부 및 외부 요소의 방해를 받았다. 사실상 한·중·일 FTA가 정식으로 의사일정에 오르기 전에 세 나라는 이미 각각 양자 간 FTA를 체결하기 위해 여러 가지 노력과 시도를 했으나 지금까지 여전히 협정을 체결하지 못했다.

이는 한·중·일 FTA 체결이 세 나라 모두에게 중대한 전략적 결책이고 그것을 실현하는 과정 또한 복잡하고 어려운 것이어서 절대로 한꺼번에 성공할 수 없다는 것을 설명한다.

1. 한·중·일이 양자간 FTA를 체결하기 위해 해온 노력

(1) 일본-한국 FTA

1998년 10월 김대중 한국 대통령이 일본을 방문했을 때 일·한 양자간 FTA

체결을 제안한 바 있다. 1999년 일본과 한국은 「21세기를 향한 더욱 긴밀한 한일 경제관계」라는 제목의 연구보고를 공동으로 발표했다. 그 후 한·일 양국 정부는 여러 차례 FTA 체결과 관련하여 협상을 했고 아울러 양국의 산업계와 학술계도 포럼, 심포지엄의 형식으로 자발적인 교류와 탐구를 했다. 1998년 12월부터 일·한 양국의 정부 배경이 있는 싱크탱크가 협력에 관한 연구를 하고 2000년 5월 연구보고서를 발표했다. 보고서는 일·한 FTA의 경제적 효과에 대해 분석과 예측을 하여 일·한 FTA가 양국에 단기적인 정적 효과와 장기적인 동적 효과를 가져다준다는 결론을 내렸다.

아울러 일본과 한국의 민간에서도 양국 간 FTA 체결을 크게 지지했다. 예를 들면 일본의 경제단체연합회와 한국의 전국경제인연합회가 공동으로 조직, 건설한 한일산업협력연구회가 2001년 11월에 「일·한 FTA을 향한 공동성명」을 발표했다. 성명은 일·한 양국은 아시아 경제를 선도하는 중요한 역량으로서 마땅히 양자간 FTA를 조속히 체결하여 본 지역 경제의 발전에 더욱 큰 기여를 해야 한다고 지적했다. 이밖에 양국 산업계 대표로 구성된 일·한 FTA 비즈니스 포럼이 2001년 3월에 설립되었고 2002년 1월에 일본과 한국 양국이 빠른 시일 내에 FTA를 체결한다는 공동선언을 발표했다.

2003년 10월, 고이즈미 준이치로 일본 수상과 노무현 한국 대통령이 만나 연말 전으로 일·한 FTA 담판을 가동하기로 결정짓고 2년 내에 최종 협의를 달성하는데 진력하기로 했다. 그 해 12월, 일·한 FTA 첫 담판이 한국 수도 서울에서 정식으로 가동되었으며 양국은 담판의 기본원칙, 내용과 방식을 정했다. 그중 담판의 기본원칙은 전면적인 경제협력을 목표로 하고, WTO 규칙과 일치함을 유지하는 것을 전제로, 높은 수준의 무역투자자유화를 실현하여 양국이 공동으로 이익을 얻게 하는 것이었다.

담판 내용은 상품 무역의 관세 및 비관세 장벽의 감소,서비스무역 자유화, 투자자유화와 편리화, 지적소유권, 위생 식물 검역, 기술적 무역장벽 및 과학기술 협력 등의 광범위한 분야가 포함되었다.

일-한 FTA 담판은 시작 단계에 비교적 순조롭게 진행되었다. 그러나 2004년 11월 도쿄에서 제6차 담판을 가진 후 양국 사이에 영토분쟁이 일어나면서 양국관계가 급속히 냉각되었고 따라서 담판이 중단되었다. 2008년 이후 일·한 양국은 FTA 담판을 회복하기 위해 노력하여 여러 차례 회담과 협상을 가졌고 회담 등급도 끊임없이 높아졌다. 그러나 일-한 FTA 담판이 언제 다시 재개될지는 아직 미지수이다.

(2) 중·한 FTA

2004년 11월, 칠레 수도 산티아고에서 열린 APEC 비공식 정상회담 기간에 후진타오 중국 국가주석과 노무현 한국 대통령은 중-한 FTA를 체결할 구상을 발표하고 FTA의 실행가능성에 대한 민간 합동연구를 할 것을 건의했다.

양국 지도자의 지시를 집행하기 위해 중국 국무원 발전연구센터와 한국 대외경제정책연구원은 2005년 3월 베이징에서 실행가능성 연구 비망록을 체결하고 합동연구팀을 창설하여 2년을 기한으로 하는 연구를 정식으로 시작했다. 그 후 연구팀은 중-한 FTA의 경제 효과, 산업 영향, 민감 영역 및 돌출적인 문제에 대해 심도 있게 연구를 하여 2006년 11월에 연구 업무를 끝마쳤다. 연구결과 중-한 FTA는 큰 경제적 효과를 일으킬 수 있고 양국에 서로 이익이 된다는 결론을 얻었다.

민간연구의 성과를 기반으로 하기 위해 중·한 양국은 2007년 초에 정부·산업계 학계 합동 실행가능성 연구를 가동하여 중-한 FTA의 효과에 대해 더욱 전면적이고 심도 있는 분석을 했다. 2007년 3월부터 2008년 6월까지 중·한 양국은 5차례의 정부·산업계·학계 합동연구회의를 가졌으며 구체적으로 원산지 규정, 무역구제 조치, 농림어업,서비스무역, 투자, 경쟁정책, 지적소유권, 정부조달 등의 의제에 대해 심도 있게 의견을 교환했다. 주목할 만한 것은 2008년 2월에 열린 제4차 회의에서 한국 외교통상부의 담판 대표가 "공동연구는 FTA 담판 가동을 전제로 하는 것이 아니며 합동연구 결과를 의논하고 여론을 수집하는 과정을 통해 중-한 FTA를 가동할지 여부를 신중히 결정할 계획"이라고 강조한 바 있다. 이는 한국이 중-한 FTA 담판을 가동할지 여부와 언제 가동할지 등의 문제에 대해 여전히 명확한 태도를 표시하지 않았음을 설명한다.

2010년 5월 한국을 방문한 원자바오 중국 총리가 이명박 한국 대통령과 회담을 가졌다. 양자는 중-한 FTA 정부·산업계·학계 합동연구가 끝나고 양국 경제무역 장관이 양해각서를 체결했음을 선포했다. 2012년 5월, 중·한 FTA 담판이 정식으로 가동되었다. 전망을 보면 중-한 FTA 담판 가동이 일본에 비교적 큰 압력을 주게 됐으며 이로써 한·중·일 FTA의 발전에 뚜렷한 지렛대 역할을 하게 됐다.

(3) 중-일 FTA

중·일 FTA 체결에 대해 중국의 태도가 상대적으로 더욱 적극적이었다. 2005년 1월, 당시 주일 중국대사로 있었던 왕이(王毅)가 와세다 대학에서 연설을 하면서 중·일 FTA를 체결할 것을 호소한 바 있다. 그 해 5월 18일,

우이(吳儀) 중국 국무원 부총리가 일본을 방문했을 때에도 빠른 시일 내에 중-일 FTA 담판을 시작할 것을 제안했다.

지적해야 할 것은 2002년에 일본정부가 심의하여 채택한 「일본 FTA 전략」에 중국과의 FTA 체결이 중·장기 계획의 위치에 놓였고 심지어 일본-인도 FTA의 다음에 놓여 졌다는 것이다. 때문에 중국정부의 적극적인 태도에 일본정부는 줄곧 비교적 냉담한 태도를 보여줬다. 2005년 5월 우이 부총리가 중-일 FTA를 추진할 것을 제안한 이튿날에 일본의 해당 관리가 중국과의 FTA 담판이 양국의 무역과 투자 관계를 실질적으로 발전시킬 수 있어 참되게 대해야 한다고 말했지만, 그 후 결국에는 정치적 원인 때문에 양국 지도자의 몇 차례의 회담이 취소되었다. 때문에 고이즈미가 실각하기 전까지 일본정부는 중-일 FTA의 체결에 어떠한 공개적인 태도표시도 없었다.

2006년 11월 당시의 일본 수상 아베 신조가 『월스트리트저널』 기자와의 인터뷰에서 앞으로 중국과 FTA를 체결하기를 바란다고 말했는데, 이는 일본정부가 처음으로 공개적인 장소에서 중·일 자유무역협정 체결과 관련해 비교적 적극적인 태도 표시를 한 것이었다. 그러나 지금까지 복잡한 정치적 경제적 원인으로 중-일 FTA가 아직 실질적인 진전을 가져오지 못하고 있다.

2. 한·중·일 FTA의 제기 및 진전

한·중·일 FTA의 구상은 오래 전에 제기됐다. 일찍 1990년대 중기에 일본과 한국의 학자들이 한·중·일 공동체를 건설할 것을 연이어 제기했다.

일본학자는 한·중·일 3국을 핵심으로 하는 아시아태평양 협력을 추진하는 것은 금후 일본의 우선적인 선택이라고 주장했다. 한국학자는 동북아 역내협력은 경제적으로 상호 보완관계에 있고 문화적 동질성을 가진 한·중·일을 축으로 해야 한다고 주장했다. 최근 몇 년간 중국의 학자도 한·중·일 경제통합을 추진할 현실성과 중요성에 대해 연구하기 시작했다.

1999년 11월 말 한국의 김대중 대통령이 필리핀의 수도 마닐라에서 열린 '10+3'정상회의 기간에 중국 총리와 일본 수상에게 '동북아경제협력체'를 건설할 구상을 제기함으로써 한·중·일 3국 경제통합 진척이 정식으로 의사일정에 올랐다. 2000년 11월 한·중·일 3국 정상은 싱가포르에서 열린 '10+3'정상회의 기간에 또다시 회담을 가졌는데 김대중 대통령이 연구 중인 일-한 FTA를 한·중·일 세 나라로 확대할 것을 제안했다. 그러나 당시 중국은 WTO에 가입하기 위해 끝판 역주를 하던 중이고 일본도 자체의 실제적인 이익에서 출발해 태도가 애매했기 때문에 양국은 이 제안에 대해 적극적인 호응을 하지 않았다. 결국 세 나라는 무역과 투자분야에서 더한층 협력을 강화하기로 합의를 달성했을 뿐이었다.

21세기에 들어선 후 동북아지역의 정치적 경제적 연계가 날로 밀접해지고 세계적 범위에서 지역 경제협력 붐이 일어나면서 한·중·일 경제가 통합돼야 한다는 목소리가 날로 높아졌다. 2002년 11월 4일 캄보디아 수도 프놈펜에서 열린 한·중·일 정상회담에서 주룽지 중국 총리가 일본과 한국에게 한·중·일 FTA를 체결할 구상을 제기하고 우선 민간 합동연구를 시작할 것을 제안함으로써 일·한 양국 정상의 적극적인 호응과 지지를 받았다.

그 후 한·중·일 3국의 연구기관이 한·중·일 FTA 체결의 실행가능성에 대해 대량의 분석과 연구를 했다. 2003년 10월 인도네시아 발리에서 열린 한·중·일 정상회의 기간에 원자바오 중국 총리와 고이즈미 준이치로 일본 수상, 노무현 한국 대통령이 함께 「한·중·일 삼자협력 추진 공동선언」을 체결했다. 이 선언은 한·중·일 협력은 동아시아 협력의 중요한 구성 부분이고 3국 정부는 협력을 추진하는 주요한 역량이라는 것을 강조했고 아울러 공상업계, 학술계와 민간단체가 공동으로 참여하는 것을 격려함으로써 세 나라 간 경제통합 협력을 강화하는 방향을 가르쳐 주었다. 또한 이 선언은 3국의 학술기관이 한·중·일 FTA의 경제영향에서 취득한 연구 성과를 충분히 인정했으나 정부 측 연구와 공식회담을 언제 가동할지 명확한 조치를 하지 않았다. 때문에 그 후 몇 년 간 한·중·일 FTA는 여전히 민간연구에 그쳤으며 획기적인 진전을 가져오지 못했다.

2007년 1월, 중국, 일본과 한국은 3국 투자협정에 관한 공식 담판을 가동하여 세 나라 간의 상호투자 및 경제무역 관계를 가일 층 추진하기로 결정하고 그 해 3월에 첫 담판을 진행했다. 미래의 FTA 틀 안에서 투자는 매우 중요한 영역이 될 것이고 특히 일　한 양국의 높은 관심을 받았다. 때문에 3국 투자협정 담판의 가동은 몇 년간 잠잠했던 한·중·일 FTA의 진척에 새로운 활력을 주입했다. 2008년 12월 13일 일본 후쿠오카에서 열린 첫 한·중·일 정상회의에서 3국 지도자는 「한·중·일 협력 행동계획」을 체결하고 세 나라가 가일 층 협력을 펼쳐나갈 분야와 우선적인 조치를 확정했다.

2009년 10월 10일 베이징에서 열린 제2차 한·중·일 정상회의에서 당시의 일본 수상 하토야마 유키오가 연설 중에 동북아공동체를 건설할 것을 다시 제기했으며, 동아시아 공동체를 건설하는 관건은 한·중·일 간에 우선 경제통합 협력을 강화하는 것이라고 강조했다. 3국 정상은 한·중·일 FTA에 대해 ·정부 ·산업계 ·학계 합동연구를 조속히 가동하기로 일치하여

합의했고, 한·중·일 FTA 실행가능성 합동연구위원회를 설립할 것을 지시했다. 2009년 10월 25일, 제6차 한·중·일 경제무역장관회의가 태국 후아힌에서 열렸다.

회의가 끝난 후 「제6차 한·중·일 경제무역장관회의 공동성명」 을 발표하여 3국 지도자의 지시를 조속히 실현하고 2010년 상반기에 한·중·일 FTA 정부 산업계·학계 합동연구를 가동한다고 밝혔다.

2010년 5월 6~7일 한·중·일 FTA 정부·산업계·학계 합동연구 제1차 회의가 한국 서울에서 열렸다. 3국 대표단은 합동연구에 대한 직책범위를 서류로써 채택하여 매 3개월에 한 번씩 회의를 개최하기로 하고 세 나라가 돌아가면서 주재하기로 결정했으며, 2012년 3국 정상회의 전까지 최대한 모든 연구업무를 끝내어 세 나라의 경제적 이익을 더한층 높여주고 미래 본 지역의 경제통합 목표를 실현하기 위해 기여할 것이라고 밝혔다.[20] 이로써 한·중·일 FTA 실행가능성 연구가 민간 연구의 형식으로부터 정부가 참여하고 주도하는 형식으로 정식 승격됐으며 진행 과정이 급속히 빨라졌고 자유무역지대의 구상 역시 개념에서 점차 현실로 나아갔다. 2010년 9월과 12월, 한·중·일 FTA 정부·산업계·학계 합동연구 제2차, 제3차 회의가 각각 일본 도쿄와 중국 웨이하이에서 열렸다. 3국은 각각 관세, 비관세 조치, 원산지 규정, 무역 구제, 위생과 식물 위생 조치, 기술성 무역 장벽 등 화물무역과 관련된 문제 및 서비스무역, 투자와 경제협력 영역의 관련 의제를 둘러싸고 충분하게 의견을 교환했다.

---

20) 중국 상무부: 「중·일 한 자유무역구 정부·산업계·학계 합동연구를 가동함에 관한 중·일 한 공동성명」, 중국 자유무역지대서비스 사이트, www.fta.mofcom.gov.cn.

2011년 3월 11일 일본에서 강력한 지진 및 쓰나미 재해가 일어났다. 하지만 한·중·일 FTA 정부·산업계·학계 합동연구는 이 때문에 멈춰지지 않았다. 2011년 4월 한·중·일 FTA 정부 산업계 학계 합동연구 제4차 회의가 예정대로 한국 제주도에서 열렸다. 세 나라의 대표단은 연구보고서 각 장절의 기록에 대해 실질적으로 상세하게 논의했다.

2011년 5월 22일 제4차 한·중·일 정상회의가 도쿄에서 열렸다. 세 나라는 한·중·일 FTA 정부·산업계·학계 합동연구의 진척을 다그쳐 연내에 모든 실행가능성 있는 연구를 끝마치고 되도록 2012년까지 FTA 담판을 정식으로 가동하기로 결정했다고 선포했다.[21] 그 후 한·중·일 FTA 정부 산업계·학계 합동연구 제5차, 제6차 회의가 각각 2011년 6월과 9월에 일본 기타큐슈, 중국 창춘(長春)에서 열렸다.

3국 대표단은 보고서 중에 화물무역,서비스무역, 투자와 경제협력 등 주요 장절의 기록에 대해 기본적인 의견의 일치를 이루었다. 2011년 12월 한·중·일 FTA 정부·산업계·학계 합동연구 제7차 회의가 한국 강원도 평창군에서 열렸다.

3국 대표단은 합동연구 보고서의 구체적인 세절에 대해 토론하고 최후로 수정을 한 다음 합동연구 보고서를 최종적으로 채택했다. 회의 후 세 나라는 공동성명을 체결하여 2010년 5월부터 시작한 한·중·일 FTA 정부·산업계 학계 합동연구를 정식으로 끝마쳤고, 최종적인 연구보고는 한·중·일 경제통상부 장관회의에서 토론을 한 후 2012년 5월에 중국 베이징에서

---

21) 중국 외교부: 「원자바오가 제3차 중 일 한 비즈니스 서밋 오찬회의에서 한 발언」, www.mfa.gov.cn.

열리게 되는 한·중·일 정상회의에 제출한다고 선포했다. 이밖에 공동성명은 또 미래의 한·중·일 FTA 담판을 위해 4가지 구체적인 건의를 제기했다.

첫째, 광범한 영역을 아우르는 높은 수준의 FTA를 체결하는데 진력해야 한다.

둘째, WTO의 관련 규칙과 일치함을 유지해야 한다.

셋째, 호혜, 균형의 원칙에 따라 세 나라가 함께 이익을 볼 수 있도록 해야 한다.

넷째, 각국의 민감한 산업과 분야를 고려하고 건설적이고 적극적인 방식으로 담판을 진행해야 한다.

2012년 5월 13일 제5차 한·중·일 정상회의가 베이징에서 열렸다. 회의에서 발표된 공동성언은 세 나라 지도자가 한·중·일 FTA 정부·산업계·학계 합동연구의 결론과 건의에 환영을 표하고 3국 경제무역 장관이 제기한 연내에 한·중·일 FTA 담판을 가동해야 한다는 건의를 지지한다고 표했다.

이를 위해 세 나라는 즉시 준비작업을 시작했는데 여기에는 국내 절차와 업무상 논의가 포함된다. 상술한 바를 종합해보면 한·중·일 FTA의 구상은 제기된 이후 이론연구, 민간연구, 정부가 주도하는 복잡한 추진 과정을 겪었다. 정부·산업계·학계 합동연구가 끝난 것은 한·중·일 FTA의 오랜

준비단계가 정식으로 일단락되었다는 의미이며, 세 나라가 곧 실질적인 담판을 시작하게 되었고, 동아시아 역내 경제통합 진척도 참신한 구조를 맞이하게 됐다는 것을 설명해 주었다는 것이다.

제2장

• • •

한·중·일 FTA의 화물무역 자유화

제2장
한·중·일 FTA의 화물무역 자유화

    화물무역 자유화는 역내무역 자유화의 기반이고, 화물무역 자유화의 이득은 역내무역 자유화 발전을 추진하는 기본 동력이다. 한·중·일 FTA 담판에서 화물무역 자유화 협의는 자유무역지대 협의의 중요한 구성부분으로 그것은 한·중·일 FTA의 복지 크기, 협의의 자유화 수준을 직접적으로 결정한다. 이 장은 자유무역지대 화물무역 자유화의 경제효과에 대해 상세히 논술한 후, 그것을 토대로 한·중·일 FTA 화물무역 자유화의 전체 효과와 중점 부문의 효과에 대해 분석하고 한·중·일 FTA의 발전 전망에 대해 판단을 하게 된다.

제1절
한·중·일 FTA 화물무역 자유화의 이론적 기반

FTA 화물무역 자유화 연구는 주로 역내 경제통합의 무역효과를 토대로 하는데 그것은 Viner(1950)의 관세동맹 이론에서 나온 것으로 H-O-S 이론을 기반으로 삼고 FTA의 체결이 파트너국의 대외무역 유량, 방향 및 무역조건 등에 미치는 영향을 연구한다. 1950년대 이후 국제 경제통합 운동은 지역주의와 신지역주의의 두 개의 발전단계를 거쳐 왔다.

이 두 단계는 세계적 범위에서 국제 경제통합의 구도가 다르고 통합협의의 내용도 다르고 국제 경제통합에 참가하는 경제개체의 수익 목표도 다르기 때문에 무역효과의 중점 또한 다르다. 구체적으로 말하면 전통적인 지역주의 환경에서 무역효과는 무역흐름 효과와 무역조건 효과를 더욱 중시했으나 신지역주의 조건에서의 국제 경제통합의 무역효과에는 또 차축 - 바퀴살 효과와 공공제품 효과 등이 포함된다.

1. FTA의 무역흐름 효과

1980년대 중기 전까지 경제개체는 역내 경제통합에 참가할 때는 전통적인 지역주의 영향을 받아 역내 자유무역이 가져다주는 무역수익을 얻으려고 했다. 때문에 무역수익에 대한 연구는 주로 회원국이 역내 경제통합 조직에 가입한 후의 무역흐름의 변화 즉 무역 유량과 방향의 변화에 집중되었는데 이는 Viner의 창의적인 연구에서 발원했다. Viner는 「관세동맹문제」에서 우선 관세동맹이 회원국의 무역흐름에 미치는 영향을 관찰하고 나서 관세동맹의 복지 효과는 무역 창조와 무역 전환이 공동으로 작용한 결과라는 결론을 내렸다. 이 이론은 지역경제통합의 복지효과를 연구하는 핵심적인 내용으로 지역경제통합 이론의 발전에 서막을 열어주었다.

Viner의 관세동맹 이론이 제기된 후에야 지역경제통합 이론이 비로소 국제경제학 이론체계에서 독립적인 한 갈래가 되었다. 국제경제통합이 무역흐름에 주는 영향에 관한 연구의 성과가 대량으로 생겨나기 시작했으며 국제경제 분야가 지역경제 통합 무역에 주는 효과에 대한 연구가 비교적 성숙되고 최적화되는 양상을 갖추었다. 그 연구 성과를 근거로 학자들은 회원국들이 FTA에 가입한 후의 무역흐름 효과를 무역창출효과, 무역전환효과, 무역편향효과로 귀결시켰다.

관세동맹의 경제효과에 대해 분석을 했을 뿐만 아니라 많은 학자들은 경제통합에 대한 분석을 자유무역지대로 확대했다. 자유무역지대 이론은 관세동맹 이론의 프레임을 기반으로 하고 자유무역지대의 관세동맹과 다른 기본 특징을 결합시켜 발전시킨 것이다. 자유무역지대는 관세동맹에 비해 두 개의 현저한 특점을 가지고 있다. 첫째는 역외에서 온 수입제품에 대해 역내 회원국은 기존의 독립적인 관세징수 권리와 관세율 결정 권리를 보류한다. 둘째는 원산지 규정을 채용하여 무역편향성(Trade Deflection) 현상이 나타나는 것을 방지한다. 즉 어떤 나라가 회원국 간의 관세 차이를 이용하여 관세가 가장 낮은 나라에서 상품을 수입하여 다른 회원국에 판매하여 이득을 챙기는 것을 방지함으로써 자유무역의 특혜가 역내 또는 역내에서 생산되는 제품에만 국한되도록 하는 것이다. FTA의 무역창출효과와 무역전환효과는 도표 2-1에 표시된 바와 같다.

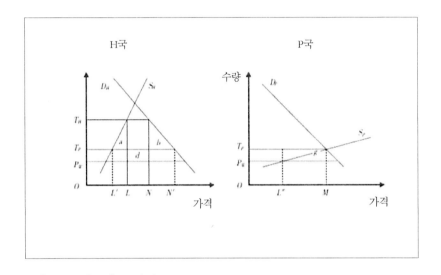

그림 2-1 FTA의 무역흐름 효과
자료출처 : 피터 롭슨 : 『국제통합의 경제학』,다이빙란(戴炳然) 번역,
　　　　　상하이역문출판사(上海譯文出版社) 2001년판

도표2-1은 한 주어진 제품의 H국과 P국에서의 공급 곡선(S_H, S_P) 및 수요 곡선(D_H,D_P)을 그린 것이다. 그리고 H국은 P국에 비해 상대적으로 효율이 낮고 경제통합을 하기 전에 P국의 관세는 상대적으로 낮은

P_wT_p였다. H국의 관세는 P_wT_H 였는데 그중 P_w 는 세계 시장의 공급 가격이다. H국과 P국이 자유무역지대를 건설한 후 양국 사이에 관세가 면제되지만 그들은 세계 기타 나라에 대해서는 관세를 각자의 수준으로 유지한다. 이 때 H국 국내의 가격은 TP인데 바로 도표2-1에 그린 것과 같다. a는 생산효과이고 b는 소비효과이고 d는 무역전환효과이다. TP 의 가격 하에 H국은 수요가 공급보다 많고 차액은 $L'N'$이다. 이 차액은 자유무역지대의 회원국 P국이 메워주게 된다. P국은 T_p 가격 수준 하에 공급과 수요가 균형을 이루고 그 공급량은 OM이며 또 OM 중의 $L'N'$에 해당되는($L'N'=L'$M라고 가정한다면) 부분을 H국에 수출하고 본국은 또 P_w의 가격으로 세계 시장에서 $L'N'$또는 $L'N'$에 해당되는 수량을 수입해서 국내 수요를 만족시킨다. 이것이 바로 자유무역지대가 생산한 간접적인 무역편향효과이다. 자유무역지대의 '원산지 규칙'은 P국이 H국에 P국이 생산한 제품과 P국이 세계 시장에서 수입한 제품을 수출하는 것을 제한하지 못한다. 이 무역편향성효과가 P국에 가져다준 수익은 직사각형 g의 면적으로 표시됐다.

2. FTA의 무역조건 효과

무역조건이란 한 나라의 수출상품의 가격지수와 수입상품 가격지수의 비율을 말한다. 이 비율이 높을수록 무역조건이 개선됐음을 설명하고 반대이면 무역조건이 악화됐음을 설명한다. FTA의 설립은 각 회원국 및 통합조직의 전체적인 무역조건에 영향을 주게 되고 무역조건의 변화는 경제통합의 정적인 복지 분배 구도의 변화를 기본적으로 반영한다. 때문에 무역조건효과는 FTA 무역효과 연구의 기본 내용이다.

도표 2-2에 표시된 바와 같이 O_H, O_P와 O_W는 각각 H국, P국과 W국의 공급곡선이다. H국이 Y 제품의 효율이 가장 높은 생산국이라고 가정한다. 자유무역의 상황에서 무역 조건은 OT_0 로 표시한다. H국은 q_6h_1 의 Y 제품을 수출하여 W국과 Oq_6 의 X 제품을 교환하고 P국은 q_1p_1 의 Y 제품을 수출하여 W국과 Oq_1 의 X 제품을 교환하는데 H국과 P국이 Y 제품을 수출한 총량이 마침 Ox_3 이다. H국이 종가관세를 징수한 후 그의 공급곡선이 $O_H{'}$ 으로 변했고 무역 조건도 따라서 OT_1로 변해버렸다. 새로운 무역 조건 하에 H국의 수입은 Oq_4로 감소되었고 수출도 따라서 q_1h_2 로 내려갔다. 비록 이 때 P 국의 수출액과 수입액이 다소 증가되었지만 W국의 X 상품 수출과 Y 상품 수입이 모두 다 감소되었다. H국이 관세를 징수한 후 그 나라의 무역균형점은 h_1 에서 h_2 로 옮겨지는데 수출입액이 감소되었지만 복지수준은 높아진다.(h_2 의 복지 수준은 h_1 의 복지 수준보다 높다.) 그 주요한 원인은 H국이 상품 Y의 생산 효율이 가장 높은 나라(대국)이고 이 나라가 상품 Y를 수출하는 양과 상품 X를 수입하는 양이 줄어들면서 상품 Y와 상품 X의 가격비가 커지고 무역조건이 개선되었으며 무역조건 개선이 복지수준을 제고시켰기 때문이다.

아울러 P국의 무역 균형점은 p_1 에서 p_2로 옮겨지고 P국의 복지수준은 무역조건의 개선, 수출입액의 증가와 더불어 높아진다. (p_2 의 복지 수준은 p_1 의 복지수준보다 높다.) 무역조건 개선을 통해 복지수준을 진일보적으로 개선하려면 H국은 P국과 지역성 무역조직을 건설할 수 있는데 그렇게 한다면 양국의 무역조건이 진일보적으로 개선될 것이다. H국과 P국이 통합

조직을 건설한 후 무역조건은 OT_1 로 변한다. H국의 무역 균형점은 h_2 에서 h_3 으로 옮겨지고 복지 수준은 진일보적으로 높아진다. (h_3 의 복지수준은 h_2 의 복지수준보다 높다.) 그러나 P국의 무역균형점이 h_2에서 h_3으로 옮겨진다면 복지수준은 하락하게 된다.

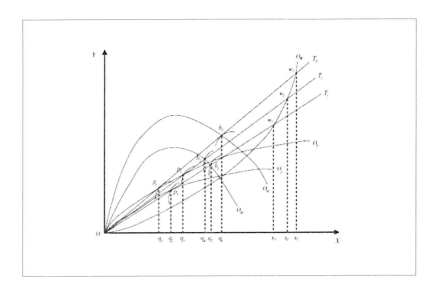

그림 2-2 자유무역지대의 무역조건효과

자료출처 : Ali M. El-Agraa: Regional Integration: Experience, Theory and Measurement, Div of Rowman & Littlefield Pubs. ,Inc. ,1999,p.126.

3. FTA의 차축-바퀴살(輪軸―輻條) 효과

21세기에 들어선 후 국제 경제통합이 빠른 속도로 발전했다. 작은 나라가 큰 나라에 일방적으로 양보하고 큰 나라가 국제 경제통합의 발전을 위해 있는 힘을 다 함으로써 많은 국가들이 서로 자유무역협정을 체결했다. 다른 자유무역지대의 회원국이 서로 교차, 중첩되었기 때문에 세계적 범위에서 자유무역지대 네트워크가 결성되었다. 이런 현상에 대한 해석은 '차축-바퀴살(허브 앤 스포크)' 이론의 영향을 크게 받았다.

Ashizawa와 Kuniko(2003)는 한 나라가 여러 나라와 각각 지역 무역협정을 체결했을 때 이 나라는 마치 '차축(輪軸)'과 같고 그와 협정을 체결한 다른 나라들은 서로 간에 무역협정을 체결하지 않았기 때문에 마치 '바퀴살(輻條)'과 같다고 지적했다. 지역 경제통합 중의 '차축'국(國)은 최소한 무역과 투자 양 방면에서 특수한 우대를 누릴 수 있다. 무역 방면에서 '차축' 국의 제품은 양자 간 자유무역협정을 통해 모든 '바퀴살'국(國)의 시장에 들어갈 수 있으나 '바퀴살' 국의 제품은 원산지 규정의 제한을 받아 서로 진입할 수 없다. 투자 방면에서 '차축' 국의 특수한 지위는 '바퀴살' 국을 포함한 외부 자본을 흡인해 끌어들일 수 있다.

작은 나라와 큰 나라가 담판을 하는 과정에서 대국 간에 경쟁을 하기 때문에 작은 나라는 때로는 두 개 또는 더욱 많은 대국이 쟁탈하는 지역 무역협정 체결 대상이 될 수 있다. 대국의 쟁탈 대상이 된 작은 나라는 이런 때에 특수한 이익을 얻고 '차축' 국이 될 수 있다. 예를 들면 멕시코, 칠레, 싱가포르 이 세 작은 나라는 이미 지역 경제협력 중의 '차축'국이 되었거나 되고 있는 중이다. Baldwin(1993, 1997, 2004)은 '도미노 효과'를 제기하여 지역 경제통합 그룹이 건설되면 역외 국가의 무역 원가가 높아지게 된다고 밝혔다. 그렇게 되면 역외 국가도 역내 경제통합에 가입하려는 동력이 생기거나 또는 새로운 통합 조직을 건설하게 되는데 가장 전형적인 것이 바로 유럽연합의 확대와 기타 통합 조직이 나온 것이며 이로써 2차 효과가 나타났다. 이로부터 더욱 많은 역외 국가가 역내 무역협정에 가입하려 하게 되고 최종적으로 '도미노 효과'를 형성하게 된다. Baldwin은 새로운 지역 경제통합의 추동력은 '도미노 효과'와 '차축-바퀴살'의 공동 작용에 있다고 주장한다.

Baldwin(2004)은 고전적인 비완전 경쟁과 규모의 이익이 불변한다는 가상을 전제로 '차축-바퀴살' 효과 및 '도미노 효과' 중의 다른 국가의 복지 효과에 대해 분석했다. 세 나라가 있는데 '차축'국 H와 '바퀴살' 국 S 1 이 우선 자유무역협정을 체결했고 그런 다음 '바퀴살' 국 S 2 도 H국과 자유무역협정을 체결했다고 가설한다. 차축국은 자유무역 혜택을 누릴 수 있고 바퀴살국은 일방적인 수출입 특혜무역협정을 체결한다. 이 과정에서 세 나라의 무역 및 복지 변화 상황을 알아보면 도표 2-3과 같다.

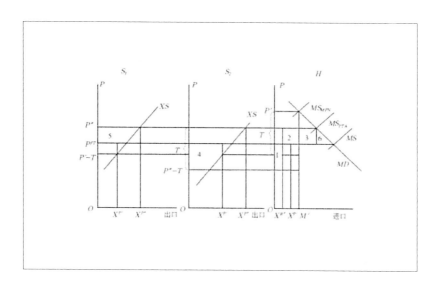

그림 2-3 FTA의 차축-바퀴살 효과

자료출처 : Richard E. Baldwin: "The Spoke Trap:Hub and Spoke Bilateralism in East Asia", CNAEC Research Series, 2004.

도표2-3에서 XS는 바퀴살국의 수출공급 곡선이고 MD는 차축국의 수입수요 곡선이고 MS는 차축국의 자유무역 조건 하의 수입 공급 곡선이며 MSPTA와 MSMFN는 각각 차축국의 역내 무역협정과 다각 무역시스템 속에서의 수입 공급 곡선이다. 수입수요 곡선과의 접점은 각각 자유무역 조건하의 국경가격, 역내 무역협정 및 다각무역 시스템 하의 국경 가격이다.

원래의 차축-바퀴살 체계에 새로운 바퀴살국 S2가 가입하니 바퀴살국 S1의 차축국 H에 대한 수출 수량과 가격이 모두 다 떨어졌고 수출 가격은 P에서 PFT로 하락했으며 수출량은 XP에서 XP로 감소되었고

107

상응한 복지도 사다리꼴 면적 5로 감소되었다. 바퀴살국 S 2 의 수출 가격과 수출량이 증가되고 복지 수준도 사다리꼴 면적 4로 늘어났다.

바퀴살국이 차축국과 쌍무 무역협정을 체결하면 차축국에 대한 바퀴살국의 기업의 수출량이 늘어나지만 증가폭은 차축국 기업의 바퀴살국 기업에 대한 수출 증가량보다는 적다. 바퀴살국 수량이 증가됨에 따라 매 바퀴살국 기업의 차축국 기업에 대한 수출량이 줄어들고 바퀴살국 기업의 모든 시장에서의 총 생산량도 줄어든다. 차축국 기업의 바퀴살국 기업에 대한 수출량은 바퀴살국 기업의 차축국에 대한 수출량보다 많다. 그것은 매 바퀴살국의 시장은 차축국에만 개방을 하지만 차축국 시장은 많은 바퀴살국에 개방되고 여러 바퀴살국은 차축국 시장에서 경쟁을 벌이기 때문이다. 바퀴살국의 수량이 증가됨에 따라 매 바퀴살국 기업의 차축국에 대한 수출이 감소된다.

더욱 많은 국가가 가입하게 되면 차축국의 모든 나라에 대한 특혜가 무특혜의 결과로 나타나게 된다. 먼저 가입한 바퀴살국이 얻은 수출 증가량이 후에 들어온 나라보다 많으며 더욱 많은 나라가 이 시스템에 가입하기에 급급해 하기 때문에 이미 가입한 바퀴살국은 날로 불리한 지위에 처하게 된다. '차축-바퀴살' 시스템은 바퀴살국의 이익 수준을 낮추게 된다.

그것은 바퀴살국의 수량이 증가됨에 따라 차축국에서 얻는 이윤은 줄어들고 매 차축국 생산자의 이득이 줄어들면서 이익 수준도 따라서 하락하기 때문이다. 이밖에 매 바퀴살국의 기타 바퀴살국에 대한 수출은 외부 국가에 대한 수출보다 적고 더욱 많은 외부 국가가 새로운 바퀴살국이 되면서 원 바퀴살국이 이 시장에서 얻던 이윤이 줄어들게 한다. 바퀴살국의 소비자 잉여와 관세수입은 바퀴살국 수량의 증가에 따라 증가되는 것이 아니다.

바퀴살국 수량이 증가됨에 따라 매 바퀴살국의 종합적인 이익 수준이 하락된다. 차축국으로 말하면 수입 방면에서 세계 기타 국가의 무역가격이 하락했기 때문에 이익 손실은 직사각형 면적 1이 된다. 파트너국의 수입가격 상승으로 얻은 이익 증가는 직사각형 면적 2와 3이고 무역량 확대로 얻은 이익 증가는 삼각형 면적 6이다. 바퀴살국 수량의 증가로 인해 차축국의 소비자 잉여가 증가되는데 주요한 원인은 H국 시장이 더 많이 개방되고 그 시장의 총생산량이 증가되고 가격수준이 하락하기 때문이다.

H국 생산자잉여에는 H국 기업의 모든 시장에서의 이윤 총계도 포함된다. 바퀴살국 수량의 증가로 인해 차축국의 본국시장에서의 이윤이 줄지만 바퀴살국 시장이 확대되기 때문에 차축국의 생산자잉여가 높아진다. 바퀴살국 수량의 증가는 차축국의 관세 취소 범위가 확대되고 관세수입이 감소된다는 것을 의미한다. 역내 무역협정을 체결하고 관리하는 비용을 고려하지 않을 경우 차축국은 바퀴살국을 무한정 확장하려는 동력을 가진다.

정치경제학의 각도에서 보면 새로운 바퀴살국을 늘리는 것은 원 바퀴살국의 이익 수준을 악화시키는 것이다. 때문에 차축국과 자유무역 관계를 수립한 바퀴살국은 차축국이 더 이상 기타 나라와 새로운 자유무역협정을 체결하는 것을 원하지 않으며 이로써 이른바 '바퀴살국의 질투' 현상이 생기게 된다. 이로부터 '차축-바퀴살' 시스템 밖의 국가는 차축국 시장에서 불리한 지위에 처하게 되기 때문에 외부 국가는 시급히 이 시스템에 가입해서 새로운 바퀴살이 되려고 애쓰게 되며 이로써 '차축-바퀴살' 시스템이 내재적인 자아확장 동력을 가지게 된다. 새로운 바퀴살국이 가입함에 따라 이익이 이전된다. 바퀴살국 수량이 끊임없이 증가되면서

'차축-바퀴살' 시스템의 이익 분배의 불균형성이 심해지게 된다.

이상 분석으로부터 볼 때 '차축-바퀴살' 모델의 이익 분배에는 뚜렷한 불균형성이 존재하고 차축국이 유리한 입지에 있다는 것을 알 수 있다. 새로 가입한 바퀴살국이 차축국에 본국 시장을 개방함으로써 차축국의 시장진입 문턱이 점점 더 낮아진다. 차축국의 무한 확장 동력과 외부 국가가 이 시스템에 가입하려는 동력으로 인해 이런 불균형성이 심해지고 새로 가입한 바퀴살국이 기존의 바퀴살국의 이익을 해치게 된다.

4. 공공제품 효과

Cooper과 Massell(1965)이 제일 먼저 공공제품의 집합적 소비가 가져 다주는 이익을 제기했으며 한 가지 공공제품을 이용하여 관세 동맹이론을 확대시켰다. 그들은 정부가 비경제적 요소를 고려해 국내 시장을 보호할 수 있는데 이런 보호는 대가를 치르게 된다고 주장했다.

1980년대 말기에 신 지역주의 붐이 일어난 가운데 많은 경제개체가 역내 경제통합기구에 가입한 중요한 원인은 FTA가 제공하는 지역성 공공제품을 얻기 위한 것이었다. 이런 공공제품은 지역성 공공제품일 수 있는데 역내 회원국의 소비에 배타성을 가지지 않지만 역외 회원국의 소비에 대해서는 배타성을 가지고 있다. 또 세계적인 공공제품일 수도 있는데 즉 역내와 역외 회원국의 소비에 대해 모두 배척하지 않는다. 폐쇄적인 지역주의 중에 생산된 공공물품이 비교적 많은 곳은 전자에 속하는데 예를 들면 유럽연합의 공동농업정책 같은 것이다. 그러나 개방적인 지역주의 중에서 생산한 공공물품이 비교적 많은 곳은 후자에 속하며 예를 들면 APEC 중의 무역과 투자자유화 같은 것이다.

국가가 관세를 징수하는 것으로 국내시장을 보호하려 한다면 개인소비는 제품가격이 세계 가격보다 높기 때문에 손해를 보지만 국내 공업생산이 확대됨에 따라 국가 전체에서 소비자의 손실보다 많은 긍정적인 효과를 가져다주게 된다. 만약 정부의 결책이 이성적이라면 정부가 정한 관세보호는 생산 확대가 가져다주는 집합효과와 보호 때문에 생겨난 소비자 손실을 같은 수준으로 유지시킬 것이다.

만약 한 나라가 공산품 순수출국이라면 필연적으로 수출보상을 높이고 고액의 수입 관세를 부과함으로써 수출을 추진하고 수입을 제한하게 된다. 그러나 GATT가 수출보상을 금지하고 있기 때문에 공산품 수출국은 국내 공업생산을 확대시키려는 집단선호를 만족시키기 어렵게 된다. 공업 생산은 다른 제품으로 구성된 것이고 서로 다른 나라에는 다른 비교우위가 있으며, 또 다른 나라는 공업생산 과정에 다른 전체 비교우위가 있다고 가정할 경우 최적관세가 없고 수출보상을 허락하지 않는 조건하에서 FTA 체결을 통해 '수출을 장려하고 수입을 제한'하는 정책 목표를 효과적으로 달성할 수 있다.

정치 또는 기타 원인으로 정부가 공공제품에 직접 생산보상을 할 수 없을 때 자유무역지대 설립 이후 생겨난 차별적인 호혜관세 삭감이 매 동반자국에 조성하는 손실은 비교적 적다. 국내 공업생산의 감소는 동반자국 업체의 공업생산 성장이 무차별적 호혜관세 삭감으로 조성된 동반자국 업체의 공업생산 성장보다 높아지게 한다. 무역이전은 동반자국들이 모두 외국 시장으로 수출을 확대하고 각자의 생산수준을 줄이지 않게 한다. 때문에 무역이전은 관세를 삭감한 나라가 일정한 원가를 지불하도록 하지만 이런

대가는 생산 확대로 집단효과를 제고하는 것보다는 적을 것이다.

　종합적으로 무역 창출과 무역이전은 모두 규모화 경제로 인해 파트너국의 이익을 높여주게 된다. 차별적 관세 삭감은 무차별적 관세보다는 낮을 수는 있지만 관세 삭감으로 무역이전이 생기더라도 이익을 얻는 것은 여전히 동반자국이다. 때문에 공공제품의 존재로 인해 FTA를 체결하는 것이 일부분의 무차별적 최적관세 보호조치보다 더욱 효과적으로 공공제품의 선호를 만족시킬 수 있을 것이다.

　이 때 FTA가 산생한 이익은 일반적인 무역품의 무역창출과 무역이전 정도의 제한만 받는 것이 아니라 통합기구가 체결한 공공제품의 이상적인 조항의 영향도 받으면서 공공제품에 대한 회원국의 공동선호를 만족시켜줄 것이다.

제2절
FTA 프레임 안의 화물무역 자유화 : 한·중·일 비교분석

21세기에 들어선 후 역내 경제통합은 날로 강화되고 있다. 한·중·일은 동아시아지역의 주요한 경제체이다. 세 나라는 역내 경제통합에 좀 늦게 참가했지만 모두 다 역내 경제통합 건설을 대단히 중시하고 있다. 현재 한·중·일 세 나라는 자유무역지대 담판을 적극 추진하고 있으며 진전을 보이고 있다. 역내 경제통합 협정은 화물무역 자유화를 기반으로 삼고 서비스무역 등의 영역으로 확대하는 것이다. 때문에 본 장에서는 우선 중 일 한 세 나라의 화물무역 자유화의 진행과정에 대해 분석한다.

1. 한·중·일 화물무역 발전상황비교

1990년대 이후 한·중·일 세 나라간의 상품무역은 빠른 속도로 대폭 성장했다. 현재 세 나라는 서로 가장 중요한 무역파트너가 되었다. 2011년에 이르러 중국은 이미 일본과 한국의 최대의 무역 파트너가 되었다. 일본은 중국의 세 번째 큰 무역 파트너이고 한국의 두 번째 큰 무역 파트너이다.

한국은 중국의 네 번째 큰 무역 파트너이고 일본의 세 번째 큰 무역

파트너이다.

　도표2-1에 표시된 바와 같이 2006년 이후에 중국의 일본, 한국과의 무역량은 신속히 증가되었다. 2011년에 이르러 중　일 무역량은 2006년에 비해 50% 이상 증가되었고 중　한 무역량은 2006년에 비해 거의 100% 증가되었다. 아울러 일　한 무역량은 비록 변동이 있지만 전반적으로 여전히 성장 추세를 유지하고 있다.

도표 2-1 한·중·일 화물 수출입 무역상황 (단위: 억 달러)

연 도	2006	2007	2008	2009	2010	2011
중·일	2100.8	2371.2	2686.3	2320.9	3030.6	3461.1
중·한	1180.2	1450.2	1683.2	1409.5	2071.7	2206.3
일·한	784.6	826.2	892.1	712.0	908.7	1059.7

자료출처 : 중국 상무부 통계수치에 근거해 정리한 것임. www.mofcom gov cn article tongjiziliao.

　(1) 중 · 한 화물 무역

　1978년 중국에서 개혁개방이 시작된 후 중 · 한 양국 사이에 무역이 회복되었다. 1992년 중국과 한국이 국교관계를 수립한 후부터 양국의 무역은 지속적인 성장세를 보였다. 한국은 중국과의 무역에서 많은 흑자를 얻었는데 1992년 이외의 모든 연도에 한국의 대 중국 무역은 계속 흑자를 유지했다.

중·한 양국 무역은 매우 큰 상호 보완성을 가지고 있다. 한국은 중국에 주로 부품 등 고급 제품을 수출하고 저가의 노동력집약형 완제품을 수입했다.

중화인민공화국 상무부의 통계에 따르면 중·한 화물무역액이 1992년에 63억7,000만 달러였으나 2011년에는 2,206억3,000만 달러에 달해 수교 전보다 약 30여 배 증가되었는데 매년 평균 약 22%가 증가되었다.

한국의 모든 대외수출에서 대 중국 수출이 차지하는 비중이 1992년의 3.5%에서 2011년에는 24%로 증가되었다. 2003년 중·한 양국의 수출입 무역 규모가 처음으로 한미 무역 규모를 초과했으며 중국은 한국의 최대의 무역상대국으로 부상했다. 2007년 중국은 일본을 초월해서 한국이 최대의 수입상대국으로 되었다. 2011년 중국은 한국의 최대 무역파트너, 최대의 수출목적지국가와 최대의 수입원천지국가가 되었다.

전기·기계·제품, 광학 의료설비와 화학공업 제품은 한국이 중국에 수출하는 주요 제품인데 2011년의 수출액은 각각 500억6,000만 달러, 229억9,000만 달러와 164억6,000만 달러로 5.7%, 8.3%와 35.3%가 증가되어 한국의 대 중국 총 수출액의 66.7%를 차지했다. 한국이 중국에서 가장 많이 수입하는 제품은 차례로 전기기계 제품, 비철금속과 그 제품, 화학공업 제품인데 2011년의 수입액은 356억5,000만 달러, 150억7,000만 달러와 68억5,000만 달러로 17%, 32.2%와 34.7%가 증가했고 한국의 대 중국 총수입액의 41.8%, 17.4%와 7.9%를 차지했다.

(2) 중 · 일 화물무역

도표 2-1에 표시된 바와 같이 2011년 일본과 중국의 양자 간 무역액은 3,461억1,000만 달러로 전년도에 비해 14.2% 증가됐다. 그중 일본의 대 중국 수출은 1,620억4,000만 달러로 8.3% 성장했고 중국의 수출액은 1,840억,6000만 달러로 20% 성장했다. 일본의 중국과의 무역 흑자는 220억2,000만 달러였다. 중국은 일본의 최대의 무역파트너이자 최대의 수출국과 수입국이었다.

2011년 일본이 주로 중국에 수출하는 제품은 전기 기계 제품, 비철금속과 그 제품, 운반설비였으며 수출액은 각각 724억6,000만 달러, 181억 달러와 159억3,000만 달러로 10.3%, 5.3%와 3.6% 성장했으며 일본의 대 중국 수출총액의 44.7%, 11.2%와 9.8%를 차지했다. 모든 수출상품 중 가구, 완구의 증가폭이 제일 많아 25.8%를 차지했다.

일본이 중국에서 수입하는 주요 상품은 전기 기계 제품, 방직물, 원료와 화학공업 제품이며 2011년의 수입액은 각각 747억5,000만 달러, 306억5,000만 달러, 119억6,000만 달러로 15.2%, 20.4%와 56%다 증가되어 일본의 대 중국 수입총액의 40.6%, 16.7%와 6.5%를 차지했다. 일본 시장에서 중국의 노동집약형 제품은 여전히 비교적 큰 장점을 차지하고 있는데 방직물, 원료, 신발, 우산, 가방 등의 경공업 제품을 예로 들 수 있다. 이런 제품의 일본 수입시장에서의 점유율은 50%이상을 차지했다.[22]

---

22) 자료출처: 중화인민공화국 상무부 사이트: http://countryreport.mofcom.gov.cn/record/view110209.asp?news_id= 22845.

(3) 한 · 일 화물무역

유엔의 무역 통계수치에 따르면 2009년, 2010년, 2011년 한국과 일본의
양자 간 무역액은 각각 712억 달러, 908억7,000만 달러, 1,059억7,000만
달러에 달했다. 그중 2011년 일본의 대 한국 수출은 661억6,000만 달러였고
한국에서의 수입액은 397억9,000만 달러였으며 일본의 한국과의 무역흑자는
263억6,000만 달러였다. 2011년, 한국은 일본의 세 번째로 큰 무역파트너이고
세 번째로 큰 수출목적지국가와 여섯 번째로 큰 수입원천지국가가 되었다.

2011년, 일본이 주로 한국에 수출하는 제품은 기계, 강철, 전자제품,
플라스틱 제품이었고 수출액은 각각 129억9,000만 달러, 97억7,000만
달러, 78억2,000만 달러, 53억1,000만 달러였다. 2011년 일본이 한국에서
수입한 주요 제품으로는 화석 연료, 전자제품, 강철, 기계로 수입액은
각각 87억1,000만 달러, 80억1,000만 달러, 40억9,000만 달러, 37억3,000만
달러였다.

상대적으로 일 한 양국 간 무역 중 산업내 무역이 차지하는 비중이 비교적
컸는데 예를 들면 양국은 전자, 기계, 강철 등의 영역에서 서로 주요한 수출입
무역 파트너였다.

2. 한 · 중 · 일이 FTA 화물무역 자유화에 참가한 상황비교

한·중·일이 FTA의 화물무역 자유화에 참가한 수준을 말하면, 세 나라는
각자 많은 지역 자유무역협정을 체결했고 또 동반자국의 차이가 매우
크기 때문에 세 나라의 FTA 협정 무역 자유화 정도를 비교하는 데에는

불편을 주었다. 그러나 한·중·일 세 나라는 모두 아세안과 자유무역협정을 체결했기 때문에 우리는 세 나라가 아세안과 체결한 자유무역협정의 내용을 비교함으로써 한·중·일 세 나라의 무역 자유화 수준에 대해 비교하고 분석할 것이다. 그중 화물무역 자유화 협정은 모든 상품을 정상류(正常類)와 민감류(敏感類)의 두 종류로 나누고 각각 이 두 부류의 상품에 대해 다른 정도로 관세를 삭감하거나 취소했다. FTA 화물무역협정의 첨부파일이 정상류와 민감류의 상품 리스트를 제공할 것이다. 이 부분에서는 이 두 개 방면으로부터 세 나라의 화물무역 자유화 수준을 비교할 것이다.

1. 정상류 상품

(1) 중국의 정상류 상품 규정

중국이 아세안과 체결한 「중국-아세안 전면적인 경제협력 기본협정 화물무역협정」에는 23개의 조항과 3개의 첨부파일이 포함되어 있다. 여기에는 중국과 아세안 6개 국(브루나이, 인도네시아, 말레이시아, 필리핀, 싱가포르와 태국)이 2005년부터 2010년 1월 1일까지 시간표에 따라 점차 정상류 세목의 관세를 취소한다고(150개 이하의 여섯 자리 세목은 2010년 1월 1일까지 관세를 취소해도 되는 유연성을 가진다.) 규정되어 있다.

이로써 아세안 6개국이 중국에 부과하는 평균 관세가 12.8%에서 0.6%로 내려가고 중국이 아세안에 부과하는 평균 관세가 9.8%에서 0.1%로 내려가게 된다. 아세안 새 회원국의 특수한 상황을 고려해 캄보디아, 미얀마, 라오스, 베트남(베트남의 시간표는 세 나라와는 다소 다르다.)의 정상류 세목의 관세 취소 시간은 2015년까지 연장한다. 중국-아세안이 정상류 세목에 포함시킨 관세 삭감 시간표는 도표 2-2을 참조한다.

도표 2-2 중국-아세안의 정상류 세목 관세 삭감 시간표

최혜국 대우를 운용한 현존 세율	자유무역지대 특혜세율 상한선(2010년 1월 1일까지)			
	2005년	2007년	2009년	2010년
20%	20%	12%	5%	0
15%–20%	15%	8%	5%	0
10%–15%	10%	8%	5%	0
5%–10%	5%	5%	0	0
5%	불변		0	0

자료출처 : 아세안 사무국이 제공한 「중국-아세안 전면적인 경제협력 기본협정 화물 무역협정」의 내용을 정리한 것임.

(2) 한국의 정상류 상품 규정

한국과 아세안의 화물무역협정 구조는 중국-아세안 자유무역지대(China-ASEAN Free Trade Area, CAFTA) 화물무역협정과 비슷하다. 「아세안-한국 화물무역협정」에는 21개의 조항과 2개의 첨부파일이 포함되어 있다.

파일의 대부분 내용은 다 비슷한 것이고 협의의 핵심내용은 제3조항의

'관세 삭감과 취소'인데 서로 시장을 개방한다는 내용이다.

　비록 「아세안-한국 화물무역협정」이 늦게 체결되었지만 한국과 아세안 6개국의 정상류 세목 관세양허(關稅讓許)[23] 시간표(도표 2-3을 참조할 것)를 보면 한국이 중국과 같은 시간에 자유무역지대를 건설하기를 원한다는 것을 알 수 있다. 이밖에 베트남의 정상류 세목 관세는 2016년 전까지 취소되고 나머지 3개국도 2018년에 취소된다.

도표 2-3 한국-아세안의 정상류 세목 관세 삭감 시간표

최혜국 대우를 운용한 현존 세율	자유무역지대 특혜세율 상한선(2010년 1월 1일까지)				
	2006년	2007년	2008년	2009년	2010년
20%	20%	13%	10%	5%	0
15%–20%	15%	10%	8%	5%	0
10%–15%	10%	8%	5%	3%	0
5%–10%	5%	5%	3%	0	0
5%	불변			0	0

자료출처: 아세안 사무국이 제공한 「한국-아세안 화물무역협정」의 내용을 정리한 것임.

---

23) 양허 : 관세 협정을 맺은 나라끼리 최혜국 대우를 하여 관세율을 인하하는 일

(3) 일본의 정상류 상품 규정

일본과 아세안의 정상류 상품 규정은 「일본-아세안 전면적인 경제파트너관계 협정」에 포함되어 있는데 우선 각국의 관세 취소 체계를 정하고 각국이 이를 바탕으로 자유화 제안을 제기하는 방식을 취했다. 일본과 아세안 6개국은 본국이 수입하는 모든 상품에 대해 세목별로 A팀, B팀, C팀, R팀, X팀 이렇게 5개의 팀으로 나누고 각각 관세양허 절차를 제정했다. 이를 종합해보면 다음과 같다. A팀은 협의가 발효된 후 즉시 관세를 취소하고 B팀은 협의가 발효된 후 5년~15년의 시간을 들여 균등하게 관세를 0으로 삭감하고 C팀은 각각 새로운 세율을 제정하고 R팀은 몇 년이 지난 후 세율을 그 어떤 수준으로 낮추고 X팀은 관세를 양허하지 않는다. 때문에 일본이 아세안 각국에서 수입할 때(금액으로 계산) 90%(A팀)는 협의가 발효될 때 즉시 관세를 취소하고 93%(A팀과 B팀)는 협의가 발표된 후 10년 내에 관세를 취소한다. 아세안 6개국이 일본에서 수입할 때 금액이든 품종이든 상관없이(여섯 자리 세목) 90%(A팀과 B팀)는 협의가 발표된 후 10년 내에 관세를 취소한다. 베트남의 90%의 품목은 15년 내에, 나머지 3개국의 85%의 품목은 18년 내에 관세를 취소한다.

2. 민감류 상품

(1) 중국의 민감류 상품 규정

「중국-아세안 전면적인 경제협력 기본협정 화물무역협정」에는 아세안 6개국과 중국이 여섯 자리 세목을 400개까지 내올 수 있으나 반드시 수입

총액의 10% 이내(2001년 통계 수치)를 차지해야 한다고 규정되어 있다. 베트남, 캄보디아, 라오스와 미얀마는 500개의 세목을 가지고 있다. 그중 40% 또는 100개의 세목(신 4개국은 150개)이 고도 민감 세목에 속한다.

민감 리스트 세목은 늦어도 2012년(신 4개국은 2015년) 1월 1일 전까지 20%로 삭감해야 하고 2018년(신 4개국은 2020년) 1월 1일까지 진일보적으로 0~5%까지 감소시켜야 한다. 고도로 민감 리스트 세목은 2015년에 50% 이하로 감소시켜야 한다. 중국-아세안이 민감류 품목에 포함시킨 수량 및 주요 내용은 도표 2-4에 표시한 바와 같다.

도표 2-4 중국-아세안의 민감류 세목 수량 및 주요 내용

국 가	민감 상품	고도 민감 상품
중국	178개. 필름, 목재, 종이, 차량 포함.	101개. 목재, 종이, 차량 포함.
브루나이	70개. 전기 기계 제품, 가전제품, 차량 포함.	46개. 전부 차량임.
싱가포르	1개. 맥주 한 가지.	맥주.
필리핀	270개. 육류, 화학공업제품, 복장, 방직물, 신발류, 차량 포함.	77개. 육류, 화학공업제품 포함.
인도네시아	304개. 천연고무, 화학공업제품, 복장, 방직물, 강철제품, 전기기계제품, 차량 포함.	47개. 주로 차량.
말레이시아	281개. 화학공업제품, 천연고무제품, 목화, 전기기계제품, 강판, 차량 포함.	95개. 강판, 차량 포함.

태국	251개. 신발류, 강철제품, 전기기계제품, 가전제품, 향료, 차량 포함.	100개. 향료, 차량 포함.
캄보디아	350개. 목화, 화학공업제품, 전기기계제품, 가전제품, 종이제품 포함.	150개. 화학공업제품, 종이제품 포함.
라오스	88개. 농산물, 차량, 완구, 음료 포함.	30개. 음료와 차량 포함.
미얀마	271개. 육류, 과일, 음료, 화학공업제품, 목재, 차량 포함.	없음
베트남	280개. 목화, 전기기계제품, 가전제품, 차량 포함.	없음

자료출처 : 아세안 사무국이 제공한 「중국-아세안 전면적인 경제협력 기본협정
　　　　　화물무역협정」의 내용을 정리한 것임.

(2) 한국의 민감류 상품 규정

「한국-아세안 화물무역협정」의 규정에 따르면 민감 상품이 모든 여섯
자리 세목의 10% 이내를 차지해야 한다. 그러나 아세안 6개국 및 한국의 민감
상품은 수입총액의 최고 10%(2004년 통계수치)를 초과하지 못하고 베트남은
수입총액의 최고 25%(2004년 통계수치)를 초과하지 못한다. 민감 세목 중
각국은 200개 세목을 2012년 1월 1일 전까지(베트남은 2017년, 기타 3개국은
2020년) 20%로 삭감해야 하고 2016년 1월 1일까지(베트남은 2021년, 기타
3개국은 2024년) 0~5%로 조금씩로 감소시켜야 한다. 고도 민감 리스트 세목

역시 관세양허를 했지만 규정이 복잡하고 또한 일부분에는 예외가 있다.

(3) 일본의 민감류 상품 규정

「일본-아세안 전면적인 경제파트너관계 협정」에 규정한 A팀, B팀, C팀, R팀, X팀 다섯 팀의 상품 중에 A팀 상품은 중요한 정상류 상품과 비슷하고 B, C 두 팀 상품은 일반 민감 상품과 비슷하다. 때문에 일본과 아세안의 관세양허 정도는 기본적으로는 중국과 비슷하다. 그리고 한국과 마찬가지로 일본은 쌀, 사탕 및 유제품 등의 농산물은 "정치적으로 비교적 민감"하다는 이유로 X팀 상품으로 분류하고 일본과 아세안의 무역특혜 배치에 포함시키지 않았다. 이에 아세안 각국은 많이 실망했다. 일본이 농산물 방면에서 양보를 하지 않았기 때문에 FTA의 품질이 많이 떨어지게 되었으나 국내 농업의 이익을 얻을 수 있도록 했다.

제3절
한·중·일 FTA 화물무역 자유화의 효과에 대한 분석

한·중·일 FTA 화물무역 자유화의 효과는 주로 세 나라 간의 무역량과 무역보호 정도의 영향을 받는다. 무역량이 충분히 많고 또 무역 자유화 수준을 최대한 높일 수 있어야만 역내 무역협정의 이익 수준을 확대할 수 있고 역내 무역협정의 지속적인 발전을 보장할 수 있다. 때문에 본 절은 세 나라가 FTA의 화물무역 자유화에 참가한 것을 바탕으로 하고, 세 나라의 현재 무역보호 수준 및 무역 유동량을 결합시켜 3국의 FTA 체결 후 무역 영역에서의 효과를 분석할 것이다.

1. 한·중·일 FTA 화물무역 자유화의 종합적 효과에 대한 분석

1. 한·중·일 3국의 무역보호 정도

한·중·일 3국은 다 WTO 회원국이고 현재 세 나라의 무역정책은 다 WTO의 요구에 따라 제정한 것이다. 대외적으로 시장을 개방함과 아울러 국내시장을 보호하기 위해 세 나라는 다 일정한 정도의 관세와 비관세

조치를 취하고 있다. 종합적인 관세수준을 보면 2010년 한·중·일 3국의 단순평균 최혜국 관세율은 각각 9.6%, 4.4%, 12.1%였고 2009년의 한·중·일 3국의 가중평균 최혜국 관세율은 각각 4.1%, 2.7%, 7.9%였다. 2010년, 한·중·일 3국 농산물의 단순평균 최혜국 관세율은 각각 15.6%, 17.3%와 48.5%였고 2009년 한·중·일 3국 농산물의 가중평균 최혜국 세율은 각각 8.0%, 15.8%와 99.8%였다. 2010년, 중 일 한 3국의 비농산물 단순평균 최혜국 관세율은 각각 8.7%, 2.5%, 6.6%였으나 2009년 한·중·일 3국의 비농산물 가중평균 최혜국 관세율은 각각 3.8%, 1.4%, 3.5% 였다. 도표 2-5를 참조할 것.

도표 2-5 한·중·일의 최혜국에 대한 관세율 (단위: %)

구분		중국	일본	한국
단순평균 (2010)	전체	9.6	4.4	12.1
	농산물	15.6	17.3	48.5
	비농산물	8.7	2.5	6.6
주가평균 (2009)	전체	4.1	2.7	7.9
	농산물	8.0	15.8	99.8
	비농산물	3.8	1.4	3.5

주: WTO 세계관세 수치의 제품 분류에 따르면 비농산물에는 어업 제품, 목재, 금속과 광산품, 공업제품이 포함된다.
자료출처: WTO 세계관세 수치, http://www.wto.org/english/tratop_e/schedules_e/ goods_schedules_table_e.htm.

한·중·일 세 나라는 다 최혜국 관세 세율이외에 잠정 또는 임시 관세를 실행하고 있다. 중국은 특정 화물에 대해 특정 시기 내에 임시관세를 실행한다. 최혜국 세율이 적용되는 수입 화물에 대해 잠정 세율이 있는 것은 잠정 세율을 적용한다. 협정세율, 특혜세율을 적용하는 수입 화물 중 잠정 세율이 있는 것은 낮은 세율을 선택해서 적용한다. 보통세율을 적용하는 수입화물에는 잠정세율을 적용하지 않는다. 2010년, 중국은 619종의 HS8급 세호(稅號)[24]의 세목에 대해 비교적 낮은 잠정 최혜국 세율을 실시했다. 일본은 WTO 약속 세율 이외에도 「임시관세조치법」에 '임시관세세율'이라고 부르는 국내관세 시스템을 제정했다. EPA/FTA가 발효된 후 관련 제품의 임시 관세 세율이 EPA/FTA 세율보다 높지 않거나 또는 관련 제품이 EPA/FTA 관세양허 범위에 들어있지 않을 경우 이 제품에는 임시관세 세율을 적용한다.

2010년, 일본은 HS9급 세번의 474개의 세목(농산물과 비농산물 제품 포함)에 임시관세 세율을 책정했다. 한국도 자주적인 관세 할당과 관세 조정표를 가지고 있는데 이 두 가지 조치가 최혜국 대우를 기반으로 한국의 WTO 약속 세율 범위 내에서 실시하고 있기 때문에 WTO 협정에 부합되었다.

자주관세 할당은 특정 제품의 관세 세율을 높이거나 낮추는데 사용된다. 2010년 모두 231개의 HS10급의 세번이 자주관세 할당에 해당되었고 위에서

---

24) 세 번(稅號) : 『산업 일반』 세계적 표준에 따라 물품을 1류부터 99류까지 분류하고 통계 산출, 통관 조건, 과표 근거 따위에 활용하기 위하여 물품마다 부여하는 국제 기준의 품목 분류 코드.

말한 세번 제품의 세율이 전부 감소되었다.

　관세 이외에 한·중·일 세 나라는 모두 다 비관세 조치를 취했다. 비록 비관세 조치를 정확하게 적용하는 것이 어렵지만 일반적으로 주요한 비관세 조치에는 수량 제한, 기술장벽(TBT), 위생과 식물검역(SPS), 유통장벽 등이 있는 것으로 알려졌다.

2. 화물무역 자유화의 전반적인 효과

　한·중·일 3국간의 무역총량을 보면 2011년 한·중·일 세 나라 간의 무역량은 6,600억 달러를 초과했고 그중에 중국의 일본, 한국과의 무역량은 5,600억 달러에 달했다. 3국의 무역보호 정도를 보면 2010년 가중평균 최혜국 세율은 한·중·일 세 나라가 각각 4.1%, 2.7%와 7.9%였다. 이밖에 존재하는 임시관세와 비관세장벽을 고려하면 3국간의 관세 수준은 FTA 협의 틀 안에서 적지 않은 하락 공간이 있다. 만약 한·중·일 3국이 화물무역 자유화 방면에서 높은 수준의 협의를 형성할 수 있다면 무역장벽이 완전하게 사라지면서 직접 소비자에게 수백억 달러의 이익을 가져다준다. 그리고 자유무역지대의 무역창출과 무역이전 효과가 또한 세 나라 소비자에게 더욱 많은 복지효과를 가져다주게 된다. 만약 한·중·일 자유무역지대 협정의 화물무역 자유화 수준이 높지 않아 종합적인 관세 수준이 2%만 하락했다 해도, 그리고 모종의 민감 상품에 대한 수량 제한이 있을지라도 소비자에게 가져다주는 이익은 대단할 것이다.

2. 한·중·일 FTA 화물무역 자유화의 중점 부문에 대한 분석

역내 무역 자유화는 무역창출효과와 무역이전효과를 생산한다. 한편으로 관세양허로 인해 거래원가가 낮아지고 각국은 더욱 저렴한 제품을 수입하게 되며 본국과 역외의 경쟁력과 가격우위를 갖추지 못한 제품을 대체하는 효과를 나타내게 되고 자원은 비교우위를 가진 부문으로 집중된다.

다른 한편으로 경쟁력의 제고로 인해 역내 상호 투자가 추진되고 역외 투자를 진일보적으로 흡인하게 되며 제조업 전체가 큰 혜택을 받는다.

그리고 자원배치를 최적화하고 산업구조 조정을 추진하는 동시에 한·중·일의 경쟁력을 구비하지 못한 부문은 산출 하락과 수출 감소의 압력을 받게 된다. 관세 상호 면제와 비관세 장벽 해소 조치가 FTA의 주요한 내용이기 때문에 한 나라의 우위에 있지 않고 비교적 높은 관세 세율을 적용하거나 비관세장벽이 비교적 많은 민감한 산업은 FTA를 체결한 후 일정한 기간에 비교적 큰 영향을 받게 된다. 현시비교우위지수(RCA)를 이용하면 한·중·일 세 나라의 각 산업의 경쟁력을 비교할 수 있다. RCA 지수는 한 나라의 K상품이 총 수출에서 차지하는 비례와 세계적으로 이 상품이 수출 총액에서 차지하는 비례의 비율을 말한다.

일본 무역진흥회(JERTO)가 제기한 표준에 따르면 RCA 수치가 2.50보다 클 때 이 산업은 매우 강한 비교우위를 가지고 있고 RCA가 0.80~1.25 사이에 있을 때 이 산업은 중등 정도의 비교우위를 가지고 있으며 RCA가 0.8 이하일 때는 비교열세에 처하게 된다. RCA지수의 구체적인 계산 공식은 다음과 같다.

$$RCA_j^k = (X_j^k / X_j) / (X_w^k / X_w)$$

그중 X는 수출을 대표하고 k는 수출 상품의 종류를 대표하고 j는 한 개 국가를 대표하고 w는 세계를 대표한다. HS 국제통일상품분류 중 농업(임업 포함)은 제1~2장, 제4~15장, 제17~24장에 포함되어 있고 어업은 제3장, 제16장에 포함되었고 방직업은 제50~63장에 포함되었으며 석유화학공업은 제28~40장에 포함되고 강철산업은 제72~73장, 기계는 제84장, 전자제품은 제85장, 자동차는 제87장에 포함되었다. 한·중·일 3국의 각 산업의 RCA지수는 도표 2-6을 참조한다.

도표2-6 한·중·일 주요 산업의 국제 경쟁력

구분	중국			일본			한국		
	2002년	2005년	2011년	2002년	2005년	2011년	2002년	2005년	2011년
농업	1.42	1.44	1.59	0.19	0.26	0.46	0.66	0.47	0.74
어업	0.50	0.52	0.67	0.76	0.83	1.30	0.74	0.84	1.30
방직	3.05	3.09	3.32	0.31	0.30	0.40	1.72	1.05	0.94
강철	0.85	1.03	1.17	1.33	1.31	2.13	1.35	1.40	2.20
기계	1.27	1.38	1.59	1.35	1.41	2.21	1.14	0.95	1.17
전자	1.41	1.59	1.90	1.50	1.45	1.64	1.88	1.99	2.20
자동차	0.18	0.23	0.35	2.16	2.26	3.10	1.02	1.42	2.08

자료출처: COMTRADE 유엔 데이터베이스. HS2002판 분류 수치.

도표 2-6에 표시된 바와 같이 일본, 한국의 농업, 어업, 방직업의 경쟁력은 중국에 비해 상대적으로 약하다. 2011년을 예로 들면 중국, 일본, 한국의 농업 RCA지수는 각각 0.32, 0.08, 0.17이었고 어업의 RCA지수는 각각 1.59, 0.46, 0.74였으며 방직업 RCA지수는 각각 3.32, 0.4, 0.94였다. 중국은 일본, 한국과 비교할 때 산업 경쟁력이 가장 약한 것이 자동차 산업이다. 2011년 중국 자동차 산업 RCA지수는 0.35였으며 같은 시기 일본, 한국의 자동차 산업 RCA지수는 각각 3.10, 2.08이었다. 때문에 본 부분에서는 세 나라가 화물무역 자유화를 실행하는 과정에 각자의 민감 부문을 선택해 분석할 것이다.

1. 농업부문

(1) 한·중·일 농업 생산량과 3자간 무역

한·중·일 3국의 농산물 생산량은 매우 높은데 도표 2-7에 표시된 바와 같다. 2008년 세 나라의 쌀과 돼지고기 제품의 생산량은 각각 세계의 30.8%와 47.6%를 차지했다. 2000년과 2008년 사이에 도표에 열거된 중국 농산물의 품종과 생산량은 모두 다 증가되었다. 일본은 밀, 콩, 보리 이외에 도표에 있는 기타 품종의 2008년 생산량이 모두 2000년보다 낮다.

한국은 밀, 콩, 옥수수와 돼지고기 이외에 기타 도표에 표시된 품종의 2008년의 생산량이 모두 2000년보다 낮다. 한·중·일 세 나라는 세계 농업생산에서 매우 큰 비중을 차지하는데 주요 원인은 중국이 세계 최대의 농산물 생산국과 소비국의 하나이고 쌀, 밀, 목화, 돼지고기, 가금 등의 많은 미가공 농산물의 생산량이 세계 첫 자리를 차지하기 때문이다.

도표 2-7 한·중·일 3국의 농산물 생산 상황

제품	연도	세 계	중 국		일 본		한 국	
		생산량 (천톤)	생산량 (천톤)	비율 (%)	생산량 (천톤)	비율 (%)	생산량 (천톤)	비율 (%)
쌀	2000	599,355	189,814	31.7	11,863	2.0	7,197	1.2
	2008	685,875	193,354	28.2	11,029	1.6	6,919	1.0
보리	2000	133,116	2,646	2.0	214	0.2	227	0.2
	2008	155,054	3,100	2.0	217	0.1	170	0.1
밀	2000	585,691	99,636	17.0	668	0.1	2	0.0
	2008	683,407	112,463	16.5	881	0.1	10	0.0
콩	2000	161,291	15,411	9.6	235	0.1	113	0.1
	2008	230,581	15,545	6.7	262	0.1	133	0.1
옥수수	2000	592,474	106,178	17.9	0.2	0.0	64	0.0
	2008	826,224	166,032	20.1	0.2	0.0	93	0.0
가축 고기	2000	56,266	4,795	8.5	530	0.9	306	0.5
	2008	61,670	5,841	9.5	520	0.8	246	0.4
돼지 고기	2000	89,787	40,752	45.4	1256	1.4	916	1.0
	2008	103,983	47,190	45.4	1249	1.2	1,056	1.0

자료출처: 유엔 식량농업기구 통계수치, http://www.fao.org/economic/ess-capacity/
countrystathome/en/.

생산액이 국민경제 중 차지하는 비율을 보면 2009년 중국 농업 총생산액은 5조80억 위안으로 2000년에 비해 135% 증가되었으나, 같은 시기 농업의 GDP 총액 중에서 차지하는 비례는 오히려 15.1%로부터 10.3%로 내려갔다.

일본의 농업 총생산량은 1984년 최고봉 때의 11조7,000억 엔으로부터 2008년에는 8조5,000억 엔으로 30% 감소되었다. 아울러 2000년의 9조1,000억 엔에 비해 7% 하락했다. 한국의 2009년 농업 총생산량은 41조4억 원으로 2000년보다 29% 증가되었으나 같은 시기 농업이 GDP에서 차지하는 비례는 5.3%에서 3.9%로 내려갔다.

농산물의 3자 무역 방면에서 중국은 일본, 한국과의 무역에서 흑자를 유지했고 한국도 일본과의 무역에서 흑자를 냈다. WTO가 HS2007을 근거로 정의한 농산물을 말하면 2009년 중국의 일본, 한국에 대한 수출은 각각 50억2,000 달러, 18억2,000억 달러였고 수입은 각각 2억5,000만 달러와 1억9,000만 달러였다. 한국의 대 일본 농산물 수출은 9억 달러, 수입은 3억 달러였다. 종류를 보면 중국이 일본에서 수입하는 농산물은 주로 과일 채소 식물(48.3%), 유료 유지(32.2%) 사탕 당과(18.5%), 동물제품(1.03%)이었다.

중국이 한국에서 수입한 주요 농산물 품종은 사탕 당과(34.2%), 곡물 및 기타 제품(21.2%), 과일·채소·식물(16.7%), 음료와 담배(15.1%)였다. 일본이 중국에서 수입하는 농산물은 주로 과일·채소·식물(42.8%), 기타 농산물(15.8%), 동물제품(15.6%), 유료·유지(9.0%)였다. 일본이 한국에서 수입하는 주요 농산물에는 과일·채소·식물(37.3%), 곡물과 곡물 제품(36.5%), 기타 농산물(14.8%)이 포함된다. 한국이 중국에서 수입하는 주요 농산물은 과일·채소·식물(30.8%), 곡물과 곡물제품(22.0%), 기타 농산물(20.0%), 유료 유지(18.1%)이다.

한국이 일본에서 수입한 주요 농산물에는 곡물과 곡물제품(39.5%), 음료와 담배(16.5%), 기타 농산물(16.0%), 유료 유지(13.1%)가 포함된다.

(2) 무역보호의 정도

농산물 방면에서 일본과 한국은 경작지 면적이 부족하고 자연조건 제한을 받고 있기 때문에 농산물의 세계 경쟁력과 자급률이 매우 낮다. 국내 농업 생산자의 이익을 보호하기 위해 이 두 나라는 비록 GATT/WTO에 가입한 시간이 오래 되었지만 농업의 개방 정도가 매우 느렸으며 세계적으로 농업보호 정도가 가장 심하고 보호 시간이 가장 긴 소수의 나라에 속한다.

도표 2-8은 2010년 한·중·일 세 나라의 주요 유형의 농산물 관세를 보여 주었는데 2010년 세 나라 최고의 최혜국 실행 세율은 각각 65%, 640%와 887%였다. 한·중·일 주요 농산물 관세는 도표 2-8을 참조한다.

도표 2-8 2010년 한·중·일 주요 농산물의 관세 (단위:%)

구분	제품 종류	최종 약속 세율					최혜국 세율	
		평균	제로관세 비율	최고	약속관세 비율	평균	제로관세 비율	최고
중국	동물 제품	14.9	10.4	25	100	14.8	10.1	25
	유제품	12.2	0	20	100	12	0	20
	과일 채소 식물	14.9	4.9	30	100	14.8	5.9	30
	커피 차	14.9	0	32	100	14.7	0	32
	곡물과 곡물제품	23.7	3.3	65	100	24.2	3.4	65
	유료 유지	11.1	7.1	30	100	11.0	5.3	30
	사탕 당과	27.4	0	50	100	27.4	0	50
	음료와 담배	23.2	2.1	65	100	22.3	2.2	65
	목화	22	0	40	100	15.2	0	40
	기타 농산물	12.1	9.2	38	100	11.4	9.4	38

구분	제품 종류	최종 약속 세율				최혜국 세율		
		평균	제로관세 비율	최고	약속관세 비율	평균	제로관세 비율	최고
일본	동물제품	14.3	45.7	271	100	18.9	43.8	271
	유제품	118.1	0	660	100	93.3	9.5	640
	과일 채소 식물	10.2	19.6	394	100	10.6	19.7	394
	커피 차	14.3	22.2	184	100	15.3	22.7	184
	곡물과 곡물제품	69.7	8.2	618	100	42.0	16.3	618
	유료 유지	10.0	46.2	613	100	9.0	41.9	613
	사탕 당과	44.7	7.3	225	100	27.2	12.7	94
	음료와 담배	16.4	19.1	54	100	14.6	32.3	54
	목화	0	100	0	100	0	100	0
	기타 농산물	5.3	66.6	562	100	4.4	70.6	562

구분	제품 종류	최종 약속 세율					최혜국 세율		
		평균	제로관세 비율	최고	약속관세 비율	평균	제로관세 비율	최고
한국	동물제품	26.1	0.4	89	100	22.1	2.4	89
	유제품	69.8	0	176	100	67.5	0	176
	과일 채소 식물	63.6	0	887	100	57.4	0.2	887
	커피 차	74.1	0	514	100	53.9	0	514
	곡물과 곡물제품	161.1	0	800	100	134.5	0.3	800
	유료 유지	44.1	2.6	630	100	37.0	4.1	630
	사탕 당과	32.2	0	243	100	16.8	12.5	243
	음료와 담배	42.5	0	270	100	31.7	0	270
	목화	2	0	2	100	0	100	0
	기타 농산물	20.8	9.3	754	100	16.1	18.3	754

자료출처 : WTO 세계관세 통계수치, http://www.wto.org/english/tratop_e/schedules_
e/goods_schedules_table_e.htm.

수량제한 편에서 중국은 관세쿼터 행정법규 관리를 받은 수입제품에 대해
관세쿼터 관리를 적용했다.

2010년 중국은 HS8 위 세 번의 42개 세목의 농산물에 대해 관세쿼터

관리를 실행했는데 여기에는 밀, 옥수수, 쌀, 사탕, 양털, 털실 다발과 목화가 포함된다. 위에서 말한 상품쿼터 내의 적용세율은 1%~15%이고 쿼터 밖의 적용세율은 10~65%였다. 일본은 HS9 위 세번의 175개 세목의 제품에 대해 관세쿼터 관리를 실행하는데 여기에는 유제품, 정제 식용유지, 콩류, 채소, 밀, 보리 쌀, 녹말, 다진 건과, 구약(곤약)덩이줄기(구약감자라고도 함), 누에, 누에고치와 생사 등이 포함되며 위에서 말한 제품의 쿼터 내 세율은 0~40%이다. 한국은 HS10 위 세 번의 203개 세목은 총 63종 제품에 대해 관세 쿼터 관리를 실행하는데 주로 쌀, 보리, 후추, 마늘, 양파가 포함된다. 위에서 말한 제품의 쿼터 내 세율은 0~50%이고 쿼터 외 세율은 9%~887.4%이다.

(3) 한·중·일 FTA가 3국 농업시장 개방에 미치는 영향

농업보호 문제는 한·중·일 경제협력의 한 가지 주요한 요소이다. 일본은 비록 일찍 1955년에 가트에 가입했지만 농업의 개방 진도가 매우 완만하여 전후 세계적으로 본국 농업에 대한 보호정도가 가장 크고 보호시간이 가장 긴 소수 국가의 하나로 되었다. 일본이 농업에 실시한 보호 조치에는 다음과 같은 것이 포함된다. 첫째, 금융보조의 방법으로 농업 생산을 격려한다. '휴경보조', 단일 농산물 연도보조 이외에 또 해마다 농호에 일정한 액수의 '농가 경영안정 보조금'을 지불한다. 둘째, 국내 농산물 시장에 대한 보호를 강화한다.

일본정부는 쌀 등 200여 종의 농산물에 대해 높은 수입관세(그중 쌀 490%, 땅콩 500%)를 징수하는데 연간 보호 액수가 5조 엔 이상이다. 한국의 상황도 이와 마찬가지이다. 이미 발효된 일본-싱가포르 무역협정(JSEPA) 및 진행 중인 일-한 자유무역담판을 돌이켜보면 같은 특점이 있는데 바로

농산물시장 개방 문제가 거의 언급되지 않았다는 것이다. 일본-멕시코 간 무역 기본협의에는 농산물시장 문제가 언급됐지만 '옥수수의 고향'으로 불리는 멕시코가 일본 농업에서 가장 민감한 벼의 생산과 수입에 주는 영향이 여전히 제한되어 있다. 일본, 한국, 중국의 FTA 담판 중 농산물 문제는 여전히 피해갈 수 없는 큰 장애물이었다. 모종의 의미에서 말하면 그것은 담판이 순조롭게 진행될지 여부를 결정하는 관건이 될 것이다.

한·중·일 자유무역지대 건설 과정에 만약 일본과 한국이 마지막까지 중국에 농산물시장을 개방하지 않아 중국의 비교우위가 발휘될 수 없게 하고 자국의 공산품만 대량으로 중국에 수출하려 한다면 3국 사이에 자유무역협정을 체결하는 난이도는 크게 증가될 것이다.

2. 어업 부문

(1) 한·중·일 어업 생산량과 3자간 무역

한·중·일 세 나라의 어업생산과 무역은 다 세계에서 중요한 지위를 차지하고 있다. 2009년 3국의 어업 생산량은 각각 6,047만5,000 톤, 519만6,000톤, 319만9,000톤으로 각각 세계 총생산량의 37.1%, 3.2%와 2.0%를 차지했으며 비례합계 가 42.3%에 달했다. 구체적인 한·중·일 어업 생산량은 도표 2-9를 참조할 것이다.

도표 2-9 한·중·일 어업 생산량

연도	세 계 생산량 (천톤)	중 국 생산량 (천톤)	비중 (%)	일 본 생산량 (천톤)	비중 (%)	한 국 생산량 (천톤)	비중 (%)
2000	136,255	43,284	31.8	6,485	4.8	2,506	1.8
2001	136,045	44,273	32.5	6,419	4.7	2,677	2.0
2002	139,229	46,289	33.2	5,888	4.2	2,498	1.8
2003	139,516	48,263	34.6	6,095	4.4	2,502	1.8
2004	148,148	50,728	34.2	5,707	3.9	2,543	1.7
2005	151,102	52,466	34.7	5,672	3.8	2,719	1.8
2006	152,224	54,265	35.6	5,657	3.7	3,050	2.0
2007	156,018	56,161	36.0	5,688	3.6	3,287	2.1
42008	159,406	57,827	36.3	5,616	3.5	3,359	2.1
2009	162,821	60,475	37.1	5,196	3.2	3,199	2.0

자료출처: 유엔 식량농업기구 통계수치, http://www.fao.org/economic/ess/ess- capacity/ countrystathome/en/.

어업은 세 나라의 국내 생산 비제조업에서 중요한 지위를 차지한다. 2009년 중국의 어업 생산액은 5,626억 위안(인민폐)에 달하였고 총생산량은 6,047만5,000톤에 달했으며 그중에는 수산양식물 3,620만 톤과 어획물 1,490만 톤이 포함된다. 비록 중국의 어업 산출 규모가 매우 크지만 어업

부문의 발전은 여전히 생산규모의 확대와 자연자원 투입의 증가에 의지한다. 2008년 일본의 어류와 수산물 생산액은 1982년 절정기에 있을 때의 3조 엔에 비해 40%가 하락해 1조6,000억 엔까지 줄었으며 2000년의 1조 9,000억 엔보다 10%가 감소되었다. 일본 주변 해역에서 40%의 어류 품종의 자원 수량은 비교적 낮은 수준에 있었다. 2009년, 한국의 어업 총생산량은 6조 9,000억 원(연해 및 근해는 52.6%, 수산양식 26.7%, 원양 16.8%, 내륙 3.9%)으로 2005년에 비해 5.9%가 증가되었다. 그러나 같은 시기 어업이 GDP에서 차지하는 비중은 0.3%에서 0.2%로 내려갔다.

3자간 무역을 볼 때 2009년 3국 수산물 수출액 합계는 132억1,900만 달러이고 수입은 210억400만 달러에 달해 각각 세계 총 수출액과 총 수입액의 18.3%와 25.0%를 차지했다. 한·중·일 3국은 서로 중요한 수산물 무역 파트너이다. 2009년 중국의 일본과 한국에 대한 수산물 수출액 합계는 총 수출액의 34.9%를 차지했고 일본의 중국과 한국에 대한 수출은 총 수출의 27.8%를 차지했으며 한국의 중국과 일본에 대한 수출은 총 수출액의 58.0%를 차지했다. 중국이 일본과 한국에서 수산물을 수입한 액수는 총 수입액의 6.23%를 차지했고 일본이 중국과 한국에서 수입한 액수는 총 수입액의 22.09%를 차지했으며 한국이 중국과 일본으로부터 수입한 액수는 총 수입액의 37.43%를 차지했다.

중국의 일본, 한국과의 어업 무역은 흑자였고 한국도 일본과의 무역에서 흑자를 벌고 있었다. WTO 제품 분류에 따라 통계한 수치에 따르면 2009년 중국의 일본과 한국에 대한 어업 제품 수출은 각각 26억8,000만 달러와 10억 달러에 달했고 수입은 각각 2억 2,000만 달러와 1억 2,000만 달러에 달했다.

2009년, 한국의 일본에 대한 어업 제품 수출은 6억 5,000만 달러, 수입은

1억 9,000만 달러였다.[25]

(2) 무역 보호 정도

기타 비제조업 제품에 비해 중·일·한 3국의 어업 제품의 무역 보호 정도는
비교적 높은 수준에 있다. 관세 방면에서 보면 2010년 한·중·일 3국의 어업
제품의 단순평균 최혜국 관세 세율은 각각 10.9%, 5.5%와 16.1%였고 3국
어업제품4의 최혜국 세율 최고치는 각각 23%, 15%와 50%였다. 도표 2-10을
참조할 것.

도표 2-10 2010년 한·중·일 어업제품 관세

구분	최종약속 세율				최혜국 세율		
	평균	제로관세 비례	최고	약속관세 비례	평균	제로관세 비례	최고
중국	11.0	6.2	23	100	10.9	6.3	23
일본	4.9	3.5	12	91.2	5.5	3.3	15
한국	14.9	0	32	53.1	16.1	0.7	50

자료출처 : WTO 세계관세 통계수치, http://www.wto.org/english/tratop_e/ schedules_
e/goods_schedules_table_e.htm.

---

25) 이 수치의 출처는 유엔 무역통계 데이터베이스의 수치(Un Comtrade).

비관세조치 방면에서 중국은 어업 제품에 대해 쿼터 등 기타 수입수량 제한 조치를 취하지 않았지만 일본과 한국은 모두 다 수산물 수입에 대량의 제한조치를 취했다. 일본은 수산물 수입에 각각 쿼터관리, 수입허가 관리 등의 제한조치를 취하고 있다. 일본은 많은 수산물의 수입에 쿼터를 설정했다.

2009년 12월까지 일본은 여전히 다시마, 오징어, 고등어, 정어리, 대구, 가리비 등 19종의 품종에 수산물 쿼터를 실행했다. 식품의 농업 화학물질 잔류에 대해 일본은 엄격한 「포지티브 리스트 제도」를 실행하고 있다. 기술적 무역조치 방면에서 일본은 수산물을 포함한 식품 수입 규정에 식품 품질 표시제도와 식품 원산지 표시 제도를 실행하고 있다. 2006년부터 일본은 전체 수산식품 가공시설을 상대로 수산식품 가공시설 위해분석과 중요관리점 HACCP 인증제도를 실행하고 있다.

통관 단계에서도 일본은 가혹하고 번거로운 절차를 많이 만들었는데, 예를 들면 중국에서 수입하는 패류(貝類)품에 대해 엄격한 설사성 패류독소와 마비성 패류독소에 대한 검사를 한다. 한국이 실행한 비관세 조치에는 위생표준, 검사 후 통관, 금속이물질 검사 등의 제도가 있다. 2006년 6월, 한국은 또 수산물에 대한 날리딕스산 검사 등 약물잔류 검사를 추가하였다. 통관 절차 방면에서 한국은 2007년 9월 12일부터 수입 양식 수산물의 통관시간을 연장시켰으며 모든 양식 수산물의 검사 주기를 기존의 4일에서 8일로 늘렸다. 이로부터 수출상의 통관 비용이 대폭 상승했는데 특히 살아있는 수생동물을 잠시 키우면서 보관해주는 비용이 배로 증가되었고 또한 수출상품 특히 양식 냉동수산물의 품질이 영향을 받았다.

관세와 비관세 조치를 보면 일본과 한국은 중국보다 FTA의 영향을 더 많이 받을 가능성이 크다. 우선 관세세율을 보면 한·중·일 3국이 모두 다 수산물 수입에 대해 비교적 높은 관세를 유지하고 있다. 그중 일본의 수산물 수입(최혜국) 관세의 평균 세율이 가장 낮아 5.5%이고 최고 세율은 15%이다.

한국의 평균 관세 세율이 가장 높아 16.1%이고 최고 세율은 50%까지 달한다. 앞에서 서술한 종가세 이외에도 일본의 수산물 관세에는 또 소량의 종량세를 규정했다. 종량세의 사용은 관세 계산이 복잡해지게 했고 또한 그 세율이 흔히 종가세율보다 높기 때문에 사실상으로 수입을 제한하는 역할을 일으켰다. 한국은 수산물에 대해 조정관세(관세 세율을 임시로 높이 조절하는 제도) 제도를 실행한다. 한국에서 조정관세를 징수하는 15개의 품종 중 (2010년 2월까지) 수산물은 9개를 차지했으며 그중 활농어, 새우젓 등은 대부분 주로 중국에서 수입하는 품종이다. 조정관세의 사용이 중국의 모종의 수산물의 수출에 비교적 큰 영향을 미친다. 중국의 수산물 수입 평균 관세세율은 10.9%인데 3국 가운데 세율이 가장 낮은 것은 아니지만 중국은 수산물에 종량세 또는 조정관세 등의 수입 제한을 늘리는 조치를 실행하지 않았다.

(3) 한·중·일 FTA가 세 나라 어업시장의 개방에 미치는 영향

만약 FTA가 체결되고 실행된다면 중국 수산물은 일본과 한국에서 더욱 큰 시장을 얻게 될 것이며 이 방면에서 일본과 한국은 비교적 큰 압력을 받게 된다. 일본이 기타 국가와 체결한 여러 EPA/FTA를 돌이켜보면 대부분의 수산물이 모두 다 민감 상품 리스트에 포함되어 있어 관세 감세 범위에서 배제되었거나 또는 10년의 과도기를 가진다고 규정했다.

똑같이 한국도 아세안 및 기타 국가와 체결한 FTA 중에 수산물과 농산물, 임업 제품이 고도 민감 제품 리스트의 주요 제품이 되었다. 한·중·일 자유무역지대 담판에서 수산물은 여전히 세 나라가 논쟁하는 초점의 하나로 될 것이고 일본과 한국은 민감 상품 리스트를 설정하는 방식으로 모종의 제품에 과도기를 설치하려 할 것이다.

단시기 내에 일본과 한국의 어업은 중국보다 더 많은 영향을 받게 되지만 장기적으로 보면 FTA의 체결은 세 나라 어업에 이익을 가져다준다는 것을 우리는 알아야 한다. 우선 3국의 어업 산업구조에는 뚜렷한 차이가 있기 때문에 비교적 강한 상호 보완성을 가지고 있다. 지리적 조건이 다르기 때문에 한·중·일 3국의 어업 산업구조 차이는 매우 크다. 중국의 어업 생산에서는 내륙 담수어업이 비교적 큰 비중을 차지한다. 2008년 중국 어업 생산량 가운데에는 내륙 담수어업 생산량이 총량의 39.82%를 차지한다.

일본과 한국의 내륙 담수어업 생산량은 자국 어업 총생산량에서 차지하는 비중이 각각 1.31%와 0.73% 밖에 차지하지 않는다. 이밖에 일본과 한국에서 직접적인 어획물이 어업 생산물에서 차지하는 비중은 약 70%이지만 중국은 어업에서 양식업이 약 50%의 비중을 차지한다.

어획 방면에서 일본과 한국은 더욱 강한 생산능력을 가지고 있어 중국보다 더욱 우위에 있다. 중국 국내시장의 해산물 수요가 끊임없이 증가됨에 따라 일 한 양국이 중국에 대한 수산물 수출 규모를 늘리는데 유리하게 될 것이다. 다음으로 한·중·일은 어업 협력 방면에서 더욱 큰 이익을 얻게 된다. 예를 들면 자유무역지대를 건설하면 일본과 한국이 중국의 수산물 양식 및 가공 방면에 대한 투자를 확대하는 데에 유리하게 된다. 이밖에 해양어업 방면에서 한·중·일 세 나라는 이미 달성한 「일한어업협정」, 「중한어업협정」, 「중일어업협정」을 바탕으로 진일보적으로 어업협력을 추진할 수 있으며 어업부문 실무그룹회의와 고위급 회의를 열어 어업발전을 효과적으로 관리하고 계획하는 구체적인 방식을 체결할 수 있는데 이는 어업자원의 지속가능한 이용과 보호를 추진하는데 유리할 것이다.

3. 제조업 부문

(1) 한·중·일 제조업 생산량과 3자 무역

대외무역량의 각도에서 보면 한·중·일 3국은 모두 다 세계 제조업의 대국이다. 일부분 중요한 제조업 제품의 수출 예를 들면 시청각과 통신설비, 오피스텔, 회계와 컴퓨터 설비, 방직물 등은 한·중·일이 각각 세계 시장에서 주도적인 지위를 차지하고 있다. 한·중·일 3국의 주요한 제조업 제품의 국내생산 상황은 도표 2-11을 참조한다. 한·중·일의 제조업 각 부문이 제조업에서 차지하는 비중을 보면 중국은 방직물과 피혁, 석유·석탄과 화학공업 이 두 산업이 상대적으로 두 나라보다 더욱 규모우위를 가지고 있고 운송설비 방면에서는 두 나라에 비해 열세에 있다.

도표 2-11 한·중·일 제조업 각 부문의 생산량이 제조업 총생산량에서 차지하는 비중

제조업 부문	중국	일본	한국
식품, 음료와 담배	9.7	14.7	5.1
방직물과 피혁	7.8	1.9	4.2
목재, 종이, 출판과 인쇄	3.3	8.8	3.4
석유, 석탄과 화학공업	21.8	14.9	15.7
비금속 광산물, 석유와 석탄 포함하지 않음.	5.3	2.8	3.8
금속과 금속 제품	16.8	7.2	14.4
기계 설비	8.6	10.2	8.5
전기와 전자설비	15.3	14.1	24.0
정밀 의기	1.9	1.7	1.7
운수 설비	8.2	13.0	17.7
가구와 기타 제조업	1.2	10.7	1.5
제조업	100	100	100

자료출처: 중국 측 수치는 2010년 「중국 통계 연감」을 근거로 계산하여 얻은 것이다. 일본의 수치는 일본정부 내각 사무실의 경제 사회연구원 2009년 수치에서 얻은 것이다. 한국의 수치는 한국 통계정보서비스(KOSIS) 2009년을 근거로 계산하여 얻은 것이다.

3자의 제조업 제품 무역 방면에서 2009년 일본은 한국, 중국을 상대로 흑자였고 한국은 중국을 상대로 역시 흑자였다. 중국의 일본과 한국에 대한

제조업 제품 수출액은 각각 616억 달러와 437억 달러이고 수입액은 각각 963억 달러와 831억 달러였다. 일본의 한국에 대한 제조업 제품 수출액은 433억 달러, 수입액은 192억 달러였다.

2005-2009년 중국이 일본에서 수입한 제조업 제품에는 주로 시청각 통신 설비, 기계 설비, 화학공업 제품, 기본 금속, 의료와 광학 설비, 전기기계 설비, 동력엔진 차량, 트레일러, 세미 트레일러가 포함된다. 중국이 한국에서 수입하는 제조업 제품은 주로 시청각 통신 설비, 화학공업 제품, 의료와 광학 설비, 기본금속, 기계설비, 코크스, 석유정제 제품과 핵연료 등이 포함된다. 중국이 일본에 수출하는 제조업 제품에는 주로 방직물, 복장과 모피, 기계설비, 사무실 회계와 통신 장비, 시청각 통신 설비 등이 포함된다.

중국이 한국에 수출하는 제조업 제품에는 주로 시청각 통신 설비, 기본 금속과 화학공업 제품 등이 포함된다. 같은 시기, 한국이 일본에서 수입한 제조업 상품에는 주로 화학공업 제품, 기본금속, 기계설비, 시청각 통신 설비, 의료와 광학 설비, 전기기계 설비 등이 포함된다. 한국이 일본에 수출하는 제조업 제품에는 주로 시청각 통신 설비, 코크스, 석유정제 제품과 핵연료, 기본금속, 화학공업 제품 등이 포함된다. 일본이 중국에서 수입하는 제조업 제품에는 주로 식품과 음료, 복장, 모피, 방직물 등이 포함되고 한국에서 수입하는 제조업 제품에는 주로 시청각 통신 설비, 화학공업 제품 등이 포함된다. 일본이 한국에 수출하는 제조업 제품에는 주로 자동차와 관련 부품, 공업설비와 관련 부품, 강철, 화학공업 제품, 시청각 통신 설비 및 관련 부품, 배터리 및 관련 부품, 종이와 판지 등이 포함된다.

(2) 무역보호 정도

2009년, 한·중·일 세 나라의 단순평균 최혜국 세율은 각각 8.7%, 2.4%, 6.6%였고 3국의 가중평균 최혜국 관세는 각각 3.7%, 1.0%와 3.2%였다. 단순평균관세 세율을 보면 중국의 고관세 제조업 제품 종류에는 담배, 식품과 음료, 복장과 모피, 피혁과 신발류, 동력엔진 차량, 트레일러, 세미 트레일러 및 기타 비금속 광산품이 포함된다.

가중평균 관세 세율을 보면 중국의 고관세 제조업 제품 종류에는 담배, 동력엔진차량, 트레일러, 세미 트레일러, 복장과 모피, 기타 비금속 광산품, 식품과 음료 등이 포함된다. 단순평균 관세 세율을 보면 일본의 고관세 제조업 제품 종류에는 피혁과 신발류, 식품과 음료, 복장과 모피, 담배 등이 포함된다. 가중평균 관세 세율을 보면 일본의 고관세 제조업 제품 종류에는 피혁과 신발류, 복장과 모피, 식품과 음료, 방직물 등이 포함된다. 단순평균 관세 세율을 보면 한국의 고관세 제조업 제품 종류에는 식품과 음료, 담배, 복장과 모피, 방직물, 피혁과 신발류가 포함된다. 가중평균 관세 세율을 보면 한국의 고관세 제조업 제품의 종류에는 담배, 식품과 음료, 복장과 모피, 방직물, 피혁과 신발류가 포함된다.

(3) 한·중·일 FTA가 3국 제조업시장 개방에 미치는 영향

3국 제조업의 산업 분포와 보호 정도를 볼 때 한·중·일 3국의 제조업 구조가 비교적 일치하고 산업 내 무역 비중도 비교적 높기 때문에 3국 간의 무역이 가장 활약적인 일부 산업 영역의 관세 수준은 너무 높지 않다. 때문에 제조업 전체에 대해 말하면 3국의 시장 개방의 압력은 별로 크지 않다. 가장

중요한 것은 무역 자유화가 3국의 소비자로 하여금 더욱 낮은 가격으로 더욱 다양한 제품을 구매할 수 있게 하고 동시에 이 지역의 공업 제품의 공급사슬의 발전을 추진하여 생산 네트워크가 더욱 촘촘해지게 한다는 것이다.

다른 한편으로 한·중·일 3국 제조업에는 또 각자의 민감 부문이 존재하고 3국 민감 부문의 개방은 비교적 큰 압력을 받게 된다는 것이다. 세 나라의 현재의 관세 세율 분포는 각국 제조업 민감 부문이 무역 자유화에 대해 어느 정도 저촉하는지를 보여준다. 중국이 일본과 한국으로부터 수입하는 주요 제조업 제품 중 동력엔진 차량, 트레일러, 세미트레일러(단순평균 관세 세율은 14.3%)가 고관세 제품에 속하며 기타 주요 수입제품의 관세 수준은 별로 높지 않고 다만 일부분 종류의 제품의 관세만 좀 높은 편인데 예를 들면 의료와 광학설비는 28%, 화학공업 제품은 50%이다.

이런 고관세 제품은 비교적 민감한 상품에 속한다. 때문에 한·중·일 FTA의 건설은 중국의 일본과 한국으로부터의 수입을 가일 층 추진하고 중국의 민감 상품 부문의 기업에 더욱 큰 압력을 가하게 된다. 자동차, 석유화학, 기계와 전자, 강철 등을 예로 들 수 있는데 특히 첨단제품 생산에 종사하는 기업이 더욱 그러하다. 일본이 중국에서 수입하는 주요 제조업 제품 중 식품과 음료(단순평균 관세가 10.9%), 복장과 모피(단순평균 관세 9.4%), 방직물(단순평균관세 5.8%)이 고관세 제품에 속하고 한국에서 수입하는 주요 제조업 제품은 다 고관세 제품에 속하지 않는다.

수출 방면에서 일본의 주요 이익에는 자동차 및 관련 부품, 공업설비와 관련 부품, 강철, 화학공업 제품, 텔레비전 관련 부품, 시청각 설비와 관련 부품, MCO(다원 집적회로), 전기기계 및 관련 부품, 가정용 가전설비 및 관련 부품, 건전지 및 관련 부품 및 종이와 판지 등이 포함된다. 한국이 중국과 일본으로부터 수입한 주요 제조업 상품은 다 고관세 제품이 아니다.

한국의 상업 부문의 입장에서 고려하면 중국과의 무역에서 방직물, 소비류 제품 및 전자·전기 설비는 민감 상품이고 일본과의 무역에서 기계, 전자전기 설비, 유색금속은 비교적 민감한 상품이다.

제4절
한·중·일 FTA 화물무역 자유화의 발전전망

화물무역 자유화는 FTA 협정의 기반이고 FTA 복지효과의 중요한 원천이다. 한·중·일 3국간의 화물무역량은 거대하고 서로 중요한 무역 파트너인데 이는 화물무역 자유화에 거대한 공간을 남겨놓았다. 화물무역 자유화는 한·중·일 3국 간의 무역 왕래를 확대하고 3국의 경제 복지를 제고하는데 중요한 의의를 가지고 있는 바 앞으로 한·중·일 FTA 중 이 분야가 협력의 중점이 될 것이다.

그러나 세 나라의 화물무역 분야의 발전이 균형적이지 않기 때문에 미래의 한·중·일 FTA 담판에서 세 나라는 모두 다 일부분 부문의 개방에 신중한 태도를 보이게 될 것이다.

1. 한·중·일 FTA 화물무역 자유화에 영향을 주는 요소

한·중·일 FTA의 무역 자유화는 많은 요소의 영향을 받게 되는데 그중에서 중요한 것은 본 지역의 역내무역협정의 발전 상황, 3국간의 경제와 무역 관련성, 3국의 화물무역 자유화에 대한 태도와 입장 및 기타 정치적 경제적 요소 등이 있다.

1. 본 지역의 화물무역 자유화 진전

한·중·일 FTA 무역 자유화 협력은 본 지역의 무역 자유화 협력 구도와 밀접하게 관련되어 있다. 현재 동남아 지역에는 이미 일련의 지역 무역조직이 설립되었다. 아세안이 각각 한·중·일과 여러 개의 무역협정을 체결한 이외에 역외의 미국도 한국과 자유무역협정을 체결했다. 아울러 미국을 주도로 하는 '환태평양경제동반자협정(Trans-Pacific Partnership Agreement, TPP)'도 동남아시아 지역으로 침투되고 있으며 일본과 한국도 모두 다 담판에 참가할 의사를 표명했다. 그것이 한·중·일 FTA의 화물무역 자유화에 미치는 영향은 두 가지 방면에서 체현된다.

하나는 본 지역에서 역내 무역협정이 끊임없이 생겨나는 상황에 만약에 본 지역의 주요 경제체 간에 무역 자유화협정을 체결한다면 이는 필연코 동아시아지역의 역내 무역통합에 진척을 추진하게 할 것이다. 다른 하나는 TPP의 무역 자유화 수준이 매우 높기 때문에 일본과 한국이 잇달아 높은 수준의 TPP 담판에 가입하겠다고 태도 표시를 한 전제하에 한·중·일 FTA의 화물무역 자유화 협정의 자유화 수준이 높아질 가능성이 있다. 그렇지 않으면 일본과 한국의 입장에서는 높은 수준의 화물무역 자유화 협정에 참가한 후 다시 저수준의 화물무역 자유화에 가입한다면 수익이 제한될 수밖에 없다.

2. 한·중·일의 경제무역 관련성

일본은 고도로 발달한 국가로 세 나라 가운데 산업구조 수준이 가장 높고 자본집약형 산업과 기술 집약형 산업이 모두 다 세계적 범위에서 매우 강한 경쟁력을 가지고 있는데 존재하는 문제는 자연 자원이 부족하고 노동력 원가와 토지 원가가 높은 것이다. 한국은 역시 자본과 기술 집약형 산업의 발전수준이 매우 높고 역시 일정한 자금 실력이 있다. 그러나 자연자원이 비교적 결핍되어 있고 임금 원가와 토지 원가가 끊임없이 상승하고 있는 상황에서 노동집약형 산업의 발전 공간이 날로 좁아지고 있다.

세 나라 중 중국의 산업구조 차원이 가장 낮다. 비록 로켓 기술, 우주항공 기술, 핵기술 등 일부 첨단기술 분야에서 일본, 한국보다 앞섰지만 일반적인 응용기술 영역에서는 일본, 한국에 비해 비교적 큰 차이를 보이고 있다. 중국은 자금이 비교적 결핍되어 있지만 노동력 자원은 극히 풍부하고 노동집약형 산업의 발전이 비교적 빠르며 세계적 범위에서 매우 큰 장점을 가지고 있다. 위에서 서술한 상황이 설명하다시피 한·중·일 3국은 산업구조 및 요소부존 방면에서 매우 강한 상호 보완성을 가지고 있다. 멀리 내다보면 3국이 FTA를 체결할 경우 세 나라의 우세가 상호 보완되고 최종적으로는 3국이 공동으로 이익을 보는 효과를 달성할 수 있다.

3. 한·중·일이 화물무역 자유화를 바라보는 태도와 입장

일본과 한국은 모두 다 선진적인 시장경제 국가이고 또한 비교적 일찍

WTO에 가입한 국가이기도 하다. 1980년대 이후 무역 자유화 정책은 일본, 한국의 기업이 세계의 경쟁력을 높이고 산업구조를 고도화하는데 적극적인 역할을 했다. 때문에 일본과 한국은 한·중·일 화물무역 자유화에 대해 적극적인 태도를 보이고 있으며 중국 측과 화물무역 자유화 영역과 부문에 대해 수차례의 협상을 진행했다. 중국은 비록 늦게 시장경제를 시작했지만 30여 년의 개혁개방과 경제의 지속적인 안정적인 발전을 통해 시장경제체제가 점차 개선되고 있다. 2001년 중국이 WTO에 가입함으로써 중국의 전면적인 대외개방이 세계 경제에 더한층 융합되었으며 세계와 한·중·일 3국의 경제무역 협력에 무한한 상업 기회를 가져다주었고 또한 동아시아지역의 경제협력에 양호한 정치경제 환경과 협력 영역을 창조했다.

중국은 이미 WTO 규칙의 요구에 따라 경제 법규와 정책 및 원래의 무역 정책과 법규를 적극적으로 조정해서 세계와 연결시킴으로써 외국 상인의 무역 및 기타 생산경영에 대한 투자가 더욱 유리한 시장법칙과 국제관례 환경 속에서 진행되도록 한다.

중국이 시장을 개방하겠다고 한 약속은 시장진입 정도를 대폭 제고함으로써 투자와 무역 영역을 확대하고 관세 장벽 및 비관세 장벽을 대폭 취소함으로써 외상(外商)의 투자 원가와 무역 원가를 낮추었는데 이는 중국과 가장 가까이에 있는 일본과 한국이 중국과 무역을 하고 투자하는데 더욱 양호한 조건과 기회를 마련해주었다. 이로부터 볼 때 한·중·일은 모두 다 화물무역 자유화를 지지하는 입장이며 이는 한·중·일이 FTA 화물무역협정 담판을 펼쳐 가는데 양호한 기반을 마련해주었다.

4. 한·중·일 간의 정치적 상호 신뢰문제

　역사적 원인으로 한·중·일 3국 국민 간에는 상호 신뢰와 상호 존중의 확고한 기반이 부족하다. 비록 현재 한·중·일 3국간에 첨예한 정치적 모순은 존재하지 않지만 3국간의 정치적 상호 신뢰에 영향을 주는 역사적 현실적인 문제가 존재한다. 첫째, 침략 역사에 대한 일본의 태도가 중·일, 한·일 관계에 영향을 주는 가장 중요한 요소 중의 하나이다. 역사적으로 중국과 한국이 모두 일본 제국주의의 침략을 받았다. 그러나 일본은 다른 나라에 재난을 가져다준 역사에 대해 충분한 반성과 인식을 하지 않고 있으며 국내의 우익세력이 편찬한 침략전쟁을 미화한 교과서를 사용하여 역사를 왜곡할 뿐만 아니라 늘 정부 관리 특히 내각 성원이 야스쿠니 신사를 참배하는 등의 군국주의를 떠받드는 행동을 하고 있다. 역사의 진상을 무시하는 일본의 이런 행위는 중 한 양국의 강력한 반대를 받았으며 중·한 양국 인민의 일본에 대한 신뢰에 영향을 주고 있다.

　둘째, 역사적으로 남겨진 영토, 영해의 주권 분쟁이 세 나라 정치의 상호 신뢰에 영향을 주는 한 가지 중요한 장애물이다. 영토 주권 문제는 지금까지 국가관계에서 가장 민감한 문제였으며 국가와 민족의 존엄에 관련될 뿐만 아니라 거대한 경제 이익을 내포하고 있다. 중·일 댜오위다오 문제, 일·한 독도 문제는 중·일, 일·한 사이에 걸려 있는 해결되지 못한 영토 분쟁이다. 영토 분쟁 문제가 존재함으로써 필연코 주권국가 간의 정치적 상호 산뢰를 크게 약화시키게 된다. 셋째, 동북아 지역의 복잡한 안전 국면 역시 세 나라의 정치적 상호 신뢰 기반에 영향을 주는 홀시할 수 없는 요소이다. 이런 요소가 존재함으로써 한·중·일 FTA의 건설에 영향을 줄 것이며 나아가 한·중·일 간의 화물무역 자유화가 정상적이고 질서 있게 진행되는데 영향을 주게 된다.

2. 한·중·일 FTA 화물무역 자유화의 전망에 대한 분석

1. 한·중·일 FTA는 자유화 정도가 비교적 높은 화물무역협정을 달성하게 된다.

당면 한·중·일 3국간의 화물무역량이 거대하고 서로 중요한 무역 파트너 이므로 무역 자유화 협정을 체결하면 세 나라에게는 거대한 무역수익을 가져다주게 될 것이다. 아래 몇 개 방면의 원인을 분석해보면 한·중·일 FTA는 자유화 정도가 비교적 높은 화물무역협정을 달성하게 될 것이다.

첫째, 한·중·일 3국은 모두 다 WTO 회원국이며 WTO 틀 안에서 화물무역의 개방 정도가 모두 다 비교적 높으며 또한 무역이 3국 경제에서 모두 중요한 지위를 차지하고 있다. 3국은 화물무역 자유화를 통해 무역을 진일보 확대시킬 수 있는 기반을 가지고 있고 비교적 높은 수준의 화물무역 자유화 협정을 체결할 수 있고 담판의 난이도도 상대적으로 비교적 낮다.

둘째, 한·중·일 3국의 경제발전수준이 서로 다르고 국제 분업 중에서 각자 장점을 가지고 있다. 3국은 경제 발전수준, 경제구조 및 요소부존 등의 방면에서 거대한 차이가 존재한다. IMF 수치에 따르면 2011년 일본의 인구당

GDP가 4만 5,920 달러였고 한국의 인구당 GDP는 2만 2,778 달러였다. 중국 내륙의 인구당 GDP는 5,414 달러이다. 이로부터 볼 때 일본은 선진국에 속하고 한국은 신흥 산업국이고 중국은 비약적으로 발전하는 개발도상국이다. 세 나라의 화물무역 부문에 직접적인 경쟁 업종이 비교적 적기 때문에 상호 개방할 가능성이 비교적 크며 무역제한 조항이 비교적 적은 화물무역협정을 달성할 가능성이 더욱 커진다.

셋째, TPP 및 본 지역의 기타 지역성 무역협정 자유화 수준의 영향을 받는다. 최근 몇 년간 다자간 무역 시스템의 진전이 느리기 때문에 미국은 이미 자유화 수준이 비교적 높은 지역성 무역 조직을 내어 왔는데 이는 무역 방면에서 미국의 수요를 말해준다. 그중 아시아태평양지역의 TPP의 영향이 가장 크고 자유화 수준도 가장 높다. 일·한 양국이 이미 TPP의 담판에 가입하기로 결정했기 때문에 한·중·일 TPP의 화물무역 자유화 정도도 높아질 것이다.

2. 한·중·일 FTA 화물무역협정은 3국의 기존의 협의를 바탕으로 펼쳐진다.

현재 한·중·일 3국은 모두 적지 않은 지역성 무역조직에 참가했고 한·중·일 FTA 화물무역 자유화는 이런 협의의 내용을 바탕으로 펼쳐질 것이며 아울러 3국의 부동한 부문에 대한 개방 정도에 대한 태도와 이익에 대한 관심을 반영할 것이다. 3국이 경제규모가 비교적 큰 경제체와 체결한 FTA 협정, 예를 들면 한·중·일이 각각 아세안과 체결한 자유무역협정,

한국과 미국의 FTA 협정, 일본과 멕시코의 FTA 협정 등은 일부 민감한 부문을 제외하고 기타 화물무역의 개방 정도가 모두 매우 높았는데 이는 3국의 화물무역 부문의 이익수요를 말해준다. 한·중·일 FTA의 화물무역 자유화는 3국의 화물무역 부문의 개방을 추진할 것이며 개별적인 부문이 새로운 약속을 하게 될 뿐 한·중·일 FTA 화물무역협정에 중대한 돌파는 없을 것으로 판단된다. 담판 과정에 한·중·일이 달성한 화물무역협정은 현실에 입각하여 융통성 있고 순차적으로 진행하는 원칙을 따를 것이다. 하루속히 협의를 달성하기 위해 3국은 서로 상대방의 이익 수요를 고려하게 될 것이고 3자 간에 민감 부문을 잠시 제외하고 조기수확 프로그램 등의 방식을 통해 이익에 대한 영향이 거대한 부문을 우선적으로 개방함으로써 무역 자유화를 가일 층 추진시킬 가능성도 배제할 수 없다.

3. 화물무역 민감 부문의 개방은 융통성 있게 점진적으로 실행될 것이다.

한 나라의 경제발전수준이 어떠하든 국민경제에는 언제나 기타 나라에 비해 열세에 처한 산업이 있기 마련이다. 개방은 필연코 이런 열세 산업에 비교적 큰 충격을 가져다주게 되고 그 때문에 한 나라의 자유무역협정 체결에 압력을 가져다주게 된다. 특히 한국, 일본은 농업의 경쟁력이 매우 약하기 때문에 장기적으로 국가의 보호를 받았으며 효율이 낮고 대외 개방을 두려워하고 있다. 일본과 한국 정부의 농업에 대한 기본정책은 원칙적으로 봉쇄하고 예외적으로 개방하는 것이다. 농산물 문제 역시 일본과 한국이 기타 경제체와 FTA를 체결함에 있어서는 가장 어려운 문제였다. 일본과 한국은 아세안 등과 FTA를 체결할 때 모두 다 농산물 개방을 유보했다.

일본과 한국이 농업 방면에서 현재의 어려움이 가득한 농업개혁 진척을 추진할 수 있을지는 한·중·일 FTA의 성공과 관계되는 관건적인 요소의 하나이다. 한·중·일 세 나라에 모두 다 기초가 약한 업종이 있고 자유무역지대 건설 과정에 이런 업종이 위협받는 것을 피하기 위해 3국이 모두 엄격한 보호정책을 취하고 있는데 예를 들면 일본, 한국의 농업과 중국의 기술 산업이다. 각국은 모두 적극적으로 산업구조를 조정하고 최적화함으로써 자체의 비교우위를 발전시킴과 아울러 민감한 산업에 대한 기술 도입, 노동자 육성, 사회보장조치와 무역보상 정책을 늘려 민감 업종의 개방 정도를 점차 확대해야 한다. 일부분의 우려되는 모종 제품에 대해서는 자유무역지대 협정에서 특수 배치를 하여 보장 조항을 설치하고 과도기한을 설정한다. 이 밖의 일부분의 산업 협력은 FTA를 선도할 수 있다.

3. 중국이 한 · 중 · 일 FTA 화물무역 자유화에 참가하는데 필요한 대책과 건의

1. 산업구조 조정을 강화해야 한다

한·중·일 FTA의 건설은 중국의 거시경제에 적극적인 영향을 가져다주게 되는데 예를 들면 복지수익, 경제성장 등이며 가장 직접적으로 충격을 받게 되는 것은 민감한 산업이다. 예를 들면 일본과 한국의 농산물이 중국과 비교하면 경쟁력이 떨어지지만 일 · 한 양국, 특히 일본은 첨단기술 산업이 비교우위와 경쟁 장점을 가지고 있다. 또 예를 들면 석유화학과 강철 산업은 모두 다 각국의 산업정책이 중점적으로 지지하는 산업이고 자유무역지대를 건설하게 되면 이런 산업의 생산량 과잉 상황이 계속 악화된다. 때문에 자유무역지대 담판의 시작과 담판 과정에서 각국은 각자의 산업구조 조정을 촉구하고 자체의 비교우위와 경쟁우위 산업을 발전시켜야 하며 동시에 재취업, 업무훈련, 사회보장 조치, 보상 방안과 지역발전 정책 등의 시스템을 알맞게 설계하여 자유무역지대 건설이 이런 민감한 산업에 조성하는 피해를 경감하거나 없애야 한다.

아울러 자유무역지대 담판 과정에 일부분의 민감 부문을 적당하게 제외하거나 또는 이 부문의 개방 시간을 늦추고 과도기한을 설정할 수 있다. 이렇게 되면 각국이 필요한 산업구조 조정을 하도록 돕게 되어 각국의 자유무역지대 담판 과정의 염려를 줄여주고 자유무역지대의 개시, 담판 진척을 다그칠 수 있어 한·중·일 자유무역지대 협의를 조속히 달성할 수 있다.

2. 중국의 관세와 비관세 장벽을 점차 낮춘다.

현재 중국은 이미 WTO 회원국이며 WTO의 무역투자자유화 약속에 따라 회원국은 2010년에 관세를 5% 이하로 낮추게 된다. 2012년, 중국 평균관세 세율은 4.4%였고 그중 수입관세 세율은 9.8%였으며 이밖에 비관세 제한도 일정한 수준에 머물러 있었다. 비록 중국의 전반적인 무역장벽이 높은 것은 아니지만 모종 부문의 무역장벽은 비교적 높은 편이며 이는 분명 한·중·일 FTA의 화물무역 자유화에 대한 요구에 부합될 수 없다. 중국은 마땅히 중국 실제 상황에 부합되는 무역장벽 감소 조치를 조속히 내어 놓아야 한다.

관세 방면에서 일본, 한국의 무역왕래 항목을 조목조목 세심하게 정리하고 중국에 부정적인 영향을 조성하지 않는 수출입 상품을 상세하게 분석하고 이 부류의 제품에 대해서는 관세 조정 표준을 조속히 제시하여 관세를 합리적인 수준으로 낮춤으로써 3자의 관세가 내려가도록 추진해야 한다.

비관세 장벽 방면에서 중국은 기존의 정책을 평가해야 하는데 예를 들면 수입량에 대한 수량제한을 점차 감소하고, 수출입 허가증 관리 제도를 점차 감소하고 수출보상을 적당히 낮추고 비관세관리를 되도록 관세 관리로 바꾸는 것 등이다. 무역편리화 방면에서 중국의 세관 시스템 검험검역시스템도 제도를 규범화하고 업무효율을 높여 수출입 상품의 통관, 검험검역(檢驗檢疫) 등의 방면에서 투명하게 공개하면서 근원적으로 세관 통관 수속을 간소화하고 원스톱서비스와 단일창구 통관제도를 진행하여 화물유통 속도를 높여주고 통관시간을 단축하여 한·중·일 거래상에게 더욱 편리하고 빠른 통관 환경을 제공해야 한다. 반보조금 방면에서는 되도록 반보조금 조치를 실행하지 않음으로써 반보조금 조치로 무역보호가 초래되는 것을 피해야 한다.

3. 국내 민감 부문의 이익을 조정해야 한다.

한·중·일 3국은 산업구조가 서로 다르고 제조업 방면에서 다 같이 개방의 압력을 받고 있다. 농업 방면에서 일본과 한국에 압력을 가하여 시장을 개방하도록 요구해야 하는 것 외에 한국의 어업, 방직 소비류 제품 및 전자와 전자 설비, 유색금속, 기계 등의 업종이 중국보다 열세에 있고, 일본의 식품과 음료, 복장, 모피, 방직물 등의 업종도 중국에 비해 열세에 있다. 하지만 일본과 한국은 첨단기술 산업에서 비교적 강한 경쟁적 우위를 가지고 있으며 석유화학, 강철, 자동차, 전자 등 방면에서는 뚜렷한 우위를 가지고 있다.

자유무역 담판을 진행할 경우 석유화학, 자동차, 기계 등의 부문의 개방은 담판이 성공할 수 있겠는가 하는 점이 관건이다. 그러나 석유 등의 산업이익이 복잡하고 또 경제안전 문제와도 관련되기 때문에 담판의 어려움은 짐작할 수 있다. 이런 상황에 중국은 한편으로는 경쟁력 우위 제품을 개방하여 시장 개발의 압력을 덜어줘야 하며 다른 한편으로는 국내 민감 부문의 이익을 돌보면서 각자 이익의 균형점을 찾고 스케줄을 만들어 과도기간에 처해 있는 각국의 민감 부문의 손실을 줄여주어야 한다. 아울러 상대방의 핵심적인 이익에 관심을 돌려 공동으로 이익을 도모하도록 해야 한다.

제3장

• • •

한·중·일 FTA의 투자자유화

제3장
한·중·일 FTA의 투자자유화

최근 몇 년간 역내 경제통합이 심도 있게 발전함에 따라 투자자유화가 FTA에서 날로 중요한 역할을 발휘하고 있다. 간단하게 말하면 역내 경제통합은 역내 관세 및 비관세 장벽이 줄어들도록 추진하고 또 요소의 유동을 방해하는 여러 가지 장애물을 적극적으로 제거하여 역내 경제통합에 참가하는 회원국 간의 산업분공과 협력에 새로운 기회를 창조해준다. 때문에 다른 측면으로 보면 역내 경제통합 중의 투자자유화도 FTA 경제효과의 고도화에 더욱 좋은 조건을 마련해준다.

한·중·일 3국의 경제발전수준에는 차이가 있고 또 각자 자체의 산업우위와 기술우위가 있으며 한·중·일 FTA의 투자협력은 좋은 전망이 있다고 볼 수 있다. 본 장에서는 우선 자유무역지대의 투자효과 및 이론을 소개하고 계속해서 FTA 틀 안에서 한·중·일 투자정책에 대해 비교를 한 후 한·중·일 자유무역지대 투자효과에 대해 실증분석을 하고나서 한·중·일 FTA의 투자자유화 및 협력 전망을 내다본다.

제1절
한·중·일 FTA 투자효과의 이론적 기초

1. 자유무역지대 투자효과 이론

역내 경제통합의 투자효과 연구는 Kindleberger(1996)가 투자 창출과 투자 이전의 개념을 제기하면서부터 시작되었다. 그는 외국 다국적 기업의 직접투자가 역내통합의 무역 흐름에 미치는 반응을 관찰하고 나서 역내 경제통합의 투자효과에 대한 기본분석의 틀을 만들어냈다. 투자창출은 무역이전에 대한 경쟁적인 반응이다. 역내 자유무역이 역외 업체의 원가를 상대적으로 높여주고 역외에 대한 상대적인 보호 수준을 높여주기 때문에 무역은 원래 원가가 비교적 낮았던 역외 국가에서 역내 국가로 이전되고 역외 기업의 경쟁우위에 영향을 주게 되며 역외 국가의 업체는 잃어버린 역내 시장을 얻기 위해 역내에서 생산을 하게 되어 역내 FDI 유입이 증가된다.

투자이전은 무역창출에 대한 반응이다. 역내 경제통합협정으로 무역이 창출되었을 때 일부 회원국의 역내 FDI가 상승하여 역내 생산구조의 변화에 대응하게 되며 이로써 역내 직접투자의 구조 조정과 자원의 재배치, 역외

167

직접투자의 증가를 초래하게 되고 투자 이전이 생기게 된다.[26] 지금의 연구 상황을 보면 자유무역지대의 투자효과는 대체로 정적 효과와 동적 효과로 나뉜다. 역내 경제통합의 FDI에 대한 정적 효과란 통합 협정이 가져다주는 무역과 투자자유화 정도의 변화가 일으킨 투자 변화 및 상대적인 가격 변화로 초래된 무역창출과 무역이전으로 산생된 투자이전과 투자창출 효과를 가리킨다.

즉 상대적으로 비교적 짧은 시간 내에 기타 요소에 변화가 발생하지 않는 것을 전제로 얻은 분석결과이다. 그리고 역내 경제통합의 FDI에 대한 동적 효과는 역내 경제통합의 중장기 투자효과와 서로 연계된 것으로 통합 협정이 생산구조에 미치는 영향을 가리키는데 여기에는 역내 투자 편리화, 자유화 정책이 역내 투자의 증가를 초래한 것, 원산지 규정의 관세 효과가 역외 국가의 역내 국가에 대한 투자를 증가시킨 것, 역내 경제통합이 경쟁을 가속화시켜 한편으로는 투자가 밖에서 흘러들게 하고, 또 다른 한편으로는 인력자본 자질 제고, 기술성장을 초래하여 효율지향투자(Efficiency seeking Investment)를 얻는 것 등이다. 그러나 그 후 투자창출과 투자 이전에 관한 실증연구의 발전은 매우 느렸는데 원인은 한 나라가 경제통합 기구에 참가하기 전후의 투자 변화를 근사해낼 수 없었기 때문이다. 비교적 대표적인 연구는 A.Tekin-Koru(2010)가 배차법(倍差法)을 이용하여 NAFTA 투자효과에 대해 실증분석을 한 것이다.

---

26) 둥옌(東艶), 「남남 지역 경제통합이 FDI의 유입을 추진할 수 있을까? 중국-아세안 자유무역지대의 투자유치 효과 분석」, 『난카이 경제 연구(南開經濟硏究)』 2006년 제6기, 70-88쪽.

주목할 만한 것은 최근 몇 년간 자유무역지대 투자효과 분석이 공간경제학 및 산업집합 방향의 연구로 융합되는 추세가 있다는 것이다. 공간경제학 및 산업집합 이론이 밝힌 역내 경제통합의 생산이전 효과와 전통 연구가 밝힌 역내 경제통합의 투자효과가 거의 완전하게 일치하기 때문이다. 예를 들면 자유무역지대 투자효과 연구가 비교적 많이 활용한 자유자본(FC) 모형의 연구 틀 안에서 기업이 사용한 자본과 그 생산규모가 완전하게 일치한 것으로 인정받았으며 생산의 집합은 사실상 자본의 집합이었다. (Baldwin,2004)

2. 자유무역지대의 다국적기업 이론

전통적인 경제통합 이론 및 연구를 통해 확장된 이론은 회원국의 위치 프리미엄의 변화와 그것이 가져다주는 복지 결과를 거시적으로 매우 잘 분석했으나 국제투자의 주제인 다국적 회사를 독립적인 변량으로 분리해내어서 분석하지 않았기 때문에 더욱 세밀한 미시적 시각 분석이 부족하다. 때문에 일부학자들은 기업의 미시적인 각도에서 통합 협정으로 일어난 각국의 위치프리미엄 변화에 대한 다국적 기업의 전략적 반응에 대해 분석하고 이 분야의 연구를 점진적으로 심화시켰다. 제조업자의 통합에 대한 반응 정도는 주로 그의 투자 동기에 의해 결정되는데 여기에는 방어적 수출대체 투자(Defensive Export Substitution Investment), 합리적 투자(Rationalized investment), 공격적 수출대체투자(Offensive Export Substitution Investment) 및 재편성 투자(Reorganization Investment)가 포함된다.[27] 우선, 자유무역지대가 설립되면 회원국 내부의 관세가 없어지고 대외로 관세가 통일되기 때문에 역외 업체는 역내 지역의 미래의 무역보호에 대해 우려하게 되고 이로써 방어적인 수출대체 투자를 하여 역내 FDI를 증가시키는 것으로 관세 및 기타 유형의 무역 장벽을 에돌아 피해가는 동기를 갖게 된다. 다음으로 자유무역지대 설립은 대 시장효과를 내게 되어 생산 원가를 낮추고 경쟁을 심화시키면서 내부 생산 효율을 높이는데 이로써 역외 업체가 들어와 합리적 투자를 하면서 자체의 국제적인 경쟁력을 제고시키려 하게 된다.

그 다음, 자유무역지대 설립은 경제 집합이 가능해지게 하고 규모경제가 중요한 역할을 발휘하게 하며 생산의 확대는 노동력 유입을 유발하여 수요의 증가를 초래할 뿐만 아니라 연구개발과 기술 진보에 어느 정도 유리하다.

이런 기술혁신과 시장 확대의 가능성은 공격적 수출대체투자의 유입을 초래하는데 이런 업체들은 적극적으로 잠재적인 기술시장과 시장 용량 확대 지역에 접근함으로써 기술로 예전의 수출을 대체하여 먼저 기회를 잡으려 한다. 마지막으로 자유무역지대의 설립은 지역요소의 유동을 초래하여 각 부류의 자원배치가 더욱 합리적으로 하여지게 하고 또 역내 회원국의 위치프리미엄의 변화를 불러일으키고 이로써 역내 업체가 회원국 사이에서 생산 활동을 조절하면서 재편성 투자가 생기게 한다. 이런 이론의 지도하에 일부 학자들은 모형의 각도에서 다국적 회사의 투자 동기 및 최종적인 투자

---

27) Yannopoulos,G.N.:"Foreign Direct Investment and European Integration:The Evidence from the Formative Years of the European Community", Journal of Common Market Studies, Vol.28,No.3,1990,pp.235-259.

구조에 대해 연구를 했는데 그중에서 대표성을 가진 연구로는 Motta와 Norman(1996), Montout와 Zitouna(2005) 및 Haufler과 Wooton(2010) 등이 있다. Motta와 Norman(1996)의 연구는 한 개의 대칭되는 모형이 독점 경쟁의 틀 안에서 자유무역지대의 설립으로 투자와 무역량이 모두 확대되고 양자는 일종의 상호 보완의 관계이고 대체관계가 아니라는 결론을 내렸다. Montout와 Zitouna(2005)는 그 모형을 이질성 조건으로 확대하여 남북형 자유무역지대 투자 수준의 변화에 대해 탐구했으며 결과적으로 원가가 더 낮은 남방 국가가 FDI 유입에서 더욱 유리한 쪽에 있다는 것을 증명했다.

Haufler과 Wooton(2010)은 이질성 조건하에 부동한 시장 용량의 국가가 자유무역지대를 설립한 후 투자수준의 변화에 대해 탐구하고 정부 간 경쟁요소를 첨가해서 정부의 세수 최대화의 전제하에 통합 정도가 심화됨에 따라 균형세율이 먼저 내려갔다가 다시 올라가고 또한 통합의 모종 특정된 단계에서 다국적 기업의 탈세 동기가 존재하기 때문에 작은 나라의 복지는 많아지고 큰 나라의 복지는 손해 보게 될 것이고 FDI가 작은 나라로 더 많이 흘러들게 된다고 했다. 앞에서 서술한 전통적인 자유무역지대 투자효과 이론과 마찬가지로 다국적 기업 이론을 이 영역에 응용함으로써 점차적으로 공간경제학 이론과 결합되었다.

일부분의 연구(Baldwin과 Krugman, 2004; Ottaviano와 Van Ypetsele, 2005; Borck와 Pfl ger, 2006)는 모두가 다 공간경제학 이론의 틀 안에서 자유무역지대의 다국적 기업에 대한 영향 및 그것이 초래한 FDI의 변화를 정도상에서 다르게 탐색했다.

실증 방면에서 회사 수치를 얻기 어렵기 때문에 많은 문헌은 절충하는 방법을 사용했고 거시경제 수치를 이용하여 자유무역지대 설립이 다국적 기업의 전략을 개변시키는 것 그리고 이로써 생겨난 투자효과에 대해 계량 추산을 하였으며 선진국을 견본으로 삼고 연구했는데 Levy-Yeyati, Stein과 Daude(2003)의 북미자유무역지대에 대한 분석을 예로 들 수 있다. 또 일부분 문헌은 신흥 경제체에 대해서도 분석을 했으나 거시경제 수치를 채용했는데 동옌(東艶, 2006)의 중국-아세안 자유무역지대 투자유치 효과에 대한 분석을 예로 들 수 있다.

3. 자유무역지대 산업집합 이론

공간경제학 이론은 현재 역내 경제통합의 경제효과에 대한 주요한 이론 분석의 틀이고 자유무역지대가 가져다주는 투자 및 산업구조의 영향 등의 방면에서도 매우 중요한 지도적 역할을 하고 있다. Marshall(1890)의 규모경제와 외부경제 이론, Weber(1909)와 Hoover(1948)의 지역경제학 시각으로 보는 집합경제 연구와 Mydral(1957)의 순환 누적 인과 이론을 기반으로 Krugman(1991)이 발표한 논문「수익의 점차적인 증가와 경제 지리」는 공간적인 시각으로 경제 현상을 분석함으로써 공간경제학 이론의 기반을 닦아놓았다.

그 후 10여 년의 발전을 거쳐 공간경제학이 모형 운용 방면에서 현실 문제를 잘 해결할 수 있기 때문에 경제집합을 분석하는 중요한 이론 도구로 되었다. 자유무역지대의 산업집합 연구도 기본상 이런 구도를 계승하여 공간경제학 모형을 지역경제 통합으로 생겨난 산업집합의 생성 원인, 전반적으로 일으킨 생산 투자효과, 산업집합의 중간 경로 및 최종 영향 등의 방면을 탐구하는데 응용하였다. 지금까지 자유무역지대가 생산한 집합에 대한 연구 문헌에는 주로 Puga와 Venables(1997), Forslid 등 (2003), Monfort와 Nicolini(2000), Paluzie 등 (2001), Behrens 등 (2003, 2007a, 2007b), Amiti와 Wei (2005) 및 Storper(2010) 등이 있다. 그중 대다수는 자유자본(FC) 모형과 자유자본 수직 관계(FCVL) 모형을 이용하여 자유무역지대의 산업집합 문제를 연구했다. 기타 공간경제학 모형과 마찬가지로 자유무역지대의 공간집합 연구도 집합력과 분산력으로 경제집합의 위치 선택 및 그것이 초래한 후속 영향을 연구하지만 집합력에 대한 분석을 더욱 중시했다.

공간경제학 연구의 틀 안에서 자유무역지대가 생산이전 효과, 본지 시장 효과, 도미노 효과(Baldwin,1993,1997), 차축효과 (Krugman, 1993)를 가져온다는 것이 이론적 지지를 얻었다. 사실상 이런 효과가 모두 하나의 사실을 명시하고 있는데 그것인즉 역내 경제통합이 필연코 역내 자유무역 등의 분야에 더욱 높은 자유화를 가져다주게 되고 이로써 산업내 왕구(産業往區) 내 집합을 이루게 하고 회원국 투자의 유입 방향 및 유량의 변화를 일으키게 된다는 것이다. 그러나 동시에 각 회원국 시장의 크기가 일치하지 않기 때문에 본지 시장효과가 초래한 산업집합의 정도가 다르며 필연적으로 지역경제 발전 불균형을 초래하고 조기에 달성한 자유무역지대에 협의의 수익이 비교적 많다는 시범효과를 보여주게 되고 최종적으로 도미노 효과와 차축 구조를 형성하게 된다.

공간경제학 모형이 이론적으로는 비교적 완정하게 자유무역지대가 산업집합을 만든 원인, 경로와 영향을 해석했지만 전제적인 가설이 너무 엄격하고 또한 관건적인 파라미터(parameter, 조변수, 매개변수를 말하며, 일정한 조건 하에서는 불변이나 여러 가지 조건이 변하면 다른 값을 취하는

2중 성격을 지니고 있다. 일반적으로는 특성치를 말한다 -역자 주)가 다르기 때문에 최종적인 균형 결과는 서로 다르다. 때문에 산업집합의 각 구체적 방향의 이론과 실증연구에서 각국 학자들은 모두가 다 정도성에서 다르게 전통적인 연구방법을 참고로 하고 있으며, 심지어 이런 실증연구는 모형연구보다 더욱 일찍 나타났다. 자유무역지대가 산업집합 방면에서 전반적으로 탄생시킨 생산이전 효과에 대한 실증분석을 예로 들 수 있다.

이런 구체적인 방향에는 산업집합이 전반적으로 초래한 생산이전 효과, 산업집합 경로의 무역구조 효과와 산업집합이 가져다준 지역발전 불균형 효과가 포함된다. 그러나 산업집합이 가져다준 지역발전 불균형 효과에 대한 연구는 경제개방과 경제발전의 관계에 대한 실증 연구와 엉켜져 있다. 지역경제 통합의 본질은 경제의 상호 개방이고 또 한 나라가 많은 지역 경제통합 조직에 가입했기 때문에 그중의 모 특정된 지역의 경제통합 조직이 가져다준 지역발전 불균형 정도를 정밀하게 측량해내기 어렵다.

4. 자유무역지대 투자 및 산업협력의 정책효과

역내 경제통합에서 투자유입 및 산업집합 전체가 경제 효율을 제고시키고 복지를 증진할 수는 있으나 한편으로는 지역발전의 불균형을 초래하기도 한다. 회원국 간에 이런 불균형이 존재할 뿐만 아니라 임의의 회원국 내부에서도 지역발전의 불균형이 존재하는데 특히 연해지역과 변두리 지역이 그러하다. 이 두 가지 불균형의 원인은 일치하는 것으로 무역원가 하락으로 공업집합의 시장이 큰 지역으로 모였기 때문이다. 불균형의 폭은 크게 다르다. 국가 간의 불균형은 대부분 생산 방면에서 표현되고 경제집합은 큰 시장을 가진 국가 쪽으로 치우친다. 그러나 국내 지역발전의 불균형은 노동력의 자유로운 이동에 의해 약화된다. 더욱 자유로운 요소이동 환경에서 국내의 발전 불균형은 수시로 노동력 및 자본의 자유로운 이동에 의하여 점차 회복되고 심지어 새로운 경제집합센터를 형성하여 역내 발전의 부족을 미봉하기도 한다.

이런 역내 경제통합 조직의 효과를 보여준 에너지 및 경제결과에 대한 연구는 현실 정책에 매우 좋은 지도적 역할을 하고 있다. 한편으로 역내 경제통합이 지역 내부의 전체 복지를 제고시켰기 때문에 각 회원국은 각종의 무역, 투자, 산업 및 요소 등의 방면에 자유화 조치를 통하여 자유무역지대 산업집합효과가 가져다주는 복지를 조속히 증진해야 한다. 다른 한편으로 역내 경제통합의 산업집합 불균형 효과 때문에 각국은 안정책을 취하여 각 회원국 및 회원국 국내 각 지역의 불균형으로 받는 충격이 너무 크지 않도록 조절해야 한다. 그렇지 않으면 지역경제통합이 쉽게 붕괴될 수 있다.

그중 비교적 큰 시장을 가진 국가 및 지역의 경제 복지가 더욱 크게 높아지기 때문에 지역에 대해 공공제품을 제공할 능력과 의무를 가지게 되며 회원국 정책의 협동을 강조한다. (Nishikimi.2008) 이밖에 다른 학자들이 쇼크요법(Baldwin, 2004)과 자유화정책의 전략적 통제(Fujita Mori, 1996; Rodriguez-Glare, 2007)를 제기해 한 나라의 일방적인 정책의 시각에서 이런 비대칭적인 충격에 대한 대응조치를 제기했는데 역시 일정한 현실적인 지도적 의의를 가지고 있다.

제2절
FTA 틀 안의 투자자유화 : 한·중·일 비교분석

1. 한·중·일의 외자 이용의 발전상황비교

1. 중국의 FDI 이용의 발전 현황

2011년 1~12월, 중국이 새로 비준하여 설립한 외상투자 기업은 2만 7,712개로 동기 대비 1.12% 증가되었다. 실제 이용 외자는 1,160억 11,000만 달러로 동기 대비 9.72% 증가해[28] 개발도상국 중 가장 큰 FDI 주최국이 되었다. 중국 외자유치의 10대 원천지 국가와 지구(실제 FDI 투자 액수로 계산)는 각각 중국 홍콩, 영국령 버진아일랜드, 일본, 미국, 중국 타이완, 한국, 싱가포르, 케이맨 제도, 독일, 영국이다.

일본과 한국은 모두 다 중국의 가장 중요한 FDI 원천지국이다. 중국 상무부의 최신 통계에 따르면 일본에서 온 FDI가 2004년에 62억 5,000만 달러였고 그 후 전체적으로 하락하는 추세를 보였다. 2010년과 2011년, 일본에서 온 FDI는 각각 3억 3,800억 달러와 1억 4,900억 달러였다. 2011년

---

28) 유엔 무역과 발전 회의, 「세계투자보고서」, 2012년.

연말까지 중국이 일본에서 유치한 FDI는 누계 799억 3,000만 달러에 달했다. 중국이 한국의 FDI를 유치한 추세도 일본과 비슷한 상황으로 2005년에 최고봉(517억 달러)에 달한 후 점차 하락했다. 2009년, 2010년, 2011년에 한국의 대 중국 FDI는 각각 27억 달러, 26억 9,000만 달러와 25억 5,000억 달러에 달했다. 2011년 연말 중국이 한국에서 유치한 FDI은 누계 489억 5,000만 달러에 달했다.

흐름을 보면 중국이 FDI 유치를 위주로 하는 것 같지만 중국의 대외 직접투자가 최근 몇 년간 뚜렷하게 빠른 속도로 증가됐다. 2011년, 중국의 대외 직접투자 유량은 749억 5,404만 달러에 달했고 대외 직접투자 보유량은 누계 4,247억 8,067만 달러에 달했다. 「세계투자보고 2012」에 따르면 2011년도의 중국 대외직접투자 유량과 보유량은 각각 세계의 5.1%와 1.4%를 차지해 모든 경제체 중 제6위(중국 홍콩은 포함되지 않음)를 차지했고 모든 개발도상국 중 제1위를 차지했다. 2011년 연말까지 중국의 대외직접투자 보유량이 가장 큰 10개의 국가와 지구는 각각 중국, 홍콩, 영국령 버진 아일랜드, 케이맨 제도, 호주, 싱가포르, 미국, 룩셈부르크, 남아프리카, 러시와, 프랑스이다.

일본과 한국에서 온 FDI에 비해 중국이 이 두 나라에 수출한 FDI 투자액은 비교적 적은데 특히 일본에 수출한 FDI가 더욱 적다. 중국 상무부의 통계에 따르면 2010년과 2011년, 중국이 일본에 수출한 FDI 투자액은 각각 3억 3,799만 달러와 1억 4,942만 달러였다. 2011년 연말까지 중국이 일본에 수출한 FDI는 누계 13억 6,622만 달러였다. 2011년과 2012년 중국이 한국에 수출한 FDI는 각각 3억 4,172억 달러와 7억 2,700만 달러였다. 2012년

연말까지 중국이 한국에 수출한 FDI는 누계 23만 968만 달러였다.[29]

　2. 일본의 FDI 이용 발전상황

　2010년 일본의 FDI 유입은 12억 5,000만 달러에 달했고 누계 FDI 유입 보유량이 2,148억 달러에 달했다.[30] 일본정부는 줄곧 FDI가 일본에 유입되도록 노력해왔다. 2011년, 일본의 FDI의 유입이 17억 6,000만 달러에 달해 동기 대비 40.8% 성장했으며 누계 FDI 유입 보유량이 2,257억 달러에 달했다.[31] 2011년, 누계 FDI 유입 보유량이 2000년의 약 4.5배였다. 2011년, 일본이 보유량으로 계산한 5대 FDI 원천지국가(지구)는 각각 미국(710억 달러), 네덜란드(399억 달러), 프랑스(205억 달러), 케이맨 제도(185억 달러), 싱가포르(160억 달러)였다.[32] 중국과 한국에서 온 FDI 규모도 여전히 매우 제한되어 있으나 모두 성장세를 보였다. 2011년 중국에서 온 FDI는 5억 6,000만 달러이고 한국에서 온 FDI는 약 23억 달러였다.

　일본의 대외투자는 매우 활성화되었다. 2011년, 일본의 대외 직접투자액은 1,144억 달러, 대외 직접투자 보유량은 9,627억 달러였다.[33] 일본의 대외투자는 대외무역보다 더욱 중요한 역할을 발휘하고 있는데 일본의 대외투자 수지평형이 연속 6년간 무역의 수지평형을 초과했다. 2011년,

---

29) 중국 상무부: 「통계수치」 (2013년 3월 1일까지), http://www.mofcom.gov.cn/article/tongjizilaio.
30) 유엔 무역과 발전 회의, 「세계투자보고서」, 2011년.
31) 유엔 무역과 발전 회의, 「세계투자보고서」, 2012년.
32) 일본 무역진흥회가 국가별과 지역에 따라 통계한 일본의 FDI 유입 총액(국제투자 현황).
33) 유엔 무역과 발전 회의, 「세계투자보고서」, 2012년.

일본이 보유량으로 계산한 5대 FDI 투자 목적지국은 각각 미국(2,755억 달러), 네덜란드 (850억 달러), 중국(834억 달러), 케이맨 제도(680억 달러), 호주(494억 달러)였는데 그중 중국의 투자 증가가 가장 빨랐다.[34]

2003년 일본-한국 투자협정이 발효된 이후 일본이 한국에 수출한 FDI가 대폭 증가되었다. 2011년, 보유량으로 계산하면 일본이 한국에 수출한 FDI가 126억 달러에 달해 2003년보다 2.5 배 증가되었다.[35]

중국과 한국은 이미 일본의 중요한 외국 직접투자 목적지로 되었지만 2011년까지(유량으로 계산) 일본이 이 두 나라에 수출한 FDI는 각각 일본 대외직접투자 총액의 11.0%(중국)와 2.1%(한국)을 차지했다. 중·한 양국이 다 지리적으로 인접되고 무역 관계라는 것을 고려하면 일본의 이 두 나라에 대한 직접투자는 여전히 비교적 낮은 수준이다.

3. 한국의 FDI 이용 발전상황

2011년 한국의 FDI 유입액은 46억 6,000만 달러였다.[36] 보유량으로 계산하면 한국의 주요 FDI의 원천지국은 각각 미국(653억 달러), 일본(262억 6,000만 달러), 네덜란드(203억 달러), 영국(119억 달러), 독일(96억 달러)이었다. 중국도 이미 한국의 중요한 FDI 원천지국의 하나로 되었다. 2011년 중국의 한국에 대한 FDI 투자액은 3억 4,200만 달러로 기록을

---

34) 일본 무역진흥회가 국가별과 지역에 따라 통계한 일본의 FDI 수출 총액(국제투자 현황).
35) 일본 무역진흥회, 「일본 무역과 투자 수치」(2013년 3월 1일까지), http://www.jetro.go.jp/en/reports/statistics/.
36) 유엔 무역과 발전 회의, 「세계투자보고서」, 2012년.

돌파했는데 2000년의 7,600만 달러에 비해 대폭 증가되었다. 한국에 대한 중국의 누계 투자액은 이미 15억 8,000만 달러(1962년부터 2011년까지)에 달했다.[37] 2011년 한국의 대외 직접투자액은 20억 4,000만 달러에 달했다.[38] 중국은 한국의 가장 큰 FDI 투자 목적지국이다. 1992년에 양국이 외교 관계를 수립한 이후 중국에 대한 한국의 직접투자액은 1991년의 8,500억 달러에서 2011년의 25억 5,100만 달러로 증가되었다.

지난 30여 년간 (1980년부터 2012년 8월까지) 한국의 중국에 대한 직접투자 보유량은 513억 3,000만 달러에 달했다. 한국의 기타 대외직접투자 목적지국(또는 지구)은 각각 미국(487억 달러), 중국 홍콩(148억 6,000만 달러), 베트남(141억 5,000만 달러), 영국(109억 달러)였다. 일본도 한국의 중요한 대외 직접투자 목적지의 하나이다. 지난 30여 년간 한국의 대 일본 FDI 보유량은 43억 3,100만 달러에 달했다. 지난 10년간 일본에 대한 한국의 직접투자는 안정적인 성장세를 보여 2001년의 958억 달러에서 2011년의 2억 3,100만 달러로 증가되었다.[39]

---

37) 한국 지식경제부, 「통계 공개」 (2013년 3월 1일까지), http://www.mke.go.kr/language/ chn/economic/key_list.jsp .
38) 유엔 무역과 발전 회의, 「세계투자보고서」, 2012년.
39) 한국 지식경제부, 「통계 공개」 (2013년 3월 1일까지), http://www.mke.go.kr/language/ chn/economic/key_list.jsp .

4. 한·중·일 3국의 상호투자 비교

한·중·일 3국의 경제가 규모를 이루었고 지리적으로 가까이 있지만 3국간의 투자가 적당한 수준에 도달하려면 아직 멀었다. 2011년, 3국의 투자 유량은 122억 달러로 세계 FDI 유량의 0.8%밖에 안 되었다.[40] 안정된 역내무역 비례와 비교하면 3국간의 역내 투자 비중이 여전히 비교적 낮은 수준에 있고 파동 또한 매우 심하다. 2004년, 역내 투자 유입과 유출의 비례는 각각 19.8%와 22.7%였다. 그러나 2009년에는 상술한 바와 같이 두 가지 수치가 각각 6.3%와 6.8%로 하락했다. 이 통계수치는 본 지역 내 FDI가 여전히 거대한 성장 잠재력을 가지고 있다는 것을 설명한다.[41] 종합적으로 한·중·일 3국간의 양자 투자가 아래와 같은 상황을 보여준다.

먼저 중국을 보면 2011년 말까지 중국의 일본에 대한 직접 투자가 누계 13억 6,622만 달러에 달했다. 2011년 1~10월, 중국의 일본에 대한 직접투자액은 959만 달러에 달했는데 대다수 투자가 소매, 제조업, 운수와 창고저장 및 상업서비스 영역으로 흘러들었다. 2011년 연말까지 중국의 한국에 대한 직접투자가 누계 15억 8,300만 달러에 달했다. 2011년 1~10월, 중국의 한국에 대한 직접투자액은 3,970만 달러였고 대다수 투자가 무역, 해운, 은행과 일부분 제조업 부문에 흘러들었다.

다시 일본의 상황을 보면 2009년부터 2011년까지 일본의 중국에 대한

---

40) 2009년, 세계 FDI 투자액은 1조1140억 달러였다. (유엔 무역과 발전 회의 통계)
41) 예를 들면 북미자유무역지대 투자자유화 조례가 발효된 후 미국, 캐나다, 멕시코 간의 역내 투자 비중이 40%에 달했다. 유럽연합에 자본의 자유로운 유동을 확보하는 것을 목표로 하는 단일시장이 건설된 후 유럽연합 역내 투자비중은 1998년의 40%에서 2008년에는 55.7%로 상승했다.

직접투자는 각각 8,400만 달러, 3억 3,800만 달러, 1억 4,900만 달러였다. 비록 2009년에 완만한 발전 추세를 보였지만 그 후의 발전은 여전히 매우 빨랐다. 특히 비제조업 부문이 좋은 발전 추세를 보여줬는데 부동산, 도매, 소매, 임차, 비즈니스서비스 등을 예로 들 수 있다. 중국 제조업에 흘러든 일본의 FDI는 49.9%로 하락해 역사상 최저점을 기록했다.[42] 일본의 한국에 대한 직접투자는 2011년 상반기에 45.6% 증가했으며 주요 투자 부문에는 가전제품, 전자설비와 같은 재료, 원자재를 포함한 제조업(20.3% 증가)과 금융 보험, 도 소매업 등을 포함한 서비스 산업(62.3% 증가)이 포함되었다.[43]

마지막으로 한국의 상황을 보면 2011년 연말까지 한국의 중국에 대한 직접투자는 누계 15억 8,300만 달러에 달했는데 그중 77%의 투자는 제조업에 집중됐다.[44] 그러나 비제조업 부문의 투자 비례는 지속적으로 상승하는 추세를 보였으며 2006년의 19.4%에서 2010년의 29.5%로 상승했다. 투자가 비교적 집중된 서비스업 부문에는 금융과 보험, 산매, 건축 등이 포함된다. 2010년 말까지 한국의 일본에 대한 직접투자는 누계 39억 달러에 달했는데 그중 86.8%의 투자는 서비스업 부문에 집중됐으며 여기에는 부동산, 산매 운수와 창고저장서비스가 포함된다.

종합적으로 보면 2009년부터 2011년까지 한·중·일 3국간의 상호 투자가 상승하는 추세였다. 구체적으로 말하면 일본과 한국의 중국에 대한

---

42) 중국 통계국, 『중국 통계 연감』 (2012), http://www.stats.gov.cn/tjsj/ndsj/2012/indexch.htm, .
43) 한국 지식경제부, 『통계 공개』 (2013년 3월 1일까지), http://www.mke.go.kr/language/chn/ economic/key_list.jsp .
44) 중국 상무부, 《2011년 한국의 대외 직접투자 상황 분석》, http://www.mofcom.gov.cn/ aarticle/i/dxfw/cj/201204/20120408062533.html .

투자가 점차 비제조업 산업으로 이전됐고 중국의 한국에 대한 투자는 주로 무역, 해상 수송(船運), 은행과 일부분 제조업 부문에 집중됐으며 일본의 한국에 대한 서비스업 투자가 신속히 성장했다. 이는 한·중·일이 모두 다 투자자유화에서 상응한 이익을 얻을 수 있다는 것을 의미한다.

2. 한·중·일 3국의 대외투자에 관한 법률 제도

1. 중국의 대외투자 법률 제도

지나간 30여 년간 중국정부는 점차 전면적이고 투명한 외상 투자 법률 제도를 건설하였는데 특히 중국이 WTO에 가입한 이후 더한층 개선되었다. 중국에 직접투자를 하는 기업은 주로 3가지로 분류되는데 바로 중외합자기업, 중외합작기업과 외상독자기업이다. FDI에 관한 상세한 산업정책은 주로「외상투자산업 지도목록」에서 체현된다. 이 지도목록에 따르면 중국의 외자항목은 격려항목, 제한항목과 금지항목으로 분류되며 지도목록에 포함되지 않은 항목은 외상 투자가 허용되는 항목이다.

중국은 외상 투자 산업에 대한 지도목록에 대해 제때에 적절하게 수정을 함으로써 적극적이고 합리적으로 외국자본의 수입을 유도하고 대외개방 수준과 외자이용의 질을 제고하려 한다. 현재 중국에서 전개되는 외상투자 항목은 여전히 중앙 또는 지방정부에 의해 투자 유형과 가치에 대한 심사 비준과 허가를 받아야 한다. 최근 몇 년간 중국은 지속적으로 심사비준 절차를 간소화했다.

세금 부담을 공평하게 하여 공평한 경쟁을 추진하고 양호한 시장과 투자환경을 마련하기 위해 2010년 12월부터 1일까지 중국은 국내기업과 외상 투자기업에 대해 통일적인 조세부담제도를 실행했다. 아울러 중국은 여전히 여러 가지 형식의 외상투자 진흥 정책과 조치를 실행하고 있다.

예를 들면 중서부 지역의 우선 산업에 투자하는 외상투자 항목은 더욱 많은 특혜정책을 누릴 수 있다. 농업, 임업, 축목업과 어업, 중요한 공공 인프라 상업운영, 환경 보호, 에너지와 물 절약에 투자하고 기술 양도를 하는 외상투자 기업은 경영소득세를 감면받을 수 있다. 일부 성급과 지방정부도 외상투자서비스센터, 경제기술개발구와 보세 구역 등을 건설하는 방식으로 투자환경을 개선하기 위해 노력하고 있고 지방정부, 연구개발, 인력자원, 토지사용 등 방면에서 외상투자기업에 더욱 많은 편리화 조치와 특혜정책을 제공하고 있다.

2. 일본의 대외투자 법률제도

전반적으로 말하면 일본은 절대다수 산업의 외자 진입을 원칙적으로 환영한다. 그러나 일본의 FDI 관련 법률제도인 「외환및대외무역법」은 일본에 FDI를 수입할 때 지켜야 할 일반 절차를 규정했는데 그것은 OECD 관련 규칙과 완전하게 일치하다. 일반적인 원칙은 사후 보고제도이고 제한된 수량의 업종만 사전 통지를 요구한다. 여기에는 국가의 안전, 공공질서와 공공안전에 관련된 부문 및 "국가경제의 순조로운 관리에 중대한 부정적인 영향을 미치는" 부문이 포함된다. 이밖에 일부 관련 법규는 또 각 산업부문의 FDI에 구체적인 규정을 했다. 예를 들면 「일본 전보·전화 회사법」, 「선박법」, 「광업법」, 「민용항공법」, 「화물운송리대법」, 「무선전 라디오법」 등이다.

21세기에 들어 일본정부는 적극적으로 FDI 유입을 흡인하는 정책을 실행했는데 예를 들면 지방정부 관리에게 외국 투자자를 만날 기회를 제공하여 지방 산업의 발전을 추진했고 또 심포지엄, 방문 프로젝트 등 방식을 이용하여 공공기구와 외국 투자자 간에 연계를 맺게 했다.

일본무역진흥회(JETRO)는 일본의 투자 추진 기구로 일본이 FDI를 흡인하는 업무를 추진하기 위해 시종일관 노력해왔다. 예를 들면 외국 업체의 구체적인 경영활동에 관련 법률과 조례 정보를 제공하는 것, 일본무역진흥회의 운영으로 일본의 주요 공업구 6개 도시에 분포된 일본 투자업무지지센터(IBSC)가 외국의 새로운 투자자에게 사무실 임대, 시장조사 정보 수집과 같은 조기서비스를 제공하는 것 등이다. 이밖에 일본무역진흥회는 또 금융 인센티브로 외자 기업이 새로운 업무를 가동하고 지역본부 또는 연구개발기관을 설립하도록 도왔다. 2010년, 일본정부는 '새로운 성장 전략'을 실행했다. 이 전략은 일본의 미래 투자정책 방향이 외국자본을 흡인해 일본에서 높은 부가가치 기업을 설립하게 하는 것이라고 정했다. 앞으로 일본은 또 외국기업을 상대로 구체적인 행동계획을 제정하여 더욱 넓은 정책 선택을 제공하게 되는데 여기에는 새로 입법하는 방식으로 더욱 효과적인 투자 인센티브 제도를 내오는 것이 포함된다.

3. 한국의 외국 투자 법률제도

1998년 아시아 금융위기가 폭발한 후 한국은 국내 투자제도의 자유화를 다그쳐 외자를 흡인하는 것으로 위기에서 벗어나고 회복했다.

투자 분야의 기본법인 「외국투자촉진법」 (FIPA)은 1998년에 발효됐다.

「외국투자촉진법」은 외상의 투자자유화를 보호, 추진하는데 진력하고 있으며 또 투자 절차를 작성하고 외국 투자자에 대한 지지와 격려 조치를 제공하고 외국 투자 특별지역을 지정한다.

외국인이 한국에서 투자를 하려면 다음과 같은 절차가 필요하다. 외국 투자의 통지, 투자 자본의 송금, 회사 등록과 업무 등록 및 외자회사의 등록 등이다. 상술 절차는 한국인에 적용되는 절차와 기본상 비슷한데 외상투자 통지와 외자회사 등록 이 두 가지만 다를 뿐이다. 그러나 사영기업의 등록은 '회사등록' 절차를 면제받을 수 있다.

외국인투자지역은 외국자본을 흡인하는 지정구역이다. 이런 구역에 투자하는 외자기업은 특수한 격려 조치를 누릴 수 있다. 이런 투자지역은 복합지역과 특별지역 2 가지 종류로 나뉜다. 복합형 외국인 투자지역은 국가 또는 지방에 의해 임대 또는 판매하는 공업단지로 지정된 곳으로 중소형 외국인 투자 회사를 흡인하기 위한 것이다. 운영 과정에 이런 단지는 임차하는 방식을 사용한다. 특별 외국인투자지역은 투자자가 지역, 유효 기간, 격려 조치 등 방면의 요구에 따라 특별히 지정한 지점을 단독으로 외국인 투자 기업에게 구역을 확정하는 것을 말하는데 대형 외상투자회사를 흡인하는 것을 목적으로 한다.

2003년, 한국 정부는 또 대한무역투자진흥공사(KOTRA)에 '투자한국(IK)' 을 설치하여 한국의 국가투자 촉진 기구로 삼았는데 외국기업의 진입을 지지하고 외자기업을 성공적으로 설립하는 것이 목적이다. 이 기구의 서비스분야가 점차 외자기업 설립으로 확대되면서 '투자한국(IK)' 은 외국기업이 한국에서 신속하게 실질적인 업무를 전개하도록 도와준다.

4. 한·중·일 투자분야의 주요한 제한

(1) 중국의 투자분야에 대한 주요한 제한

중국은 주로 「외상투자산업 지도목록」(CIGF)을 통해 외국 투자를 관리한다. 아래 유형의 외상투자 항목은 제한을 받는 범위에 속한다. 국내의 이미 성숙되게 발전한 항목 또는 이미 외국에서 완정하게 기술을 도입했고 또 이미 국내 수요를 만족시킬 수 있는 생산능력을 갖춘 항목, 아직 국가의 외자 흡인 시험 항목에 속하거나 또는 국가 특허 경영에 속하는 독점 프로젝트, 진귀하고 드문 지하자원에 대한 탐사 개발 항목, 국가가 통일적으로 계획하는 산업의 항목, 기타 국가의 법률과 행정 법규의 제한을 받는 항목이다.

아래 유형의 외상의 투자항목은 금지 범위에 속한다. 국가안전 또는 사회의 공공이익을 해치는 항목, 환경오염을 조성하거나 자연자원과 인류의 건강을 해칠 수 있는 항목, 대량의 농토를 점유하고 환경보호와 토지자원 개발에 해로운 항목, 군사시설의 안전과 사용 효능에 해를 끼치는 항목, 중국 특유의 수공기예 또는 고유의 생산 항목을 사용하는 항목, 기타 국가 법률과 행정법규가 금지하는 항목이다.

(2) 일본의 투자분야에 대한 주요한 제한

「외환 및 대외무역법」에 따르면 아래 상황의 산업투자는 사전에 통지를 해야 한다. ■ 국가안전에 해를 끼치고 공공질서를 수호하는데 방애가 되거나 또는 공공안전을 방애하는 것, ■ "국가경제의 순조로운 관리와 생산에 중대한 부정적 영향"을 끼칠 수 있는 것. 첫 번째 유형의 투자 사전통지 요구는 「OECD 자본 유동 자유화 법안」 (이하 「법안」 으로 약칭)의 제3장 조례에 근거해 설치한 것이다. 두 번째 투자의 사전통지 요구는 국가경제를 보장하려는 목적에서 나온 것으로 「OECD 법안」 제2장 제3조례에 근거해 설치한 것이다. 「외환 및 대외무역법」 의 규정에 따르면 두 번째 부류의 투자는 농업, 임업, 어업, 광업, 석유, 피혁과 피혁제품, 공중과 해상 수송, 전신 등 부문에 대해 엄격히 제한한다. 모종 특정된 상황에서 외국투자가 「외환 및 대외무역법」 (예를 들면 국가 안전에 해를 끼칠 때)을 어겼을 경우 재무장관 및 기타 관할권이 있는 장관은 세관, 관세, 외환 및 기타 거래 위원회의 의견을 수렴한 후 이런 유형의 외래 직접투자를 시정하거나 중단하도록 건의, 명령할 수 있다.

(3) 한국의 투자 분야에 대한 주요한 제한

1998년 「외국인투자촉진법」 이 실행된 이후 한국은 네거티브 리스트의 방식으로 서비스부분을 개방했다. 이 법안에 따르면 한국 정부는 해마다 '외상투자종합공공고지서'를 발표하여 외상 투자를 제한 또는 금지하는 산업부문 리스트로 삼았다. 한국이 해당 외상 투자에 관한 국내 법률에 네거티브 리스트의 방식을 채용했기 때문에 서비스부분은 대외개방에서 명확 하게 배제되지 않았다.

총 1,145개로 된 한국의 표준산업 분류 리스트에서 「외국투자촉진법」 은 62 개의 산업에 대해 외자 진입을 제한하는 보호조치를 했는데 여기에는 공공행정, 외교, 국방 등(보호 종류)이 포함된다. 외국인은 모든 나머지 1083

개 종류의 산업에 투자할 수 있지만 그중 28개 종류는 외자의 비중에 대해 어느 정도 제한을 하고 있다.(제한 종류)

중국, 일본, 한국이 전반으로 대외투자를 환영하는 태도이고 투자자유화와 편리화를 추진하기 위해 시종일관 노력해왔지만 한·중·일의 정부·산업계 학계 합동연구 위원회(JSC)는 외국 투자자가 3국에서 회사의 외자 지분 비례, 외화의 과실송금, 비자신청 절차, 기술양허 계약, 회사의 청산 등 방면에서 여전히 각종 형식의 투자제한 조치에 직면하고 있다는 것을 발견했다.

각국이 자국경내에서 외국투자의 방식과 유동방향을 관리할 권한이 있다는 것을 고려해 3국은 기존의 외국투자 제한 조치를 점차 감소하거나 또는 효과적이고 실행 가능한 방식으로 조정하면서 국가안전, 사회의 공공이익, 투자자의 이익을 충분히 고려하기를 바라고 있다.

3. 한·중·일이 이미 체결한 FTA 투자규칙

1. 중국이 이미 체결한 FTA 투자규칙

중국이 아세안, 파키스탄, 뉴질랜드, 싱가포르, 페루, 코스타리카와 이미 체결한 FTA에는 단독적인 투자 장절이 포함돼 있다. 투자 장절의 주요 조례에는 일반적으로 정의, 적용범위, 투자대우, 투자보호와 촉진, 징수, 손실보상, 전이, 체결국의 분쟁 해결, 모 체결국과 다른 체결국 투자자 간의 투자 분쟁 해결 등이 포함돼 있다. 모든 이런 FTA에 다 체결국이 다른 체결국 투자자의 투자에 공평하고 공정한 대우와 충분한 보호와 안전을 제공해야 한다고 규정돼 있다. 국민대우와 최혜국 대우도 서로 해주어야 한다.

중국은 이미 1988년과 1992년에 각각 일본, 한국과 투자촉진 및 보호협정을 체결했다. 「중국-한국 투자촉진 및 보호협정」은 2007년 9월에 수정을 했다. 상술 협정의 틀 안에서 투자보호 조치는 주로 간접 징용, 손해와 손실 보상, 자본 이전, 투자자와 계약 측의 분쟁 해결, 투명도, 업적 등 요구가 포함돼 있다.

2. 일본이 이미 체결한 FTA 투자규칙

일본은 줄곧 높은 수준의 투자자유화와 투자 보호를 봉행하면서 투자 추진에 진력해왔다. 일본이 이미 체결한 대다수의 경제동반자관계 협정(EPAs), 양자 투자협정(BITs)에는 광범하고 실질적이고 절차화된 외국인투자자유화, 촉진, 보호 약속이 포함되었는 바 이하 조례에서 체현된다.

■ 진입 전과 진입 후의 국민대우와 최혜국 대우, ■WTO의 "무역과 관련된 투자조치 협정"을 초월한 규정 금지, ■국민대우, 최혜국 대우, 업적요구(PR)에 대한 예외 유보는 다 네거티브 리스트 방식으로 정하고 의무를 확장하거나 점차적으로 삭감하는 것을 금지한다고 규정. ■투명도 원칙으로 투자 관련 법률의 예측 가능성과 안정성을 확보. ■이동의 자유. ■국제 중재 내용을 포함한 투자자-국가 분쟁 해결의 메커니즘. ■서비스부문 투자를 포함한 전면적인 규정. 이밖에 일본은 공평하고 공정한 대우 또는 이른바 우산조항 등 기타 실질적인 약속도 역시 투자조항의 기본원칙이라고 여긴다.

3. 한국이 이미 체결한 FTA 투자규칙

기존의 FTA 투자원칙의 목표는 FTA 체결국 간의 FDI를 추진하고 투자환경을 개선하여 기업인이 주최국에서 경영을 하도록 흡인하는 것이다. 상술한 정책의 목표를 실현하기 위해 한국은 아래 핵심조항에 해당되는 높은 수준의 투자협의를 달성하려는 경향이 있다. 예를 들면 국민대우 의무, 최혜국 대우 의무, 업적 요구와 고위 관리계층 또는 이사회 성원에 대한 국적요구의 취소, 이동, 보장 조치, 징수와 보상, 손실 배상, 최저대우 표준, 투자자-국가 분쟁해결 메커니즘 등이다.

한국이 이미 체결한 모든 자유무역협정에는 다 단독적인 투자 장절이 포함되어 있고 투자자유화와 투자보호 원칙을 상세하게 설명했다. 특히 한국-아세안 FTA 투자협정은 양국의 협정이 발효한 날부터 5년 내에 리스트 유보 담판을 완성한다고 규정했다. 한국-유럽연합의 FTA에는 투자보호와 관련된 조항이 포함되지 않았는데 원인은 유럽연합위원회에 투자보호 의제를 처리할 권리가 없기 때문이다. 그것을 대체해 한국-유럽연합 FTA는 일반 원칙을 토대로 투자법률제도를 심사하고 평가했다.

한국은 상술 자유무역협정들 중에서 한국-미국 FTA (2007년 6월 체결)를 투자 분야의 모본으로 삼을 수 있다고 생각한다. 한국-미국 FTA의 투자 장절에는 3개 부분과 관련 첨부파일이 포함돼 있다. 첫 부분에는 기타 체결국 투자자의 권리와 주최국 정부의 의무가 규정돼 있는데 예를 들면 국민 대우, 최혜국 대우, 최저대우 표준, 징수와 보상, 이동, 업무 요구와 고위 관리계층 또는 이사회 회원의 국적 요구 및 예외 등이 포함된다.

두 번째 부분에는 상술 의무와 투자협정을 위반한 상황에서의 투자자-국가 분쟁 해결 메커니즘(ISDS)의 절차를 규정했다. 제3부분에는 관련 정의를

191

규정했다. 첨부파일에는 상술 5개 부분의 내용의 에외 상황과 구체적인 상세한 해석이 포함돼 있는데 예를 들면 국제법 관례, 징수, 이동 등 방면의 첨부파일이다.

제3절
한·중·일 FTA 투자효과의 실증적 체계 및 분석

1. 한·중·일 FTA 투자효과의 실증체계

앞에서 서술한 공간경제학 이론을 총결하면 다음과 같은 결론을 얻을 수 있다. 자유무역지대의 설립은 각 참가 측의 국제 산업분업의 집합과 분산 두 방면에 대해 영향을 일으키고 또 각 참가 측의 직접투자 흐름의 방향과 양의 변화를 일으키게 된다. 즉 자유무역지대의 투자효과를 초래한다.[45]

산업 분산력은 각 참여국의 국제 분업을 분산시켜 각종 경제자원이 같지 않은 국가(지역)로 분산되게 하며 다국적 기업 등의 기업은 자체의 생산, 판매 등 부문의 지리적 위치를 다시 최적화하고 확정함으로써 각국의 위치 프리미엄을 충분히 이용하여 정치적 생산복지의 최대화를 얻는다. 반대로 산업 집합력은 자유무역지대 내부의 규모효과가 발휘되는 것을 가속화시켜 각 회원국이 더욱 합리적으로 자원을 배치하고 생산효율을 제고하고 각종기업의 진입을 흡인하여 투자 유입을 초래할 수 있다.

---

45) Richard Baldwin Rikard Forslid, Philippe Martin, Gianmarco Ottaviano, Frederic Robert-Nicoud: Economic Geography and Public Policy, Princeton University Press, 2003, p. 81.

자유무역지대가 가져다주는 산업 집합력에는 본 지역의 시장효과, 노동력 유입 효과, 산업의 수직연계 효과, 교통중추 효과 및 지식 유출효과가 포함되는데 그중 현지 시장효과 및 노동력 유입 효과가 매우 중요하며 자유무역지대가 가져다주는 각종의 집합력 중에서 중요한 역할을 한다.

도표 3-1을 참조할 것. 그러나 경제의 글로벌화 가속화, 운송 네트워크의 발전 및 정보화의 제고에 따라 각종 무역장벽이 끊임없이 낮아지면서 자유무역지대의 집합 영향도 점점 더 뚜렷해지고 있고 회원국의 투자유입 수준에 대한 영향도 점점 더 커진다.

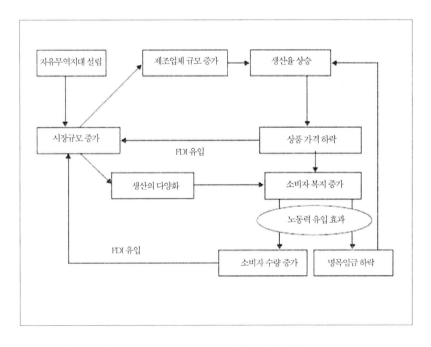

그림 3-1 자유무역지대 회원국 FDI 유입 및 산업집합의 영향 해석
자료출처 : 본장에서의 이론 분석을 근거로 제작한 것임.

이밖에 일부 연구에서는 자유무역지대 건설은 역내 국가(지역) 전체에 대해 자본 유입을 가져다주고 복지수준을 높여주는 동시에 또 내부 지역발전의 불균형을 초래할 수 있고, 비교적 큰 시장을 가진 국가가 본 지역 시장효과를 더욱 잘 발휘하여 노동유입을 가속화시켜 교통중추의 지위를 형성하고 자체적 투자위치를 더욱 향상시키고 복지의 성장을 얻을 수 있다고 주장한다.

이런 불균형적인 경제발전 구조는 자유무역지대 중에서 대국이 더욱 많은 책임과 의무를 담당하여 비대칭적인 충격이 나타나는 것에 대처하고 신중한 태도로 역내의 경제통합 진척을 추진해야 한다는 것을 의미한다. 그러나 이와 동시에 또 어떤 연구자는 자유무역지대 건설이 제품의 다양화와 산업 내 무역의 성행을 더욱 많이 가져다줄 것이고, 이렇게 되면 경제의 비대칭 충격이 나타나지 않을 수도 있다고 주장하는데 이는 경제통합 조직의 비용이 비교적 낮아 경제통합 조직의 설립을 가속화함으로써 복리증진(DeGrauwe, 1997)을 더욱 빠르게 추진할 수 있다는 것을 예시한다. 때문에 실증의 각도에서 한·중·일 자유무역지대가 FDI 유입을 가져다줄 수 있을지 추측하고, 그것을 바탕으로 FDI 유입 및 산업집합의 형성원인이 회원국의 전문적인 분업정도가 강화되었기 때문인지, 아니면 산업의 다양화가 각 회원국 기업의 규모 확장을 초래했는지를 진일보적으로 분석하는 것이 이론적으로 극히 중요하다.

본 절은 또 이 두 층면으로 한·중·일 자유무역지대가 가져다주는 투자효과 및 산업집합효과의 크기와 방향을 추측할 것이다. 전자에 대한 실증분석은 적당한 통제 변량을 선택하고 배차법으로 자유무역지대 설립이 회원국 FDI 유입에 미치는 영향을 계산할 것이다. 그리고 후자에 대한 실증분석은 자유무역지대 설립 전후의 무역구조를 이용하여 자유무역지대 산업 집합의 영향을 역방향으로 증명할 것이다. 즉 자유무역지대가 산업집합을 초래한 원인이 각 회원국의 산업 전문화 분업이 추진되었기 때문이라면 동반자국과의 무역구조는 서로의 산업 간에 무역이 강화되는 것으로 표현된다. 그러나 제품 다양화와 규모효과가 초래된 것이 원인이라면 동반자국의 무역구조는 서로 산업 내 무역이 흥성해지는 것으로 표현된다. 실증체계는 도표 3-2를 참조한다.

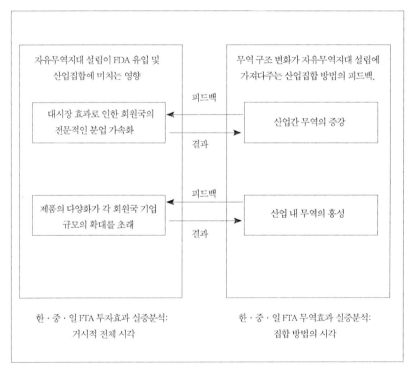

그림 3-2 한 · 중 · 일 FTA 투자효과 및 무역구조 효과 실증체계
자료출처: 본 절의 분석을 근거로 제작한 것임.

2. 한·중·일 FDA 투자 효과의 실증분석

1. 실증모본 및 샘플에 대한 설명

인력(引力)모델은 오랫동안 자유무역지대 투자효과 실증 연구에서 비교적 널리 사용하던 도구이지만 최근에는 현실적인 미시 기반이 부족하고 너무 대충 취급한다는 학술계의 비평을 받고 있다. 자유무역지대의 경제효과에 대한 전통적인 연구는 보편적으로 자유무역지대의 설립을 외재적 변수로 삼고 취급했으며 최근에야 그것을 내재적 변수로 처리(Baier와 Bergstrand, 2007, Egger 등, 2008)하는 시도를 했다. 이런 연구결과로부터 볼 때 전통적인 방법은 자유무역지대의 경제 영향을 과소평가했다. 내재적 처리를 한 후 계산한 결과는 정확도 및 경제통합의 각종 경제효과에 대한 해석 강도가 개선되었다.

이런 결과가 나타난 것은 내재적 처리가 적합한 통제 변수를 정확하게 찾아 배차법의 추산 수치를 수정하는 한편 더는 간단한 가정으로 회원국이 자유무역지대에 참가하기 전후의 기타 각종 요소의 평온한 변화를 처리하고 대비하지 않기 때문이다. 때문에 본 절은 변수 통제를 이용하여 동아시아 각국이 자유무역지대에 참가한 시간에 대해 내재적 처리를 하고 아울러 배차법으로 한·중·일 자유무역지대 협정이 가져다주는 투자 흐름의 방향 및 양의 변화를 추산한다.

본 절은 A.Tekin-Koru (2010)의 자유무역지대 투자효과에 대한 처리 방법을 참고로 했으며 이 문장은 먼저 배차법으로 북미자유무역지대 설립이 미국과 멕시코의 세계 직접투자에 미치는 영향을 연구했는데 그것이 사용한 계량모델은 다음과 같다.

$$FDI_{ijt} = \alpha + \beta dr + \gamma D_h + (dr \times D_h)$$ (3.1)

그중 FDijt는 주최국 i가 t시기에 j로부터 얻은 직접투자이다. r는 모 통합조직(북미자유무역지대 또는 비북미자유무역지대)에 속하는지 여부를 대표하고 dr는 가상 변수인데 북미자유무역지대에 속한다면 1이고 아니면 0이다. h는 주최국의 유형을 대표한다. Dh는 가상 변수 벡터인데 그것은 3개의 주최국의 유형에 대응된다. 주최국의 직접투자가 자유무역지대 내부 국가에서 온 것일 때는 수치 1을 취하고 아니면 0이다. 분명하게 알 수 있는 것은 모본(3.1)이 대표하고 있는 실증이 배차법의 운용을 간소화하고 시간 요소를 생략했다는 것이다. 이로부터 본 절은 시간 요소를 추산에 첨가할 계획인데 모본(3.1)을 다음과 같이 수정한다.

$$FDI_{ijt} = \alpha + \beta_1 d_t + \beta_2 D_i + \beta_3 (d_t \times D_i) + \varepsilon_t$$ (3.2)

위에서 서술한 바와 같이 모본(3.2)의 결점은 너무 간단하게 가상 변수를 사용하여 변량의 변화를 추측하고 해석했으며, 기타 관건적인 지표의 영향을 무시했기 때문에 내재적 문제가 쉽게 발생할 수 있다는 것이다. 때문에 각종의 관건적 지표를 통제변수 세트로 삼고 모델 속에 도입해 내재적 문제를 해결할 것이다. 그렇다면 모본 (3.2)는 다음과 같이 변한다.

$$FDI_{yt} = \alpha + \beta_1 d_t + \beta_2 D_t + \beta_3 \ (d_t \times D_t) \ + \beta_4 X_{it} + \varepsilon_{it} \qquad (3.3)$$

结合公式（3.2）可以知道，此时 β_3 代表的变化为：

$$\beta_3 = TSE_{11} - TSE_{10} - (TSE_{01} - TSE_{00}) - \beta_4 \ [\ X_{11} - X_{10} - (X_{01} - X_{00}) \ ]$$
$$= dif - \beta_4 \ [\ X_{01} - X_{10} - (X_{00}) \ ] \qquad (3.4)$$

이 때 β_3 은 기타 통제변수 영향을 제거한 다음 한 나라가 자유무역지대에 가입한 전후 직접 투자의 변화를 표시하는데 자유무역지대가 각 회원국의 생산 이동에 미치는 영향을 정확하게 측정할 수 있도록 한다. 방정식 (3.4) 중에서 또 전통적인 내재적 처리를 하지 않은 배차법은 통제변량 X_{it} 가 부족하기 때문에 그 영향을 과소평가하기 쉬운데 즉 방정식에서 $X11 - X_{10} - (X_{01} - X_{00})$ 부분으로 β_3 예상수치가 너무 커질 수 있다.

그러나 동시에 주의할 것은 이런 간접요소의 영향이 처리그룹과 대비그룹 차이를 확대 또는 감소시키지 않는다면 $X_{11} - X_{10} - (X_{01} - X_{00})$ 는 0일 수 있다. 즉 전후 두 팀을 첨가한 차이 변화가 서로 삭감될 수 있다.

이렇게 되면 우리는 통제변량을 선택할 때 자유무역협정 가입 전후 가속 또는 감속 변화 요소에 중시를 돌려야 한다. 앞에서 서술한 공간경제학 이론 설명에 근거하여 생산과 소비 지표 집합을 선택해 통제변량 세트로 삼고 내재적인 문제를 해결할 수 있다. 무릇 현지 시장효과든 노동력 이동이 초래한 소비변화든 모두 다 자유무역지대 건설 전후에 비교적 큰 변화를 일으키고 또 회원국이 자유무역지대 동반자국을 선택할 때 주로 고려할 요소의 하나이며 자유무역지대 투자효과 실증 연구에서 내재적 문제가 나타나는 근원이기 때문이다. 생산과 소비 지표 집합을 통제 변량으로 삼고 공식(3.3)에 도입하면 추정산출(估計模型)을 얻어낼 수 있다.

$$FDI_{ijt} = \alpha + \beta_1 d_i + \beta_2 D_i + \beta_3 \ (d_i \times D_i) \ + \beta_4 \ (C_{i,t-1}, \ G_{i,t-1}, \ I_{i,t-1},$$
$$P_{i,t-1}, \ L_{i,t-1}) \ + \varepsilon_{ij} \tag{3.5}$$

그중 FDI_{ijt}는 i국의 t시기의 직접투자 유입으로 이 나라의 투자 효과를 표시한다. d_i 및 D_i는 다 가상변수인데 같이 한 자유무역지대 회원국에 속할 때 d_i=1, 그렇지 않으면 d_i=0이다. 자유무역지대를 설립하기 전에 D_i는 0을 취하고 설립한 후에는 1을 취한다. C, G, I, P, L는 각각 일인당 소비, 일인당 정부조달, 일인당 투자, 인구수량 및 노동효율(단위 노동생산성으로 평가한다)을 대표하는데 통제변량 세트이다. it는 잔여 가치이다. 각 지표 단위가 부동한 모본의 추산에 지장을 주는 것을 피하기 위해 계산할 때 가상변수 이외의 지표에 대해 대수(對數)를 취한다.

배차법을 이용하는 과정에 적합한 대비그룹을 찾아 계산해야 하기 때문에 본 절에서는 '10+3' 동아시아 협력의 틀 안에서 상응한 대비 분석을 할 것이다. 그것은 한·중·일 FTA 내 회원국에게 대비그룹(아세안 국가들)을 찾아줄 수 있을 뿐만 아니라 '10+3' 틀 안에서 한·중·일 3국 자체가 아세안과 정도부동하게 무역 자유화 배치를 했기 때문에 같은 나라를 선택해서 대조하면 한·중·일 FTA가 가져다주는 투자 효과를 더욱 정확하게 계산할 수 있다. 동시에 본 절은 뉴질랜드 및 호주 양국을 대비그룹 샘플로 삼고 안전성 분석을 함으로써 추산 결과의 정확함과 안정성을 확보한다.

샘플 구간은 1980~2010년 년도의 수치를 선택했는데 내생적(內生化) 관계를 체현하기 위해 우리는 통제변수를 1기 만계할 것인데 즉 통제변량의 시간을 1979~2009년으로 선택한다. 샘플 구간은 주로 수치를 바탕으로 하는 이용 가능함과 현실 상황을 기반으로 삼았고 통제변량 수치는 FTW7.0 중 동일한 방법을 이용하여 불변가격을 조정한 후의 수치에서 내왔으며 기준연도는 1996년이고 비교적 통일적이고 적당한 비교 기준을 구비했다. 이밖에 원시적인 대비 그룹 중 아세안 샘플은 아세안의 5개의 기존 회원국(원시 회원국)만 선택했는데 이렇게 선택한 목적은 두 가지이다.

첫째, 관찰 그룹과 비교 회원국의 대칭성을 보장할 수 있고 또 아세안 5국의 통계 수치에는 수치 결여 현상이 매우 적었다. 둘째, 아세안의 5개의 원시 회원국의 외자유치가 아세안의 외자유치에서 차지하는 비중이 85% 이상이나 되고 한·중·일 3국에 대한 상호 투자가 아세안 전체의 한·중·일 3국에 대한 상호 투자에서 차지하는 비중의 90% 이상이나 된다. 때문에 아세안 5개의 원시 회원국에 대한 계량 분석은 아세안 산업이동 수준을 나타낼 수 있으며 아울러 아세안의 기타 작은 나라의 불안정 견본의 교란을 줄여준다.

이밖에 대비 그룹의 선택이 합리한지는 배차법 취급의 성공 여부를 결정하는 관건이다. 견본 선택에 오류가 생기는 것을 피하기 위해 우리는 호주 및 뉴질랜드를 대비 그룹에 포함시켜 해당되는 안전성 검사를 할 것이다. 그것은 이 나라들이 동아시아 각국과의 경제 연계가 비교적 밀접하고 다 같이 '10+6' 자유무역지대 틀 안에 속해 있기 때문이다.

2. 추정 결과 및 안전성 분석

단면단위(截面單位)의 개수와 시간의 서열 길이가 대응되기 때문에 패널모델을 혼합 모델로 설치한다. 추정 방법은 패널 수치의 최대우도 (LS추정)법을 선택한다. 추정 가중은 무관회귀분석(SUR)을 선택해 단면 이분산성(截面异方差)과 동시적 상관관계를 제거한다. 각 시기의 초기상태 영향을 0이라고 정하여 배차법이 무역협정 효과의 가상에 부합되게 하는데 즉 변수 이외의 한 나라가 자유무역지대에 가입하기 전후 기타 각 요소의 시간 상태에 차이가 없도록 통제한다. 계량결과는 도표 3-1을 참조할 것.

도표 3-1 아세안 5국 및 뉴질랜드, 호주 두 나라의 대비그룹 중의 한·중·일 자유무역지대 투자효과 계산결과

변수	아세안 5국 대비그룹			뉴질랜드, 호주 2국 대비그룹		
	추정1	추정2	추정3	추정4	추정5	추정6
$di \times dt$	0.0358* (0.9122)	0.04267** (2.3237)	0.0400* (0.9122)	0.2973*** (11.26741)	0.3009*** (14.77838)	0.2980*** (15.603)
$C(-1)$	-2.4786*** (-5.7361)	–	-2.635*** (-4.8112)	-0.7380*** (-16.873)	–	-0.9838*** (-2.6154)
$G(-1)$	0.9329*** (2.3320)	–	1.0256*** (3.0562)	1.7496*** (10.3188)	–	2.9915*** (12.6317)
$I(-1)$	1.5471** (2.3437)	1.9750*** (15.2699)	1.8586*** (12.5756)	1.1026*** (10.7071)	1.0778*** (11.1428)	1.1549*** (9.8474)
$P(-1)$	–	0.6867*** (11.393)	0.6268*** (15.140)	–	0.4901*** (7.5288)	0.3576*** (13.578)

			1.093836*** (9.3711)	1.17979*** (2.6815)		−0.7897*** (−6.4031)	−0.6333*** (−3.1554)
L(−1)		−			−		
통계수치	R	0.6874	0.8671	0.7325	0.6937	0.8451	0.7439
	D−w치	1.5432	1.4268	1.2185	1.6334	1.5163	1.3423

주석 : 모든 회귀 결과는 다 Eviews 6.0로 계산하여 얻었고 괄호 안의 수치는 t통계치이며 ***, **, *는 각각 1%, 5%, 10%의 수준에서 현저하다는 것을 의미한다.

도표 3-1의 각종 추정 결과를 보면 부동한 변수 그룹 및 부동한 대비 그룹을 취하더라도 노동 효율 수치의 방향에 변화가 생겼을 뿐 기타 해석 변수는 방향이든 식별력이든 모두 다 비교적 일치함을 유지했다. 아울러 두 개의 대비그룹 결과 중 모델 R치는 모두 0.75에 접근한다. 비록 D-W치가 약간 낮지만 모두 다 1.7을 초과하지 않는다. 그러나 면판 수치 D-W 치 자체가 쉽게 과소평가되기 때문에 모델은 대체로 비교적 근사성을 가지고 있다. 이밖에 1-6을 대비 추산하면 변량을 제거한 후 D-W 치가 약간 제고된다는 것을 쉽게 발견할 수 있는데 이는 변량 간에 확실히 일정한 자기상관이 존재한다는 것을 설명한다. 그러나 계량 출발점은 예측에 더욱 치중하기 때문에 비교적 낮은 D-W 치가 별로 큰 교란을 하지 않는다.

이상의 분석은 모두 다 본 절의 계량 결과가 비교적 믿음직하고 결과가 중, 일, 한 자유무역지대 투자효과에 대해 비교적 잘 예측을 하게 된다는 것을 설명한다. 모델의 가장 큰 불안정성은 변량 노동효율의 계수의 방향에서 나타난다. 즉 L(-1)의 계수이다. 양국 대비그룹을 사용할 때 노동효율 계수는 플러스이지만 4국 대비그룹을 사용할 때 계수는 마이너스이다. 이는 모델이 노동효율의 투자유입에 대한 영향 폭에 대한 추산이 안정적이 아니라는 것을 설명하는데 원인은 아래와 같다. 노동효율이 높으면 기업이 이 지역에 진입하도록 유도함으로써 일정한 인재 장점을 구비하게 된다. 그러나 동시에 노동효율이 비교적 높은 곳에는 일반적으로 생활 원가와 요소원가가 비교적 높으며 이런 붐비는 효과가 투자의 유입을 방해한다. 이런 두 가지 서로 반대되는 힘의 영향을 받아 노동효율의 투자 유입에 대한 영향 자체가 안정적이 되지 못한다.

3. 추정 결과 설명

본 절의 추정계수의 방향으로 보면 불안정적인 노동효율 지수를 제거하게 되고 실제 의의를 가진 해석 변량 수치 중에 4개는 플러스인데 각각 정부구매 G, 투자 총량 I, 인구수량 P, 투자효과 d_i d_t이다. 그리고 변량 인구소비 C를 해석하는 계수는 마이너스 수치이다. 이런 추정 결과는 한·중·일 자유무역지대 내부에서 더욱 적은 일인당 소비, 더욱 많은 정부조달과 자본총량, 인구를 소유한 나라가 더욱 많은 산업전입을 얻게 되고 또한 자유무역지대 가입은 한 나라의 산업전입에 비교적 큰 촉진 역할을 한다는 것을 설명한다.

설명해야 할 것은 '10+3' 자유무역지대 내부 각 나라 중 일인당 소비 C와 산업전입은 마이너스 상관관계이고 앞에 서술한 공간경제학 이론 분석중의 집합력에 대한 연구 결과와 배치된다는 것이다. 그 원인은 가능하게 아래 두 개 방면일 것이다. 첫째, 투자의 생명주기 이론에 따르면 일인당 소비가 비교적 높은 지역은 이미 순 투자국이 되어 이 지역의 대외투자가 자금유입보다 훨씬 많다. 둘째, 지역 내외의 개방 정도가 끊임없이 높아지면서 세계 무역원가가 끊임없이 낮아지고 소비가 가져다주는 집합효과가 규모생산이 가져다주는 집합효과처럼 그토록 뚜렷하지 않다.

본 절의 추정계수의 수치를 보면 불안정적인 노동효율 지표를 제거하면 실제 의미를 가진 변량수치를 해석하는 계수의 대소 순서가 비교적 안정적이고 정부조달이 산업전입에 대한 배열순서에만 변화가 생긴다. 기타 요소는 큰 것부터 작은 것으로 차례로 인구 수량, 자본 규모, 일인당 소비 및 자유무역지대의 투자 효과이다. 이런 추정 결과는 한·중·일 자유무역지대 각국의 산업전입의 영향력이 큰 것으로부터 작은 것의 순서는 각각 인구 수량, 자본 규모, 일인당 소비 및 자유무역지대의 투자효과라는 것을 설명한다.

이밖에 전문적으로 '10+6' 틀 안에서 한·중·일이 가입한 각종 자유무역지대의 투자효과를 말하자면 비록 투자효과의 방향은 플러스이고 식별력도 좋지만 그 수치의 크기가 모든 변량 중에서 가장 낮다. 이는 각종의 자유무역지대가 초래한 순방향 산업전입 효과가 비교적 미약해서 더욱 직접적인 요소보다 훨씬 못하다는 것을 설명한다. 예를 들면 생산규모 및 소비규모, 내부 잠재력을 더 발굴해야 한다. 원인은 아래 몇 가지인 것으로 추정된다.

첫째, 동남아 금융위기 이후 동아시아 경제체 간의 분업이 재구성되고 심화되었으며 현재 분업 상태가 비교적 안정되어 있어 대규모적인 생산적 배치전환이 발생하기 어렵다.

둘째, 동아시아 경제 자체는 이미 각국 투자의 인기 지역이 되었으며 자유무역지대는 내부 무역 장벽을 낮추는 것을 통해 외부가 이 지역에 진입하여 투자하도록 하는 효과가 제한되도록 한다.

셋째, 동아시아지역 경제통합이 정체된 데다가 기본적으로 무역 개방에 집중돼 있고 투자협력이 시작 단계에 있어 전부의 이익을 얻지 못하고 있다.

넷째, 동아시아지역의 경제통합 과정에 정치적 제약 요소가 매우 뚜렷하고 역내 한·중·일 3국 자체가 서로 제약하는 전통을 가지고 있다. 더욱이 미국에 의해 동아시아지역 경제통합 담판이 늘 결실을 맺지 못하곤 하는데 이런 정치적 요소가 동아시아의 각 종의 자유무역지대가 투자 방면에서 역할을 발휘하지 못하도록 크게 제한하고 있다.

3. 한·중·일 FTA 무역구조 효과의 실증분석

1. 실증추정 및 확실성 분석

본 부분은 앞의 문장과 일치함을 유지하여 모델(3.5)에 사용한 배차법 및 통제변량으로 한·중·일 FTA 무역구조 효과에 대한 실증 추측을 할 것이며 아세안 5국 및 호주와 뉴질랜드를 계속 비교그룹으로 삼고 계산하여 자유무역지대가 가져다주는 무역구조 변화를 설명하고 확실성 분석을 할 것이다. 우리는 비교적 광범하게 쓰이는 Grubel-Lloyd지수를 이용하여 산업내 무역구조를 표시하는데 그 계산공식은 아래와 같다.

$$GLI_{ijk} = 2 \times min \; (\; Export_{ijk} \; . \; Import_{ijk} \;) \; / \; (\; Export_{ijk} + Import_{ijk} \;)$$

$$(3.6)$$

그중 첨자 i, j 는 국가를 표시하고 첨자 k는 산업을 표시한다. Export는 수출을 표시하고 Import는 수입을 표시한다.

앞의 문장의 내생화 결과와 결합하여 각 지표를 방정식(3.2)에 대입하여 산정방정식을 얻는다.

$$GLI_{ijt} = \alpha + \beta_1 d_t + \beta_2 d_i + \beta_3 d_i \times d_t + \beta_4 \; (\; SC_{ijt} \; . \; SG_{ijt} \; . \; SI_{ijt} \; . \; SP_{ijt} \; .$$
$$SL_{ijt}) + \varepsilon_{ijt}$$

$$(3.7)$$

단면 단위 개수와 시계열 길이의 크기가 비슷하기 때문에 우리는 면판 모델을 혼합모델(사실상 F 검사 역시 혼합 모델을 지지한다)로 설정한다. 추산 방법에서 우리는 면판 수치의 두 단계의 최소제곱법을 이용하여 추산함으로써 해석변량과 교란항목(扰動項)의 관련성으로 추산이 빗나가는 것을 피한다.

가중선택은 외관상무관한회귀(SUR)를 선택하여 단면 이분산성과 동시적 상관관계를 제거한다. 각 시기의 초기상태의 영향은 제로로 설정하고 배차법에 부합되는 무역협정 효과 중의 가설에 부합되게 하는데 즉 통제변량 이외에 한 나라가 자유무역지대에 가입하기 전후 기타 각 요소의 시간 상태에는 차이가 없다.

이 곳은 주로 한·중·일 3국이 자유무역지대 협정을 체결한 후 각종 상품의 무역구조 효과를 연구하는 것이기 때문에 우리는 한·중·일의 동아시아 기타 각국과의 1995-2010년 연도 무역수치를 피 설명변수 견본으로 삼는다. 앞의 문장과 마찬가지로 통제변수는 1기 만계하는데 시간은 1994-2009년으로 선택한다. 상품 종류는 세관합작이사회가 제정한 「상품 명칭과 바코드 통일 시스템」 (HS92) 표준을 22개 부류로 분류했다. 그중 제19류(무기, 탄약 및 부품, 부속품), 제21류(예술품, 소장품 및 고물) 및 제22류(특수 거래품 및 미 분류 상품)은 특수 상품에 속하고 통상적인 연도 수치가 매우 적고 또 부족한 곳이 많기 때문에 계량 검사에 포함시키지 않는다.

도표 3-2의 회귀 결과에 따르면 어떤 대비그룹을 사용하든 거의 모든 상품 종류 의 무역구조 효과 계수 $\beta 3$ 의 추정치가 다 뚜렷하고 기본상 다 1%의 식별력 수준을 통과했으며 아울러 비교적 양호한 R 치와 D-w통계량을 구비했는데 이는 모델이 한·중·일 3국의 자유무역지대 건설 효과에 대해 비교적 강한 분석 능력을 가지고 있다는 것을 설명한다. 비교국가를 변경한 검사 결과를 보면 부동한 비교국가를 사용해도 결과에 뚜렷한 영향을 미치지 않았고 $\beta 3$ 계수 방향이 양호한 적합성을 유지했으며 3개 종류에만 변화가 발생했다.

도표 3-2 한·중·일 FTA 무역구조 효과 추정과 확실성 검사

비교 그룹	아세안 5국 (첫 번째 난)			호주 및 뉴질랜드 (두 번째 난)			아세안 5국, 호주 및 뉴질랜드 (세 번째 난)		
HS 코드	$\beta\,3$	R	D-W	$\beta\,3$	R	D-W	$\beta\,3$	R	D-W
1	−0.0873** (−2.4657)	0.8689	1.8530	−0.1923*** (−4.7320)	0.9103	1.7452	−0.1123*** (−3.7523)	0.9621	1.9327
2	−0.0861*** (−6.1421)	0.9486	1.3410	−0.1254* (−1.7425)	0.9641	1.5627	−0.14032*** (−18.3710)	0.9714	1.8541
3	0.0480 (0.9751)	0.8412	1.8112	0.2741*** (7.0350)	0.7210	1.7814	0.0689*** (4.1281)	0.9021	1.5410
4	0.1801*** (6.6325)	0.8954	1.6741	0.3014*** (7.6721)	0.9314	1.8102	0.3187*** (12.0047)	0.9800	1.9140
5	−0.4102*** (−7.0514)	0.8108	1.5405	−0.0210 (−0.4012)	0.8811	1.5647	−0.3422*** (−7.8140)	0.8352	1.8129
6	0.0801* (1.7611)	0.9814	1.5730	0.0710* (1.7036)	0.8677	1.6170	0.0955***(3.9014)	0.9900	1.7312
7	−0.1712*** (−8.7410)	0.8012	1.5314	−0.3587*** (−6.3457)	0.9617	1.7124	−0.2017*** (−12.2371)	0.8947	1.7856
8	−0.5014*** (−9.1473)	0.8104	1.5479	−0.0610 (−0.8415)	0.8941	1.5470	−0.2288*** (−7.1301)	0.7814	1.6974
9	0.2014*** (4.5678)	0.8877	1.6874	−0.0741** (−1.9102)	0.8647	1.5890	0.1674*** (6.6741)	0.9870	1.7841
10	−0.1874*** (−6.3240)	0.9640	1.8470	−0.3512*** (−9.1140)	0.9014	1.7859	−0.2610*** (−11.461)	0.9614	1.9470
11	−0.4102*** (−10.1120)	0.9012	1.5710	−0.0410 (−1.4623)	0.9634	1.7761	−0.1573*** (−8.6614)	0.9364	1.8137

12	-0.0041 (-0.3541)	0.9614	1.8970	0.0213 (1.1506)	0.9871	1.4872	-0.0421*** (-4.9573)	0.9648	1.8436
13	-0.2361*** (-4.1043)	0.9742	1.6210	-0.0712* (-1.9102)	0.9758	1.5702	-0.2436*** (-6.9514)	0.9810	1.8021
14	-0.0810** (-2.3201)	0.6677	1.9231	-0.2131 (-1.6725)	0.6842	1.9547	-0.1324*** (-3.5421)	0.7140	1.9543
15	-0.2013*** (-5.4583)	0.8642	1.6873	-0.1785*** (-2.9210)	0.7436	1.6721	-0.2014*** (-6.8921)	0.9631	1.9324
16	-0.1125*** (-3.4201)	0.9647	1.8213	-0.4423*** (-6.7621)	0.9325	1.7234	-0.0864*** (-5.8634)	0.9784	1.8853
17	-0.1325* (-2.0140)	0.9745	1.6473	0.1240** (2.1020)	0.8412	1.6270	-0.1428*** (-5.9873)	0.9643	1.7634
18	0.5120*** (15.473)	0.9421	1.6765	0.1537* (1.9012)	0.8346	1.7436	0.4310*** (14.5712)	0.9623	1.7274
20	-0.0610*** (-2.8436)	0.9069	1.7431	-0.0028 (-0.1423)	0.8476	1.7983	-0.0489** (-2.0102)	0.9426	1.7687

주석: Grubel-Lloyd 지수는 중국경제사이트 데이터베이스의 관련 수치를 근거로 계산해 얻은 것으로 모든 회귀 결과는 다 Eviews 6.0 으로 계산해 얻은 것이다. 중국경제사이트 무역수치 중에 캄보디아, 브루나이, 라오스의 수치가 빠졌고 PTW 6.3 중에 미얀마의 수치가 빠졌으며 이 4국이 중국 무역에서 차지하는 비례가 극히 적기 때문에 견본에 이 4국의 수치를 포함시키지 않았다. 괄호 안의 수치는 t 통계수치이고 ***, **, *는 각각 1%, 5%, 10% 수준에서 현저하다는 것을 의미한다.

2. 계량결과 설명

비교그룹 수량이 충분하도록 보장함으로써 추정결과가 더욱 확고해지게 하기 위해 우리는 7국 비교그룹의 검사결과를 이용해 각 상품 종류 β 3 계수의 크기 및 방향을 비교했다. 도표 3-2 세 번째 난을 참고하기 바람. 종합적으로 19개 상품 종류 중 14종의 상품의 β 3 계수가 마이너스 수치인데 이는 한·중·일 자유무역지대의 설립이 전반적으로 각국 사이의 Grubel-Lloyd 지수를 감소시키고 산업 내 무역 수준을 낮추고 산업간 무역의 흥성을 촉진한다는 것을 설명한다. 한·중·일 자유무역지대가 가져다준 경제복지 성장은 주로 회원국 국제 분업을 심화시키는 것을 통해 얻은 것으로 동아시아 경제 발전의 환경 및 추세에 부합된다.

이런 분업심화의 발전 양식은 필연적으로 경제통합 조직 시스템의 위험을 높여주고 각국이 불균형적인 수요의 충격을 받을 가능성이 높아지게 한다. 각 회원국은 불균형 충격에 대처할 때 반드시 더욱 많은 공공재정 지지가 필요해질 것이며 경제발전은 경제통합기구가 제공하는 공공제품에 더욱 의지하게 된다.

도표 3-2 세 번째 난의 추정결과 중 5개의 β 3 계수는 플러스 수치 제품으로 큰 것부터 작은 것으로의 순서는 다음과 같다. 광학, 촬영, 영화, 계량, 검험, 의료 및 외과용 의기 및 설비, 정밀의기 및 설비, 시계, 악기 그리고 상술 상품의 부속품과 부품, 음료수, 술, 식초, 담배와 담배 대용품, 나무와 목제품, 화학공업 및 관련 공업의 제품, 동물 식물 기름과 지방 및 그것의 분해 생산물, 정제한 식용유지, 동물·식물·납류(蠟類), 이런 상품분야에서 중국 산업 내의 무역은 한·중·일 자유무역지대가 건설된 후 강화될 것이다.

이 분야의 기업은 차별화된 제품을 개발하여 신속히 시장을 차지함으로써 규모 효과를 얻어야 하는데 특히 앞에 열거된 정밀의기, 화학공업 제품과 음료 등이 더욱 그러하다. 아울러 한·중·일 3국이 모두 다 비교적 큰 시장 용적을 가지고 있기 때문에 이런 제품은 한·중·일 자유무역지대에 매우 좋은 발전 기회를 가져다줄 것이며 통합이 더욱 심도 있게 전개되는데 유리하다.

도표 3-2 세 번째 난의 추정결과 중 14개의 $\beta 3$ 은 마이너스 수치 제품으로 계수가 큰 것부터 작은 것의 순서로 배열하면 다음과 같다. 광산품, 목재 펄프 및 기타 섬유 모양의 섬유소 펄프, 종이와 판지 폐품, 종이, 판지와 그 제품, 석재, 석고, 시멘트, 석면, 운모 및 유사한 재료로 만든 제품, 도자기 제품, 유리 및 유리제품, 생가죽, 피혁, 모피 및 그 제품, 안구와 만구, 여행용품, 핸드백 및 그와 유사한 제품, 동물 거트(누에 거트는 제외한다) 제품, 비천금속 및 그 제품, 플라스틱 및 그 제품, 고무 및 그 제품, 방직 원료와 방직제품, 식물 제품, 차량, 항공기, 선박 및 관련 수송설비, 천연 또는 양식 진주, 보석 또는 반보석, 귀금속, 포귀금속(包貴金屬) 및 그 제품, 모조 장신구, 동전류, 산 동물과 동물 제품, 기계, 기계기구, 전기설비 및 그 부속품, 녹음기와 축음기, 텔레비전 영상과 소리 녹음 녹화 재방영 설비 및 그 부속품과 부품, 기타 항목의 제품, 신발, 모자, 우산, 지팡이, 채찍과 그 부속품, 이미 가공한 깃털 및 그 제품, 조화, 가발 제품 등이다.

이런 상품의 종류에는 중국에서 수출입액이 가장 큰 몇 가지가 거의 다 포함되었는데 이를테면 방직물, 기계설비와 광산품 등이다. 한·중·일 FTA가 설립되면 이런 상품의 산업간 무역이 강화될 것이고 각 회원국은 자체의 타고난 장점을 통해 더한층 분업을 세분화하여 이득을 증대시키게 된다. 하지만 동시에 각 회원국이 이런 산업에서 불균형적인 수요의 충격을 받을 확률이 비교적 높기 때문에 한·중·일 FTA가 내부 산업을 조정해야 한다.

제4절
한·중·일 FTA 투자자유화의 발전전망

1. 한·중·일 FTA 투자자유화에 영향을 주는 요소

국제 투자활동이 국제 무역활동과 다른 것은 자본 수입국과 자본 수출국의 국가경제의 안전이라는 민감한 문제를 자주 건드리게 된다는 것이다. 특히 한·중·일 3국은 경제 발전수준이 뚜렷하게 차이가 있고 정치, 경제, 법률 제도가 완전하게 다르며 각자는 관련 분야에서 투자를 개방하는 문제에서도 서로 다른 생각을 하고 있다. 그러나 전반적인 이익으로 보면 투자자유화가 한·중·일 3국의 이익을 증대시킬 수 있다. 때문에 적극적인 요소와 소극적인 요소 두 개의 층면으로 한·중·일 FTA의 투자자유화에 대해 분석할 수 있다.

1. 한·중·일 FTA 투자자유화에 영향을 주는 적극적인 요소
한·중·일은 경제 왕래가 매우 밀접하며 3국간의 투자 활동도 빈번하다. 일찍이 1992년 중·한 양국은 양자 간 투자협정을 체결했다. 2007년 9월, 중·한 양국은 「중화인민공화국 정부와 대한민국 정부 간의 투자의 증진과 상호보호에 관한 협정」을 다시 체결했다. 상대적으로 새로 체결한 협정은 어휘 사용이 더욱 정확하고 내용이 더욱 전면적이며 현대 양자투자협정의 시대적 특점을 더욱 잘 체현했다. 일본의 대 중국 투자는 일찍이 중국이 개혁개방을 하기 전부터 시작됐다. 1988년, 중·일 양국은「중화인민공화국과 일본 간의 투자의 증진과 상호보호에 관한 협정」을 체결했다. 이 협정은 당시 몇 안 되는 계약체결 당사국 투자자에게 투자 허가 및 투자 허가와 관련된 사항에서(즉 투자 허가 단계) 최혜국 대우를 부여하는 중외 양자투자협정으로 선행성을 가지고 있었다. 2002년 3월, 일·한 양국도 10년을 기한으로 하는「대한민국 정부와 일본국 정부 간의 투자의 자유화 증진 및 보호를 위한 협정」을 체결했다. 한·중·일 3국 지도자는 경제통합의 진척을 촉진시키기 위해 2003년 10월에 인도네시아 발리 섬에서 열린 제7차 아세안+한·중·일 정상회의에서 3국의 정부·산업계 학술계가 3국의 투자배치 방식에 대한 비공식 합동연구를 실행한다고 일치하게 합의했다.

「일·한 양자투자협정」의 기한이 곧 만료되고「중·일 양자투자 협정」의 일부분 조례가 정체되었기 때문에 2009년 10월에 소집된 제2차 한·중·일 정상회의에서 일본은 한·중·일 3국이 조속히 3자간 투자협정을 체결하여 앞으로 한·중·일 자유무역협정을 체결하는데 토대를 마련하기를 바란다고 제안했다. 2012년 5월 3일, 한·중·일 3국은 베이징에서「대한민국 정부, 중화인민공화국 정부 및 일본국 정부 간의 투자 증진, 원활화 및 보호에 관한 협정」(CJK Investment Treaty, 이하「중·일 한투자협정」)을 체결했다.

이미 알려진 바와 같이 자유무역지대 건설의 기초는 무역의 자유화이고 자본, 기술, 인력자원 등의 편리화와 자유화는 자유무역지대가 높은 차원으로 건설되는 중요한 경로이다. 투자활동의 민감성 때문에 무역협정이 늘 투자협정보다 앞서가게 된다. 일반적인 상황은 FTA 담판을 진행하는 국가들 간에 다자 또는 양자 투자협정을 체결한 후에 이를 기반으로 FTA을 프레임으로 하는 투자자유화를 추진하게 된다. 그러나 한·중·일 투자협정은 관습을 깨고 먼저 체결되었는데 이는 필연적으로 무역에 대한 투자 창출 효과와 추진 메커니즘을 형성하여 3국 자유무역협정의 순조로운 추진과 최종 체결을 촉진하고 한·중·일 FTA 건설에 기반을 마련해주게 될 것이다. 한·중·일의 첫 3국간 투자행위를 보호하는 법률 서류와 제도 협정으로서 투자협정은 한·중·일 FTA 담판이 취득한 높은 차원의 협력 성과이며 중·일·한 FTA 건설 속도를 유력하게 추진하게 될 것이다.

첫째, 투자협정은 한·중·일 3국 투자자에게 더욱 안정적이고 투명한 투자환경을 마련해주어 3국 투자자의 투자열정을 더욱 분발시키게 되고 3국간의 경제무역활동을 더욱 활성화시키고 3국 경제의 공동발전과 번영을 추진하고 3자가 공동으로 이익을 얻게 하는 결과를 내오게 된다.

현재 한·중·일 3국은 이미 산업적으로 비교적 성숙된 생산 네트워크를 형성했다. 3국 투자협의 체결은 한·중·일의 산업 발전을 더욱 밀접해지게 하는 한편 기술, 인력자원 등의 요소가 더욱 편리하게 유동하도록 함으로써 한·중·일 경제 협력이 자유무역지대, 경제공동체 등 더욱 높은 차원으로 발전하는데 기반을 마련해주게 된다. 이로써 시범 효과를 나타내게 되며 '10+3'의 진척을 추진하고 동아시아 내지 아시아 역내 경제 통합 진척을 촉구하게 된다.

둘째, 한·중·일 투자협정의 체결은 각자의 산업 발전을 유력하게 추진하게 된다. 금융위기 후 일본은 경제 회복이 더딘데다가 지진 재해가 빈번하게 일어났다. 일본의 제조 기업은 세계적인 범위에서 끊임없이 생산구도를 조정하고 해외에서의 관건적인 부품의 생산능력을 확대함으로써 원가를 낮추고 리스크를 통제했다. 이는 세계에서 산업구도를 재분배하는 하나의 기회로 된다. 한국은 좁은 국내시장의 제약에서 빨리 벗어나고 싶어 했으며 산업의 낮은 비용과 세계 시장에서의 배치 공간을 찾았다.

중국의 산업 고도화 역시 '국내 도입'과 '해외 진출'이 필요했으며 선진적인 기술을 도입하여 흡수하고 외부 자원과 시장을 충분히 이용하려 했다. 한·중·일 투자협정의 체결은 각국의 국내산업의 발전에 새로운 동력을 제공하게 된다. 중국 기업은 일본 및 한국 기업과의 협력을 강화함으로써 선진적인 기술과 관리경험을 소화 흡수할 수 있고 산업협력을 통해 산업 조정을 촉구하는 목적을 달성할 수 있다.

셋째, 한·중·일 투자협정의 체결은 중국 국내의 체제개혁을 유력하게 추진하게 된다. 한·중·일 투자협정은 더욱 개방되고 투명하고 국제관례에 부합되는 국내 경제무역체제가 지탱해주어야 한다. 개혁개방 이후, 중국이 실제적으로 걸어온 것은 개혁으로 개방을 도모하고, 개방으로 개혁을 추진하는 길이었으며 개방이 심화됨에 따라 경제체제 개혁도 끊임없이 심화되었고 경제사회 환경은 날로 개선되었다. 그러나 전반적으로 보면 투자 환경에는 여전히 국제관례에 부합되지 않는 방면이 존재하고 외자유치와 대외 투자수요 방면에 제도적 결함이 존재한다.

투자협정의 체결은 국내의 관련 체제개혁에 부도장치를 만들어주고 국내 관련된 체제개혁을 심화시킬 수 있다.

2. 한·중·일 FTA 투자자유화에 영향을 주는 부정적인 요소

「한·중·일 투자협정」이 공식적인 제도의 형식으로 3국이 국제투자 분야에서 협력하는 청사진을 그렸지만 정치와 문화적 충돌 역시 국제 투자협력의 효과에 영향을 주게 된다. 이밖에 역내 투자시스템과 소비시 스템의 연결, 국제투자 분야에서 중국의 제도와 능력 건설 등의 문제가 중·일 한 FTA의 투자자유화에 부정적인 영향을 줄 수 있다.

첫째, 한·중·일 3국의 정치 및 영토 분쟁이 투자활동에 꼭 영향을 주게 된다. 미국의 동맹국인 한국과 일본은 최대의 이익을 얻기 위해 '정경분리'의 외교 정책으로 중국과 미국 사이를 오가고 있다. 일본과 한국은 한편으로 안전과 외교에서 미·일동맹, 미·한동맹을 강화함으로써 동아시아지역에서 자체의 지위를 높이려 했고 다른 한편으로 경제적으로 소중한 '중국기회'와 거대한 '중국시장'을 잘 틀어쥐고 경제 발전의 동력을 얻으려 했다. 유럽 경제통합의 실천 경험이 보여주다시피 정치는 역내 경제협력을 추진하는데 매우 중요한 역할을 한다. 동아시아지역은 경제협력 방면에서 공동이익이 존재하지만 의식형태 방면에서는 대립과 충돌이 존재한다. 특히 미국이 동아시아의 세계전략에 복귀함으로써 이런 추세가 심해지게 했다.

미국은 심지어 환태평양경제동반자협정을 따로 체결해서 APEC 협력 메커니즘을 허수아비로 만들어버리고 경제적으로 중국을 제약하려 했다. 장원하게 보면 정치와 경제적 이익의 충돌은 「한·중·일 투자협정」의 집행 효과에 영향을 주는 한 가지 중요한 요소가 될 것이며 또한 동아시아지역 경제통합 진척을 좌지우지하게 된다.

둘째, 일본, 한국의 투자증진 조례가 더욱 세분화되어야 한다. 중국, 일본, 한국의 투자증진 정책을 보면 중국은 1990년대 초기부터 일본과 한국을 포함한 외국기업에 세수, 토지 방면에 특혜 조치를 실행했으며 심지어 특정 분야의 외자기업은 '초국민 대우'를 받기도 했다. 그러나 한국 현지의 문화와 노조의 힘, 폐쇄적이고 보수적인 일본의 산업 시스템은 중국 기업이 이 두 나라에 투자하는데 장애물로 작용했다. 협정에 투자증진 조례가 명확히 제기되어 있지만 이 조례가 비교적 모호하기 때문에 실제로 실천해가는 과정에서 일본과 한국 정부는 투자증진의 구체적 조치를 세분화해야 하며 이는 협정에서 주목받아야 할 중요한 내용이 될 것이다.

셋째, 중국의 제도와 능력지원은 충분하게 중시 받지 못했다. 투자의 정의, 국민대우와 최혜국대우 등 주요한 조항에서 「한·중·일 투자협정」은 기본적으로 미국식 양자투자협정의 '높은 표준'을 답습했다. 일본, 한국과 달리 중국은 세계적으로 가장 큰 개발도상국이며 많은 기업들이 국제화 경영을 할 수 있는 인재가 부족하고 기술과 관리 수준이 상대적으로 낮다.

정부는 정책 투명성 제고, 투자증진 기구 설립, 투자증진 행사의 공동 개최, 국내 정책 또는 경제체제 프레임 조정 등의 방면에서 늘 어려움을 겪곤 한다. 일본과 한국은 제도 능력과 기술 지원을 시장 진입, 투명도, 지적소유권 등 조항의 전제조건으로 삼고 중국의 인력자원 양성에 진력해서 국제투자협정 의무를 더 잘 이행해야 한다. 한·중·일 투자협정은 소비형 투자에 구체적인 협의를 하지 않았다. 미국, 유럽의 경제성장 패턴과 달리 '기러기형' 성장 패턴에 이끌려온 일본, 한국, 중국의 대외 직접투자는 생산가공 능력의 이전에 치중된 편이며 동아시아에서 생산된 제품이 본 지역에서 소비되는 비례는 30%도 되지 않고 대부분이 미국과 서유럽에 수출된다. 미국과 서유럽 소비시장에 과도하게 의존함으로써 서방국가들이 동아시아 내부 사무를 간섭하는데 빌미와 기회를 제공했다. 그리고「한·중·일 투자협정」에 투자의 정의는 매우 넓지만 동아시아지역의 소비를 성장시키는 의료, 교육 등 사회서비스형의 투자는 언급되지 않았고 구체적인 협의는 더욱 없다.

2. 한·중·일 FTA 투자자유화의 전망

한·중·일 투자협정은 2007년에 가동되었으며 5년간 3국이 선후로 13차례의 공식적인 담판, 수차례의 비공식 협상을 진행한 결과 2012년 3월 하순에 원만하게 결속되었다. 이 협정은 도합 27개 조항과 1개의 부가의정서가 포함되었고 국제투자협정에 포함된 모든 중요한 내용이 망라되었으며 여기에는 투자 정의, 적용 범위, 최혜국대우, 국민대우, 징수, 전이, 세수, 일반 예외, 분쟁 해결 등의 조항이 포함되었다. 앞으로 한·중·일 FTA 투자자유화가 이 협정을 토대로 추진된다.

첫째, 시장의 투명도를 높이는 것이 한·중·일 FTA 투자자유화의 주요한 목표로 될 것이다. 투자활동은 무역활동에 비해 목표 시장의 정책 환경 투명도에 대한 요구가 더욱 높다. 이미 발표한「한·중·일 자유무역지대 실행가능성 연구보고서」에서 한·중·일 3국이 투자자유화가 가져다주는 경제적 이익을 인식했다는 것을 알 수 있다. 자유무역지대 프레임 안에 투명하고 안정된 투자 환경을 건설하는 것이 투자 협력의 주요한 목표가 될 것이라는 것을 예견할 수 있다. 즉, 한·중·일 3국은 투자 규정과 법률의 투명성을 강화하여 3국의 투자자에게 더욱 안정된 정책 프레임과 더욱 개방된 투자제도를 제공한다는 것이다. 「한·중·일 투자협정」은 특별히 투명도에 대해 상세히 논술했으며 다음과 같이 약정했다. 첫째, 각 계약체결 당사국은 본국에 적용되는 법률, 법규, 행정절차, 행정심판, 사법판결 및 본 당사국이 추가한 투자행위와 관련되거나 투자행위에 영향을 주는 국제협정을 제때에 공표하거나 또는 기타 방식으로 공개한다.

둘째, 한 당사국이 본 협정의 실행과 운영에 뚜렷한 영향을 주는 법률, 법규를 제정하거나 수정하게 될 경우, 이 당사국은 이 법률, 법규를 발표, 공개한 시간과 발효되는 시간 사이에 합리적인 간격을 두어야 한다. 그러나 국가 안전, 외환 환율, 통화 정책에 관련되거나 또는 발표 후 법률의 실행에 영향을 줄 수 있는 기타 법률, 법규는 예외로 한다. 셋째, 다른 계약체결 당사국의 요청에 따라 각 당사국은 합리적인 기한 내에 기존의 양자 루트를 이용하여 이 당사국이 제출한 모든 실제적 또는 건설적인, 이 당사국과 그 나라 투자자의 본 협정 조항과 관련된 권익에 중대한 영향을 주는 조치에 관해 이 당사국의 구체적인 문제에 대해 응답하고 정보를 제공해야 한다. 넷째, 각 계약체결 당사국은 자체의 법률법규에 따라 본 협정에 포함된 임의의 사항에 영향을 줄 수 있는 보편적 법규를 사전에 공개해야 한다. 대중에게 투자와 관련된 법규에 대해 의견을 발표할 합리적 기회를 제공하고 이 법규가 통과되기 전에 이런 의견들을 고려한다.

둘째, 각 참가국의 투자자유화에 대한 구체적인 약속을 강조하는 것은 중일 한 FTA 투자자유화의 중점 업무이다. 자유무역협정은 내용상 투자이동의 자유화라는 취지에 더욱 치우쳤기 때문에 투자 협력을 하는 과정에서 각 참가국의 투자자유화에 관한 구체적인 약속을 강조하게 된다. 그러나 중일 한 3국의 경제발전수준에 차이가 있고 투자가 더욱 많은 국내 이익과 관련되기 때문에 3국은 투자협력의 적용범위에 대해 명확한 한계를 정하게 된다. 이미 체결한 「한·중·일 투자협정」에 근거해 한·중·일 3국은 투자협력에 언급된 '투자'의 범위를 투자자가 직접 또는 간접적으로 소유하거나 통제하는, 투자 성질을 가진 각종의 재산이라고 정하게 된다. 예를 들면 자본 또는 기타 자원에 대한 투자, 수익 또는 이윤 예기 또는 리스크 감당 등이다. 투자의 형식에는 다음과 같은 것들이 포함될 수 있다.

　기업과 그 지사 기구. 기업의 지분, 주식 또는 기타 지분 출자 방식 및 이로써 파생한 권리. 채권, 신용채권, 대부금 및 기타 형식의 채무 및 이로써 파생한 권리. 계약 권리, 여기에는 일괄수주, 건설, 관리, 생산 또는 수익분배 계약이 포함된다. 금전청구권 및 투자와 관련된 경제적 가치가 있는 계약을 이행할 것을 청구하는 권리. 지적소유권, 여기에는 저작권과 상관된 권력, 특허권 그리고 실용신안권, 상표, 공업디자인, 집적회로 평면배치 디자인, 식물의 새 품종, 브랜드 이름, 원산지 표시, 지리적 표시 및 비공개 정보에 관한 권력이 포함된다. 법률·법규 또는 계약이 부여한 권력, 예를 들면 특허권, 허가, 권한 부여 및 허가증이 포함된다. 모든 기타 형식의 무체재산, 동산, 부동산 및 모든 상관 재산권, 예를 들면 임대, 담보, 유치권, 저당권 등. 이 밖의 '투자행위'란 투자의 관리, 운영, 경영, 유지, 사용, 향유, 매각 및 기타 처분 행위를 가리킨다.

　셋째, 상응하는 분쟁해결 메커니즘을 설계하는 것은 한·중·일 FTA 투자자유화 과정에 필연적으로 선택해야 할 것이다. 투자분쟁이란 계약체결 당사국과 다른 계약체결 당사국의 투자자 사이에 일어난 분쟁을 말하며 계약체결 당사국이 본 협정 범위에서 투자자 또는 체결국의 영토 내의 투자와 관련해 임의의 의무를 위반하여 이 투자자로 하여금 손실이나 손해를 보게 했다는 지적을 받는 것을 가리킨다.

한·중·일 3국의 경제제도가 완전하게 달라 투자자유화를 추진하는 과정에 많은 분쟁이 생기게 되는데 상응한 분쟁해결 메커니즘을 설계하는 것은 3국의 필연적인 선택이다. 「한·중·일 투자협정」에서 3국은 어떠한 투자분쟁이든 될수록 투자분쟁 당사국의 투자자(이하 '분쟁 투자자')가 투자분쟁 당사국의 계약체결국(이하 '분쟁 체결국')간에 우호적인 협상을 통해 해결한다고 약정했다. 투자분쟁을 더한층 잘 해결하기 위해 한·중·일 3국은 제도화하는 방법으로 분쟁해결 메커니즘을 진일보적으로 추진하고 설계할 것이다.

3. 중국의 한·중·일 FTA 투자자유화 가입에 대한 대책과 건의

현재 한·중·일 간의 무역투자 관계가 신속하게 발전하고 있다. 서로 상대국 시장을 중시하는 것은 3국의 투자자유화를 추진하는 전제와 기초이다. 중국으로 말하면 한·중·일 FTA 투자자유화 진척을 가일 층 촉구하고 FTA에서의 중국의 투자 이익을 더욱 많이 확보하는 것이 필연적인 선택으로 된다.

첫째, 한·중·일 FTA의 투자자유화를 중국 기업이 '해외진출'을 하는 거대한 기회로 삼고 중국 기업이 일본과 한국시장을 더한층 개척하도록 추진한다. 최근 몇 년간 중국의 경제가 비약적으로 발전했다. '해외진출'의 동적 요인에는 대체적으로 두 가지 방면이 있다. 개발도상국에 대한 투자는 생산능력의 이동, 비용 절약, 자원과 시장을 얻기 위한 것이며 선진국에 대한 투자는 선진적인 기술과 고급 시장을 얻어 글로벌 가치사슬을 고도화하기 위한 것이다. 일·한 양국의 경제발전수준과 국제 개방 정도가 높기 때문에 한·중·일 FTA의 투자자유화는 중국 기업이 일본과 한국에 진출하는데 기회와 더욱 편리한 조건을 창조해주고 기업의 기술 수준과 국제 시장을 개척하는 능력을 높여주게 되며 이로써 '해외진출' 전략이 발전하도록 추진한다.

둘째, 중국은 산업 고도화를 한층 추진하여 일한 양국과의 산업 연결이 더욱 원활해지게 해야 한다. 동아시아지역은 세계 경제의 인기 지역이고 동아시아지역 국가의 경제발전은 자체의 특점을 가지고 있다. 제2차 세계대전 후 동아시아의 발전 상황을 보면 일본으로부터 한국, 중국 타이완, 중국 홍콩, 싱가포르까지, 다시 중국, 인도네시아, 말레이시아, 태국, 필리핀으로 산업이 이동하는 추세였다. 한 차원의 국가(지역)가 한층 높은 주도산업에 들어서면 저차원의 산업을 점차 한 차원 낮은 국가(지역)에 옮기고 한 차원 낮은 국가(지역)는 옮겨온 산업으로 자체의 산업 수준을 높이고는 더욱 낮은 차원의 산업은 더 후진 국가(지역)로 옮겨간다.

이로써 산업구조가 단계적으로 상승하는 발전 패턴을 이루게 된다. 국가 간 산업 이동은 비교우위를 바탕으로 하는 산업 접속, 분업, 협력의 과정이며 이는 각국의 발전단계, 생산요소가격, 기술수준, 경제정책 등의 요소의 종합적인 영향을 받게 되며 목적은 연구개발, 생산, 판매의 비용을 낮추어 경쟁우위를 얻기 위한 것이다. 구체적으로 한·중·일 3국에 가보면 일본학자가 제기한 '기러기 형 패턴'이 어느새 변화했다는 것을 발견할 수 있다. 일본은 강대한 과학기술과 경제실력을 바탕으로 첨단기술 산업이 중국과 한국을 앞섰지만 전반적인 실력을 보면 중국과 한국은 이미 일본과의 차이를 단축하였고 심지어 일부분 분야에서는 일본을 초월했다. 한·중·일 3국의 산업구도는 나란히 앞으로 가면서 서로 교차적으로 경쟁과 협력을 하는 상황이 나타날 것이다. 중국으로 말하면 산업구조를 한층 고도화시키고 자체의 산업 발전 방향을 일본, 한국과 연결시키는 것이 자유무역지대의 투자 수익을 더욱 많이 얻어내는 기반이다.

셋째, 한·중·일 FTA 투자자유화에 참가하는 과정에 투자보호 및 임시보장 문제에 중시를 돌려야 한다. 일본과 한국의 기업에 비해 중국 기업은 여전히 경쟁력이 뒤떨어진다. 특히 외국 투자는 무역과 달리 정치적으로 비교적 민감한 문제로 한 국가의 자산과 자원 소유권에 대한 통제와 관련된다. 투자자유화를 추진하는 동시에 중국은 투자보호 및 일부분 임시 보장조치의 사용을 강조해야 한다. 때문에 투자협력을 추진하는 과정에 투자보호와 투자자유화가 계약체결국의 국가 이익, 산업 안전과 사회 공공이익을 희생시키는 것을 대가로 삼아서는 안 된다는 것을 일본과 한국이 알게 해야 하고 또 계약체결국 정부가 외국 투자자 및 그 투자에 대해 폭넓게 필요한 감독 관리를 할 권력이 있다는 것을 인정하도록 해야만 '균형적이고 실무적이고 서로 혜택을 누릴 수 있는' 3자 투자협정을 달성할 수 있다.

이미 체결한 「한·중·일투자협정」에서 3국은 특별히 제2조 '투자

증진 및 보호 조례'를 설정하여 "계약체결국 일방은 마땅히 기타 체결국 투자자가 본국 영토 내에 투자하는 것을 격려하고 이를 위해 유리한 환경을 마련해주어야 한다. 계약체결국 일방은 다른 계약체결국 투자자의 투자를 허락해야 한다. 하지만 적용되고 있는 법률과 법규(외자소유권과 경영지배권 포함)에 근거해 직권을 행사할 권리가 있다."라고 밝혔다. 이밖에 '임시 보장 조항'을 특별히 설치하여 아래와 같은 임의의 상황이 나타났을 때 체결국 일방은 제3조항의 다국적 자본 거래와 관련된 의무, 제13조항의 의무와 부합되지 않는 조치를 취하거나 유지할 수 있다고 약정했다.

즉, 엄중한 국제 수지균형 및 외부 재정의 어려움이 조성됐거나 또는 그런 조짐이 보일 때. 또는 특수한 상황에서 자금유동이 거시경제관리(특히 통화 및 외환 정책)에 엄중한 어려움을 조성했거나 또는 조성할 기미가 보일 때. 이밖에 금융문제에 대해서도 단독적인 설명을 했다. "협정에 기타 어떠한 규정이 있을지라도 체결국이 면밀하고 신중한 태도에서 출발해 금융서비스와 관련한 조치를 취하는 것은 금지하지 않는다. 여기에는 투자자 예금주 보험 계약자 금융서비스 제공자 등 위탁관리 책임 상대자를 보호하기 위한 조치, 금융시스템의 완전성과 안정성을 확보하기 위한 조치가 포함된다." 때문에 중국은 투자보호 및 임시보호 문제를 한층 강조해야 하며 특히, 일 한 양국에 관련된 약속을 이행할 것을 독촉하여 자체의 투자 이익을 잘 지켜야 한다.

제4장

● ● ●

한·중·일 FTA의 서비스무역 자유화

제4장
한·중·일 FTA의 서비스무역 자유화

    1990년대 이후 역내 무역 자유화가 비약적으로 발전하여 오늘날 세계 경제의 중요한 추세가 되었다. 아시아 주 지역의 중요한 경제체인 중국, 일본, 한국은 서비스업과 서비스무역을 발전시키는 것을 매우 중시하고 있다. 때문에 앞으로 한·중·일 FTA에서 서비스무역은 자유화 담판의 관건적인 분야가 될 것이다.

제1절
한·중·일 FTA 서비스무역 자유화의 이론적 기초

1. 서비스무역 자유화의 내용과 특징

1. 서비스무역

서비스업은 전통적인 산업부문으로 이미 수천 년의 발전사를 가지고 있다. 그러나 '서비스무역'의 개념이 제기된 것은 최근 수십 년의 일이다. 문헌에 기재되어 있는 것에 따르면 '서비스무역'의 개념은 최초로 1972년 9월 경제협력개발기구(OECD)의 「무역 및 관련 문제에 대한 고급 전문가의 보고서」에 나타났다. 1974년 미국은 「1974년 미국 무역법안」 제301조항에 처음으로 '세계 무역서비스'라는 개념을 사용했다. 1989년, '미국-캐나다 자유무역협정'(1992년에 '북미자유무역협정'으로 확대)은 세계적으로 처음으로 국가 간 협의에서 서비스무역에 대한 정의를 공식적으로 내린 법률 파일이다. 1986년 9월에 시작된 관세무역일반협정(가트) 우루과이 라운드가 무역서비스를 담판 의제에 포함시켰으며 그 후 1994년 4월 15일에 「서비스무역 총협정」(General Agreements on Trade in Services, GATS)을 달성했다. 서비스무역이란 생산자와 소비자 간에 서비스의 판매와 지불이 이루어지는 것을 말한다.

서로 다른 국가 또는 경제체의 생산자와 소비자 사이에서 이루어지는 서비스무역을 국제서비스무역이라고 한다.[46] 서비스가 근본적으로 번잡한 속성을 가지고 있기 때문에 무역서비스의 정의도 모두 다 같은 것은 아니다. 더욱이 서비스의 다국적 거래의 복잡성으로 이론계 및 국제 경제기구는 서비스무역의 정의에 대한 차이가 존재한다.

현재서비스무역에 대한 많은 정의들 중 GATS가서비스무역에 내린 정의가 비교적 전면적이고 실천 중에 비교적 널리 응용되고 있다. GATS는 제1부분의 제1조에 서비스무역의 '범위와 정의'를 밝혔는데 아래와 같은 4가지 서비스무역의 형식이 포함된다. 첫째는 국경 간 공급(Cross Border Supply) 즉 한 회원국 경내에서 기타 회원국 경내에 제공하는 서비스. 둘째는 해외소비(Consumption Abroad), 즉 한 회원국 경내에서 기타 임의의 회원국 소비자에게 공급하는 서비스. 셋째는 상업적 주재(Commercial Presence), 즉 한 회원국의 서비스 공급자가 기타 회원국 경내에서 상업적 주재의 형식으로 서비스를 공급하는 형태. 넷째는 자연인의 이동(Movement of Personnel), 즉 한 회원국의 서비스 공급자가 임의의 기타 회원국 경내에서 자연인의 형식으로 공급하는 서비스. 주의할 것은 GATS가 말하는 서비스에는 정부가 정부직능 이행을 목적으로 제공하는 서비스가 포함되지 않는다는 것이다.

화물무역에 비해서비스무역은 자체의 특점을 가지고 있는데 그중에서 가장 주요한 특점은 서비스의 생산, 거래, 소비 3자가 동일성을 가지고 있어 동시에 진행되며 저장하지 못하고 분리할 수 없다는 것이다. 때문에

---

46) 특별한 설명이 없을 경우 본 절의 '서비스무역'은 다 국가 간의 서비스무역 즉 '국제서비스무역'을 가리킨다.

화물무역의 관세장벽, 쿼터, 허가증 등의 감독관리 형식에 비해서비스무역의 장벽은 일반적으로 금지조항(Prohibitions), 쿼터, 정부 규제(Government Regulation) 등의 형식을 사용하게 된다.

2. 서비스무역 자유화

　무역의 자유화란 무역을 실천하는 과정에서 상품과 서비스의 국제간 자유로운 이동을 저해하는 장애물을 취소하거나 낮추는 것을 말하는데 여기에는 관세 양허 및 비관세 장벽(예를 들면 허가증, 쿼터의 취소 등) 등이 포함된다. 서비스무역 자체의 특점은 서비스무역 자유화가 화물무역 자유화와 서로 다르다는 것을 결정했다. 서비스무역 자유화의 중요성은 말하지 않아도 알 수 있지만 국제적으로는 아직서비스무역 자유화에 대한 통일된 정의가 없다. 중국 학자들은 서비스무역 자유화에 대해 서로 다른 해석을 했다. 장한린(張漢林)(2002)은 서비스무역 자유화에 대한 정의를 이렇게 내렸다. "대외무역 과정에 한 나라 정부가 국내 법 제정과 국제협의를 통해서비스 및 서비스와 관련된 인원, 자본, 화물, 정보 등이 국가들 사이에서 이동하는 것에 대한 행정 간섭을 점차 줄이고 대외무역 규제를 완화하는 과정이다." 이 정의는 서비스무역 자유화의 두 개의 중요한편을 보여주고 있다.

　첫째는 서비스무역 자유화가서비스 및 관련 부문의 행정 간섭의 감소 및 무역 규제의 완화에서 체현된다는 것이다. 둘째는 서비스무역 자유화가 국내 입법 또는 협의 형식으로 실현되고 국가 간의 담판을 통해 자유화

협의를 달성해야 한다는 것, 아울러서비스무역 자유화는 하나의 '과정'으로 단번에 성공할 수 없다는 것을 강조했다. 판샤오신(范小新)(2002)은 서비스무역 자유화란 "서비스무역의 무역 목표를 실현하고 경제 효율 제고, 자원배치 최적화, 경제 복지 최대화 등 경제 목표를 실현하고 국가 이익 최대화라는 종합적인 목표를 실현하기 위해 각국(각국가 그룹 포함)이 각종 루트를 이용하여 본국 그리고 기타 국가들에 서비스무역의 자유롭고 공평한 시장경쟁을 방해하는 법률과 규정을 줄이고 최종적으로는 없애도록 촉구함으로써서비스무역의 자유롭고 공평한 시장경쟁 규칙을 구축하고 지켜나가는 모순과 충돌로 가득 찬 굴곡적인 과정이다."라고 했다. 이 정의는 경제이익 이외에 '국가 이익'이라는 목표와 국가의 정치 안전을 강조했다.

또 자유화는 한 개의 '과정'으로 완전한 폐쇄, 내부 자유화, 외부 자유화 및 완전한 자유화 등 몇 개 단계를 거치게 되며 이 과정은 "모순과 충돌, 곡절로 가득 찬 것"이라고 했다. 이유는 이것이 서로 다른 이익의 국가 또는 국가그룹 간의 경쟁과 협력, 충돌과 융합이 공존하는 과정이기 때문이라고 했다. 덩리핑(鄧力平) 등은 (2005) 자유화의 '화'는 점진적인 동적인 발전과정을 의미한다고 했다. 이를 바탕으로 GATS 의 '점진적인 자유화' 원칙, 사상과 결부하여 그들은 서비스무역 자유화를 다음과 같이 이해했다. "서비스무역 자유화의 필요한 조건은 효과적이고 자유롭고 공평한 시장 진입이다.

상호 이익을 주는 것을 전제로 서비스무역 자유화는 반드시 권리와 의무의 전면적인 균형을 이루어야 한다. 서비스무역 자유화는 개발도상국을 포함한 자유화이다. 개발도상국의 정책 목표, 전체 또는 개별적인 서비스부문의 발전수준이 서비스무역 자유화의 진행 과정을 결정한다." 이

정의는 서비스무역 자유화는 공평하고 호혜적이어야 하고 개발도상국을 포함시켜야 한다고 강조했으며 서비스부분의 발전은 자유화 진척에 매우 중요하다고 했다. 비록 여러 학자들이 서비스무역 자유화에 내린 정의가 같지 않지만 위에서 밝힌 정의를 종합해보면 서비스무역 자유화가 몇 개의 중요한 특징을 가지고 있다는 것을 알 수 있다. 첫째,서비스무역 자유화가 국가의 전반적인 이익과 관계되고 그것을 개방하는 것은 한 국가의 경제, 정치 심지어 문화 분야까지 직결되기 때문에 개방은 신중하고 전략성이 있어야 한다.

둘째,서비스무역 자유화는 국내 서비스부분에 대한 규제를 약화시키는 것이고 국가 간의 협상과 담판이 필요하기 때문에 서비스무역 자유화는 장기적이고 점진적이고 동적으로 발전하는 과정이다. 셋째, 세계 경제의 발전 및 세계 경제의 융합과 더불어 개발도상국의 서비스무역 자유화는 세계 서비스무역 자유화 과정의 불가결의 한 고리이다. 개발도상국의 서비스업 수준이 높지 않기 때문에 서비스무역 자유화 과정에서 개발도상국의 자유화 책략이 더욱 중요하게 부각된다.

2. 서비스무역 자유화의 복지에 대한 분석

1. 서비스무역 자유화의 복지효과: 기본 분석

이론 연구에 따르면 서비스무역 자유화는 한 나라의 복지수준을 개선할 수 있다. 구체적으로 보면 서비스무역 자유화는 아래의 경로를 통해 각국의 경제적 이익을 높여주게 된다.

첫째, 서비스무역 자유화는 국내 소비자의 복지 수준을 제고시킬 수 있다. 서비스무역 자유화로 국내 소비자는 더욱 많은 선택을 할 수 있게 되고 서비스부분을 개방하기 전보다 더욱 높은 품질의 저렴한 비용의 서비스를 선택할 수 있으며 서비스 소비의 다양성이 증가됨으로써 자체의 복지를 제고할 수 있다.

둘째, 외국 서비스 공급자가 본국에 품질이 더욱 좋고 원가가 더욱 낮은 서비스 또는 국내에 수요가 있지만 본국이 만족시킬 수 없는 서비스를 제공할 수 있어 생산 발전과 서비스업 발전수준이 서로 적응되지 못하는 문제를 해결하는데 도움이 되며 한 나라의 경제 발전을 추진할 수 있다.

셋째, 서비스무역 자유화는 본국의 동종의 서비스 제공자가 서비스 품질을 제고하고 혁신으로 원가를 낮추면서 경쟁력을 높이도록 하기 때문에 본국 서비스업이 혁신 의식을 증진하고 국내 서비스업의 수준을 높여주도록 추진 역할을 한다.

넷째, 서비스무역 자유화는 서비스 자원이 세계 또는 역내에서 재배치되게 하여 서비스 자원 배치가 더욱 효과적이게 한다. 때문에 서비스무역 자유화는 한 나라의 경제 효율을 높여주고 경제성장을 추진하며 복지를 증가시킨다.

서비스를 상품과 유사한 무역이 가능한 소비성서비스 요소라고 보고, 전통적인 H-O 모델의 모든 가설조건이 모두 다 성립된다고 가정할 경우 2×2

×2 모델을 만들어 일반적인 복지 분석을 할 수 있다. D와 F라는 두 나라에 상품 G와 서비스 S 두 가지가 존재한다고 가정한다. D는 서비스 부존도가 풍부하고 상품 부존도가 부족한 나라이고 F는 서비스 부존도가 부족하고 상품 부존도가 풍족한 나라라고 가정한다. 자유무역을 실현하면 D국은 상품을 수입하고 서비스를 수출하게 되며 F국은 서비스를 수입하고 상품을 수출한다. 두 나라는 자유무역을 통해 본국의 전반적인 복지를 높이게 된다.

그림 4-1에 표시된 바와 같이 G_d-S_d와 Gf-Sf 곡선은 각각 본국과 외국의 생산가능성 곡선이고 Q_d는 무역 후 본국의 생산점이고 Q_f는 무역 후 외국의 생산점이며 C점은 무역 후 양국의 소비점이다. 무역 전 양국은 모두 다 생산가능성 곡선 안에서 상품과 서비스를 소비했다. 그러나 무역 후 양국은 다 생산가능성 곡선 밖의 C점에서 소비했다. 때문에 서비스무역은 양국의 전반적인 복지수준을 높여주었다.

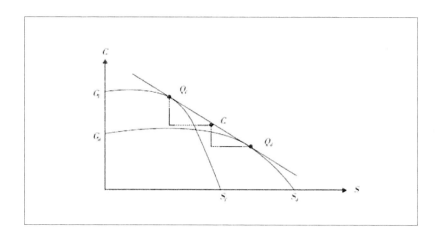

그림 4-1 서비스무역 자유화의 전체 복지 효과

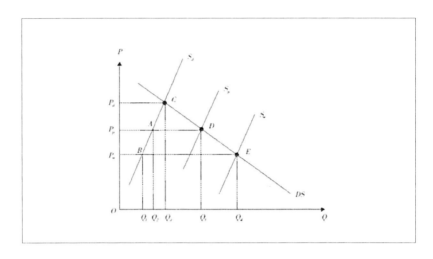

그림 4-2서비스무역 자유화 복지가 소비자와 생산자 사이에서 분배된 상황

이런 상황에 전체적으로 국가의 복지 수준이 높아졌지만 국내 소비자와
생산자의 복지 변화가 모두 다 성장한 것은 아니다. 구체적인 분석은 그림
4-2를 참조한다. 국내 서비스시장이 완전한 경쟁시장이고 대외로 개방하지
않는다고 가정할 경우 국내의 서비스 수요는 DS, 국내 공급은 S_d이며 이 때
국내 서비스의 가격은 Pd, 국내 소비 수량은 Q_d이다. 서비스부분의 제한했던
부분을 풀어놓아 일정한 조건에 부합되는 국외서비스 공급자의 진입을
허락한다면 서비스 공급은 Sd에서 Sp로 증가하고 국내 서비스 가격은 P_p로
하락하고 국내 소비 수량은 Q_3이 된다. 일부분의 개방으로 소비자잉여가
P_d-P_p-CD 증가하고 생산자잉여가 P_d-P_p-CA 감소하고 국내 복지가 삼각형
ACD 면적만큼 증가한다. 즉 일부분의 서비스무역 개방이 국내 복지를
증가시킨다.

국내 서비스무역 시장이 완전히 개방된다면 국내 서비스무역의 가격은

세계 수준으로 하락하고 국내 총 복지는 삼각형 CBE 면적만큼 증가한다. 즉 완전한 무역 개방은 국가의 복지를 진일보적으로 증가시킨다. 그러나 국내 부동한 요소 소유자들이 받는 복지 영향은 다른 것이다. 서비스무역 자유화는 서비스 가격을 떨어뜨리고 소비자들이 누릴 수 있는 서비스무역의 종류가 많아지게 한다. 제공자들로 말하면 각국의 희소한 자원 소유자의 소득은 풍요로운 자원 소유자의 소득에 비해 감소된다. 또 각국의 풍요로운 자원 소유자의 소득은 서비스무역 자유화에 의해 증가된다. 정부가 모종 소득분배 정책을 실행하여 풍요로운 자원 소유자의 일부분 수입을 옮겨 자원이 결핍한 소유자의 손실을 미봉해준다면 서비스무역 자유를 실행한 후 국가의 전체적인 복지 수준이 높아지게 된다.

2. 서비스무역 자유화의 복지효과 : 이질성서비스무역 분석

앞의 분석은 이상적인 조건 하에 서비스무역을 화물무역과 비슷한 무역이 가능한 제품으로 삼고 국가의 전체 차원에서 분석한 것이다. 그러나 서비스무역은 자체의 특점을 가지고 있다. 서비스 종류의 다양성과 이질성을 고려하면 서로 다른 유형의 서비스무역의 복지효과에 대한 결론은 반드시 앞에서 분석한 바와 같이 정확한 것은 아니다.

(1) 생산자서비스무역 자유화의 복지에 대한 분석
생산자서비스는 일종의 중간 투입품이지 최종적인 제품이 아니며 직접적인 소비에 사용되지 않고 직접적으로 효과를 나타내지 않는다.

생산자는 생산자서비스업 시장에서 이런서비스를 구입하고 공업생산 또는 비즈니스 활동에 사용한다. 생산자서비스업의 정의와 범위에 대한 통일적이고 명확한 설명은 없다. 중국정부는 '국민경제와 사회발전 제11차 5개년 계획 강요'에서 생산자서비스업을 교통운송업, 현대유통업, 금융서비스업, 정보서비스업, 비즈니스서비스 등으로 나누었다. 이로부터 생산자서비스업은 규모수익이 체증하고 지식 정보 집약형 산업이라는 특징을 가지고 있다는 것을 알 수 있다. 한 학자는 생산자서비스무역 방식과 자유화의 복지에 대한 영향에 대해 심도 있게 분석을 했다. (Markusen, 1989; Francois, 1990).[47)]

양국 모델에서 양국이 이미 모두 다 상품무역 자유화를 실행했으나 서비스무역 자유화는 실행하지 않았다고 가정한다. 매 국가의 내부에 상품생산 부문과 생산에 서비스를 제공하는 서비스부분이 있고 그중에서 상품생산 부문은 국내에서 소비되거나 외국으로 수출하는 상품을 생산하고(본국 특화생산 상품은 1, 외국 특화생산 상품은 2)서비스부분은 생산부문의 수요를 만족시키는 서비스를 제공한다고 가정한다. 그림 4-3에 표시된 바와 같이 TT곡선은 상품과 서비스의 자유화를 실현할 때의 세계 생산가능성 곡선이고 UU는 세계 효용 곡선이다. A점은 상품무역 자유화를 실현하고 서비스무역 자유화를 실현하지 않았을 때의 생산점인데 이 때 본국이 생산한 Y1의 상품은 1, 외국이 생산한 Y2의 상품은 2이다. A점에서 세계 총 효용수준은 UU곡선이 대표하는 효용 수준이다. 서비스무역

---

47) 셰캉(謝康), 『국제서비스무역』, 중산대학출판사(中山大學出版社) 1998년판, 251-252쪽.

자유화를 실현한다면 상품 1과 상품 2의 상대적인 가격은 요소 유동에 의해 진일보적으로 조정된다. 본국이 서비스를 수출하기 때문에 본국 상품 1의 생산은 감소되고 외국이 서비스를 수입하기 때문에 상품 2의 생산은 증가된다.

마지막 균형점은 B점이며 이 때 UU곡선과 TT 곡선은 B 점에서 서로 접한다. 때문에 세계적 범위에서 복지수준은 제고된다. 상대적인 수량의 변화로 인해 상품 1, 상품 2에 대비한 상대가격이 하락하고 서비스 수입국의 무역조건이 악화된다. 때문에 서비스무역 자유화를 실행한 후서비스 수입국의 복지수준은 무역조건 악화와 저가의 서비스로 얻은 수익을 비교한 후에야서비스 수입국의 복지수준의 종합적인 변화를 파악할 수 있다.

본 사례에서 양국의 초기 소비점은 모두 다 C점이고 서비스무역 자유화를 실현한 후 본국의 부존점은 Y_1에서 D점으로 이동하며 서비스 수출을 통해 (Y_1-Y_1')단위의 상품 1을 포기하고 DY_1' 단위의 상품 2를 바꾸어 갖는다. 동시에 외국은 서비스 수입을 통해 EY_2' 단위의 상품 2를 얻는데 여기에서 $EY_2' = (Y_2'-Y_2)$이다. 때문에 서비스무역 자유화를 실행한 후 본국과 외국의 예산선은 각각 D점과 E점을 지나가고, 경사도는 B점이 있는 곳의 상품가격비와 같다. 본국의 소비점은 C점에서 H점으로 이동하고 복지수준은 높아지지만 외국의 소비점은 C점에서 G점으로 이동하고 복지수준은 오히려 내려간다. 이로부터서비스무역 자유화가서비스 수입국의 복지수준을 꼭 높여주는 것은 아니라는 것을 알 수 있다.

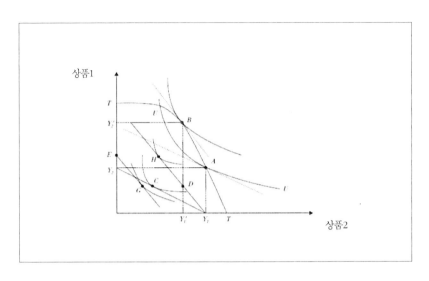

그림 4-3 생산자서비스 자유화의 복지효과에 대한 분석

자료출처 : 세캉(謝康), 『국제서비스무역』, 중산대학출판사(中山大學出版社), 1998년판,
          251쪽, 그림6-5.

(2)서비스요소 무역 자유화의 복지에 대한 분석

Burgess(1995)는 서비스요소 무역 자유화와 일국의 국민복지 사이의
관계를 토론하였다. 그는 서비스 요소는 무역이 가능한 것이고 무역제품은
무역이 불가능한 것이라고 가정했다. 서비스의 생산과 소비가 반드시 동시에
진행되어야 하기 때문에 서비스 제품은 무역이 불가능하지만서비스 요소는
무역을 통해 외국에서 사용할 수 있다는 것이다. 그는 일국의 특정요소
소유자가 이 요소를 다른 나라에서 기타 요소와 결합시켜서비스를 제공하는
것을 허락받았을 때서비스무역이 발생한다고 생각했다. 서비스무역이
발생하는 관건은 서비스요소가 다른 나라에서 실체의 형태로 나타나는

것이 아니라 이 요소가 국외의 이동 가능한 요소와 공동으로 서비스를 제공한다는데 있다. 때문에 Burgess(1995)가 토론하는 서비스무역에는 다음과 같은 상황이 포함된다. 국외에 서비스제품을 제공하는 지사 기구를 설립하는 것, 예를 들면 금융서비스, 관리자문서비스, 법률서비스 등. 또는 관건적인 투입 요소를 잠시 이동시켜 외국의 요소와 결합시켜서비스를 제공하는 것, 예를 들면 건축공사서비스 또는 기타 전문적인 서비스 등. 또 한 가지 상황은 지리위치의 변화가 일어나지 않고 서비스무역이 발생하는 것, 예를 들면 전매특허 등이다. 비록 이런서비스무역의 형식에 국한성이 있지만 Burgess(1995)가 토론한 서비스무역에는 GATS가 정의한 서비스무역의 주요한 형식이 포함된다.

Burgess의 모델에는 매 국가에 상품 부문과 서비스부분 두 부문이 존재하고 매 부문은 모두 다 완전한 경쟁과 규모수익이 불변하는 조건하에서 생산을 하고 있다. 매 부문은 모두 다 두 가지 요소를 사용하여 생산을 하고 있다. 한 가지는 부문 사이에 유동할 수 있는 요소(노동)이며 이 요소의 총량은 변하지 않는다. 다른 한 가지는 각 부문이 사용하는 특정 요소(자본 또는 고숙련 노동자)인데 단시기 내에 각 부문의 특정요소 공급은 고정된 것이며 무역장벽이 존재하지 않는다면 주어진 고정 사용 요금률에 의해 장기적으로 특정요소가 국가 간에 유동될 수 있다. Burgess(1995)의 연구 결론은 한 작은 나라가서비스무역 소비에 대한 제한적인 장벽을 제거하고 대신 외국의 서비스요소에 대해 세금을 징수한다면 이 나라의 복지수준의 변화는 불확실한 것이며 무역의 서비스요소와 기타 요소가 대체성을 가진 것인지 아니면 상호 보완성을 가진 것인지에 의해 결정된다.

특정서비스요소 무역이 이 나라의 특정 상품요소에 대한 수요를 증가시켰을 때서비스무역 자유화에는 잠재적인 수익이 존재한다. 반대일 경우서비스무역 자유화에는 일정한 비용이 존재한다. 때문에 한 나라의 경제구조에 대한 구체적인 정보가 없이는 서비스무역 자유화가 복지수준을 개선할지 악화시킬지 확정할 수 없다.

3. FTA 서비스무역 자유화의 경제 분석

경제 방면에서 서비스부분의 중요성이 높아지고 GATS의 체결 등과 더불어서비스무역은 점차 FTA 담판 프레임에 포함되었다. 현재 아직 전문적으로 서비스무역 자유화를 체결한 지역성 경제통합 협정과 단순한 지역성서비스무역 그룹이 존재하지 않으며 역내 서비스무역 규칙은 일반적으로 역내 경제통합의 일부분으로 존재하고 있다.

1. FTA 프레임 안의 서비스무역 자유화는 서비스무역 자유화의 중요한 경로이다.

각국 서비스부분의 발전 상황이 다르기 때문에 다자 프레임 속에서 서비스부문의 개방은 진전이 느렸었다. GATS가 체결된 후의 10여 년간 다자 서비스무역 자유화가 별로 실질적인 진전을 가져오지 못했다. 다자 서비스무역 자유화에 비해 지역성서비스무역 자유화는 효율 방면에서 차선적인 선택이지만 일정한 장점을 가지고 있다.

지역과 문화 등 방면의 원인으로 많은 경우에 지역성 규제와 협력은 세계 범위의 협력보다 더욱 필요하고 더욱 효과적이다. 지역 간 서비스무역 담판은 흔히 더욱 효율적이며 다자 프레임에서 최혜국대우를 이용하여 '무임승차'를 하는 현상을 피할 수 있다. 서비스무역 장벽은 주로 차별적인 규정을 통해 기타 국가의 서비스 제품 또는 서비스 요소를 배제하는 것이고 역내 서비스무역 자유화는 지역 내부 성원들 사이에 서로 서비스무역 장벽을 낮추는 것으로 시장진입 조건과 정부 관리 조건을 완화하는 것 등이 포함된다. 서비스무역 자체의 특점 때문에 이런 장벽은 흔히 금융, 전신 등의 중요한 서비스무역 분야에 언급되고 한 나라의 국가경제와 국민 생활, 경제 안전과 관계된다. 세계 서비스무역 발전이 불균형적이기 때문에 각국은 자체의 정치와 경제적 이익을 고려하게 되고 본국 서비스부분의 대외 개방을 약속할 때 개방 수준에 큰 차이가 존재한다. 때문에 다자 담판에서 여러 측이 다 만족하는 유효한 서비스무역 배치를 한다는 것은 어려움이 있다.

그러나 지역성서비스무역 자유화는 작은 범위에서 서비스무역을 개방하기로 일치하여 약속한 것으로 각 성원은 발전수준이 비슷하거나 상호 보완성을 가지고 있는 경우가 많아 각자의 이익이 일치함을 달성하기 쉽고 다자 담판에 비해 집행가능성이 더 많다. 때문에 지역성서비스무역 자유화는 서비스무역 자유화를 실현하는 한 가지 효과적인 경로이다.

2. FTA 서비스무역 자유화의 비용과 수익에 대한 분석

(1) FTA 서비스무역 자유화의 수익

①서비스무역 자유화가 가져다주는 경제적 수익

 역내 서비스무역 자유화는 다자 서비스무역 자유화와 같은 경제적 수익을 가져다준다. 서비스무역 자유화를 실행한 전 지역에서 서비스무역 자유화는 역내 서비스 시장의 경쟁을 추진하고 역내 서비스자원 배치를 최적화할 수 있다. 서비스무역 자유화에 참가한 각 나라들을 말하면 서비스시장의 개방으로 더욱 경쟁력을 가진 외국 서비스 업체가 들어오면서 한편으로 현지 소비자들이 더욱 많은 선택과 더욱 좋은 품질의 서비스를 제공받을 수 있고 다른 한편으로는 경쟁이 더 치열해지면서 본국 서비스업체의 경쟁의식을 높여주고 서비스 수준을 제고시키게 된다. 일반적으로 서비스무역 자유화를 실행한 후 본국 시장에 진입한 외국 서비스업체는 더욱 높은 기술과 더욱 높은 효율을 가지고 있기 때문에 외국 서비스 업체의 진입은 더욱 선진적인 기술과 관리 경험을 현지에 가져다주게 되며 현지 서비스업의 발전을 진일보적으로 추진하고 서비스업의 효율을 제고시킨다. 아울러 생산자서비스부분의 자유화는 역내 각국 제조업의 경쟁력을 높이는데 도움이 된다.

 세계의 많은 지역성 기구 중 유럽연합이 가장 대표성을 띤다. 유럽연합이 여러 가지 통합 조치를 추진하는 과정에서 서비스무역 자유화가 많은 수익을 가져다주었다. 스페인 보험업의 발전은 서비스무역 자유화가 수익을 가져다준다는 것을 입증하는 한 가지 실례이다. Cummins와

Rubio-Misas (2006)의 연구의 취지는 자유화가 스페인 보험업에 가져다준 영향을 분석하는 것이며 연구 시기는 1989~1998년이었다. 이 시기에 유럽연합은 「유럽연합 제3세대 보험 명령(The European Union's Third Generation Insurance Directives)」을 출범해서 유럽연합의 보험시장을 통일했다. 이는 스페인 보험시장에 거대한 변화를 불러일으켰다. 스페인 보험시장의 업체 수량이 35% 감소되었으나 업체의 평균 규모는 2.75 배 증가했다.

Cummins와 Rubio-Misas는 스페인 보험시장의 원가, 기술, 분배 효율 및 총요소생산성(TFP)의 변화를 추산한 결과 많은 비능률적인 작은 기업이 시장에서 밀려나고 상대적으로 능률적인 기업은 합병하면서 최종적으로 전 시장의 총요소생산성이 뚜렷하게 높아지고 스페인 보험업이 양호한 발전을 이룩했다는 것을 발견했다.

② FTA의 서비스무역 협력이 가져다주는 정치적 수익

역내 통합이 가져다줄 수 있는 정치적 수익은 역내 통합을 빠르게 진척시키는 중요한 원인의 하나이다. 역내 성원이 다자 무역서비스 자유화 담판을 진행할 때서비스업의 발전이 상대적으로 후진 개발도상국은 박약한 지위에 있고 선진국의 요구에 따라 본국의 서비스업을 최대한으로 개방할 수밖에 없다. 그러나 여러 개발도상국이 지역성서비스무역 협력을 진행한다면 담판 과정에 지역 전체와 다자 담판에서 각자의 지위를 높일 수 있으며 이로써 지역 및 각 회원국의 복지를 높일 수 있다. 서비스무역 자유화의 실천과 이론 연구가 비교적 늦게 시작되었고 개발도상국의 서비스업이 비교적 뒤쳐졌기 때문에 현실적으로 역내 무역서비스 담판에서 수익이 당장은 뚜렷하게 보이지 않는다.

(2) 역내 서비스무역 자유화의 비용

①능률 손실

다자 서비스무역 자유화에 비해 역내 서비스무역 자유화는 자체의 장점을 가지고 있으나 일정한 비용이 존재한다. 이상적인 상황에서 GATS 프레임 안의 다자 서비스무역 자유화는 가장 능률적인 자유화 형식으로 세계 범위에서 자원을 최적으로 배정할 수 있다. 역내 서비스무역 자유화는 더욱 능률적인 서비스제품 및 서비스요소를 본 지역에서 배제하고 차선적인 서비스 공급자만 선택하여 일정한 능률저하를 초래하게 된다. 아울러서비스부문이 다자 틀 안에서 최혜국대우를 받으면서 얻는 수익도 손해 보게 된다.

②단시기 내 경제에 대한 충격

역내 서비스무역 자유화 역시 어떠한 개방이든 피할 수 없는 비용을 떠안게 된다. 본국 경제에 대한 단기적인 충격, 그리고 이런 충격은 언제나 시간을 가지고 조정을 해야만 한다. 지역성서비스무역 자유화를 진행하는 국가는 대다수가 발전 정도가 비슷하거나 경제적으로 상호 보완성을 가진 국가이지만 역내 각국 간의 서비스업의 발전에도 차이가 존재한다.

회원국 감독관리 기구의 감독관리 능력이 서비스무역 자유화 수준에 비해 뒤떨어졌을 때 단시기내에 시장 리스크가 증가하게 되며 특히 금융, 전신 등 국민경제에 위험이 미치는 업종인 경우에 더욱 그러하다. 경쟁력이 비교적 박약한 서비스부문은 서비스무역 자유화로 충격을 받아 단기적인 실업이 일어날 수 있다. 그러나 장기적으로 보면 일정한 단계의 조정을 거쳐 개방된 부문의 경제효율이 일정하게 높아지고 회원국의 감독관리도 상응하게 조정 조치를 거치면서 감독관리 수준이 진일보적으로 높아지고 본국 경제의 안정을 지켜갈 수 있게 된다.

제2절
FTA 틀 안의 서비스무역 자유화 : 한·중·일 비교분석

서비스업은 중국, 일본, 한국 경제의 중요한 구성부분으로 3국 경제에서 점점 더 중요한 역할을 발휘하고 있다. 현재서비스업이 중국, 일본, 한국 3국의 GDP에서 차지하는 비중이 각각 약 40%, 80%, 60%이고 계속 상승하는 추세이다.

1. 한·중·일 서비스무역 발전현황 비교

세계무역기구의 「서비스무역 총협정」은 서비스무역을 전문서비스, 통신서비스, 건축서비스, 분배서비스, 교육서비스, 환경서비스, 금융서비스, 건강 및 사회서비스, 관광 및 관련 서비스, 문화와 오락 및 체육서비스, 교통운송서비스, 기타서비스 등 12개의 부문으로 나누었다. 수치 통계에서 또서비스무역을 운송, 관광, 통신서비스, 건축서비스, 보험서비스, 금융서비스, 컴퓨터와 정보서비스, 특허권 사용료와 라이센스료, 기타 상업서비스, 개인문화와 오락서비스 및 다른 곳에서 언급하지 않은 정부서비스 등의 11종으로 나누었다. 국제 통계 관례에 따라 본 장의 수치에는 정부서비스 내용은 포함되지 않는다.

 1. 중국 서비스무역의 발전 현황

 1990년대부터 중국의 서비스무역 규모가 끊임없이 확대되고 수출입 총액이 빠르게 성장하였으며 2009년에는 세계 금융위기 영향을 받아 하락한 이외에 전부 다 성장세를 보였다.(도표 4-1을 참조할 것). 그러나 서비스무역 차액으로 말하면 상황이 별로 낙관적이지 못하다. 1995년부터 지금까지 중국의 서비스무역은 지속적으로 적자이며 적자가 확대되는 추세이다.

 2010년 중국의 서비스무역액이 총 무역액에서 차지하는 비중은 10.87%로 화물무역의 89.13%의 비중보다 훨씬 낮았다.

도표4-1 중국의 서비스무역 현황 (단위: 억 달러)

연 도	총 액	수출액	수입액	차 액
1990	98.61	57.48	41.13	16.35
1995	430.65	184.30	246.35	−62.05
2000	660.04	301.46	358.58	−57.12
2001	719.33	329.01	390.32	−61.31
2002	854.61	393.81	460.8	−66.99
2003	1012.27	463.75	548.52	−84.77
2004	1336.58	620.56	716.02	−95.46

2005	1570.82	739.09	831.73	−92.64
2006	1917.48	914.21	1003.21	−89.06
2007	2509.08	1216.54	1292.54	−76
2008	3044.5	1464.46	1580.04	−115.58
2009	2867.06	1285.99	1581.07	−295.08
2010	3624.22	1702.48	1921.74	−219.26

자료출처 : 세계무역기구 데이터베이스, http://stat.wto.org.

2. 일본의 서비스무역 발전 현황

1990년대 이후 일본의 서비스무역은 전반적으로 성장세를 보였다. 그중 2003~2008년 사이에 성장이 비교적 빨랐으며 2008년, 2009년에 국제 금융위기의 영향으로 하락하였다가 2010년에 다시 성장을 회복했다.

최근 몇 년간 일본의 서비스무역은 지속적으로 흑자를 보였으나 흑자 규모가 해마다 감소되는 추세이다.(도표 4-2를 참조할 것) 최근 20년간 일본은 지속적으로 경기 침체를 겪었고 서비스무역이 무역 총액에서 차지 하는 비중도 완만하게 하락하는 추세이다. 1990년대,서비스무역이 무역 총액에서 차지하는 비중은 종합적으로 약 19%를 유지했으며 2010년에는 16.76%로 내려갔다. 비록 차지하는 비중이 내려갔지만 한·중·일 3국 가운데서 여전히 일본의 서비스무역 수준이 가장 높다.

도표 4-2 일본의 서비스무역 현황 (단위: 억 달러)

연 도	총 액	수출액	수입액	차 액
1990	1256.65	413.84	842.81	−428.97
1995	1765.73	650.39	1115.34	−456.95
2000	1746.60	694.30	1052.30	−339.93
2001	1635.31	647.69	987.62	−339.93
2002	1639.19	660.54	978.65	−318.11
2003	1716.90	717.84	999.06	−281.22
2004	2095.93	896.68	1199.25	−302.57
2005	2244.40	1020.71	1223.69	−202.98
2006	2490.40	1151.40	1339.00	−187.60
2007	2757.45	1270.60	1486.85	−216.25
2008	3138.83	1464.40	1674.43	−210.03
2009	2728.83	1259.18	1469.65	−210.47
2010	2946.75	1388.75	1558.00	−169.25

자료출처 : 세계무역기구 데이터베이스, http://stat.wto.org.

3. 한국 서비스무역의 발전 현황

전반적으로 보면 최근 몇 년간 한국의 서비스무역 규모가 지속적으로 확대되었고 2010년에 1,745억 4,800만 달러에 달했다. 그중 서비스무역 수출액은 815억 7,000만 달러, 수입액은 929억 7,800만 달러에 달했다. 중국, 일본과 마찬가지로 한국의 무역서비스는 기본적으로 적자 상태이다. 다른 것은 한국의 서비스무역의 적자규모가 커졌다 작아졌다 한 것이다.(도표 4-3을 참조할 것). 1990년대 이후 한국의 서비스무역이 국민경제에서 차지하는 지위가 끊임없이 향상되었다. 1990년, 서비스무역이 총 무역액에서 차지하는 비율은 12.86%였고 2009년에는 18.12%로 증가했다. 3국 중 일본보다 낮지만 중국보다는 높았다.

도표 4-3 한국의 서비스무역 현황 (단위: 억 달러)

연도	총액	수출액	수입액	차액
1990	198.97	97.58	101.39	−3.81
1995	487.26	230.77	255.49	−24.72
2000	639.05	307.53	331.52	−23.99
2001	619.63	292.48	327.15	−34.67
2002	660.59	295.14	365.45	−70.31
2003	740.85	337.71	403.14	−65.43
2004	931.07	431.63	499.44	−67.81
2005	1072.91	483.27	589.64	−106.37

2006	1246.79	553.33	693.46	−140.13
2007	1553.29	713.75	839.54	−125.79
2008	1848.61	894.28	954.33	−60.05
2009	1519.91	724.66	795.25	−70.59
2010	1745.48	815.70	929.78	−114.08

자료출처 : 세계무역기구 데이터베이스, http://stat.wto.org.

4. 한·중·일의 양자서비스무역

(1) 중국과 일본의 양자서비스무역

중국과 일본의 서비스무역 총액은 해마다 상승하는 추세로 2000년의 65억 2,700만 달러에서 2010년에는 191억 3,600만 달러로 증가되었으며 연평균 성장률은 11.36%였다. 2010년, 중·일 양자서비스무역이 중국 서비스무역 총액에서 차지하는 비중은 5.2%였다. 2005년 전까지 중국은 중·일 양자서비스무역에서 흑자였으나 그 후 줄곧 적자였고 적자규모가 지속적으로 확대되었다.(도표 4-4를 참조할 것)

도표 4-4 중국과 일본의 양자서비스무역 (단위: 억 달러)

연도	2000	2001	2002	2003	2004	2005	2006	2007	2008	2009	2010
총액	65.27	63.02	70.86	89.81	129.80	150.45	146.96	163.29	181.31	167.59	191.36
수입액	23.50	23.46	27.58	41.46	64.46	70.55	75.83	81.71	91.45	79.16	101.75
수출액	41.77	39.56	43.28	48.35	65.34	79.90	71.13	81.58	89.86	88.43	89.61

자료출처 : 유엔서비스무역 데이터베이스(United Nations Service Trade Statisticse Database) 수치에 근거해 정리한 것임.

(2) 중국과 한국의 양자서비스무역

중국과 한국의 양자서비스무역은 지속적으로 안정된 성장세를 보였다. 2000년의 42억 6,000만 달러에서 2010년에 232억7,800만 달러로 증가되었으며 연평균 성장률은 18.51%이다. 2010년, 중·한 양자서비스무역이 중국 서비스무역 총액에서 차지하는 비중은 6.4%로 중·일 양자서비스무역의 비중보다 높았다. 2006년 전까지 중국은 중·한 양자서비스무역에서 기본적으로 흑자(2004년 제외)였고 그 후에는 줄곧 적자였다. (도표 4-5를 참조할 것)

도표 4-5 중국과 한국의 양자서비스무역 (단위: 억 달러)

연도	2000	2001	2002	2003	2004	2005	2006	2007	2008	2009	2010
총액	42.60	45.93	61.57	75.53	101.92	124.01	145.16	181.11	239.60	184.45	232.78
수입액	19.50	21.58	26.37	37.81	51.99	59.58	69.31	91.43	132.70	97.76	129.82
수출액	23.10	24.35	35.20	37.72	49.93	64.43	75.85	89.68	106.90	86.69	102.96

자료출처 : 유엔서비스무역 데이터베이스(United Nations Service Trade Statisticse Database) 수치에 근거해 정리한 것임.

(3) 일본과 한국의 양자서비스무역

일본과 한국의 서비스무역은 전반적으로 성장하는 추세였다. 2000년, 양자서비스무역액은 128억 4,400만 달러였고 2010년에는 188억 2,400만 달러에 달했으며 연평균 성장률은 3.9%였다. 2010년, 일·한 양자서비스무역액이 일본과 한국의 서비스무역액에서 차지하는 비중은 각각 6.4%와 10.8%였다. 일·한 양자서비스무역은 흑자와 적자가 엇갈려 나타났으며 일본이 적자인 연도가 상대적으로 많았다. 2010년, 일본의 한국에 대한 서비스무역 적자가 11억 200만 달러로 규모가 상대적으로 작았다. (도표 4-6을 참조할 것.)

도표 4-6 일본과 한국의 양자서비스무역 (단위: 억 달러)

연도	2000	2001	2002	2003	2004	2005	2006	2007	2008	2009	2010
총액	128.44	104.78	98.20	102.83	131.39	140.04	148.19	166.65	192.38	160.77	188.24
수입액	73.13	61.75	52.07	52.47	67.23	66.34	64.74	67.46	95.19	85.26	99.63
수출액	55.31	43.03	46.13	50.36	64.16	73.70	83.45	99.19	97.19	75.51	88.61

자료출처: 유엔서비스무역 데이터베이스(United Nations Service Trade Statisticse Database)
수치에 근거해 정리한 것임.

전반적으로 말하면 한·중·일 3국의 서비스무역은 전부다 주로 적자였으며 무역파트너로는 선진국과 선진 지역이 많았다. 그중 중국의 서비스무역은 전형적인 개발도상국의 특점을 가졌는 바서비스무역 구성은 주로 전통적인 부문이었고 서비스업이 국민경제에서 차지하는 지위가 비교적 낮았다.

일본의 서비스무역은 선진국의 특점을 가졌는 바 무역 구성에서 첨단 부문의 비중이 비교적 높았고 서비스업이 국민경제 중에서 차지하는 지위도 상대적으로 높았다. 한국의 서비스무역은 양자의 특점을 다 갖추었는 바 무역 구성은 전통적인 부문이 위주이지만서비스업이 국민경제에서 차지하는 지위가 상대적으로 높았고 또 상승하는 추세였다.

2. 한 · 중 · 일 서비스무역 구조 비교

1. 전반적인 상황

비교와 분석을 하기 위해 우리는 계속해서 서비스무역의 표준 분류를 이용함과 아울러 동시에 서비스무역을 전통적인 저부가 가치의 서비스무역과 신흥 고부가 가치의 서비스무역으로 구분하고 생산자서비스무역과 소비자 서비스무역의 개념을 도입할 것이다. 일반적으로 생산자서비스 무역이란 기술 집약형과 지식 집약형서비스무역을 말한다.

생산자서비스무역의 분류에 대해서는 국내외에 통일적인 기준이 없다. 우리는 통신서비스, 건축서비스, 보험서비스, 금융서비스, 컴퓨터와 정보서비스, 특허권 사용료와 라이센스료, 기타 상업서비스(회계, 법률, 자문, 광고 등)를 생산자서비스무역으로 분류한다. 나머지는 소비자 서비스무역(운송, 관광, 문화, 오락서비스 등)으로 분류한다.

우리가 정의한 생산자서비스무역의 비중과 소비자서비스무역의 비중에 관한 공식은 다음과 같다.

생산자서비스무역 비중(Proportion of Producer Service Trade):
PPS=생산자서비스무역 수출액/서비스무역 수출 총액
소비자서비스무역 비중(Proportion of Consumer Service Trade):
PCS=소비자서비스무역 수출액/서비스무역 수출 총액

PPS가 클수록 생산자서비스무역이 차지하는 비례가 더욱 높고 서비스무역 구조가 더욱 합리적이다 라는 것을 설명한다. PPS+PCS=1이기 때문에

PPS 수치만 채용하여 분석한다. 공식에 따라 1980년부터 2010년까지 한·중·일 생산자서비스무역의 비중을 계산해냈다. (도표 4-7을 참조할 것)

도표 4-7 한·중·일 생산자서비스무역 비중

연도	1985	1990	1995	2000	2005	2006	2007	2008	2009	2010
중국	0.21	0.22	0.33	0.34	0.39	0.40	0.43	0.46	0.50	0.53
일본	0.29	0.44	0.59	0.57	0.54	0.59	0.59	0.60	0.65	0.61
한국	0.43	0.33	0.36	0.32	0.37	0.42	0.43	0.38	0.46	0.41

자료출처: 유엔서비스무역 데이터베이스(United Nations Service Trade Statisticse Database) 수치에 근거해 정리한 것임.

수치에 따르면 중국의 생산자서비스무역의 비중은 변동이 매우 크지만 종합적으로 상승하는 추세를 보였다. 1985년, 중국의 PPS는 0.21이었고 2010년에는 0.53로 152.38% 성장했다. 일본의 생산자서비스무역의 비중은 1995년 전에 중국과 비슷하여 종합적으로 상승하는 추세였으나 변동이 비교적 작았다. 1985년, 일본의 PPS는 0.29였고 1995년에 이르러 0.59로 103.4% 성장했다. 1995년 이후 일본의 서비스무역 구조가 평온해졌으며 PPS가 기본상 0.6 쯤으로 유지됐다. 한국의 서비스무역 구조는 비교적 특수하다.

1990년 전에는 PPS가 거의 해마다 하락하였고 1990년부터 2005년까지 PPS가 기본적으로 0.35 쯤에서 오르내렸으며 2006년에는 다소 성장해 0.42에 달했고 그 후에 계속 0.4 쯤에서 오르내렸다. 이로부터 1985년 이후 한·중·일 3국의 생산자서비스무역의 비중이 전부다 정도가 다르게 높아졌다는 것을 알 수 있다. 하지만 각국의 서비스무역 부문의 구체적인 상황을 진일 보적으로비교와 분석을 해봐야 한다.

2. 한·중·일 3국 서비스무역 구조: 수출 구성 비교분석

방식이 일치해지도록 우리는 2000년과 2010년의 한·중·일 3국의 서비스무역 수출 구성에 대해 비교분석을 했다.

(1) 중국의 서비스무역 수출 구조

중국의 서비스무역 구조는 자체의 경제 발전 및 정책 조정과 현저한 적합성을 나타냈다. 1991년 전에 중국은 개혁개방의 시작 단계에 있었고 생산자서비스무역이 매우 뒤떨어져 있었다. 1991년부터 2002년까지 경제가 신속하게 성장했으나 서비스무역에 대한 중시가 여전히 부족했다. 2003년 이후 경제 정책의 조정과 정보산업의 비약적인 발전의 영향을 받아 관련된 서비스무역도 신속히 발전했으며 생산자서비스무역은 국민경제 중에서 점차 지위가 높아졌다.

구체적으로 각 부문을 보면 1990년 전까지 중국의 서비스무역 규모가 매우 작았다는 것을 알 수 있다. 대외 개방이 심화되면서 중국을 찾는 외국인 관광객이 끊임없이 증가되고 관광이 서비스무역에서 차지하는 비중이 점점 더 커졌다. 2000년, 관광이 서비스무역에서 차지하는 비중이 53%를 차지했다. 기타 상업서비스(회계, 법률, 자문, 광고 등)는 25%에 달했고 나머지 각 부문이 차지하는 비중은 매우 작았다.

　기타 상업서비스를 제외하면 생산자서비스무역은 서비스무역에서 거의 무시해도 될 정도이다. (그림 4-4를 참조할 것) 1991년부터 2006년 사이에 관광업은 시종 중국 서비스무역 수출에서 가장 주요한 부문이었다. 2007년에 이르러서야 기타 상업서비스(회계, 법률, 자문, 광고 등)가 관광업을 초월해서비스무역에서 첫 자리를 차지했으며 이런 상황이 지금까지 쭉 이어졌다.

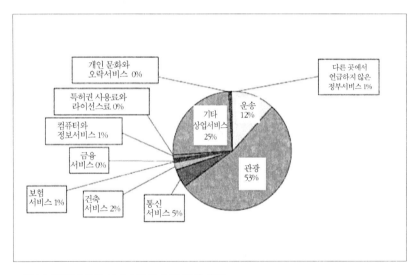

그림4-4 2000년 중국 서비스무역 수출 구성 상황
자료출처: 세계무역기구 데이터베이스, http://stat.wto.org 의 수치를 계산하여 그린 것임.

　21세기에 들어 경제구조 조정 및 '해외 진출' 전략의 실시와 더불어 회계, 법률, 자문, 광고를 위주로 하는 서비스무역이 빠르게 성장했으며 동시에 운송, 건축서비스도 뚜렷하게 성장했다. 2010년, 중국 서비스무역의 1~3위는 각각 기타 상업서비스가 36%, 관광이 27%, 운송이 20%를 차지했다. 이때 생산자서비스무역은 이미 소비자서비스무역을 초과했으며 PPS가 0.5 이상을 차지했다.(그림 4-5를 참조할 것) 이밖에 컴퓨터의 보급과 정보산업의 발전과 더불어 컴퓨터와 정보서비스가 빠른 속도로 발전했으며 2010년에 서비스무역 수출의 5%를 차지했고 무역액은 2000년에 비해 25배 성장했다.

생산자서비스무역의 비중이 높아진 것은 중국의 서비스무역 구조가 끊임없이 개선되었다는 것을 보여준다. 하지만 전체적으로 보면 중국의 특허권 사용료와 라이스센스료, 금융서비스와 보험서비스의 수출이 서비스무역 총 수출에서 차지하는 비중이 여전히 너무 낮았다. 이는 중국 서비스무역의 수출 우세가 여전히 저가품 부문에 있고 서비스부분의 경쟁 장점을 높여야 할 필요가 있다는 것을 선명한다.

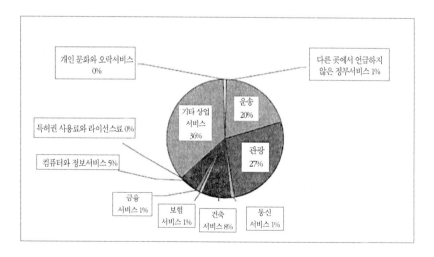

그림 4-5 중국 2010년서비스무역 수출 구성
자료출처: 세계무역기구 데이터베이스, http://stat.wto.org 의 수치를 계산하여 그린 것임.

2. 일본의 서비스무역 수출 구조

일본의 서비스무역에 대한 구조조정은 주로 1986~1991년 사이에 완성되었다. 1986년 전까지 일본의 서비스무역은 운송이 위주였고 생산자 서비스무역에는 거의 회계, 법률, 자문, 광고 서비스만 있는 수준이고 서비스 무역 구조가 뒤떨어졌으며 생산자서비스무역의 비중은 약 0.3 이었다.

1991년 이후 특허권 사용료와 라이센스료, 건축서비스와 관광서비스가 신속히 발전하면서 서비스무역에서 차지하는 비중이 점점 더 커지고 생산자 서비스무역의 비중은 시종 0.5~0.6 사이에 머물렀으며 서비스무역 구조가 뚜렷하게 개선되었다. 2000년을 예로 들면 일본서비스무역 수출 구조에서 1~3위는 각각 운송이 37%, 기타 상업서비스(회계, 법률, 자문, 광고 등)가 26%, 특허권 사용료와 라이센스료가 15%를 차지했다.

그 뒤를 이어 건축서비스가 9%, 관광이 5%, 금융서비스가 4%, 컴퓨터와 정보서비스가 2%를 차지했다. 특별히 언급할만한 것은 특허권 사용료와 라이센스료인데 부가가치가 높고 원가가 매우 낮은 이 서비스무역이 일본의 서비스무역 수출에서 상당한 비중을 차지했다는 것이다. 이는 일본의 생산자서비스무역이 거품경제가 무너지기 전에 비해 매우 크게 진보했다는 것을 설명한다. (그림 4-6을 참조할 것)

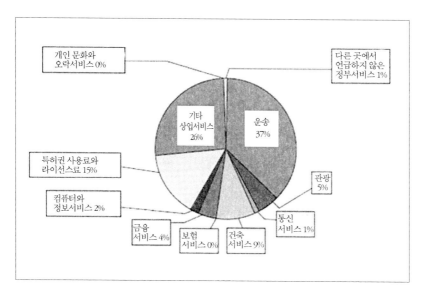

그림 4-6 일본의 2000년 서비스무역 수출 구성

자료출처 : 세계무역기구 데이터베이스, http://stat.wto.org 의 수치를 계산하여 그린 것임.

2010년, 일본의 서비스무역 구조가 진일보적으로 개선되었고 기타 상업서비스가 운송을 초과하여 서비스무역 수출에서 가장 큰 부문이 되었다.

특허권 사용료와 라이센스료의 비중이 더 높아져 19%에 달했고 관광이 차지하는 비례도 9%로 제고되었다. 그러나 일본은 컴퓨터와 정보서비스, 금융서비스, 보험서비스, 통신서비스 방면에서 뚜렷한 우세가 없었으며 이런 부문이 서비스무역에서 차지하는 비중은 작아서 거의 무시할 수 있는 수준이었다.(그림 4-7을 참조할 것) 이는 일본이 서비스무역 구조에서 신흥서비스부분의 성장과 발전에 대한 중시가 부족했다는 것을 설명한다.

서비스업이 발달한 국가의 예를 들면 미국에 비하면 일본은 전신, 금융 등 부문의 경쟁력을 높여야 할 필요가 있다.

3. 한국의 서비스무역 수출 구조

1980년대 전까지 한국 경제에서 서비스무역의 지위는 높지 않았다. 경제의 구조 조정을 하면서 1980년부터 1990년까지 한국의 서비스무역 수출액은 49억 1,500만 달러에서 101억 900만 달러로 증가되어 한 배가 높아졌다. 그중 전통적인 서비스무역, 예를 들면 운송과 관광업이 중요한 역할을 발휘했다.

소비자서비스무역의 추진 역할이 커서 서비스무역의 지위가 높아졌기 때문에 이 단계에 한국의 생산자서비스무역의 비중은 끊임없이 하락하여 1980년의 0.58에서 1989년에는 0.25로 하락했다. 2006년 이후 한국의 생산자서비스무역이 신속히 발전했다. 그중 특허권 사용료와 라이센스료, 금융서비스와 건축서비스의 기여가 가장 컸다.

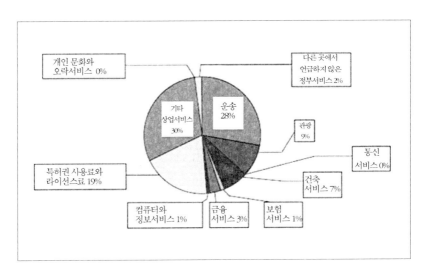

그림 4-7 일본의 2010년서비스무역 수출 구성
자료출처: 세계무역기구 데이터베이스, http://stat.wto.org 의 수치를 계산하여 그린 것임.

그림 4-8의 분석에 따르면 2000년, 한국의 서비스무역 수출 구성에서 1~3위는 각각 운송업이 44%, 기타 상업서비스가 23%, 관광이 22%를 차지했다. 기타는 차례로 건축서비스, 정부서비스, 금융서비스, 특허권 사용료와 라이센스료, 통신서비스였다. 나머지 각 부문이 차지하는 비례는 매우 작았다.

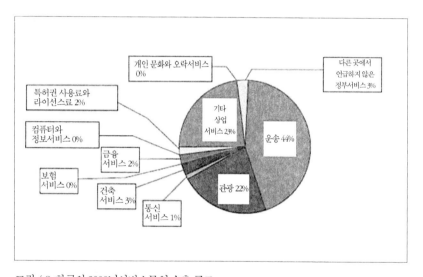

그림 4-8 한국의 2000년서비스무역 수출 구조
자료출처 : 세계무역기구 데이터베이스, http://stat.wto.org 의 수치를 계산하여 그린 것임.

2010년, 한국의 서비스무역 수출은 여전히 소비성서비스무역이 위주였으나 차지하는 비중이 점차 하락했다. 서비스무역 수출에서 운송업이 차지하는 비례가 46%에 달해 기타 종류보다 무척 앞섰고 다음으로는 기타 상업서비스가 17%, 건축서비스가 14%, 관광이 12%, 특허권 사용료와 라이센스료가 4%, 금융서비스가 3%를 차지했다.(그림 4-9를 참조할 것) 일본과 마찬가지로 특허권 사용료와 라이센스료가 한국의 생산자서비스무역에서 점점 더 중요해졌다. 이밖에 금융서비스, 보험서비스, 통신서비스의 비율이 여전이 매우 작았지만 일정하게 진보했다.

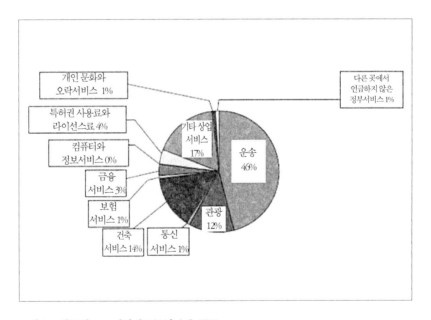

그림 4-9 한국의 2010년서비스무역 수출 구조
자료출처: 세계무역기구 데이터베이스, http://stat.wto.org 의 수치를 계산하여 그린 것임.

4. 비교분석의 결론

한·중·일 3국의 서비스무역 구조의 전반적인 발전을 비교해보면 3국이다 서비스무역의 구조 조정을 했고 또한 전부다 3개 단계로 나뉜다는 것을 볼수 있다. 중국은 세 단계가 한 단계 한 단계씩 높아지는 특점을 가지고 있고 매 단계의 서비스무역 구조가 상대적으로 안정되었는데 1991년, 2003년의서비스무역 구조는 경제 환경과 경제정책의 영향을 받아 계단식 변화를보였다. 일본은 1986년 전과 1991년 후에 서비스무역 구조가 상대적으로안정되었고 1986~1991년은 조정기였으며 1991년 후 생산자서비스무역의비중이 1986년 전에 비해 대폭 제고되었는 바서비스무역 구조가 단시기내에뚜렷하게 개선되었음을 보여준다. 한국도 똑같이 무역구조 조정에 직면했다.그러나 이런 조정으로 인해 한국은 1990년 전에 생산자서비스무역의 비중이끊임없이 내려갔으며 1989년에 최저점까지 내려간 후 비교적 오랜 시간동안이 수준에 머물렀다가 2006년에야 뚜렷하게 높아져 지금까지 유지되고 있다.

구체적인 부문을 말하면 운송, 관광과 기타 상업서비스(회계, 법률, 자문,광고 등) 세 종류는 줄곧 한·중·일 3국의 주요한 서비스무역 부문이었다.이밖에 일본과 한국의 특허권 사용료와 라이센스료, 건축 서비스도서비스무역의 중요한 수출 부문이었다. 중국의 건축서비스, 컴퓨터,정보서비스도 빠른 속도로 발전했고 수출이 빠르게 성장했다. 기타 부문,예를 들면 금융서비스, 보험서비스, 통신서비스도 어느 정도 발전했다.

21세기에 들어서 중국은 경제의 빠른 성장을 유지했을 뿐만 아니라 경제구조 조정을 점진적으로 진행해갔다. 서비스무역 구조의 변화는 주로 고부가가치를 대표로 하는 생산자서비스무역이 서비스무역 중에서 차지하는 지위가 끊임없이 제고되고 무역액이 전통적인 소비자서비스무역을 초과한데서 표현된다. 일본이나 한국과 같이 서비스무역의 구조 조정을 비교적 일찍 실행한 나라들에 비해 중국은 특허권 사용료와 라이센스료 등의 부문에서 차이가 있었지만 컴퓨터와 정보서비스, 금융서비스, 보험서비스, 통신서비스 등 신흥 부문의 발전 속도는 한ㆍ일 양국을 초과했다. 이런 발전 추세를 유지할 수 있다면 중국의 서비스무역 구조는 끊임없이 최적화되고 경쟁력도 현저하게 제고될 것이다.

3. 한ㆍ중ㆍ일 서비스무역 정책 비교

1. 3국의 서비스무역에 영향을 주는 중국의 무역 정책

중국 서비스업의 대외개방은 비교적 늦게 시작되었다. 개혁개방이 심도 있게 진행되고 중국의 경제 실력이 끊임없이 증가되면서 중국의 대외무역 수출입 총액이 대폭 증가되고 개방형 경제가 새로운 단계에 진입했으며 서비스무역 분야의 대외개방 구도가 기본적으로 형성되었다.

서비스업은 중국 국민경제 발전의 중요한 구성부분이 되었으며 정부는 서비스부분의 발전을 점점 더 중시했고 GATS에서의 약속을 진실하게 이행하고 예상했던 날짜보다 일찍 약속을 실현했다. WTO에 가입한 이후 중국정부는 효과적인 조치를 취해서비스 시장의 자유화를 추진한 결과 현재서비스무역의 법률 관리 시스템이 기본적으로 형성되었고 외국 서비스 제공자의 시장 진입 정도가 현저하게 제고되었다. 중국이 WTO에 가입할 때 한 약속에 의해 155개 부문 중 서비스무역 자유화의 부문 도달률이 가장 높아

60%에 달했다. WTO가 통계한 GATS 담판 참가국이 약속한 구체적인 서비스 활동의 수량 중 중국이 두 번째 등급(81~100 개)에 속해 부문 양허를 가장 많이 한 개발도상국이 되었다.

「중화인민공화국의 세계무역기구 가입 의정서」는 중국의 서비스무역에 관한 법 제정에 기본 원칙을 정해주었는데 여기에는 국가 간 지불결제, 해외 소비, 상업존재와 자연인의 이동에 대한 구체적인 규정이 포함되어 있다. 주목할 만한 것은 중국은 점차적으로 통제 가능한 상황에서 서비스무역 자유화를 계속 추진하게 된다는 것이다. 아울러 중국에 입국했거나 중국을 경유하거나 또는 중국에 거주하는 외국인은 「외국인 출입국 관리방법」의 관련 규정을 준수해야 한다. 외국적 종업원은 「외국인의 중국내 취업 관리 규정」에 근거하여 취업비준 신청을 해야 한다.

경제성장 방식을 전환하기 위해 중국은 서비스부분을 발전시킬 것을 제기하고 각종의 관련 제도를 확립했다. 일찍 2007년, 중국정부는 업무 보고의 마지막 심사 의견에서 국무원은 "서비스업의 발전을 추진하는 데에 관한 의견을 발표할 것이며 중국 서비스업의 현황과 결부 시켜서비스업의 설명성을 띤 일반적 정책을 제정하여 서비스업에 관한 정책과 조치에 지도적 원칙을 제공할 것"이라고 밝혔다. 2008년~2009년, 중국은 또서비스부분과 관련된 법률, 법규, 규정을 수정하였는데 이런서비스부분에는 보험, 증권, 소비자 금융, 재무정보서비스, 전신, 법률서비스, 우정(郵政), 관광 등이 포함된다.

서비스업 발전을 진일보적으로 추진하기 위해 중국은 계속 법률제도를 공고히 하여 많은 구체적인 서비스 업종 예를 들면 관광, 영화 산업, 문화 산업의 발전에 대한 지도적 방침을 발표하고 진입 문턱을 더 낮추어 민영

활동과 외국자본이 참가하게 하고 또 중소기업의 발전도 격려했다.

최신 기술과 시장의 발전을 유지하기 위해 중국정부는 통신 네트워크, 유선텔레비전 네트워크, 인터넷을 점차 융합시켜 최종적으로 인터넷과 자원 공유를 실현할 것을 건의했다.

서비스무역이 발전하려면 전 사회가 널리 참가해야 한다. 2007년, 상무부의 창도로 시장 경제의 요구에 따라 운행되는 중국 서비스무역협회가 설립되었다. 협회는 정부 부문을 적극 협조하여 서비스무역의 정책 법규 시스템을 개선하고 서비스무역의 민간 자율·협조 메커니즘을 건립했으며 중국 서비스무역의 국제 경쟁력을 높여주었다. 국가의 「11차 5개년 계획」이 제출한 서비스무역 발전 목표를 실현하기 위해 2007년 2월, 상무부가 선두에 서고 국무원 34개 부문이 참가한 서비스무역 부문 간 연계 시스템이 정식으로 구축되었다. 2008년 1월 1일, 중국은 「국제서비스무역 통계제도」를 실행하고 서비스무역 통계 데이터베이스를 만들고 기술 수출입 통계와 서비스 외주 통계를 시작했다. 서비스무역의 빠른 발전을 보장하기 위해 상무부는 해당 부문과 회동하여 소프트웨어와 정보서비스 외주, 기술도입과 흡수 및 재혁신, 문화와 회계 서비스 수출 정책을 제정하고 발표했으며 「서비스무역 발전 '11차 5개년 계획' 기획 강요」, 「회계사사무소의 서비스 수출 확대에 관한 약간의 의견」 등의 서류를 발표함으로써 중국 서비스 수출의 발전 방향을 확정했다.

2. 3국 서비스무역에 영향을 준 일본의 무역 정책

서비스업은 일본 경제의 중요한 부문으로 GDP와 취업에서 각각 80%, 78%의 비중을 차지한다. 그러나 7.5%의 제조업 노동생산성에 비해 일본서비스업의 노동생산성은 낮은 편이며 연평균 노동생산성은 1.8%밖에 안 된다.[48] 효과적인 경쟁이 부족한 것은 일본의 서비스 생산의 효율이 향상되는 것을 제약하는 관건적인 요소이다.

규제개혁은 일본이 모든 산업부문의 경쟁력을 높이고 성장을 추진함에 있어 가장 절박한 임무의 하나이며 서비스업은 더욱 그러하다. 필요한 규제개혁에 관한 토론을 추진하기 위해 일본은 2010년 5월에 '규제와 제도개혁 분과위원회'를 설립했다. 이 위원회는 정부 부흥사무실 소속으로 인력자원, 운송, 금융, IT, 부동산 등의 부문에 필요한 규제 개혁을 실행하는 문제를 연구 토론한다. 토론한 결과에 따라 내각은 2011년 4월에 '규제와 제도개혁 원칙'을 제정했다. 이 원칙은 녹색혁신(환경 에너지 부문)과 생명혁신(의료와 장기적인 간호서비스부문)을 포함한 5개의 부문을 상대로 규제와 제도개혁의 단기, 중기 계획을 제정했다. 일본은 이 원칙의 실행 상황을 평가하고 적당한 시기에 정부 부흥사무실에 보고를 올리게 된다.

경제가 더욱 활력을 띠게 하고 더욱 국제화로 나가기 위해서 일본은 전업과 기술 방면에서 외국 국적 인원을 접수하기 시작했다. 외국 국적 인원을 접수하려고 일본은 외국 국적의 종업원 수량을 제한하지 않았고 우선적인 노동력 시장 테스트를 하지 않았다.

---

48) 중국 상무부의 「한·중·일 자유무역지대 실행가능성 합동연구보고」, 2011년 12월을 인용.

이밖에 일본은 현재 '경제성장 신전략'(2010년 내각부 결의)의 일환으로 '포인트 시스템'의 실행 가능성을 고려하고 있는데 뛰어난 직업 배경과 능력을 갖춘 외국 국적 인원의 입국 수속에 특혜 대우를 해주려 한다. 이 제도는 더욱 많은 합격되고 숙련된 전업 인원이 일본으로 와 일하게 하기 위한 것이다.

아울러 일본에 진입, 경과 거주하는 외국인들은 「외국 이민 통제와 난민 식별법」의 관련 규정을 준수해야 한다. 이 법안에 따라 일반적인 상황에서 일본에 입국해 일하기를 원하는 외국인은 본인이 종사할 활동의 유형과 일치한, 일본정부가 발급한 유효 비자를 소지해야 한다.

일본은 시종 WTO 틀 안에서 시장을 개방할 것을 약속했으며 서비스 부분은 높은 수준의 자유화를 실행했다. 155개의 서비스부분 중 일본이 개방하기로 약속한 부문은 112개로 WTO 서비스부분의 72%를 차지한다.

3. 한국의 3국 서비스무역에 영향을 주는 무역 정책

한국은 1980년대 이래 무역 자유화에서 가장 많은 혜택을 받은 국가의 하나이다. 한국은 서비스무역 자유화의 담판을 포함한 WTO 담판에 적극 참가했다. WTO '서비스무역 총협정'에서 한국은 155개의 부문 중 98개의 부문에 대해 약속을 하였는데 WTO의 서비스부분 종류의 63%를 차지한다. 각 양자 FTA와 WTO 도하 라운드 담판에서 약정한대로 한국은 또 필요한 상황에서 기존의 제한 조치를 간소화하거나 취소하게 된다.

1998년에 「외국인투자촉진법」(FIPA)을 실행한 이래 한국은 네거티브 리스트의 방식으로 서비스부분의 자유화를 추진했다. 이 법안에 따라 한국

정부는 해마다 「외국인 투자자 종합 통지」를 발표하여 외국인 투자를 제한 또는 금지하는 부문을 열거한다. 한국이 국내 법률에서 외국인 투자에 대해 네거티브 리스트 방식을 취했기 때문에 리스트에서 제외되지 않은 부문은 전부 다 외국인 투자자와 서비스 공급자에게 개방된다. 일부서비스부분의 예를 들면 전문서비스, 의료, 위생, 전신, 유통경로, 교육, 약간의 금융부문 및 운송은 외국인 투자가 제한 또는 금지된 부문이다. 한국에 진입하거나 떠나거나 또는 거주하는 외국인은 「이민통제법」 및 그 실시 규정, 조례의 관련 규정을 준수해야 한다. 외국적 고용자는 반드시 이 법안에 따라 워크 비자를 발급받아야 한다.

4. 한 · 중 · 일의 FTA 틀 안에서의 서비스무역 자유화 비교

1. 중국의 FTA 중의 서비스무역 자유화

2012년 12월까지 중국은 11개의 FTA를 체결했는데 그중 5개에 서비스무역에 관한 약속이 포함되어 FTA 주체의 구성 부분이 되었다. 중국이 뉴질랜드, 싱가포르, 페루, 코스타리카와 체결한 FTA는 일괄약속 방식을 사용했으며 서비스무역은 그중의 한 장이다.

기타 FTA는 단계별로 담판하는 방식을 사용했으며 화물무역협정이 발효된 후서비스무역협정을 완성하게 된다. GATS의 약속을 바탕으로 FTA 틀 안에서 중국의 서비스무역 수준이 어느 정도 높아졌다. 그것은 부문의 개방 범위 확대, 개방 정도의 제고 두 방면에서 표현된다.

(1)서비스부분의 개방 범위가 어느 정도 확대되었다.

중국은 아세안, 파키스탄, 칠레, 싱가포르, 뉴질랜드, 페루와 FTA를 체결할 때 각각 서비스업의 8개, 11개, 9개, 9개, 3개, 9개 부문을 새로 개방했다.

이런 부문은 중국이 WTO에 가입할 때 서비스무역 허용 일람표에 승낙을 하지 않았던 것들이다. 그중 관리 컨설팅과 관련된 서비스, 오락 문화 체육서비스(시청각서비스 제외) 등 6개는 FTA에서 공동개방 부문이다.

모든 새로 증가된 부문에서 중국이 한 약속에는 3가지 서비스 공급 방식이 언급된다. 중국-칠레 FTA의 '컴퓨터를 포함한 사무용 설비 유지와 수리서비스(CPC 845)'를 예로 들면 시장 진입 방면에서 양식1과 양식2에는 제한이 없고 양식3은 외자독자 자회사 설립을 허락했다. 국민대우 방면에서 3가지 양식을 모두 제한하지 않았다. (도표 4-8을 참조할 것)[49]

---

49) 서비스무역에는 4가지 공급 양식이 있는데 각각 양식1 국경 간 공급, 양식2 해외 소비, 양식3 상업적 주재, 양식4 자연인의 이동이다.

도표 4-8 중국의 FTA 서비스 협의 중 새로 약속을 증가한 부문

이미 체결/FTA 실행	서비스업의 새로 약속을 증가한 부문
중국-아세안 FTA	시장 조사연구서비스, 건축 이외의 프로젝트 관리서비스, 인원 배치와 제공서비스, 건축물 청결서비스, 인쇄 출판서비스, 체육과 기타 오락서비스, 동력 엔진 차량의 정비와 유지 서비스, 도시 간 정기적인 여객 수송.
중국-파키스탄 FTA	연구와 개발서비스, 시장 조사연구서비스, 관리 컨설팅과 관련된 서비스, 채광과 관련된 서비스(석유와 천연가스만 포함), 철 마그네슘 동광 탐사서비스, 인원 배치와 제공서비스, 유료 또는 계약을 전제로 하는 인쇄와 제본서비스, 병원서비스, 체육과 기타 오락서비스, 동력 엔진 차량의 정비와 유지 서비스, 도시 간 정기적인 여객 수송.
중국-칠레 FTA	컴퓨터를 포함한 사무용 설비의 정비와 수리, 시장 조사연구서비스, 관리 컨설팅과 관련된 서비스, 우발적인 채광과 관련된 서비스(석유와 천연가스만 포함), 체육과 기타 오락서비스, 항공서비스의 판매와 판촉, 공항 운영서비스, 지상 근무서비스, 특별 항공서비스.
중국-싱가포르 FTA	병원서비스, 시장 조사연구서비스, 관리 컨설팅과 관련된 서비스, 인원 배치와 제공서비스, 건축물 청결서비스, 유료 또는 계약을 전제로 하는 인쇄와 제본서비스, 체육과 기타 오락서비스, 동력 엔진 차량의 정비와 유지 서비스, 도시 간 정기적인 여객 수송.
중국-뉴질랜드 FTA	관리 컨설팅과 관련된 서비스, 오락 문화 체육서비스(시청각서비스 제외), 동력 엔진 차량의 정비와 유지 서비스.

중국–페루 FTA	연구와 개발서비스, 시장 조사연구서비스, 관리 컨설팅과 관련된 서비스, 채광과 관련된 서비스(석유와 천연가스만 포함), 인원 배치와 제공서비스, 건축물 청결서비스, 유료 또는 계약을 전제로 하는 포장 재료의 인쇄, 체육과 기타 오락서비스(CPC96411, 96412, 96413만 포함, 골프 제외), 여객 수송.

자료출처: 중국이 WTO에 가입할 때의 서비스무역에 관한 구체적인 양허 일람표 및 중국과 아세안, 파키스탄, 칠레, 싱가포르, 뉴질랜드, 페루의 FTA 서비스무역의 구체적인 양허 일람표를 비교하여 정리한 것.

(2)서비스부분의 개방 정도가 진일보적으로 높아졌다.

중국의 WTO 가입 과도기가 끝난 후서비스부분의 실제 개방 수준과 FTA에서 약속한 상황을 보면 중국이 아세안, 파키스탄, 칠레, 싱가포르, 뉴질랜드, 페루와 체결한 FTA 중 각각 16개, 13개, 15개, 16개, 4개, 5개의 구체적인 부문의 개방 정도가 WTO에서 약속한 수준보다 높다는 것을 발견할 수 있다. (도표 49를 참조할 것)

도표 4-9 중국의 FTA서비스 협의 중 WTO 약속 수준보다 높은 부문

이미 체결/FTA 실행	서비스업의 WTO 약속 수준보다 높은 부문
중국–아세안 FTA	컴퓨터 하드웨어 설치와 관련된 컨설팅서비스, 소프트웨어 실행서비스, 데이터 프로세싱서비스, 데이터 프로세싱 탭서비스와 시분할 처리서비스, 부동산서비스, 촬영서비스, 서면 번역과 통역서비스, 오물 배출서비스, 고체 폐기물 처리서비스, 폐기 정리서비스, 소음 감소서비스, 자연과 풍경 보호서비스, 기타 환경보호서비스, 위생서비스, 항공기 보수, 컴퓨터 좌석 예약 시스템서비스.
중국–파키스탄 FTA	소프트웨어 실행서비스, 데이터 프로세싱서비스, 자기소유 또는 리스자산에 관련된 부동산서비스, 유료 또는 계약을 전제로 하는 부동산서비스, 서면 번역과 통역서비스, 도매서비스, 소매서비스, 오물 배출서비스, 고체 폐기물 처리서비스, 폐기 정리서비스, 소음 감소서비스, 자연과 풍경 보호서비스, 기타 환경보호서비스.
중국–칠레 FTA	소프트웨어 실행서비스, 데이터 프로세싱서비스, 자기소유 또는 리스자산에 관련된 부동산서비스, 유료 또는 계약을 전제로 하는 부동산서비스, 철 마그네슘 동광 탐사서비스, 서면 번역과 통역서비스, 오물 배출서비스, 고체 폐기물 처리서비스, 폐기 정리서비스, 소음 감소서비스, 자연과 풍경 보호서비스, 기타 환경보호서비스, 위생서비스, 항공기 보수, 컴퓨터 좌석 예약 시스템서비스.

중국–싱가포르 FTA	소프트웨어 실행서비스, 데이터 프로세싱서비스, 자기소유 또는 리스자산에 관련된 부동산서비스, 유료 또는 계약을 전제로 하는 부동산서비스, 육상 석유서비스, 서면 번역과 통역서비스, 소매서비스, 오물 배출서비스, 고체 폐기물 처리서비스, 폐기 정리서비스, 소음 감소서비스, 자연과 풍경 보호서비스, 기타 환경보호서비스, 위생서비스, 항공기 보수, 컴퓨터 좌석 예약 시스템서비스.
중국–뉴질랜드 FTA	소프트웨어 실행서비스, 교육서비스, 항공기 보수, 컴퓨터 좌석 예약 시스템서비스.
중국–페루 FTA	소프트웨어 실행서비스, 데이터 프로세싱서비스, 자기소유 또는 리스자산에 관련된 부동산서비스, 유료 또는 계약을 전제로 하는 부동산서비스, 서면 번역과 통역서비스.

자료출처: 중국이 WTO에 가입할 때의 서비스무역에 관한 구체적인 양허 일람표 및 중국과 아세안, 파키스탄, 칠레, 싱가포르, 뉴질랜드, 페루의 FTA 서비스무역의 구체적인 양허 일람표를 비교하여 정리한 것.

각 FTA에서 많은 부문이 전부 다 진일보적으로 개방되었고 또 역내 서비스무역협정 중에서 중국은 환경, 부동산, 항공기의 보수, 화물 운송 대리, 컴퓨터 및 그와 관련된 서비스 등의 일부 민감한 부문에 대해서도 자유화 강도를 높였다. 이런 부문의 자유화의 'GATS+' 특징은 양식3의 약속에서 집중적으로 체현된다. 예를 들면 중국은 FTA에서 환경서비스, 부동산서비스의 외상 독자기업 설립을 허락했고 화물운송 대리의 등록자본 제한도 취소했다.

항공기 보수서비스 방면에서 외국 서비스 공급자가 중국에 합자 기업을 설립하는 것을 허락하고 경제 수요 테스트의 요구를 취소했다. 이밖에 자본, 인원, 전문인원의 유동에 편리를 제공하기 위해 기타 FTA 파트너도 일부 부문과 소부문에서 WTO보다 더욱 특혜적인 대우를 제공했다. 주목할 만한 것은 중국-뉴질랜드 FTA에서 양식4(자연인 유동)가 단독 장절을 차지했으며 일부 전업에 작업 허가를 제공했다는 것이다.

중국은 FTA 파트너와의 서비스 협정에서 포지티브 리스트의 방식을 취했으며 리스트 중의 시장진입(MA)과 국민대우(NT) 항목 아래에 제한 조치와 장벽을 분명하게 열거했다. 중국이 체결한 서비스무역협정 또는 FTA 협정의 서비스 장절의 샘플 텍스트도 GATS의 양식과 일치하다.

2. 일본의 EPA 중의 서비스무역 자유화

일본은 이미 13개의 EPA/FTA를 체결, 비준했다.[50] ASEAN과의 협정을 제외한 기타 EPA/FTAs에 전부 다 서비스 장절이 포함돼 있다.

일본의 EPA의 모든 서비스 장절에 최혜국대우(MFN), 국민대우(NT), 시장접근(MA) 또는 현지주재(LP)(상업적 주재를 금지하는 요구)에 관한 규정이 전부 들어있다. EPA 가입 조기 단계에 일본은 멕시코, 칠레와의

---

50) 13개의 EPA/FTA란 일본-싱가포르 EPA, 일본-멕시코 EPA, 일본-말레이시아 EPA, 일본-칠레 EPA, 일본-태국 EPA, 일본-인도네시아 EPA, 일본-브루나이 EPA, 일본-아세안 전면경제파트너협정, 일본-필리핀 CEPA, 일본-베트남 EPA, 일본-스위스 EPA, 일본-인도 CEPA, 일본-페루 EPA이다.

EPA가 발효할 때 네거티브 리스트 방식을 사용하고 현지주재 의무를 포함시켰으나 시장접근에 관한 규정은 없었다. 일본은 스위스와의 EPA에도 네거티브 리스트를 사용했지만 시장접근 의무를 포함시켰고 이 의무에는 '불합치조치'가 포함된다. 일본-페루 EPA의 서비스무역 장절에도 시장접근 의무와 현지주재 의무 및 이런 의무의 '불합치조치'를 포함시켰다. 국민대우와 최혜국대우 의무는 유보 조항에 상세하게 설명이 되어 있다.

구체적으로 보면 일본-브루나이 EPA, 일본-인도네시아 EPA, 일본-말레이시아 EPA, 일본-필리핀 EPA, 일본-태국 EPA, 일본-베트남 EPA는 전부 다 포지티브 리스트 방식을 이용했다. 이런 아세안 회원국의 서비스업은 경쟁력이 비교적 낮기 때문에 일본은 모든 서비스업의 주요한 분야에 대해 상응한 약속을 하였는데 매 회원국에 대한 약속 내용이 기본적으로 일치한다. 일본-싱가포르 EPA도 똑같이 포지티브 리스트를 사용했다. 그러나 기타 아세안 회원국에 비해 싱가포르의 서비스업은 경쟁력이 매우 강하다. 때문에 일본은 전업서비스, 건축서비스, 분배서비스, 전신서비스, 금융서비스, 운송서비스 등 6개 분야의 135개의 소부문에 상응한 약속을 했는데 WTO 틀 안의 출가 수준보다 높다. 일본-멕시코 EPA는 네거티브 리스트를 사용했다.

일본은 전업서비스, 전신서비스, 운송서비스 등 부문의 시장접근, 국민대우, 실적요구 등의 방면을 유보했다. 일본-스위스 EPA도 네거티브 리스트를 사용했다. 스위스서비스업의 경쟁력이 비교적 강하기 때문에 일본은 전업서비스, 건축서비스, 분배서비스, 금융서비스, 교육서비스, 운송서비스, 건강과 관련된 서비스, 사회서비스 등 분야의 40여 개 소부문을 상대로 시장접근, 국민대우, 실적 요구 등의 방면을 유보했다.

현재 일본은 EPA에서 네거티브 리스트를 많이 이용하고 있으며 서비스무역과 투자 장절의 유보 조치 리스트를 합병하여 협정이 더욱 많은 분야를 아우르고 더욱 투명해지도록 하여 상공업계의 응용에 편리를 제공하고 있다. 이밖에 이전의 EPA에서 일본은 전신서비스와 금융서비스에 대해 단독적인 장절 또는 부록을 설치해 상업 인프라인 서비스무역 장절을 강화했다. 일본은 또 내재적인 점진적 메커니즘으로 파트너 국가의 미래 경제성장으로 일어나게 될 각종 변화와 새로운 수요에 대응하는 것을 중시했으며 국민대우, 시장접근, 최혜국대우 등 의무에 대해 '불변 유지'와 '래칫 조항'을 설정하여 파트너국과 장기적인 안정된 관계를 보장했다.

3. 한국의 FTA 중의 서비스무역 자유화

한국은 이미 칠레, 싱가포르, 유럽자유무역연합, 아세안, 미국(2012년 3월 발효), 인도, 유럽연합, 페루, 미국과 FTA를 체결했다. FTA에서 한국은 유연한 서비스무역 자유화 형식을 취했다. 아세안, 유럽자유무역연합, 유럽연합과의 FTA에서 한국은 GATS의 방식을 취했다. 그리고 칠레, 싱가포르, 페루, 미국과의 FTA에서 한국은 네거티브 리스트 방식을 취했다.

그중 한국-인도 FTA는 포지티브 리스트 방식을 채용했다. 한국은 건강과 관련된 서비스, 사회서비스를 제외한 기타 주요한 서비스업 분야에 모두 다 상응한 약속을 했다. 한국-싱가포르 FTA는 네거티브 리스트 방식(금융서비스만 포지티브 리스트 방식 채용)을 채용했다. 한국은 비즈니스 서비스(건축 설계, 광고, 공사, 부동산, 분배, 안전, 연구,

컨설팅, 세수, 회계), 통신서비스(특급우편, 기본 통신), 건축서비스, 교육서비스(대학교육, 성인교육), 환경서비스, 운송서비스 등의 영역에서 시장접근, 국민대우, 실적요구 등의 방면을 유보했다. 한국-칠레 FTA는 서비스무역과 관련된 내용이 많지 않은데 양국은 서비스업 장절에서 전업서비스에만 상응하는 규정을 내렸고 이밖에 전신서비스에 대해 단독으로 한 개의 장을 만들었다.

한국-미국 FTA에는 국가 간서비스무역, 전신서비스, 금융서비스 등 3개의 장이 서비스무역과 관련된다. 한미 FTA에서 한국은 서비스무역에 관한 국내 제한 조치를 대량 유보했다. 한국이 체결한 서비스무역 네거티브 리스트 중 한국은 국가 간서비스와 투자를 두 가지로 분류했다.

첫 번째는 기존의 국내 제한 조치만 유보한 서비스 및 투자이고 두 번째는 기존의 제한 조치를 유보하는 것을 허락하는 동시에 신규 제한 조치를 수정 또는 제한한 서비스 및 투자이다. 한국의 첫 번째 부류의 수입금지 품목 리스트에 언급된 주요한 서비스에는 건축서비스, 운송서비스, 분배서비스, 상업서비스 중의 시력검안서비스 · 게시판서비스 · 옥외광고 서비스 · 취업서비스 · 노동력 공급과 근로파견 · 선원교육서비스 조사와 안전서비스서비스 · 출판과 관련된 분배서비스, 통신서비스 중의 택배서비스 · 전신서비스 · 방송서비스 등이 포함된다. 한국의 두 번째 부류의 수입금지 품목 리스트에 언급된 서비스에는 화기 · 칼과 검 · 폭발물 및 그와 유사한 품목, 소외 계층, 국유 전국 전자/정보 시스템, 사회서비스, 환경보호서비스, 에너지 서비스 통신서비스, 법률서비스, 전업서비스, 보험 은행 및 기타서비스가 포함된다.

FTA의 서비스무역 장절에서 한국은 국가 간서비스에 시장접근, 국민대우,

최혜국대우, 현지 주재 등의 의무를 설립하려 했다. 이밖에 서비스무역 편리화의 중요성을 고려하여 한국은 FTA의 관련 조항에 이에 대한 구체적인 규정을 내렸다. 종합적으로 보면 한·중·일 3국이 전부 다 FTA 중의 서비스무역 자유화를 매우 중시했다. 3국은 각자 WTO에서 한 약속 수준을 하한선으로 파트너국과의 서비스무역 자유화의 수익을 최대화로 추진시켰다.

그러나 자유화의 방식에서 3국간에 차이가 존재한다. 그중 중국은 시종 GATS의 약속과 일치한 '포지티브 리스트' 방식을 견지했으나 일본과 한국은 '포지티브 리스트'와 '네거티브 리스트'를 결합시키는 방식을 채용했고 최근 몇 년간 체결한 FTA에서 후자를 더 많이 선택했다. 한·중·일 3국의 서비스무역 자유화 수준이 전부 다 같은 것은 아니다. FTA 틀 안에서 3국이 더욱 높은 수준의 자유화를 실현하려면 더욱 많은 장애를 극복해야 한다.

제3절
한·중·일 FTA 서비스무역 자유화 부분에 대한 분석

서비스업에는 많은 소부문이 포함되어 있고 각 부문의 차이가 매우 크며 각 소부문이 서로 다른 국가에서 차지하는 경제적 지위도 서로 다르다. 본 절은 한·중·일 3국 서비스업 중에서 차지하는 비중이 비교적 크고 또한 국민경제에서 중요한 역할을 하는 몇 개의 소부문을 선택해서 각 부문의 기본 상황, 무역 경쟁력 및 각국의 양자 및 다자 협의 중의 자유화 정도 등의 분석을 하게 된다.

1. 금융서비스부분

1. 한·중·일 금융서비스업의 발전

WTO「서비스무역 총협정」의 서비스업에 대한 분류 방법에 따르면 금융서비스에는 보험 및 관련 서비스, 은행과 기타 금융서비스, 기타 금융서비스 등 3개의 소부문이 포함된다. 도표 4-10는 한·중·일 3국의 2000년 이후 금융 부문의 기본 상황을 열거했다.

도표 4-10 한·중·일 3국 금융업 증가치 비교

연도	중국			일본			한국		
	증가치 (억달러)	증가율 (%)	GDP에서 차지하는 비중(%)	증가치 (억달러)	증가율 (%)	GDP에서 차지하는 비중(%)	증가치 (억달러)	증가율 (%)	GDP에서 차지하는 비중(%)
2000	493.66	7.08	4.12	2825.13	2.96	6.05	311.74	−4.62	6.09
2001	525.96	6.54	3.97	2626.17	−7.04	6.41	328.61	5.41	6.36
2002	557.30	5.96	3.83	2670.27	1.68	6.81	438.37	33.40	7.26
2003	602.80	8.16	3.67	2944.85	10.28	6.96	475.75	8.53	7.07
2004	651.56	8.09	3.37	3109.98	5.61	6.75	500.00	5.10	6.66
2005	742.78	14.00	3.29	3170.06	1.93	6.95	590.59	18.12	6.69
2006	1015.78	36.75	3.74	3027.21	−4.51	6.94	669.94	13.44	6.70
2007	1621.73	59.65	4.64	2916.63	−3.65	6.66	763.03	13.90	5.87
2008	2138.97	31.89	4.73	3292.36	12.88	6.79	591.01	−22.54	7.38
2009	2600.86	21.59	5.21	3539.61	7.51	7.03	530.00	−10.32	7.64
2010	3098.92	19.15	5.23	3841.32	8.52	7.00	626.93	18.29	6.18

주: 원자료는 본위 화폐이고 당년의 환율로 달러화로 환산했다.

자료출처 : 증가치 및 GDP 수치는 유엔 데이터베이스(UNODC)에서 뽑은 것임. http://data.un.org. 부족한 수치는 각국의 통계연감에서 뽑고 환율 수치는 BvD 데이터베이스에서 뽑고 성장률과 GDP에서 차지하는 비중은 계산하여 얻은 수치임.

금융업 증가치의 전반적인 규모로 말하면 2010년 중국은 3,098억 9,200만 달러로 일본의 3,841억 3,200만 달러와 매우 가까워졌다. 한국 금융업의 증가치 절대치 규모는 중국, 일본에 비해 비교적 작은바 2010년에 626억 9,300만 달러였다. 증가치의 성장률 수치를 보면 중국의 금융업 증가치는 쾌속 성장 시기를 거친 후 성장 속도가 점차 반락했으나 여전히 약 20%의 높은 성장 수준을 유지하고 있다.

일본의 금융업 증가치는 변동이 매우 크지만 2008년 이후 플러스 성장을 유지했다. 한국 금융업 증가치의 성장률은 2008년 전까지 비교적 안정적이었지만 2008년, 2009년에 마이너스 성장을 이루었다가 2010년에 플러스 성장을 회복했다. 금융업 증가치가 GDP에서 차지하는 비중을 비교해보면 일본이 가장 높고 또 안정적이었는 바 시종 6% 이상을 유지했고 2010년에는 7%에 달했다. 그 다음은 한국인데 금융업 증가치가 GDP에서 차지하는 비중이 2000년 이후 소폭으로 변동했는데 2007년에 시종 6% 이상을 유지했고 2008년, 2009년에는 7%를 초과했으며 2010년의 비중은 6.18%였다. 중국의 금융업 증가치가 GDP에서 차지하는 비중은 3국 가운데 가장 낮지만 2005년 이후 계속 안정적인 성장세를 보여주었는데 2005년의 3.29%에서 2010년에는 5.23%로 성장했다.(도표 4-10을 참조할 것)

2. 한·중·일 금융서비스무역의 현황

(1) 중국의 금융서비스무역
중국 서비스업의 각 부문 중 금융서비스무역은 성장속도가 비교적 빠른 부문이었다. 2001년~2011년의 금융서비스무역 수출액의 연평균 성장률은 45.85%이었고 금융서비스 수출입 총액이 서비스무역 총액에서 차지하는 비중은 5.81%었다. 그러나 금융서비스의 각 소부문의 무역 성장폭에는 다소 차이가 있었다. 그중 보험서비스무역의 발전이 빨랐는데 수출입 무역 총액은 2000년의 27억 5,400만 달러에서 2011년의 243억 13억 달러로 신속히 성장해 거의 9배나 성장했다. 그러나 보험 무역은 줄곧 적자 상태였다.

　최근 몇 년간 중국 보험의 수출 수준은 줄곧 매우 낮았으며 2011년은 26억 9,300만 달러로 성장률은 비교적 높았지만 절대치는 비교적 낮았다. 그러나 보험의 수입은 강력한 증가세를 보여주었는데 2005년의 72억 달러에서 2011년의 194억 3,600만 달러로 상승해 6년간 수입이 269% 상승했다. 보험 이외의 기타 금융서비스(은행과 증권업 포함)의 무역 규모는 보험업에 무척 뒤떨어져 있다. 2011년, 기타 금융서비스무역액은 21억 8,400만 달러로 그해서비스무역 총액에서 차지하는 비중이 0.52%밖에 되지 않았으며 6년간 수출입 평균 성장률은 47.2%였다. 보험업의 거대한 무역차액에 비해 기타 금융서비스의 무역차액은 현저하게 확대되지 않았다.(도표 4-11을 참조할 것) 세계 금융서비스무역 총액에서 차지하는 비중을 보면 2009년 중국 보험업 수입이 세계 보험수입 총액의 7.6%를 차지해 2위를 차지했으며 보험업의 수출은 세계 보험업 수출의 2%를 차지해 11위를 차지했다. 보험 이외의 은행, 증권 등의 금융서비스 수출은 세계 수출 총액의 0.18%를 차지해 28위에 머물렀고 수입은 세계 수입 총액의 0.7%를 차지해 23위에 머물렀다.[51]

---

51) 비중과 순위 수치는 유엔서비스무역 통계 라이브러리의 2009년 통계 수치에서 통계가 있는 국가의 수치를 계산하여 얻은 것임. 이하 같음.

(2) 일본의 금융서비스무역

한·중·일 3국 중 일본의 금융서비스무역 액수가 가장 크다. 2011년 일본의 금융서비스무역 수출액은 57억 5,300만 달러, 금융서비스무역 수입액은 100억 9,700만 달러로 금융서비스무역 차액은 -43억 4,400만 달러였으며 수출입 총액이 서비스무역 총액에서 차지하는 비중은 5.15%였다. 2002년 이후 일본 금융서비스 수출액은 줄곧 성장세를 보이다가 2007년에 마이너스 성장을 시작했고 이런 추세가 2010년까지 완화되지 않고 성장률이 -13.89%까지 내려갔으나 2011년에는 2010년에 비해 다소 완화되었다. 그러나 수입액은 개별적인 연도를 제외하고 계속 플러스 성장을 했으며 2010년의 성장률은 3.01%, 2011년의 성장률은 6.25%였다.

소부문을 보면 일본의 보험서비스는 수출이 비교적 적고 수입이 매우 많아 2011년에 보험서비스 적자가 51억 1,000만 달러에 달했다. 보험 이외의 기타 금융서비스는 수출입액이 모두 다 비교적 컸으며 2011년서비스무역 총액에서 차지하는 비중은 2.42%(도표 4-11 참조)였다. 세계 금융서비스무역 총액에서 차지하는 비중을 보면 2009년 일본 보험업의 수입이 세계 보험 수입 총액에서 차지하는 비중은 3.5%로 6위를 차지했고 보험업의 수출은 세계 보험 수출 총액의 1.1%를 차지해 17위를 차지했다. 보험 이외의 은행, 증권 등 금융서비스 수출은 세계 수출 총액의 2%로 제8위를 차지했고 수입은 세계 수입 총액의 3%로 10위를 차지했다.

(3) 한국의 금융서비스무역

최근 몇 년간 한국의 금융서비스무역은 빠르게 성장했으며 2011년,

금융서비스무역 총액의 성장률은 10.43%, 금융서비스무역 총액이 서비스무역 총액에서 차지하는 비중은 2.86%였다. 그중 2011년 보험서비스 수출액이 4억 1,900만 달러였고 수입액은 8억 500만 달러, 적자가 3억 8,900만 달러였다. 보험 이외의 기타 금융서비스 수출액은 33억 6,700만 달러, 수입액은 8억 8,400만 달러, 무역 흑자가 25억 6,200만 달러였다. 무역규모를 말하면 한국은행, 증권 등 금융서비스부분의 무역 총액은 일본보다 낮지만 중국보다는 훨씬 높았다. 특히 최근 몇 년간 지속적으로 흑자를 냄으로써 지속적으로 적자를 내는 중국의 상황과 뚜렷이 반대되었다.

한·중·일 3국 가운데 한국의 보험서비스무역의 전체 규모가 가장 작은데 2011년 수출입 총액은 12억 2,400만 달러로 국내 서비스무역에서 차지하는 비중이 0.64%밖에 안 되었다.(도표 4-11을 참조할 것) 세계 금융서비스무역 총액에서 차지하는 비중을 보면 2009년 한국의 보험업 수입은 세계 보험업 수입 총액의 0.5%를 차지해 27위에 머물렀고 보험업 수출은 세계 보험 수출 총액의 0.4%로 26위를 차지했다. 보험업 이외의 은행, 증권 등 금융서비스 수출이 세계 수출 총액의 1%를 차지해 제13위에 이르렀으며 수입이 세계 수입 총액의 0.7%를 차지해 24위에 이르렀다.

도표 4-11 중·일·한 금융서비스무역의 종합적인 상황

국가	유형		2000	2001	2002	2003	2004	2005	2006	2007	2008	2009	2010	2011
중국	금융서비스	수출액(억 달러)	0.78	0.99	0.51	1.52	0.94	1.45	1.45	2.30	3.15	4.37	13.31	9.70
		수입액(억 달러)	0.97	0.77	0.90	2.33	1.38	1.59	8.91	5.57	5.66	7.26	13.87	12.14
		비중(%)	0.27	0.24	0.16	0.38	0.17	0.19	0.54	0.31	0.29	0.41	0.75	0.52
	보험서비스	수출액(억 달러)	1.08	2.27	2.09	3.13	3.81	5.49	5.48	9.04	13.83	15.96	17.27	26.93
		수입액(억 달러)	24.71	27.11	32.46	45.64	61.24	72.00	88.32	106.64	127.43	113.09	157.55	194.36
		비중(%)	3.91	4.08	4.04	4.82	4.87	4.93	4.89	4.61	4.64	4.50	4.82	5.29
일본	금융서비스	수출액(억 달러)	28.65	27.11	31.27	34.71	44.07	50.44	61.51	62.07	54.45	48.04	36.06	41.01
		수입액(억 달러)	18.83	16.48	16.31	21.82	26.53	26.87	29.85	36.10	39.76	30.56	31.48	33.35
		비중(%)	2.72	2.67	2.90	3.29	3.37	3.44	3.67	3.56	3.00	2.88	2.29	2.42
	보험서비스	수출액(억 달러)	1.74	−1.02	−3.80	3.73	10.67	8.73	15.76	13.43	9.37	8.61	12.72	16.52
		수입액(억 달러)	20.25	26.45	32.30	35.44	34.39	18.94	45.74	41.18	51.31	51.38	68.23	67.62
		비중(%)	1.26	1.56	1.74	2.28	2.15	1.23	2.47	1.98	1.93	2.2	2.75	2.73

한국	금융 서비스	수출액 (억 달러)	7.05	5.33	6.95	6.99	10.83	16.51	25.43	40.01	37.85	22.80	27.36	33.67
		수입액 (억 달러)	1.91	0.83	0.70	1.01	1.27	2.35	5.47	6.96	6.91	7.08	8.43	8.84
		비중 (%)	1.40	0.99	1.16	1.08	1.30	1.76	2.48	3.02	2.42	1.97	1.97	2.22
	보험 서비스	수출액 (억 달러)	0.68	0.60	0.37	0.34	1.39	1.69	2.74	4.15	4.66	3.40	5.15	4.19
		수입액 (억 달러)	1.46	3.74	5.71	3.90	4.61	7.33	8.54	10.00	7.44	7.35	8.82	8.05
		비중 (%)	0.33	0.70	0.92	0.57	0.64	0.84	0.90	0.91	0.65	0.71	0.77	0.64

주: WTO 서비스무역 통계 데이터베이스의 금융서비스무역은 보험서비스와 금융서비스(보험 제외) 두 개의 부류로만 나뉘어졌다. 은행, 증권서비스는 금융서비스(보험 제외)에 귀속된다. '비중'이란 본국 서비스무역 총액에서 차지하는 비중을 가리킨다.

자료출처 : WTO 국제서비스무역 통계 수치 데이터베이스(WTO Statistics Database)의 수치에 근거해 계산해낸 것임.

3. 한·중·일 금융서비스무역 자유화에 대한 비교분석

한·중·일 3국은 전부 다 WTO 회원국이며 또한 각자 많은 역내 자유무역협정을 체결했다. 다자 및 역내 틀 안에서 3국의 금융서비스무역 자유화에는 일정한 차이가 존재한다.

이런 차이는 3국의 금융업 및 금융무역의 발전 상황에 의해 결정되고 또 미래 한·중·일 FTA 중 금융서비스무역의 자유화 정도와 개방 수준을 결정한다.

(1) 중국의 금융서비스 자유화

내륙과 홍콩, 마카오 CEPA 이외에 중국이 체결한 FTA는 모두 다 WTO의 약속을 토대로 하며 금융부문의 개방 수준은 다자 무역체제 중의 것과 완전하게 일치하여 WTO 에서의 약속보다 낮지 않고 더한층 돌파를 가져온 것도 없다. 은행서비스에서 중국은 국민대우 방면의 개방정도가 비교적 높고 양식1과 양식2의 모든 제한 조치를 취소했다. 양식3에 대해서는 시장접근 방면에 열거한 인민폐 업무의 지역과 고객 제한 이외의 모든 제한을 취소했다. 시장접근 방면에서 양식2의 모든 제한을 취소했지만 일정한 정도의 제한은 여전히 유보했다. 양식1에 대해서는 일부분의 금융 부속서비스 이외에는 약속을 하지 않았다. 양식3에 대해 중국은 여전히 외국 금융기구가 중국에 외국 독자은행 또는 외국 독자 재무회사를 설립하는 자격에 대해 명확한 제한 조건을 설정했다. 증권서비스에 대해 중국은 국민대우 방면의 개방 정도가 비교적 높은바 양식1, 양식2와 양식3에 대한 모든 제한 조치를 취소했다.

시장접근 방면에서 양식2의 모든 제한을 취소했지만 여전히 비교적 높은 정도의 제한을 유보했다. 대조적으로 중국은 생명보험 업무에 대해 아직도 일정한 제한을 하고 있으며 외국 생명보험업체의 주권 비례는 50%를 초과하지 못한다.

(2) 일본의 금융서비스 자유화

중국과 비슷한 상황으로 일본은 FTA에서 WTO와 같은 정도의 약속을 했다. 비록 서로 다른 FTA에서 일본이 한 약속 방식이 다소 다르지만 비교를 해보면 각 FTA 에서 일본의 금융서비스부분의 개방 정도가 기본적으로 같으며 시장접근과 국민대우에 대한 제한을 기본적으로 취소했다는 것을 발견할 수 있다. 일본은 본국에 외자은행과 외자 증권회사를 설립하는 것을 허락했고 외자 주권보유 비율이 100%까지 달할 수 있다.

보험업무 방면에서 모든 보험 업무 범위를 개방한다고 약속했고 외자 독자 보험회사 또는 지점 설립을 허락했다. 아울러 외환거래에 대한 제한을 취소하고 외환거래의 완전한 자유화를 실행했다. 종합적으로 보면 일본의 금융서비스업의 개방 정도는 이미 비교적 높은 수준에 달했으며 이로써 개방도를 높일 공간이 비교적 작다.

(3) 한국의 금융서비스 자유화

구체적으로 금융서비스부분에서 한국-칠레 FTA의 개방 정도가 비교적 높다. '네거티브 리스트'에 단독으로 금융서비스에 대해 실행한 유보 조치가 없다. 그리고 한국은 아세안, 인도, 싱가포르와의 FTA 중에서도 금융서비스의 다수 분야를 기본적으로 개방했다.

그러나 시장접근 방면에서 양식3에 여전히 일정한 제한이 존재하며 특히 보험업의 제한이 비교적 뚜렷하다. 외국 보험회사는 한국시장에 진입하여 관련 업무를 취급할 수는 있으나 한국 경내에서 현지 보험회사와 합자보험회사를 설립하지 못한다. 종합적으로 보면 한국의 은행과 증권업은 FTA 중의 자유화 정도가 WTO에서보다 높지만 보험업은 FTA 와 WTO 중의 약속 수준이 비슷하다.

4. 한·중·일 금융서비스 경쟁력 비교

일반적으로 한 나라의 무역 경쟁력을 가늠하는 지표에는 현시비교 우위(RCA)지수와 무역경쟁(TC)지수가 있다. 현시비교우위(RCA)지수는 Balassa(1965)가 제기한 것으로 이 지표의 정의에 따라 국가 i의 j 제품의 수출 비교우위는 j 제품의 세계 범위 내의 수출 비례와 이 나라의 수출이 세계 총 수출에서 차지하는 비례로 표시할 수 있다. 공식은 다음과 같다. [52]

일반적으로 RCA 2.5일 때 강한 경쟁력을 가지고 있다. 만약 1.25 RCA < 2.5 이면 비교적 강한 경쟁력을 가지고 있다. 만약 0.8 RCA < 1.25 라면 일반적인

---

52) 여기에서 세계 범위 내 m 개의 국가가 있고 매 국가에 n 종의 서비스 제품이 있다고 가정할 경우 (i=1, 2, ···, m), (j=1, 2, ···, n)이다.

경쟁력을 가지고 있다. 만약 RCA < 0.8이라면 경쟁력이 비교적 약하다. 무역경쟁(TC)지수의 계산 공식은 TC=(X-M)/(X+M)이다. X는 한 국가의 모종 상품의 수출액이고 M은 이 나라 이 유형의 상품의 수입이다. TC지수는 상대적인 지수로 인플레이션 등 거시적인 총량 변동의 영향을 제거하기 때문에 부동한 시기의 부동한 국가를 비교할 수 있다. TC지수의 값 범위는 [-1, 1]이며 1에 접근할수록 업종의 경쟁력이 더욱 강하고 반대일수록 약하다. 도표 4-12는 중국, 일본, 한국 3국의 서비스무역 RCA와 TC지수를 열거했다.[53] RCA지수를 보면 은행, 증권 등의 금융서비스부분에서 일본, 한국의 경쟁력은 중국보다 높았다. 2010년 중국의 RCA지수는 0.109에 그쳤다. 일본과 한국의 RCA지수는 비슷해서 각각 0.36과 0.485이고 경쟁력이 상대적으로 약한 편이지만 중국보다는 훨씬 높다. TC지수도 같은 특징을 보여주고 있는데 일본과 한국의 은행, 증권 등의 금융서비스는 모두 다 흑자이고 경쟁력도 비교적 높다. 특히 한국의 TC지수는 줄곧 0.7 선에서 안정되어 있었으나 중국의 TC지수는 줄곧 마이너스였다.

　　보험서비스 방면에서 중국의 각 연도 RCA지수는 0.4 선에 안정돼 있으며 일본, 한국의 수준보다 약간 높다. 원인은 보험서비스와 화물서비스의 관계가 밀접하고 중국 화물무역 규모가 비교적 크기 때문에 보험 서비스무역의 수출 규모도 비교적 큰 것이다. TC지수를 말하면 중국의 보험업서비스무역은 줄곧 적자였고 2010년 TC지수는 -0.802에 그쳐 경쟁력이 약한 편이었다.

---

53) 지수를 계산할 때서비스무역액으로 계산하고 화물 무역액은 계산해 넣지 않았다.

일본과 한국은 상황이 중국보다 좀 나은 편이며 무역적자가 존재하지만 정도가 비교적 낮다. 종합적으로 RCA지수와 TC지수에 한·중·일 3국의 금융서비스무역 경쟁력이 상대적으로 약한 것으로 나타났다.

그에 비해 영국과 미국 등의 선진국은 금융서비스무역에서 선명한 경쟁우위를 가졌다. 2009년 유엔서비스무역 라이브러리의 통계수치가 있는 나라들 중 보험서비스 수출 5위권에 든 국가로는 미국, 아일랜드, 영국, 스위스, 독일이었고 이들의 보험서비스 수출 총액은 세계 보험서비스 수출 총액의 56%를 차지했다.

보험 이외의 은행, 증권 등의 금융서비스 수출이 세계 5위권에 든 국가로는 영국, 미국, 룩셈부르크, 스위스, 독일로 세계 보험이외의 은행, 증권 등 금융서비스 수출의 75%를 차지했다. 2009년, 영국과 미국의 보험서비스무역의 RCA지수는 각각 2.29, 1.24였고 보험 이외의 금융서비스무역의 RCA지수는 각각 3.13, 1.58로 강력한 경쟁력을 보여주었다. 이에 비해 한·중·일 3국의 금융서비스업의 전체 경쟁력은 아직도 제고할 필요가 있다.

도표4-12 중·일·한 금융서비스무역 경쟁력 비교

연 도			2000	2001	2002	2003	2004	2005	2006	2007	2008	2009	2010
RCA 지수	금융 서비스	중국	0.038	0.046	0.020	0.049	0.022	0.027	0.020	0.022	0.028	0.046	0.109
		일본	0.613	0.640	0.722	0.728	0.721	0.687	0.677	0.562	0.483	0.518	0.360
		한국	0.340	0.278	0.359	0.312	0.368	0.475	0.582	0.645	0.550	0.427	0.485
	보험 서비스	중국	0.208	0.366	0.190	0.229	0.244	0.376	0.274	0.332	0.416	0.500	0.445
		일본	0.145	0.084	0.206	0.176	0.473	0.433	0.626	0.473	0.282	0.275	0.402
		한국	0.128	0.109	0.045	0.034	0.128	0.177	0.226	0.260	0.230	0.189	0.210
TC 지수	금융 서비스	중국	−0.109	0.125	−0.277	−0.210	−0.190	−0.046	−0.720	−0.416	−0.285	−0.248	−0.021
		일본	0.207	0.244	0.314	0.228	0.248	0.305	0.346	0.265	0.156	0.222	0.068
		한국	0.574	0.731	0.817	0.748	0.790	0.751	0.646	0.704	0.691	0.526	0.536
	보험 서비스	중국	−0.916	−0.845	−0.879	−0.872	−0.883	−0.858	−0.883	−0.844	−0.804	−0.753	−0.802
		일본	−0.842	−1.080	−1.267	−0.810	−0.526	−0.369	−0.487	−0.508	−0.691	−0.713	−0.686
		한국	−0.364	−0.724	−0.878	−0.840	−0.537	−0.625	−0.514	−0.413	−0.230	−0.367	−0.375

주: 일부분 국가의 2011년 수출 수치가 보고되지 않았기 때문에 2011년 RCA지수를 계산할
수 없어 도표에 2011년 수치를 열거하지 않았다.

자료출처 : WTO 국제서비스무역 통계 수치 데이터베이스(WTO Statistics Database)의
수치에 근거해 계산해낸 것임.

5. 요약

한·중·일 3국의 금융서비스무역의 경쟁력은 보편적으로 강하지 않은데 이는 주로 3국의 서비스 산업 구조 중 건축, 운송 등의 전통적인 부문이 여전히 비교적 높은 비중을 차지하고 금융서비스무역 등 신흥서비스 업종의 비중이 비교적 낮기 때문이다. 금융서비스무역 분야에서 영국, 미국 등 전통적인 금융 강국이 세계 금융서비스무역의 절대다수의 점유율을 나눠가졌다. 오랫동안 영국을 대표로 하는 유럽 국가와 미국을 대표로 하는 북미 지역이 세계 금융서비스무역의 80% 이상을 나눠가졌다.

한·중·일 3국 중 중국 금융서비스업의 무역 규모는 작은 편이고 경쟁력도 약하다. 이런 차이는 은행업과 증권업에서 특히 뚜렷하고 수출 규모가 일 한 수출액의 10분의 1에도 못 미친다. 전체 서비스무역의 비중도 일본, 한국에 비해 매우 낮다. 이밖에 일본과 한국에 비해 중국 금융서비스무역의 구조가 비교적 단일하여 보험업이 위주이고 은행증권업 비중이 너무 낮다.

금융서비스무역 자유화 정도를 말하면 일본의 개방도가 가장 높아 이미 선진 경제체의 수준에 이르렀고 그 다음은 한국이다. 중국은 한·중·일 3국 가운데 금융서비스업 개방도가 가장 낮지만 개발도상 경제체 중에서는 비교적 높은 수준이다. 3국의 금융서비스 발전수준과 자유화 정도에 근거하여 미래 한·중·일 FTA 담판에서 금융서비스 개방이 일정한 도전에 직면할 것이라는 것을 예견할 수 있다.

2. 통신서비스부분

통신서비스는 세계무역기구의 서비스무역 분류 중 두 번째로 큰 서비스이며 주로 다음과 같은 소부문이 포함된다. 우편서비스, 특급 우편서비스, 전화 전보·데이터 전송·이메일·팩스를 포함한 전신서비스, 라디오와 텔레비전을 포함한 시청각서비스, 기타 통신서비스 등.

1. 한·중·일 통신서비스업의 발전

(1) 중국의 통신서비스 현황

2010년, 중국 전신업무의 총량은 2조 9,993억 1,800만 위안으로 동기 대비 17.37% 성장했으며 전신업무의 수입은 9,580억 5,000만 위안으로 동기 대비 13.72% 성장했다. 휴대폰을 포함한 전화 보급률은 백 명당 86.41대이고 휴대폰 보급률은 백 명당 64.36대, 공중전화는 천 명당 14.95대였다.

인터넷 접속 인수는 4억 5,700만 명으로 인터넷 보급률이 34.3%에 달해 전해보다 5.4% 증가했다. 전신 통신 능력 방면에서 중국은 2010년 장거리 광케이블 선로 길이가 81만 8,100 킬로미터, 초고속 인터넷 액세스 포트는 18억 7,800만 개였다. 우정업무 방면에서 중국의 2010년 우정업무 총량은 1,985억 3,000만 위안으로 전해 대비 21.06% 성장했다. 그중 특급우편 업무가 신속히 발전했는데 2010년 특급우편 업무가 23억 3,900만 건으로 전해 대비 25.89% 성장했다. 방송 방면에서 2010년 중국 라디오텔레비전방송의 총 수입은 2,301억 8,700만 위안으로 전해 대비 24.33% 성장했으며

라디오텔레비전 업종에 종사하는 인구가 75만 900 명에 달했다.[54]

도표4-13 일본의 통신서비스업 각 소부문의 비중 (단위: %)

구 분	2003	2004	2005	2006	2007	2008	2009	2010	2011
통신업이 서비스업에서 차지하는 비중	9.69	9.67	9.51	9.57	9.63	9.90	10.35	10.37	10.31
전신업이 통신업에서 차지하는 비중	37.12	36.31	35.60	35.29	35.67	35.06	35.70	37.33	38.06
라디오방송이 통신업에서 차지하는 비중	6.60	6.63	6.63	6.36	6.14	6.17	6.24	6.14	6.09
정보서비스가 통신업에서 차지하는 비중	40.51	41.11	41.53	42.10	41.93	42.66	41.96	40.59	40.05
인터넷서비스가 통신업에서 차지하는 비중	0.93	1.50	1.98	2.35	2.63	2.96	3.41	3.77	4.00
시청각서비스가 통신업에서 차지하는 비중	14.79	14.44	14.27	13.88	13.59	13.15	12.69	12.20	11.86

자료출처 : 일본 통계국 사이트 www.stat.go.jp의 수치에 근거해 계산한 것임.

54) 자료 출처: 중국 국가통계국, 『중국통계연감(2011)』.

(2) 일본의 통신서비스업 현황

일본 통계국의 수치에 따르면 2010년 일본 통신서비스업이 서비스업에서 차지하는 비중은 10.3%였고 2003년 이후 서비스업에서 차지하는 비중이 안정적으로 상승했다.(도표 4-13을 참조할 것) 통신서비스의 각 부문 중 차지하는 비중이 가장 큰 부문은 정보서비스와 전신서비스로 2011년의 산출이 각각 통신서비스의 40.05%, 38.03%를 차지했다. 전신서비스의 비중은 2003년 이후 약간 상승했으나 정보서비스의 비례는 약간 하락했다.

시청각서비스는 전신과 정보서비스 이외에 차지하는 비례가 가장 큰 부문으로 2011년 서비스업 산출의 11.86%를 차지했고 2003년 이래 약 3% 포인트 하락했다. 인터넷서비스가 차지하는 비중은 비교적 적지만 빠른 속도로 상승하는 추세이며 2003년의 0.93%에서 2011년의 4%로 상승했다.

(3) 한국의 통신서비스 현황

한국은행(BOK)의 통계에 따르면 2010년 한국 통신업의 총 증가치는 373억 3,300만 달러로 2009년에 비해 15.64% 성장했다. 그중 전신업의 증가치는 169억 6,800만 달러로 2009년에 비해 13.13% 성장했다. 출판 및 라디오텔레비전, 정보서비스 등의 증가치는 203억 6,500만 달러로 2009년보다 17.81% 성장했다. 전신서비스와 기타 통신서비스가 통신서비스에서 차지하는 비중을 보면 한국 전신업이 통신서비스에서 차지하는 증가치 비중은 2001년의 56.6%에서 2010년의 45.45% 하락했다.

이는 전통적인 통신서비스 비례가 하락하고 있고 정보기술의 발전과 더불어 신형 통신서비스가 차지하는 비례가 해마다 상승한다는 것을 설명한다.(도표4-14) 이는 또 다른 측면에서 한국 전신업의 발전이 이미 상당히 성숙됐으며 국내 통신서비스업의 새로운 성장은 기타 신형서비스가 이끌어가야 한다는 것을 보여준다.

도표 4-14 한국 통신서비스업의 종합적인 상황

연도	통신 서비스업 합계 (억달러)	성장률 (%)	전신업 (억 달러)	성장률 (%)	비중 (%)	출판, 라디오 텔레비전 및 정보서비스 (억 달러)	성장률 (%)	비중 (%)
2001	219.31	3.27	124.12	13.92	56.60	95.19	−7.96	43.40
2002	258.77	17.99	141.84	14.28	54.81	116.93	22.84	45.19
2003	280.11	8.25	155.09	9.34	55.37	125.02	6.92	44.62
2004	295.29	5.42	157.51	1.56	53.34	137.78	10.21	46.66
2005	354.02	19.89	185.82	17.97	52.49	168.20	22.08	47.51
2006	397.67	12.33	198.92	7.05	50.02	198.75	18.16	49.98
2007	421.82	6.07	204.77	2.94	48.54	217.05	9.21	51.46
2008	359.94	−14.67	171.53	−16.23	47.66	188.41	−13.20	52.34
2009	322.85	−10.3	149.99	−12.56	46.46	172.86	−8.25	53.54
2010	373.33	15.64	169.68	13.13	45.45	203.65	17.81	54.55

주 : '비중'은 이 부문의 증가치가 통신서비스업의 증가치에서 차지하는 비중을 말한다.
자료출처 : 한국은행(bok.or.kr)의 수치에 근거해 계산한 것임.

2. 한·중·일 통신서비스무역의 현황

(1) 중국의 통신서비스무역

도표 4-15의 수치에 표시된 바와 같이 중국 통신업의 수출입 총액은 전반적으로 상승하는 추세이며 2007년 이후 모두 다 10억 달러를 초과했다. 수출입 차액을 보면 중국 통신서비스무역은 종합적으로 평형 상태에 있고 과도한 흑자나 적자가 없었다. 그러나 서비스무역에서 차지하는 비중을 볼 때 중국 통신업이 서비스무역에서 차지하는 총 비중이 매우 낮아 1%도 안 된다. 2009년, 중국 통신서비스 수출액이 세계 통신서비스 총 수출의 1.4%를 차지해 17위에 머물렀고 수입이 세계 통신 수입 총액의 1.6%를 차지해 18위에 머물렀다. 전신서비스무역은 통신서비스무역 중의 극히 중요한 한 부분이다. 선진국의 전신업의 개혁개방에 비해 중국의 기본 전신서비스업의 개혁은 상대적으로 뒤떨어져 있다. 비록 WTO에 가입한 후 중국의 전신업이 효과적인 경쟁, 기업의 구조재편, 상장 등의 조치를 도입했지만 전반 업종의 경쟁력은 여전히 후진 편이다.

(2) 일본의 통신서비스무역

2000년 이후, 일본의 통신서비스무역의 수출액은 먼저 감소되었다가 후에 증가하는 추세를 보였으며 2004년 전에는 평온하게 감소되었다. 2004년부터 2011년에는 평온하게 성장했으나 절대 수치는 크지 않았으며 2011년에는 7억 4,800만 달러뿐이었다. 일본의 통신서비스업의 수입액은 수출에 비해 2005년 이후 평온한 상승세를 보였으며 성장이 비교적 빨라 2009년에 11억

2,300만 달러에 달했다가 2010년 이후에 또 다시 약간 하락했다.

수출입 차액으로 보면 일본의 통신서비스무역은 줄곧 적자 상태였다.(도표 4-15를 참조) 중국과 비슷한 상황으로 일본 통신 서비스 무역이 국내 서비스무역에서 차지하는 비중은 매우 작은데 많은 연도에 전부 다 1%(2000~2002년 제외)를 초과하지 않았다. 2009년 일본 통신서비스의 수출이 세계 통신서비스 수출의 0.7%를 차지해 26위에 머물렀고 수입은 약 1.4%로 20위에 머물렀다.

(3) 한국의 통신서비스무역

한국의 통신서비스무역 수출액은 2000년 이래 줄곧 평온하게 성장했으며 2011년 수출액은 7억 9,200만 달러로 일본보다 좀 많지만 중국보다는 적었다. 수출과 마찬가지로 한국의 전신서비스 수입은 2000년 이후 평온하게 성장했으며 2011년에는 14억 6,400만 달러로 중국과 일본의 수입액보다 높았다.(도표 4-15를 참조) 수출입 차액을 보면 한국의 통신서비스는 줄곧 적자 상태였고 적자 액수가 비교적 컸는데 이 점은 일본과 비슷했다.

한국의 통신서비스무역 총액이 국내 서비스무역 총액에서 차지하는 비중은 중국과 일본보다 조금 높았는데 2007년을 제외하면 전부 다 1% 이상이었다. 2009년 한국 통신서비스 수출액은 세계 총 수출액의 0.8%를 차지해 23위에 있었고 수입액은 세계의 1.6%로 17위에 있었다.

도표 4-15 한 · 중 · 일 통신서비스무역의 종합적인 상황

국가	종류	2000	2001	2002	2003	2004	2005	2006	2007	2008	2009	2010	2011
중국	수출액 (억 달러)	13.45	2.71	5.50	6.38	4.40	4.85	7.38	11.75	15.70	11.98	12.20	15.91
	수입액 (억달러)	2.42	3.26	4.70	4.27	4.72	6.03	7.64	10.82	15.10	12.10	11.37	10.93
	비중 (%)	2.40	0.83	1.19	1.05	0.68	0.69	0.78	0.90	1.01	0.84	0.65	0.64
일본	수출액 (억 달러)	8.22	7.19	7.40	6.62	4.54	3.95	4.36	5.54	6.54	6.66	7.30	7.48
	수입액 (억달러)	11.52	10.71	9.12	7.96	6.21	6.16	7.32	10.29	10.75	11.23	10.23	9.29
	비중(%)	1.13	1.09	1.01	0.85	0.51	0.45	0.47	0.57	0.55	0.66	0.59	0.55
한국	수출액 (억 달러)	3.87	3.98	3.78	3.41	4.46	4.43	6.42	5.47	7.24	7.25	8.34	7.92
	수입액 (억달러)	6.23	7.42	6.85	6.93	6.36	7.73	10.12	9.13	11.49	14.27	14.60	14.64
	비중 (%)	1.58	1.84	1.61	1.40	1.16	1.13	1.33	0.94	1.01	1.28	1.27	1.18

주: '비중'은 본국의 서비스무역 총액에서 차지하는 비중을 가리킨다.
자료출처 : WTO 국제서비스무역 통계 데이터베이스(WTO Statistics Database) 수치를
　　　　　계산하여 얻은 것임.

3. 한·중·일 통신서비스무역 자유화에 대한 비교분석

(1) 중국의 통신서비스무역 자유화

금융서비스부분의 상황과 마찬가지로 각 FTA 중 중국의 통신서비스 자유화 수준은 모두 다 WTO 중의 약속을 토대로 하고 있으며 진일보적으로 벗어나지 않았다는 것이다. WTO 서비스무역의 구체적인 양허 일람표에서 통신서비스부분은 택배서비스, 전신서비스(기본 전신과 문자 부가가치서비스 포함) 및 시청각서비스 3개 소부문을 개방한다는 약속을 했다. 3개의 소부문은 국민대우 방면에서 개방 정도가 같으며 양식4 이외 전부 다 제한을 하지 않았다. 양식4에 대해서는 수평적 양허에 따라 특정 유형의 자연인의 입국과 임시거주에 관한 조치를 규정했고 이밖에 어떠한 약속도 하지 않았다.

시장진입 방면에서 3개 소부문은 양식4에서 수평적 양허 약속을 따랐고 기타 3종의 양식에서는 다소 구별이 있었다. 택배서비스 및 시청각서비스는 양식1과 양식2 방면에 제한을 하지 않았다. 전신서비스는 양식2 중에만 제한을 하지 않았고 양식1과 양식2의 제한은 같았다. 양식3에 대해 3개 부문은 다른 약속을 했다. 택배서비스는 중국이 WTO에 가입할 때 외국 서비스 제공자가 설립한 합자기업의 외자 비례가 49%를 초과하지 못하고 1년 내 외자가 다수의 주권을 보유하는 것을 허락하고 4년 내에 외국 서비스 공급자가 외자 독자 지점을 설립하는 것을 허락한다고 했다.

시청각서비스 중 중국과 합자하여 설립한 합자기업은 음향제품의 생산과 판매에 종사할 수 있으며 극장서비스 중 외자의 비례는 49%를 초과하지 못한다. 전신서비스에서 각 소부문의 제한도 서로 달랐으며 공통점이란 중국의 WTO 가입 초기에 전부 다 일정한 지역 및 외자 비례 제한이 있었지만 중국이 WTO에 가입한 후 부동한 연도(최장 시간은 6년)에 지역 제한을 취소하고 외자 비례 제한을 유보했는데 그중 기본 전신서비스의 외자 비례는 50%를 초과하지 못하고 전신 부가가치서비스의 외자 비례는 49%를 초과하지 못한다. 이로부터 중국 전신업의 개방이 WTO 및 그의 전신서비스무역 부속 파일에 있는 전신서비스무역의 시장접근, 최혜국대우 및 투명도 등의 원칙을 따랐다는 것을 알 수 있다. 전신 산업은 국민경제 중에서 특수성을 가지고 있기 때문에 중국 전신업의 개방은 아직 비교적 큰 제한을 받고 있다.

(2) 일본의 통신서비스무역 자유화

금융서비스부분과 마찬가지로 일본의 통신서비스업은 FTA에서 WTO와 같은 정도의 약속을 했으며 시장접근과 국민대우 방면의 제한을 기본적으로 취소했다. WTO 서비스무역의 양허 일람표에서 일본은 통신서비스 산하의 전신서비스와 시청각서비스에 양허 약속을 했다. 그중 시청각서비스 산하 소부문인 '영화 상영(Motion Picture Projection)'은 양식1의 시장접근과 국민대우 방면에서 기술적 원인으로 약속을 하지 않았고 이밖에 기타 소부문은 전부 다 똑같이 약속을 했다. 시장 접근 방면에서 양식1, 양식2와 양식3은 전부 다 제한이 없고 양식4는 수평적 양허의 제한을 따라 특정 조건을 만족하는 자연인의 이동에 대해 약속을 한 이외에 기타는 약속을 하지 않았다. 국민대우 방면에서 양식1과 양식2는 전부 다 제한을 하지 않았고 양식3은 수평적 양허에 따라 연구개발 보조금에 대한 약속을 하지 않았다. 양식4에 대해 연구개발 보조금에 대해 약속을 하지 않은 외에 기타는 전부 다 시장접근 방면과 같았다. 중국에 비해 일본의 통신업은 개방 수준이 비교적 높은데 외자의 지분 보유율에 대해 제한을 하지 않았다.

(3) 한국의 통신서비스 자유화

WTO 서비스무역에서 약속한 양허 일람표 중 한국은 통신서비스 산하의 전신서비스와 시청각서비스에 대해 양허 약속을 했다. 그중 시청각서비스의 소부문인 '애니메이션 제작' 및 '음반 생산과 판매'에서 다음과 같은 약속을 하였다. 양식1, 양식2와 양식3은 전부 다 제한을 하지 않았고 양식4는 수평적 양허의 제한을 따랐으며 중국보다 개방 정도가 크다. 전신서비스부분 중·한국의 기본(Facilitiesbased) 전신서비스와 부가가치(Resalebased) 전신서비스의 약속은 비교적 엄격했다. 양식1의 서비스 제공은 이미 한국에서 허가증을 받은 서비스 제공자의 상업 배치의 제한을 받는다. 양식2는 제한을 하지 않았다. 양식3은 서비스 제공자가 허가를 받은 한국 법인이기를 요구하며 외자가 한국시장에 진입하는 시간 및 외자의 지분확보비율에 대해 제한한다.

양식4는 수평적 양허를 따른다. 한국이 체결한 FTA 중 통신서비스부분의 개방은 WTO 중의 약속을 토대로 하고 정도를 다르게 수정을 했는데 주로 일부분 FTA 중(예를 들면 한국-아세안 FTA 및 한국-유럽연합 FTA) 택배서비스의 개방 약속을 증가한 것으로 나타난다. 이로써 한국이 통신서비스 부분의 개방에 매우 큰 제한을 했고 진일보적으로 개방을 확대할 가능성이 존재한다는 것을 알 수 있다.

4. 한·중·일 통신서비스업 경쟁력 비교

도표 4-16에 한·중·일 3국 통신서비스의 RCA지수와 TC지수를 열거했다. 전반적으로 보면 세 나라의 통신서비스 RCA지수가 모두 다 비교적 낮은바 2004년 이후의 연도에 모두 다 0.5를 초과하지 못했고 경쟁력도 매우 박약했다. TC지수도 똑같은 특징을 보여주었다. 일·한 양국의 통신서비스는 장기간 적자였으며 TC지수는 모두 다 마이너스였다.

비록 중국의 일부 연도의 TC지수가 플러스일 때도 있었지만 수치가 매우 작고 안정적이지 못하며 TC지수가 0을 상하로 변동하고 있었다. 현재 3국의 통신서비스업은 경쟁력이 매우 약하다. 이에 비해 선진국의 통신업은 비교적 강한 경쟁력을 가지고 있다. 2009년 세계 통신서비스무역 수출입의 10위권 국가는 모두 다 구미 국가였고 그들의 수입 총액이 세계 통신서비스 수입의 58%를 차지했고 수출총액은 세계 통신서비스 수출의 60% 이상을 차지했다.

2009년, 미국과 영국의 통신서비스 수출입이 각각 세계 통신서비스 수출입의 10% 가까이를 차지했고 RCA지수는 각각 0.75, 1.13으로 강력한 경쟁력을 보여주었다.

도표 4-16 한 · 중 · 일 통신서비스무역 경쟁력 비교

연 도		2000	2001	2002	2003	2004	2005	2006	2007	2008	2009	2010
RCA 지수	중국	1.975	0.351	0.629	0.599	0.307	0.276	0.323	0.400	0.428	0.349	0.317
	일본	0.524	0.473	0.505	0.401	0.219	0.163	0.151	0.181	0.178	0.198	0.233
	한국	0.557	0.580	0.577	0.439	0.447	0.386	0.464	0.317	0.323	0.374	0.403
TC 지수	중국	0.695	−0.092	0.078	0.198	−0.035	−0.108	−0.017	0.041	0.019	−0.005	0.035
	일본	−0.167	−0.197	−0.104	−0.092	−0.155	−0.219	−0.253	−0.300	−0.243	−0.255	−0.167
	한국	−0.234	−0.302	−0.289	−0.34	−0.176	−0.271	−0.224	−0.251	−0.227	−0.257	−0.279

자료출처: WTO 국제서비스무역 통계 데이터베이스(WTO Statistics Database) 수치를 계산하여 얻은 것임.

5. 요약

서비스무역 수치를 보든 경쟁력 분석을 보든 한·중·일 3국의 통신 서비스업 경쟁력은 모두 다 강하지 못하다. 이런 상황은 통신서비스 자체의 특점과 매우 큰 관계가 있다. 전신서비스는 통신서비스의 주요한 구성부분의 하나이며 전신업의 발전은 전신 설비와 기술 표준의 발전에 따라 발전하는 것이다. 구미 선진국은 기술이 선진적이고 전신 업종에서 절대적인 기술 표준 우위를 가지고 있으며 전신 네트워크 중의 표준을 독점하고 있어

후발국이 표준에 관한 돌파를 가져오기 매우 어렵게 됐다. 그러나 정보기술 및 네트워크서비스의 발전과 더불어 통신서비스의 내부 구조에 더한층 변화가 일어나게 되며 이는 한·중·일 3국이 통신서비스를 성장시키고 통신 서비스무역의 경쟁력을 제고시키는데 유리한 조건으로 될 것이다.

3. 운송서비스부분

1. 한·중·일 운송서비스업의 발전

운송서비스에는 화물 운송서비스, 여객 운송서비스 및 교통 운송에 부속된 서비스가 포함된다. 교통 도구 방면에는 해양 운송, 철도 운송, 도로 운송, 내하 연해 운송, 항공 운송, 파이프라인 운송, 우주 발사 등이 포함된다.

도표 4-17 한·중·일 운송업 상황비교

연도	중국			일본			한국		
	증가치 (억달러)	성장률 (%)	GDP에서 차지하는 비중(%)	증가치 (억달러)	성장률 (%)	GDP에서 차지하는 비중(%)	증가치 (억달러)	성장률 (%)	GDP에서 차지하는 비중(%)
2000	744.22	19.04	6.21	3231.17	5.32	6.66	353.82	15.26	7.43
2001	830.04	11.53	6.27	2845.01	−11.95	6.69	352.87	−0.27	7.86
2002	905.27	9.06	6.23	2751.52	−3.29	6.72	404.86	14.73	7.93
2003	956.04	5.61	5.83	2963.12	7.69	6.71	453.83	12.10	7.93
2004	1124.15	17.58	5.82	3168.15	6.92	6.63	505.60	11.41	7.81
2005	1301.66	15.79	5.77	3049.54	−3.74	6.43	586.37	15.97	7.74
2006	1527.95	17.38	5.63	2882.55	−5.48	6.38	645.29	10.05	7.56
2007	1919.28	25.61	5.49	2923.83	1.43	6.49	706.75	9.53	7.51
2008	2354.77	22.69	5.21	3295.05	12.70	6.59	609.08	−13.82	7.30
2009	2448.56	3.98	4.91	3208.64	−2.62	6.24	547.20	−10.16	7.28
2010	3141.94	28.32	5.30	3603.97	12.32	6.44	650.68	18.91	7.11

자료출처: 유엔 데이터베이스(UNODC), http://data.un.org.

한·중·일 3국 운송업이 국민경제에서 차지하는 비중은 비교적 안정적이며 2010년에 각각 5.3%, 6.44%, 7.11%였다. 중국경제의 빠른 발전은 운송업의 성장을 이끌어주었다. 2000년 중국 운송업 증가치는 744억 2,200만 달러였으나, 2010년에는 3,141억 9,400만 달러에 달해 322.18% 성장했다.

이에 비해 일본의 운송업 증가치는 2000년에 3,231억 1,700만 달러, 2010년에 3,603억 9,700만 달러로 성장폭이 작았다. 한국도 비교적 많이 성장했지만 성장률이 중국보다는 크지 않았다. 운송업의 전반 규모를 말하면 2000년 중국의 운송업은 일본의 4분의 1, 한국의 2배에 불과했으나 2010년에는 일본과 비슷해졌고 한국의 약 5배가 되었다. 이는 중국의 운송업이 빠른 속도로 발전했음을 의미한다.

2. 한·중·일 운송서비스 무역의 현황

(1) 중국의 운송서비스 무역

2000~2011년 사이에 중국의 운송서비스 무역은 두 가지 기본 특점을 보여주었다. 하나는 빠른 속도로 성장한 것이고 다른 하나는 수입이 수출보다 높은 것이다. 2011년, 중국의 운송서비스 수출액은 357억 9,300만 달러로 2000년에 비해 875.02% 성장했고 수입액은 796억 2,000만 달러로 2000년에 비해 665.87% 성장했다. 운송무역이 서비스무역에서 차지하는 비중도 2000년의 21.31%에서 2011년의 27.58%로 상승했다. (도표 4-18을 참조) 중국의 운송무역은 시종 적자였다. 2011년, 운송서비스의 수입액은 수출액의 2.2배였다. 중국 국내 운송서비스업은 신속히 발전했으나 수입액이

여전히 방대했는데 이는 한편으로 중국의 운송서비스업이 아직도 매우 큰 발전 공간이 있다는 것을 설명하고 다른 한편으로 운송서비스업이 세계적으로 상대적으로 후진 상태이고 경쟁력이 낮다는 것을 설명한다.

(2)일본의 운송서비스 무역

2000~2011년 사이에 일본의 운송서비스 무역은 안정적으로 성장했다. 2011년, 운송서비스 수출액은 383억 1,300만 달러로 2000년에 비해 49.64% 성장했고 운송서비스 수입액은 494억 1,700만 달러로 2000년에 비해 48.29% 성장했다. 중국과 마찬가지로 일본의 운송서비스 무역도 지속적으로 적자였으나 무역 차액 규모가 중국보다 매우 작았다. 이밖에 최근 몇 년간 일본의 운송무역 성장률이 전부 다 GDP 성장률보다 높았다. 2011년, 운송 서비스 무역이 전체 서비스무역에서 차지하는 비중은 28.52%였으며 이는 이 부문이 빠른 속도로 발전했고 경제에서 중요한 부분을 차지한다는 것을 설명한다.

(3) 한국의 운송서비스 무역

한국의 국민경제에서 운송서비스가 중요한 역할을 발휘하고 있다. 2011년, 수출액은 370억 5,700만 달러로 2000년에 비해 170.75% 성장했고 수입액은 27억 9,700만 달러로 2000년에 비해 151.6% 성장했다. 중국, 일본과 달리 한국의 운송서비스 무역은 지속적으로 흑자이고 2011년 흑자액이 92억 6,000만 달러에 달했다. 2008 년 전까지 한국의 운송서비스 무역은 서비스무역 총액의 약 40%를 차지했고 2008년에는 44.11%까지 달했다. 그 후에 약간 하락했지만 기타 국가에 비하면 비례가 여전히 높은 편이다. 이 역시 한국의 운송무역이 비교적 발달했고 대외무역 중에서 중요한 역할을 한다는 것을 설명한다.

도표 4-18 한 · 중 · 일 운송서비스 무역의 종합적인 상황

국가	종류	2000	2001	2002	2003	2004	2005	2006	2007	2008	2009	2010	2011
중국	수출액 (억 달러)	36.71	46.35	57.20	79.06	120.68	154.27	210.15	313.24	384.18	235.69	342.11	357.93
	수입액 (억 달러)	103.96	113.25	136.12	182.33	245.44	284.48	343.69	432.71	503.29	465.74	632.57	796.20
	비중 (%)	21.31	22.19	22.62	25.82	27.39	27.93	28.88	29.73	29.15	24.47	26.89	27.58
일본	수출액 (억 달러)	256.04	240.05	240.03	264.85	321.43	357.52	376.48	420.2	468.35	316.12	389.53	383.13
	수입액 (억 달러)	333.25	313.41	300.36	317.27	390.54	403.76	428.35	490.37	539.54	405.57	465.26	494.17
	비중 (%)	33.74	33.84	32.97	33.91	33.97	33.92	32.32	33.02	32.11	26.45	29.01	28.52
한국	수출액 (억 달러)	136.87	131.80	132.16	171.80	225.29	238.77	258.07	335.56	447.68	286.93	389.82	370.57
	수입액 (억 달러)	110.48	110.43	113.01	136.13	176.55	201.44	231.33	290.76	367.7	234.51	296.75	277.97
	비중 (%)	38.71	39.07	37.11	41.56	43.16	41.03	39.25	40.32	44.11	34.31	37.89	33.82

자료출처: WTO 국제서비스무역 통계 데이터베이스(WTO Statistics Database)를 근거로 계산한 것임.

3. 한·중·일 운송서비스 무역 자유화 비교분석

(1) 중국의 운송서비스 자유화

WTO 서비스무역 양허 일람표에서 중국은 운송서비스부분의 해운서비스, 내수 운송, 항공 운송, 철도와 도로 운송, 운송 보조서비스 등의 영역에서 관련된 약속을 했다. 이미 체결, 실행한 FTA 중 운송서비스업의 개방 수준은 WTO를 토대로 어느 정도 초월했다. 어떤 것은 새로운 소부문에 포함되었고 어떤 것은 기존의 부문에서 WTO를 초월한 약속을 했다.(도표 4-19를 참조할 것) 그러나 전반적으로 초월한 폭이 별로 크지 않다.

도표 4-19 중국 운송서비스업 부문이 FTA에서 WTO를 초월한 약속

이미 체결한 FTA	운송업의 새로 약속을 증가한 부문	WTO 약속수준보다 높은 운송업 부문
중국–아세안 FTA	동력 엔진 차량의 유지와 수리서비스, 도시간 정기적인 여객 운송	항공기의 보수: 합자기업의 설립에 대한 경영 허가를 내릴 때 경영 테스트를 하던 제한을 취소했다. 컴퓨터 좌석 예약 시스템서비스: '약속하지 않음'으로부터 외국 서비스 공급자가 중국의 컴퓨터 좌석 예약 시스템서비스 제공자와 중국에 합자기업을 설립하는 것을 허락한다고 시정했다. 중국 측은 합자기업에서 절대적인 지분을 확보하거나 지배적 지위를 차지해야 한다. 합자기업 설립 영업 허가는 경제 수요 테스트를 거쳐야 한다.
중국–칠레 FTA	항공 수송서비스의 판매와 마케팅, 공항 운영서비스, 지상근무서비스, 특별 항공서비스.	위와 같음
중국–싱가포르 FTA	동력 엔진 차량의 유지와 수리서비스, 도시 간 정기적인 여객 운송서비스	위와 같음
중국–뉴질랜드 FTA	동력 엔진 차량의 유지와 수리서비스.	위와 같음
중국–파키스반 FTA	동력 엔진 차량의 유지와 수리서비스, 도시 간 정기적인 여객 운송서비스	무
중국–페루 FTA	도시 간 정기적인 여객 운송서비스	무
중국–코스타리카 FTA	무	무

자료출처 : 중국 자유무역지대서비스 홈페이지(http:// fta. mofcom. gov. cn)에 발표된 중국이 이미 체결한 FTA 서류를 정리한 것임.

(2) 일본의 운송서비스 자유화

WTO 중에서 일본은 일부분의 운송서비스 부분을 개방 리스트에 포함시켰으나 다른 부문 및 다른 서비스무역 양식의 자유화 수준에 다소 차이가 있었다. 그 가운데 해양 운송서비스 중의 여객 운송 및 화물 운송서비스의 시장접근과 국민대우 조항에서 4가지 서비스무역 양식에 대해 다 약속을 하지 않았다. 바지라인 서비스에 대해서는 시장접근과 국민대우 조항에서 양식1에 대해 약속을 하지 않았고 양식2와 양식3에 대해 제한을 하지 않았으며 양식4에 대해서는 수평적 양허 내용 이외에 약속을 하지 않았다. 해운 지지 서비스에 대해 양식1, 양식2와 양식3에 대해 모두 다 제한을 하지 않았다. 내수 운송서비스에 대해 일본은 바지라인 서비스와 내수 운송 지지서비스 부분만 약속에 포함시켰을 뿐이다.

전반적으로 이 두 소부문에 대해 시장접근과 국민대우 조항의 상업적 주재 방면에서 기본적으로 제한을 하지 않았다. 항공 운송서비스에 대해 비행기의 보수와 정비서비스, 관련된 판매서비스, 컴퓨터 좌석 예약 시스템서비스 등 소수의 부문을 양허 약속 리스트에 포함시켰으며 양식4 이외에 기본적으로 제한을 하지 않았다. 철도 운송서비스에 대해 일본은 철도 운송 설비의 보수와 정비 방면에만 관련 제한을 취소한다고 약속했다. 기타 예를 들면 도로 운송, 파이프라인 수송 등에 대해 소수의 소부문만 어느 정도 개방했는데 주로 상업적 주재 방면의 제한을 취소했다. 일본이 체결한 FTA는 기본적으로 WTO 중의 약속 수준을 참조했고 이를 토대로 상황을 봐가면서 관련 제한을 늦추었다. 예를 들면 일본-싱가포르 FTA에서 해양 운송 중의 여객 운송과 화물 운송서비스의 시장접근 조항에서 양식1에 대해서는 아래와 같은 상황 외에 제한을 하지 않았다.

일본 국기를 내걸지 않은 선박은 대외로 개방하지 않은 일본의 부두에 정박하지 못한다. 양식2에 대해 제한을 하지 않았다. 양식 3에 대해 진일보적으로 다음과 같이 약속했다. "국제 해운서비스를 제공하는 기타 상업적 주재의 형식: 제한을 하지 않는다." 이밖에 개별적인 새로운 소부문도 개방 약속에 포함되었다. 예를 들면 선원을 데리고 선박을 임대하는 서비스, 해운 대리서비스 등.

(3) 한국의 운송서비스 자유화

한국은 중국, 일본과 마찬가지로 WTO의 약속에서 일부분의 운송 서비스부분을 개방 리스트에 포함시켰으나 다른 부문 및 다른 서비스무역 양식의 자유화 수준에는 다소 차이가 있다. 종합적으로 보면 개방에 포함시킨 각 소부문 중에 제한을 비교적 많이 한 것은 상업적 주재로 시장접근 조항에 주로 집중되었으며 외자의 지분 보유 비율, 경영 지역, 영업 허가 등의 방면에 제한을 했다. 양식1에서 약속에 포함시킨 다수의 소부문에 대해서는 개방 약속을 하지 않았다. 상대적으로 양식2와 관련된 제한이 비교적 적었는데 예를 들면 해운 지지서비스, 컴퓨터 좌석 예약시스템 서비스 등은 시장접근, 국민대우 등의 방면에서 전부 다 제한을 하지 않았다.

FTA에서 한국은 기본적으로 WTO에 한 약속을 답습했다. 중국, 일본과 비슷한 상황으로 한국도 개별적인 부문의 자유화 약속은 'WTO+'의 수준에 도달했으며 약속에 새로 포함시킨 신규 부문도 어느 정도 있었다. 한국-아세안 FTA를 예로 들면 해양 운송 중의 여객 운송과 화물 운송서비스에 관한 시장접근 조항의 양식1에서 "낱포장, 비정기적 운송과 기타 국제 선박

운송에 대해 제한을 하지 않는다"고 약속했다. 양식3에 관해 국제 해상 운송의 경영 제한을 진일보적으로 완화했다.

4. 한·중·일 운송서비스업 경쟁력 비교

도표 4-20에서 보다시피 2000년부터 2003년 사이에 중국의 운송서비스 무역 RCA지수가 0.8보다 낮았고 2004년에 다소 제고되었으나 RCA지수가 시종 1.25 보다 낮았으며 경쟁력이 일반 수준에 머물러 있었다. 일본과 한국의 RCA지수는 1.25~2.5 사이에 있는데 이는 양국의 운송서비스 무역이 비교적 강한 경쟁력이 있다는 것을 설명하며 한국은 일본보다 조금 낫다.

TC지수를 이용한 분석에도 같은 법칙을 얻어낼 수 있다. 중국과 일본은 줄곧 마이너스 수치이고 한국은 줄곧 작은 플러스 수치이다. 그러나 일본은 중국보다는 낫다. 때문에 종합적으로 말하면 한·중·일 3국 중 한국의 운송서비스 무역의 경쟁력이 가장 강하고 그 다음은 일본이며 중국은 비교적 약하다. 그러나 세계적으로 비교해보면 한국의 우세가 별로 뚜렷하지 않다.

도표 4-20 한·중·일 운송서비스 무역 경쟁력 비교

연도		2000	2001	2002	2003	2004	2005	2006	2007	2008	2009	2010	2011
RCA 지수	중국	0.527	0.618	0.654	0.777	0.864	0.916	1.023	1.147	1.131	0.913	0.955	0.954
	일본	1.595	1.626	1.636	1.681	1.593	1.537	1.455	1.473	1.378	1.251	1.332	1.300
	한국	1.925	1.977	2.015	2.318	2.320	1.169	2.076	2.095	2.158	1.973	2.146	1.921
TC 지수	중국	−0.478	−0.419	−0.408	−0.395	−0.341	−0.297	−0.241	−0.16	−0.134	−0.328	−0.298	−0.380
	일본	−0.131	−0.133	−0.112	−0.09	−0.097	−0.061	−0.064	−0.077	−0.071	−0.124	−0.089	−0.127
	한국	0.107	0.088	0.078	0.116	0.121	0.085	0.055	0.072	0.098	0.101	0.136	0.143

자료출처 : WTO 국제서비스무역 통계 데이터베이스(WTO Statistics Database) 수치를
근거로 계산한 것임.

5. 요약

운송무역은 전통적인 서비스무역으로 각국의 서비스무역 중에서 시종
중요한 지위를 차지해왔다. 한·중·일 3국 가운데 한국의 운송무역이 우위가
비교적 뚜렷하고 수출액이 수입액보다 많으며 중국과 일본의 운송무역은
경쟁력이 부족하고 수입액이 수출액보다 많다. 3국간에 상호 보완성이

존재한다. 발전 추세로 보면 중국의 운송무역은 경쟁력이 서서히 제고되고 있으나 경제 발전 속도가 빠르기 때문에 운송서비스의 무역 적자가 끊임없이 확대되고 있다. 일본과 한국은 상대적으로 안정되어 있다. 운송서비스가 미치는 면이 비교적 넓기 때문에 각국의 자유화 약속에도 많은 차이가 난다. 3국이 모두 다 국내 운송업을 일정하게 보호하는 경향이 있어 FTA 틀 안에서 진일보적으로 개방하는데 어려움을 더해주고 있다.

4. 건축서비스 부분

WTO의 부문 분류에 따르면 건축 및 관련된 공사서비스에는 건축물의 종합적인 건축 작업, 민용 공사의 종합적인 건축 작업, 설치와 조립 작업, 건축물의 인테리어 업무 및 기타 부문이 포함된다.

1. 한·중·일 건축서비스업의 발전

최근 몇 년간 중국 건축서비스업이 비교적 빠르게 성장했으며 2003~2009년 사이에 특별히 뚜렷했다.(도표 4-21 참조) 2010년 중국 건축업이 GDP 중에서 차지하는 비중은 6.07%였다. 전체적인 규모를 말하면 2000년에 중국의 건축서비스업이 일본의 5분의 1, 한국의 2배에 불과했으나 2010년에 이르러 일본보다 8.29% 높았고 한국의 6배에 달했다. 일본과 한국에 비해 중국 건축업의 성장속도가 빨랐는데 이는 국내 부동산 산업의 신속한 발전과 밀접한 관계가 있다. 이에 비해 일 한 양국의 건축업은 변동이 있었다.

그중 일본은 2000~2010년 사이에 건축업이 5차례나 마이너스 성장을 했으며 2008년 후에야 어느 정도 회복되었다. 일본 건축업이 GDP에서 차지하는 비례는 기본상 6%~7%를 유지했고 2010년에 이 비례는 5.94%였다. 같은 시기 한국의 건축업도 세 번 마이너스 성장을 했는데, 특히 2008년과 2009년의 성장률은 각각 -16.15%와 -11.07%로 국제 금융위기의 영향을 받은 것이 분명하다. 2010년, 한국 건축업이 어느 정도 회복되어 성장률이 14.13%에 달했으며 GDP에서 차지하는 비중은 6.5%였다.

도표 4-21 한·중·일 건축업 증가치 비교

연도	중국			일본			한국		
	증가치 (억달러)	성장률 (%)	GDP에서 차지하는 비중	증가치 (억달러)	성장률 (%)	GDP에서 차지하는 비중	증가치 (억달러)	성장률 (%)	GDP에서 차지하는 비중
2000	667.06	6.77	5.57	3445.42	2.92	7.10	330.82	3.44	6.95
2001	716.64	7.43	5.41	2924.26	−15.13	6.88	320.50	−3.12	7.14
2002	781.14	9.00	5.37	2703.05	−7.56	6.61	365.85	14.15	7.17
2003	905.01	15.86	5.52	2788.91	3.18	6.32	460.03	25.74	8.04
2004	1050.44	16.07	5.44	3045.85	9.21	6.37	504.95	9.77	7.80
2005	1265.18	20.44	5.61	2890.76	−5.09	6.10	578.88	14.64	7.64
2006	1556.24	23.01	5.74	2738.55	−5.27	6.06	642.65	11.01	7.53
2007	2010.70	29.20	5.75	2670.29	−2.49	5.93	699.26	8.81	7.43
2008	2697.39	34.15	5.97	2902.25	8.69	5.80	586.29	−16.15	7.03
2009	3278.79	21.55	6.57	3123.87	7.64	6.08	521.38	−11.07	6.93
2010	3596.71	9.70	6.07	3321.47	6.33	5.94	595.06	14.13	6.50

자료출처 : 유엔 데이터베이스(UNODC), http://data.un.org.

2. 한·중·일 건축서비스 무역의 현황

(1) 중국의 건축서비스 무역

최근 10여 년간 중국의 건축서비스 무역이 신속히 성장했다. 1998년, 건축서비스 무역 수출입 총액은 17억 1,000만 달러뿐이었다. 2005년에 들어서서야 처음으로 30억 달러 관문을 돌파해 42억 1,200만 달러에 달했다.

그 후 중국의 건축서비스 무역이 고속성장을 유지했다.(도표 4-22 참조) 그중 수출성장이 특별히 뚜렷했다. 특히 2007년과 2008년은 배로 성장하는 추세를 유지했다. 2000년, 중국의 건축서비스 무역 수출액은 6억 200만 달러뿐이었다. 그러나 2011년에는 147억 3,900만 달러에 달했다. 2001년 전까지 중국의 건축서비스 무역이 시종 적자 상태였으나 적자 액수가 점차 감소되었다. 2002년에 건축서비스 무역이 처음으로 2억 8,200만 달러의 흑자를 기록한 후 흑자가 점차 확대되었고 지금까지 쭉 이어졌다. 2011년, 건축서비스 무역 흑자가 104억 6,100만 달러에 달했다.

(2) 일본의 건축서비스 무역

2000년~2011년 사이에 일본의 건축서비스 무역은 상대적으로 평온하게 발전했고 전체 서비스무역에서 차지하는 비중이 기본적으로 안정적이었다. 2011년, 일본의 건축서비스 수출액은 97억 7,900만 달러로 연속 3년 마이너스 성장을 했다. 같은 시기 수입액은 65억 6,600만 달러로 연속 4년간 하락했다.

2000년, 일본의 건축서비스 무역액이 서비스무역에서 차지하는 비중은 5.64%였고 2011년에 이 비례는 5.31%였다. 무역 차액을 말하면 일본의 건축서비스는 시종 흑자를 유지했으나 규모가 비교적 작았다. 2011년, 흑자액은 32억 1,300만 달러였다. 중국과 한국에 비해 일본의 건축서비스 무역의 흑자가 뚜렷하게 적었다.

(3) 한국의 건축서비스 무역

중국과 마찬가지로 최근 10년간 한국의 건축서비스 무역도 신속히 발전했다. 2000년에 한국의 건축서비스 무역이 서비스무역 중에서 차지하는 비례가 1.75%에 그쳤지만 2011년에는 9.53%에 달했다. 가장 많이 성장한 것은 건축서비스의 수출이었다. 건축서비스 무역의 수출액이 2000년에 9억 3,300만 달러였고 2011년에는 151억 8,500만 달러에 달해 12년간 15.3 배 성장했다.

수출이 신속히 성장하면서 건축서비스 흑자액도 지속적으로 확대되어 2011년에 120억 9,300만 달러에 달했다. 한·중·일 3국 가운데 한국의 흑자 규모가 가장 컸다.

도표 4-22 한 · 중 · 일 건축서비스 무역의 종합적인 상황

국가	종 류	2000	2001	2002	2003	2004	2005	2006	2007	2008	2009	2010	2011
중국	수출액 (억달러)	6.02	8.30	12.46	12.90	14.67	25.93	27.53	53.77	103.29	94.63	144.95	147.39
	수입액 (억달러)	9.94	8.47	9.64	11.83	13.39	16.19	20.50	29.10	43.63	58.68	50.72	42.75
	비중 (%)	2.42	2.33	2.59	2.44	2.10	2.68	2.50	3.30	4.83	5.35	5.40	4.54
일본	수출액 (억달러)	58.49	47.93	46.25	45.5	68.65	72.24	89.81	103.22	138.14	124.36	106.6	97.79
	수입액 (억달러)	40.00	38.15	35.87	33.79	48.02	47.65	62.02	79.38	113.59	114.14	78.59	65.66
	비중 (%)	5.64	5.26	5.01	4.62	5.57	5.34	6.10	6.62	8.02	8.74	6.28	5.31
한국	수출액 (억달러)	9.33	11.90	21.84	20.38	26.59	47.07	70.03	96.98	136.86	145.53	119.77	151.85
	수입액 (억달러)	1.87	2.26	4.31	3.94	4.90	8.79	13.08	18.28	26.08	28.06	23.02	30.92
	비중 (%)	1.75	2.28	3.96	3.28	3.38	5.21	6.67	7.42	8.81	11.42	7.88	9.53

자료출처 : WTO 국제서비스무역 통계 데이터베이스 (WTO Statistics Database).

3. 한·중·일 건축서비스 무역자유화 비교분석

(1) 중국의 건축서비스 자유화

중국은 WTO에 가입한 후 건축서비스 무역에 대해 건축물의 전반 건축 업무, 민용 공사의 전반 건축 업무, 설치와 조립 업무, 건축물의 인테리어 업무 및 기타 부문 등에 대해 양허 약속을 했다. 그중 양식1의 시장접근과 국민대우에 대해서는 약속을 하지 않았다. 양식2의 시장접근과 국민대우에는 제한을 하지 않았다. 양식3의 시장접근 제한에 관한 규정은 다음과 같다. "합자기업의 형식에만 한해 외자가 다수의 지분을 보유하는 것을 허락한다. 중국이 WTO에 가입한 이후 3년 내에 외상 독자기업의 설립을 허락한다. 외상 독자기업은 4가지 종류의 건축 프로젝트만 수주할 수 있다." 양식3의 국민대우는 WTO에 가입한 이후 3년 내에 제한을 취소한다. 양식4는 수평적 양허 내용 이외에는 약속을 하지 않았다. 각 FTA 중에서 중국의 건축서비스에 관한 개방 약속은 WTO 중의 약속과 완전하게 일치한다.

(2) 일본의 건축서비스 자유화

WTO 중에서 일본의 건축서비스에 대한 약속은 비교적 간단했다. 시장접근 방면에서 양식1에 대해 약속을 하지 않았다. 양식2와 양식3에 대해서는 제한을 하지 않았다. 양식4에 대해 수평적 양허 내용 이외에는 약속을 하지 않았다. 국민대우 방면에서 양식1에 대해 약속을 하지 않았고 양식2에는 제한을 하지 않았으며 양식3과 양식4에 대해 수평적 양허의 내용

이외에는 약속을 하지 않았다. FTA 중에서 일본의 건축서비스는 기본상 WTO에서의 수준과 일치했으며 신규 약속 내용이 있었지만 종합적으로 실질적인 돌파는 없었다.

(3) 한국의 건축서비스 자유화

한국의 WTO 중의 건축서비스 무역 약속은 일반 건축과 특수 건축 두 가지 유형으로 나뉜다. 시장접근 방면에서 양식1에 대해 약속을 하지 않았고 양식2에 대해 제한을 하지 않았으며 양식3에 대한 약속 내용은 다음과 같다. "지사기구 설립을 허락하지 않는다. 1996년 1월 1일부터 지사기구 설립을 허락한다. 매년 특정 시간에 새로운 허가증을 발급한다.

매 계약의 매매약정대금을 제한한다." 양식4에 대해 수평적 양허 내용 이외에 약속을 하지 않는다. 국민대우 방면에서 양식1에 대해 약속을 하지 않고 양식2와 양식3에 대해 제한을 하지 않으며 양식4에 대해 수평적 양허 내용 이외에 약속을 하지 않는다. FTA에서 한국 건축서비스의 제한은 어느 정도 완화되었는데 주로 상업적 주재 방면에서 체현되었다. 한국-아세안 FTA를 예로 들면 일반 건축과 특수 건축서비스에 대해 시장접근 조항에서 전부 다 양식3에 대해 제한을 하지 않는다고 약속했다.

4. 한 · 중 · 일 건축서비스업 경쟁력 비교

도표 4-23에 표시된 바와 같이 중국 건축서비스 무역의 RCA지수는

2000~2007년에 1.25~2.5 사이에 있었고 그 후에 2.5를 초과했는데 건축서비스의 경쟁력이 끊임없이 상승했음을 보여준다. 일본의 건축서비스 RCA지수는 줄곧 2.5보다 높았으며 경쟁력이 비교적 강했다.

한국의 건축서비스 무역은 신속히 발전하여 2001년 이후 RCA가 계속 2.5보다 높았고 2009년에는 9.517까지 달했다. TC지수를 봐도 한·중·일 3국이 유사한 특점을 가진다는 것을 알 수 있다. 중국 건축서비스 무역의 TC지수는 마이너스에서 플러스로 끊임없이 높아졌고 2011년에는 0.55에 달해 경쟁력이 대폭 제고되었다. 한국의 TC지수는 시종 0.67 선을 유지하여 비교적 강력한 경쟁력을 보여주었다. 일본의 TC지수는 줄곧 0.15 선에서 변동했으며 일정한 경쟁력을 가지고 있었다.

도표 4-23 한 · 중 · 일 건축서비스 무역 경쟁력 비교

연 도		2000	2001	2002	2003	2004	2005	2006	2007	2008	2009	2000	2010
RCA 지수	중국	1.268	1.599	1.902	1.770	1.493	2.064	1.645	2.463	3.464	3.487	3.985	3.733
	일본	5.345	4.692	4.208	4.034	4.833	4.164	4.263	4.527	4.633	4.681	3.593	3.155
	한국	1.925	2.579	4.446	3.842	3.889	5.730	6.917	7.572	7.517	9.517	6.499	7.483
TC 지수	중국	−0.246	−0.01	0.128	0.043	0.046	0.231	0.146	0.298	0.406	0.235	0.482	0.550
	일본	0.188	0.114	0.126	0.148	0.177	0.205	0.183	0.131	0.098	0.043	0.151	0.197
	한국	0.666	0.681	0.670	0.676	0.689	0.685	0.685	0.683	0.680	0.677	0.678	0.662

자료출처: WTO 국제서비스무역 통계 데이터베이스(WTO Statistics Database) 수치를 근거로 계산한 것임.

5. 요약

건축서비스 무역은 또한 비교적 전통적인 서비스무역으로 각국의 서비스 무역에서 차지하는 비중이 높지 않다. 그러나 최근 10여 년간 신흥 경제체가 굴기하면서 부동산 산업의 발전이 건축서비스의 빠른 발전을 이끌었다. 현재 한·중·일 3국의 건축서비스는 상당한 경쟁력을 가지고 있으며 그중 한국이 가장 강하고 그 다음은 중국이고 일본은 조금 약한 편이다. 앞으로의 FTA 담판에서 3국은 이 부문의 개방에 대해 각자 공격과 수비를 하게 될 것이며 일정한 불확실성이 존재한다.

제4절
한·중·일 FTA 서비스무역 자유화의 발전전망

최근 몇 년간 중국, 일본, 한국은 서비스업의 발전을 점점 더 중시 하면서 서비스무역을 경제성장을 추진하는 중요한 추진력으로 삼았으며 3국의 서비스무역 총액이 비교적 빠른 성장을 이룩했다.

그러나 한·중·일서비스무역의 전반 경쟁력은 여전히 약한 편이고 각 부문의 발전은 매우 불균형적이다. 때문에 앞으로 한·중·일 FTA 담판에서 3국은 모두 다 서비스업의 개방에 대해 신중한 태도를 보이게 될 것이다.

1. 한·중·일 FTA 서비스무역 자유화에 영향을 주는 요소

서비스무역 자유화는 한·중·일 FTA 중의 중요한 영역으로 3국 서비스무역의 발전 추진, 서비스업의 경쟁력 제고, 경제성장 선도 등의 방면에 모두 적극적인 역할을 한다. 그러나 아직도 많은 요소가 FTA의 서비스무역 담판에 영향을 주게 되는데 예를 들면 서비스무역의 약속 방식, 민감 부문의 개방 등이다. 이런 장애를 제대로 해결해야만 한·중·일 FTA가 비교적 높은 수준의 서비스무역 협의를 달성할 수 있다.

1. 서비스무역 약속방식

앞으로 한·중·일 FTA 담판의 약속 방식에서 3국간에 의견 차이가 존재하게 된다는 것을 예견할 수 있다. 중국은 FTA에서 줄곧 '포지티브 리스트'의 방식을 채용한 반면 일본과 한국은 '네거티브 리스트' 쪽으로 치우쳤으며 서비스무역과 투자 유보 조치의 네거티브 리스트를 합쳤다.

일본과 한국은 '래칫조항'[55]을 가진 네거티브 리스트 방식이 서비스무역 자유화에 더욱 유리하다고 여긴다. 이유는 기존 조치의 투명도를 높이고 법률의 예견 가능성을 확보할 수 있기 때문에 이런 방식이 상업 부문으로 하여금 동반자국에 투자를 늘리도록 격려할 수 있다는 것이다. 그러나 중국은 3국이 경제 구조, 발전 단계와 서비스무역 관리 시스템 방면에 실질적인 차이가 존재하기 때문에 '포지티브 리스트' 방식이 미래의 FTA에 더욱 적합하다고 여기고 있다.

'네거티브 리스트'를 사용한다면 '리스트에 포함되지 않는 것은 개방'하는 방식에 의해 리스트에 명확하게 유보 조치를 열거한 경우를 제외한 기타 모든 부문을 전부 다 개방해야 한다. 때문에 중국 서비스업의 개방 및 정부 규제 조치의 투명도 등이 전부 다 비교적 큰 압력을 받게 된다. 이밖에 일본과 한국은 또 전기통신 및 금융서비스에 대해 단독적인 장이나 부록을 설치할 것을 주장한다. 이는 미국의 FTA의 일관적인 방법을 채용한 것이다. NAFTA가 시작되어서부터 미국은 모든 FTA에서 빠짐없이 금융,

---

55) 래칫(ratchet)조항 : 역진방지조항이란 한 번 개방 또는 자유화한 부문의 경우 이를 되돌릴 수 없다는 것을 뜻하며 한 쪽으로만 돌아가는 톱니바퀴를 의미한다.

전신 두서비스부분에 단독적인 규정을 내려 더욱 큰 정도의 시장접근과 국민대우를 실현하려 했다. 일본과 한국도 FTA에서 이 두 부문에 대해 단독적인 규정을 내릴 것을 주장해 중요한 서비스업 부문에서 자체의 이익 요구를 보여주었다. 그러나 중국은 자연인 이동에 대해 단독적인 장을 설치하고 약속을 하는 것으로 자연인과 서비스 공급자의 자유로운 이동을 추진해야 한다고 주장했다. 3자의 이 방면에서의 차이는 사실상 미래 FTA에서 각자가 자체의 우위 부문을 위해 더욱 큰 기회를 도모하고 최대한 더욱 큰 이익을 실현하려는데 있다.

2. 중요한 부문의 자유화

서비스업은 부문이 많기 때문에 미래 FTA가 진일보적으로 자유화할 영역에 대해 3국은 각각 고려하는 바가 있다. 중국은 전업서비스, 환경서비스, 항공운송서비스와 의료서비스를 강조하고 양식4의 합격된 서비스 제공자에게 더욱 우대적인 대우를 주는 것을 중시한다. 일본은 금융서비스, 정보 기술 및 관련 서비스, 시청각 오락서비스, 건축, 건축 디자인, 프로젝트서비스, 해운서비스, 사교육서비스를 강조한다. 한국은 법률서비스, 금융서비스, 전신서비스, 시청각 오락서비스, 산매서비스, 건축서비스를 중시한다. 그러나 각자의 민감 부문에 대해 3국은 유보하는 방면이 있다. 예를 들면 일본은 방송서비스, 공교육서비스, 건강 의료서비스, 우주발사서비스, 에너지와 관련된 서비스를 유보하고 한국은 건강 의료서비스, 사회서비스, 환경서비스, 에너지 서비스, 방송 출판서비스,

교육서비스 등을 유보한다.

일본과 한국이 강조하는 금융서비스에서도 3국간에 차이가 존재한다. 은행서비스 방면에서 3국의 발전수준과 개방 정도가 모두 다 상대적으로 높기 때문에 의견차이가 비교적 적고 미래 FTA 중에서 개방 장애가 가장 작은 부문이 될 것이다. 증권서비스 방면에서 3국의 발전수준과 감독관리 정책에 차이가 있어 진일보적으로 개방하는데 비교적 많은 어려움을 겪게 된다. 보험서비스 방면에서 3국이 모두 다 무역 경쟁력이 부족하고 또한 중국과 한국의 무역개방도가 비교적 제한되어 있기 때문에 국내 보험 산업을 보호하는 원칙하에 3국이 모두 다 보험서비스업의 개방에 신중한 태도를 가지게 될 것이다.

2. 한 · 중 · 일 FTA 서비스무역 자유화 전망

1. 한 · 중 · 일 FTA는 비교적 전면적인 서비스무역협정을 체결하게 될 것이다.

현재 세계 서비스 무역량이 신속히 증가하고 있고 서비스무역이 각국 경제에서 가지는 중요성이 날로 높아지고 있다. FTA 틀 안의 역내 서비스 무역 자유화는 더욱이 각국이 역내 자유무역협정을 체결하는 중요한 목표가 되고 있다. 통계에 따르면 현재 역내 서비스무역 규칙 및 관련 약속의 규제를 받아 양식1과 양식3을 통해 제공하는 서비스가 이미 세계 서비스무역 총량의 80% 이상을 차지한다.

역내 서비스무역협정은 성장 속도가 빠르고 규모가 끊임없이 확대될 뿐만 아니라 자유화 정도가 보편적으로 다자 서비스무역 자유화 수준보다 높다. 우루과이 라운드 담판이 결속된 후 「금융서비스 협정」 과 「세계 기본통신 협정」 을 각각 체결한 바 있다. 그러나 다종 요소의 영향을 받아 현재 각국이 CATS 중에 개방한 부문은 다수가 인프라 시설과 관련된다. 해운, 건축, 정부조달 항목 아래의 서비스, 자연인 이동 등의 민감 부문 및 항공기의 상업발사서비스, 새로 파생된 금융서비스 등 신흥서비스부문에 대해 각국의 약속 정도가 보편적으로 낮다. 그러나 CATS에 비해 역내 무역협정에서 많은 국가가 일부분의 관건적인 부문에 대한 약속을 증가했다. 서비스 자유화 약속을 한 부문 비율을 확대함으로써 FTA 중의 역내 서비스무역 자유화가 대부분 'WTO+'의 수준에 도달했고 역내 서비스무역 자유화 발전을 추진했다. WTO 회원국으로 한·중·일 3국은 다자 서비스무역 자유화를 적극 추진할 뿐만 아니라 FTA에 적극 참가해서 서비스무역을 진일보적으로 확대하고 있으며 각자 체결한 FTA 중에 서비스무역이 이미 핵심내용의 하나로 되었다. 때문에 서비스무역 자유화는 한·중·일 FTA의 관건적인 구성부분이 되어 비교적 전면적인 서비스무역협정을 달성하게 될 것이다.

이는 3국의 경제성장을 자극하고 서비스 산업의 경쟁력을 높이고 소비자와 생산자의 전체 복지를 증가하고 생산요소 유동을 추진하는데 유리하게 될 것이다. 담판 과정에 각자의 이익과 관심사를 적당하게 처리한다면 FTA는 서비스무역을 증가하는데 도움이 되어 3국이 공동으로 혜택을 보게 할 것이다.

2. 한·중·일 FTA 서비스무역협정은 기존의 자유화 수준을 토대로 하고 중대한 돌파는 없을 것이다.

한 ·중·일 FTA의 설립은 3국의 서비스업 시장접근 수준을 높이고 시장 경쟁을 강화하고 3국간의 서비스무역의 발전을 진일보적으로 추진하는데 도움이 되지만 동시에 3국의 서비스업 부문에 정도가 다르게 시장 충격을 가져다주게 된다. 한 ·중·일 서비스무역에 국제 경쟁력이 비교적 약하고 민감한 부문이 많은 현실 상황을 고려하여 협정은 3국의 다자 무역 틀 안의 약속을 기반으로 삼을 것이다. 비록 개별적인 신규 부문 또는 기존 부문에 대해 진일보의 약속을 하게 되지만 종합적으로 한 ·중·일 FTA 서비스 무역협정에는 중대한 돌파가 없을 것으로 판단된다.

서비스무역협정은 비교적 많은 부문에 피복되어 3국의 광범한 이익 관심사를 체현할 것으로 예상된다. 그러나 구체적으로 매 부문의 개방 정도를 보면 3국은 도하 라운드 담판의 오퍼를 하한선으로 하는 동시에 기존의 FTA 중의 자유화 수준을 참조하게 된다. 단시기 내에 한 ·중·일 FTA 서비스무역은 높은 수준으로 더한층 자유화를 실현할 가능성이 없다.

3. 한 · 중 · 일 FTA 서비스무역 자유화는 융통성 있는 점진적인 원칙을 따르면서 3자가 조속히 이익을 얻게 한다.

현재 한 ·중·일 3국의 서비스무역이 모두 다 적자이고 3국에는 각자 열세 서비스부분이 있다. 통신서비스를 예로 들어 자유화 정도를 보면 한 ·중·일 3국의 자유화 정도에 비교적 큰 차이가 존재한다. 중국은 전신부문에 대해 외자 비례를 제한하고 있고 한국도 중국과 비슷한 상황으로 외자 비례를 제한할 뿐만 아니라 허가증 획득 등의 제한도 하고 있다. 뿐만 아니라 통신업

개방은 경제발전에만 국한되는 것이 아니라 국가의 안전에도 영향을 주기 때문에 전신서비스 시장을 개방하는 과정에 3국은 모두 다 시장 경쟁, 시장 감독관리 등 방면의 도전에 직면하게 되며 신중하게 대할 수밖에 없다. 기타 일부 부문의 예를 들면 증권, 보험, 전업서비스, 시청각, 운송 등에도 유사한 문제가 존재한다. 때문에 현 단계에 한·중·일 3국이 서비스무역협정을 달성하려면 현실에 입각하여 융통성 있게 점진적인 원칙을 따르게 된다. 조속히 협의를 달성하기 위해 3자가 민감 부문을 잠시 배제하는 상황도 있을 수 있다.

3. 중국의 한·중·일 FTA 서비스무역 자유화 가입에 대한 대책 건의

1. 한·중·일 FTA 서비스무역 자유화를 적극 추진시킨다.

역내 무역협정이 지속적으로 증가하는 추세에 FTA는 이미 각국이 열망하는, 역내 무역 자유화를 실현하는 중요한 캐리어가 되었다. FTA 구축은 참가국뿐만 아니라 다자 무역 자유화 및 세계 경제에도 중요한 영향을 미치게 된다. 중국은 이미 자유무역지대 건설을 새로운 시기 대외개방의 중요한 전략의 하나로 삼고 FTA 담판과 체결 속도를 재촉하고 있다. FTA는 중국의 역내에서의 이익을 진일보적으로 확대함과 아울러 WTO와 상호 보완하면서 중국의 세계경제 전략에 봉사하는 역할을 하게 될 것이다.

현재 중국은 역내 프레임에 점차 서비스무역 자유화의 내용을 포함시켰다. 비록 체결한 역내 서비스무역협정의 수량이 비교적 적고 관련된 서비스무역

규모가 중국 전체 서비스무역에서 차지하는 비중이 낮으며 그 영향이 아직 나타나지 않았지만 FTA의 실행과 체결이 점차 증가되면서 역내 서비스무역 자유화가 중국 경제에 점점 더 중요한 영향을 발휘하게 될 것이다.

현 단계에 중국의 역내 서비스무역 자유화는 현실에 입각하여 순차적으로 진행하는 원칙을 따르고 있다. FTA에서 개방된 서비스업 부문은 다자 프레임 속의 약속에 비해 다소 증가했거나 심화되었지만 상대적으로 신중한 편이다.

전체적으로 보든 구체적인 부문을 보든 역내의 서비스무역 자유화는 중국 서비스업의 경쟁력을 높여주고 서비스업을 진일보 발전시키는데 적극적인 영향을 하게 된다. 때문에 우리는 마땅히 한·중·일 FTA가 조속히 서비스무역 협정을 달성하도록 추진시켜야 하며 서비스무역 장벽을 감소하고 정책 투명도를 높여 중국 서비스업을 진일보 발전시켜야 한다.

2. 원활하고 실무적이어야 하며 서비스무역 자유화의 최대 이익을 도모해야 한다.

서비스무역의 전체 발전수준 및 부문 경쟁력에 차이가 있기 때문에 현재 중국의 FTA 중의 서비스무역의 자유화는 GATS에서 한 약속을 근거로 하고 있으며 FTA에 신규 약속 부문과 WTO 약속 수준보다 높은 부문이 있지만 수량은 제한되어 있다. 그중 신규 서비스부분은 체육과 오락 문화서비스(시청각서비스 제외), 관리 컨설팅과 관련된 서비스, 시장 조사연구서비스, 동력엔진차량 정비와 유지 서비스 등에 집중되었다.

약속 수준이 진일보적으로 제고된 부문으로는 환경, 부동산, 항공기의 보수, 화물운송 대리, 컴퓨터 및 관련 서비스 분야에 집중돼 있다. FTA에서 중국은 시장접근 방면에서 상업적 주재에 대해 비교적 엄격하게 제한하고 있다.

중국의 전통적인 우위 부문과 분야 예를 들면 관광, 운송, 문화, 중의약 서비스, 자연인의 이동 등은 한·중·일 FTA에 가입하는 것을 통해 시장접근과 국민대우를 높이고 진일보적으로 장점을 강화함으로써 더욱 큰 이익을 얻을 수 있다. 그러나 서비스업의 민감한 부문 예를 들면 금융, 전신, 택배, 시청각, 법률, 건축 등은 중국가 GATS에서 이미 비교적 높은 수준으로 양허를 했기 때문에 FTA에서는 다자 약속 수준과 같은 수준을 유지했고 진일보적으로 이를 벗어난 것은 없다. 한·중·일 FTA가 이런 부문에 관련된다면 중국의 실제상황에 따라 원활하게 대처함으로써 이런 중요한 서비스부분의 이익이 영향을 받는 것을 피해야 한다.

3. '포지티브 리스트' 방식을 견지하여 서비스무역 자유화를 점차적으로 실현한다.

현재 중국은 GATS 및 각 FTA에서 '포지티브 리스트'의 방식을 채용하고 있다. '네거티브 리스트' 방식을 채용한다면 현재와 미래에 협정에 위배되는 유보조치를 열거하고 이를 제외한 기타 부문은 반드시 개방해야 한다. 이밖에 리스트의 유보 조항이 포괄된 분야 이외에 협정에 부합되지 않는 위배 조치를 새로 증가하는 것을 허락하지 않는다. 어떠한 자주적인 자유화나 전부 다 협정을 통해 FTA 동반자국으로 확장되며 새로 추가된 모든 서비스 유별은 전부 다 협정의 양허 리스트에 포함된다. 때문에 FTA에서 중국은 GATS의 4가지 서비스 제공방식에 따라 관련된 부문에 대해 양허를 한다. 그중 서비스무역에서 상업적 주재의 의미가 가장 큰데 그것은 투자와 밀접히 연결되어 있기 때문이다. 양식3을 투자 조항에 포함시킨다면 중국의 서비스업 시장구조 및 본국의 서비스기업에 주는 영향을 확정하기 어렵다. 때문에 '네거티브 리스트' 방식의 압력이 비교적 크며 현 단계에 채용하기 적합하지 않다.

4. 3자 협력을 강화하고 서비스무역을 진일보적으로 발전시켜야 한다.

한·중·일 3국이 FTA 틀 안에서 경제적 이익을 공유하게 하려면 3국은 서로가 경쟁 관계일 뿐만 아니라 상호 의존하고 보완하는 관계라는 것을 인식하는 것이 매우 중요하다. 예를 들어 한·중·일 FTA 합동연구에 따르면 중국은 관광과 통신서비스 방면에서 비교우위가 있고 한국은 건축, 금융, 운송 방면에서 비교우위가 있고 일본은 특허사용권과 라이센스료 방면에서 비교우위를 가진다. 이는 3국의 서비스무역이 각자의 경쟁력 있는 서비스부분을 더한층 강화할 수 있다는 것을 설명한다.

이밖에 협정의 투명도를 높여 더욱 편리하게 이용되도록 한·중·일 3국은 상대국의 상업 환경에 대한 이해를 증진해야 하며 3국간의 서비스무역의 건강한 발전을 방해하는 요소가 무엇인지 명확히 알아내야 한다. 때문에 중국은 한·중·일 3자 협력을 적극 추진시킴으로써 3국의 공상업계가 기타 회원국의 시장에 진입하여 업무를 시작할 때 관련된 법률 법규를 더욱 충분히 이해하도록 하고 안정성과 예측 가능성을 향유하여 서비스무역 자유화와 서비스무역 성장을 진일보적으로 추진하기 위해 조건을 마련해주어야 한다. 종합적으로 서비스무역 자유화는 한·중·일 FTA의 중요한 구성 부분이지만 협의를 달성하는 과정에서 첩첩한 어려움을 극복해야 하다. 때문에 3국은 실무적인 태도를 가지고 담판 진행 정도에 따라 수시로 해결해야 할 문제를 논의하여 각국 시장의 현실 상황과 양허 수준, 국내 법률과 관리 시스템을 토대로 3자의 이익에 부합되는 서비스무역 자유화를 실현해야 한다.

제5장

••••

한·중·일 FTA 무역의 편리화(便利化) 협력

제5장
한·중·일 FTA 무역의 편리화(便利化) 협력

역내 경제통합 협력 수준이 끊임없이 제고됨에 따라 무역 편리화 협력을 대표로 하는 각종 국가 간의 협력이 다른 유형의 역내 경제통합기구에서 중요한 협력 분야로 발전했다. 앞으로 한·중·일 FTA 중 3국은 무역 편리화 방면에서 보편적으로 공동인식과 의향을 가지게 되며 기존의 협력 프레임 안에서 이미 관련 업무를 시작했다. 한·중·일 FTA의 설립은 3국에 새로운 협력 계기와 플랫폼을 마련해줄 것이고 무역 편리화 협력이 심도 있게 전개되도록 추진함으로써 3국에 더욱 편리한 무역 환경을 마련해주고 거래 비용을 낮춰주고 서로의 경제무역 연계를 강화하게 된다.

본 장은 한·중·일 무역 편리화 협력을 주요한 연구 대상으로 삼고 이론 연구를 바탕으로 3국의 무역 편리화 협력의 발전 특징, 효과, 협력 잠재력, 미래 협력의 중점분야 및 협력 방식 등 중요한 의제에 대해 실질적인 해결 방법과 조치를 제출했다.

제1절
한·중·일 FTA 무역편리화 협력의 이론적 기초

무역 편리화 협력은 20세기 이후 역내 경제협력에서 생겨난 새로운 분야로 그 이론적 기초가 학술계의 주목을 받았다. 특히 최근 몇 년간 아시아 태평양 지역에서 편리화 분야의 협력이 끊임없이 심화되고 발전하면서 각 회원국은 그 이론의 내용, 경제적 사회적 효과, 협력 방식 및 미래 협력 루트 등 문제에 대해 깊은 이론적 연구를 시작했으며 일정한 성과를 이룩했다.

역내 무역편리화 협력의 이론적 연구는 한·중·일 FTA가 무역 편리화 협력을 진일보적으로 추진하는데 기반을 마련해주었다.

1. FTA 무역 편리화 협력의 내용과 발전

무역편리화 협력은 20세기 말에 국제무역의 실천 과정에서 점차 흥기한 협력분야의 하나이다. 국제와 역내의 주요한 협력기구들은 협력 범위에 대해 상세하게 해석하고 범위를 확정했다. 세계무역기구, 운크타드 (유엔무역개발협의회)의 설명에 따르면 무역편리화란 국제무역 절차(국제 화물무역 이동에 필요한 수치를 수집, 제공, 소통, 처리하는 활동, 방법,

수속)를 간소화하고 협조해주는 것이다. 일반적으로 무역편리화 협력의 취지는 무역과 관련된 각종 절차를 간소화하고 법률법규 시스템을 개진 협조하고 관련 시설을 개선하여 국제무역에 더욱 편리하고 투명하고 예측 가능한 외부 환경을 마련해주어 무역의 원가를 낮추고 무역 활동의 효율을 높이고 무역활동의 주기를 단축시켜 국제무역 활동에 새로운 활력을 주입하는 것이다.

무역편리화의 제출과 발전은 국제무역 규모의 끊임없는 확장 및 무역의 경제발전에 대한 공헌과 밀접하게 관련되어 있다. 무역편리화 의제의 중요한 의의 및 그 내용은 다자 무역담판이 심도 있게 전개됨에 따라 점차 세계 각국 및 관련 지역의 경제협력기구의 주목을 받는다. 1996년 12월, 싱가포르에서 소집된 WTO 첫 장관급회의에서 무역편리화가 무역과 투자, 무역과 경쟁정책, 정부구매와 투명도 등의 의제와 함께 '싱가포르 의제'로서 새 라운드 담판의 예비 의제가 되었다. 그 후 새 라운드의 다자 무역담판이 가동됨에 따라 무역편리화 문제는 '싱가포르 의제' 중 유일하게 생존한 의제로 도하 개발 아젠다에 포함되었다.

2004년 8월, WTO 총회가 '도하 라운드 패키지'를 채택했으며 부속서류 D의 형식으로 무역편리화 진척의 담판 방식 등에 대한 원칙적 규정을 내렸다. 그 후 WTO는 특별히 무역편리화 담판팀을 구성하여 여러 차례 회의를 소집하고 담판의 기본 원칙, 목표, 메커니즘 등의 문제에 대해 초보적인 공통인식을 달성했다. 2012년 12월까지 WTO는 무역편리화 의제에 관한 전문적인 협정을 달성한 바가 없다. '도하라운드 패키지' 부속파일 D에 근거해 도하라운드 중의 무역편리화 담판은 주로 WTO 이하 조항을 밝히고 개진하였는데 즉, 「관세무역총협정」 (GATS) 1994년 제5조(자유로운 유통),

GATS 1994 제8조 (수출입 비용과 관례), GATS 1994 제10조(무역규칙의 공개와 관리)이다. 이밖에 「관세평가협정」, 「원산지협정」, 「수입허가절차에 관한 협정」, 「선적 전 검사에 관한 협정」, 「무역에 대한 기술 장벽에 관한 협정」, 「동식물위생검역조치협정」, 「지적소유권의 무역 관련 측면에 관한 협정」 등의 협정에 전부 다 무역편리화와 관련된 문제가 포함되어 있다.

현재 도하 개발 아젠다는 다른 문제로 저해를 받아 중단된 상태이고 무역편리화 의제의 담판도 이 때문에 일정한 정도의 영향을 받았다. 그럼에도 WTO 프레임의 무역편리화 담판은 세계 각국과 각 지역으로 하여금 무역편리화의 중요한 의의에 대해 보편적으로 관심을 가지게 했고 역내 무역협력의 편리화 협력에 기반을 마련해주었다. 아울러 담판의 목적, 내용 및 구체적인 영역 설정 등의 방면에서 역내 경제협력 프레임의 편리화 협력에 길을 개척해주었다.

현재 역내 무역 편리화 협력은 기본적으로 WTO 무역편리화 협력을 기반으로 하고 있으며 동시에 각 기구의 이익 요구에 따라 일부분의 새로운 협력 영역을 증가했고 또 많은 특색이 있는 협력 방식을 창조했다.

아태지역을 예로 들면 이 지역에서 규모가 가장 크고 가장 영향력 있는 협력기구-아시아 태평양경제협력체는 무역편리화 협력을 추진하는 것을 중점적으로 추진할 협력 의제로 삼고 선후로 2002년과 2006년에 두 단계에 걸쳐 10년간의 「무역편리화 행동계획」을 출범했으며 집단행동계획의 형식으로 역내 무역의 거래 비용을 대폭 낮추고 아태지역의 무역편리화 수준을 높였다.

APEC가 지역 무역의 특징 및 수요에 근거하여 이 기구는 통관절차, 표준적합성, 비즈니스 인원의 이동 및 전자 상거래를 역내 무역편리화의 우선적인 협력분야로 확정하고 각 회원국에 위에서 말한 우선적인 분야에 관한 실현가능한 편리화 협력목표를 설정할 것을 제안하고 독촉함으로써 적극적인 진전을 가져왔다. 무역자유화 방면에서 일정한 저해를 받았기 때문에 각 회원국은 협력 추진의 중점 분야를 편리화 협력으로 방향을 바꾸었으며 규제 개혁, 공급사슬 협력강화 등의 무역편리화 협력과 밀접히 관련된 새로운 영역에서 협력할 것을 제기했다.

이밖에 아시아태평양지역의 각 자유무역협정(RTA)도 잇달아 무역편리화를 자체의 협력 범위에 포함시켰다. 통관절차 협력, 표준적합성 협력, 식물검사 검역 협력, 기술성 무역장벽 제거, 비즈니스 인원 유동 협력 등은 이미 각 RTA 중 없어서는 안 될 중요한 내용이 되었다.

2. FTA 무역편리화 협력의 효과분석

무역편리화의 효과는 무역 자유화보다 직접적이거나 현저하지 못하지만 그 영향은 역시 심원하고 광범위하다. 무역 거래 원가의 절약은 직접적으로 소득 증대로 전환되고 동시에 일정한 무역 촉진 효과를 일으킨다. 역내 무역 편리화는 다각 무역편리화 효과이외에 일정한 무역전환 효과를 일으키기도 한다. 이밖에 무역편리화 협력 과정의 정책과 조치 조율은 무역관리체제 및 규제 협력 분야에서 FTA 각 회원국에 더욱 심원한 영향을 미칠 수 있다.

1. 원가절약 및 수입증가 효과

각 주요한 국제조직 및 역내 협력기구의 관련 연구보고서에 따르면 역내 무역편리화 협력은 거래 원가를 효과적으로 줄이고 무역 참가자의 수입 수준을 높여주게 된다. APEC을 예로 들면 5년을 기한으로 하는 제2단계 무역편리화 행동 계획을 완성한 후 이 기구의 최종 평가 보고서에 따르면 2007~2010년 사이에 무역 절차에 드는 시간을 절약함으로써 직접 650억 달러의 비용을 낮추었고 이 계획을 실행하기 전보다 6.2%가 낮아졌다.

비록 같은 시기 무역편리화와 관련된 각종 비용이 4.8% 올라 거래 원가가 약 63억 달러 증가되었지만 종합적으로 말하면 아시아태평양지역의 거래 원가가 무역편리화 조치의 영향을 받아 여전히 초기보다 587억 달러 낮아졌고[56] 무역편리화 협력의 원가 절약과 수입 증대 효과가 충분하게 드러났다.

2. 무역추진 효과

역내 무역편리화 협력의 무역성장 효과는 뚜렷하게 나타난다. 거래 원가를 낮추고 상품 유통 속도를 높이고 무역 환경을 개선하는 것을 통해 무역편리화는 무역 참가자의 적극성을 현저하게 높이고 더욱 많은 무역 기회를 창조하고 무역량 성장을 이끌어갈 수 있다.

일찍이 1997년, APEC은 편리화 조치의 무역추진 효과에 대한 연구를

---

56) APEC Policy Support Unit, APEC Achievements in Trade Facilitation 2007-2010, Final Assessment of the Second TradeFacilitation Action Plan (TFAP II), www.apec.org.

실행한 바 있다. 당시 평가 결과에 따르면 「마닐라행동계획」에 열거된 전부의 무역편리화 조치를 실행한 결과 2010년까지 APEC 수출 변동률이 일정하게 성장했는데 이는 무역 자유화조치의 효과와 일치한 것이다. 당시의 평가 결과는 무역편리화가 APEC의 수출변동률과 세계 수출변동률을 각각 1.9%와 1.2% 성장시켰는데 이는 무역 자유화 조치의 1.1%와 0.6%의 수준보다 높은 것이라고 했다. 1999년, APEC은 이 수치를 조정하여 무역편리화 조치가 APEC과 세계 수출 성장에 주는 영향을 적당히 낮추었는데 조정 후의 수치는 각각 1.3%와 0.6%였다.[57] 그럼에도 불구하고 편리화 조치의 역내 무역에 대한 역할을 얕보아서는 안 된다.

3. 무역이동 효과

관세동맹 이론에 따르면 역내 무역협력은 무역창조 효과를 일으키는 동시에 일정한 무역이동 효과를 일으킬 수 있으며 역내 무역편리화 협력도 마찬가지이다. 무역 이동 효과의 존재는 역내 무역편리화 협력이 다각 무역편리화 협력과 구별되는 중요한 특징이다. 무역편리화 협력을 통해 FTA 회원국 간의 거래 비용이 어느 정도 감소되고 원산지 제품의 원가 우위가 상대적으로 높아지며 동시에 물류 및 통관 등 방면의 편리화 조치 역시 상품의 유통 속도를 빠르게 한다. 이밖에 표준적합성 및 동식물 검사검역

---

57) APEC, Assessing APEC Trade Liberalization and Facilitation,1999 Update, APEC Economic Committee, September 1999; APEC Economic Committee, The Impact of Trade Liberalization in APEC, Submitted to the Experts' Seminar on Impact of Trade Liberalization, Tokyo, June 1999.

등 방면의 협력과 조율도 화물이 기술표준 등의 방면에서 직면하게 될 차별대우를 낮춰주며 이로써 비회원국 제품보다 더욱 많은 경쟁우위를 가지게 되고 아울러 국제무역 흐름의 변화를 일으키게 된다. FTA 회원은 원래 비회원국에서 수입하던 제품을 회원국 경제체로부터 수입할 수 있다. 그러나 무역자유화 협력이 산생한 무역이동 효과와는 구별이 있다.

무역편리화 협력이 초래한 무역 이동의 복지 효과가 꼭 마이너스인 것이 아니다. 편리화 조치가 초래한 거래 비용 절약은 무역이동의 손실을 다소 미봉할 수 있고 총 복지효과는 불확실한 것이다.

4. 규제협력의 추진

역내 무역편리화 협력은 무역활동의 비용과 수익에 영향을 줄 뿐만 아니라 또 다른 중요한 영향효과를 생산한다. 즉 지역의 규제협력을 추진하는 과정에 이 영향은 홀시받기 쉽다. 규제협력은 현재 역내 경제협력에서의 새로운 영역으로 각 회원국의 국내 제도 및 정책 조율에 저촉되기 때문에 각국의 논쟁을 불러일으켰다. 현재 APEC은 규제협력을 가까운 시기의 중점협력 의제에 포함시키고 규제제정 방면에서의 각국의 최적 범례와 경험을 끊임없이 내놓고 있다. 이론적으로 말하면 규제협력은 무역과 투자환경을 개진하고 이른바 '마디 없는 연결'을 창조하여 화물, 자본과 인원 등의 다국적 다지역 유동에 편리함을 조성한다. 그러나 현실적으로 역내 기구의 회원국들 사이에 거대한 차이가 존재하기 때문에 규제 협력은 일부분 선진 회원국이 기타 회원국의 국내 정책을 간섭하는 도구와 수단으로 전락되기 쉽다.

현재 주요한 편리화 협력 분야가 전부 다 규제협력의 범위에 속하며 이 방면에서 각국의 이익은 상대적으로 더욱 통일되어 있어 조율 난도가 상대적으로 낮다. 역내 무역 편리화 협력을 추진하는 것은 한편으로는 모순을 피하고 규제협력의 발전을 추진할 수 있고 다른 한편으로는 개발도상국이 더욱 많은 협력경험을 쌓도록 도와 현재의 규제협력에서의 약세 지위를 개변시키도록 한다.

3. FTA 무역 편리화 협력을 실현하는 루트

협력 방식을 기준으로 역내 무역편리화 협력의 루트는 자주 자발을 특징으로 하는 포럼 성질의 협력과 구속성을 가진 약속을 특징으로 하는 제도화와 협력 두 가지 방식으로 나뉜다. 지역의 중요한 경제협력 포럼으로서 APEC는 무역편리화 협력에서 역시 자주 자발을 핵심적인 원칙으로 추진하는 루트를 채용했다. 이 루트의 한 가지 주요한 협력방식은 무역편리화 의제의 단독 행동계획을 제정하고 실행하는 것이다. 각 회원국은 「마닐라행동계획」,「오사카행동계획」,「상하이공통인식」 등 지도 원칙적인 문헌이 제정한 목표와 중점 분야를 근거로 무역편리화 영역에서의 각자의 단독 행동계획을 정기적으로 발표하고 계획의 실행을 독자적으로 추진한다.

APEC은 최근 몇 년간 또 집단행동계획의 방식을 채용하여 무역편리화 협력을 추진했다. 각 회원국 역시 자발적 원칙과 각자의 상황 및 APEC이 제정한 우선 영역에 따라 행동계획의 내용을 제정한 후 공동으로 추진하기 위해 노력했다.

이미 실행하여 완성된 두 단계의 「무역편리화 행동계획」은 이 부류의 집단 행동계획에 속한다. 이밖에 APEC은 또 다른 창의적인 의미가 있는 협력 방식을 채용했는데 즉 「패스파인더 방식」으로 무역편리화를 추진한 것이다. 이른바 「패스파인더 방식」이란 APEC의 일부분 회원국이 공동으로 관심을 가지고 있는 의제에 대해 먼저 협력을 하다가 일정한 경험을 쌓은 후 행동을 기타 회원국으로 확대시키는 일종의 원활한 협력방식이다. 현재 APEC은 많은 무역편리화 협력 분야에서 「패스파인더 방식」을 실행하여 성공했는데 예를 들면 전자 전기 설비의 상호 인증, APEC 기업인여행카드 등이다. 이 방식에 참가한 회원국의 수량이 끊임없이 증가되고 있고 실행 효과도 각 회원국의 보편적인 인정을 받았다.

역내 무역편리화 협력을 추진하는 다른 루트는 구속력 있는 정부 약속 문헌을 체결하여 제도화 협력방식으로 각 측이 무역편리화 조치를 실행하도록 강압적으로 추진하는 것이다. 현재 세계 각지에서 흥기하고 있는 FTA 협력은 보편적으로 무역편리화 협력을 이 협력 범위에 포함시키고 제도화 협력 방식을 통해 추진시키고 있다. 이런 협력 방법은 구속력이 더욱 강하고 실행 효율도 더욱 높다. 그러나 원활성이 부족하기 때문에 각국은 담판 과정에 보편적으로 신중한 태도를 취하게 되며 때문에 협력의향을 달성하기 더욱 어렵고 비교적 높은 담판 비용을 지불해야 한다. 이밖에 제도화의 편리화 협력은 현재 주로 세관 협력, 표준적합성 등의 전통적인 편리화 협력 영역에 집중되어 있으며 쟁의가 있는 새로운 영역은 이런 방식으로 편리화협력을 추진하기 어렵다.

제2절
한·중·일 무역편리화 진행과정에 대한 비교

최근 몇 년간 무역편리화 협력은 이미 WTO 및 APEC 협력의 중요한 분야로 발전했으며 또 앞에서 제기한 협력 중에서 활력과 잠재력이 가장 많은 분야의 하나로 되었다. WTO 및 APEC 회원국으로서 한·중·일 3국은 모두 다 본국의 무역 편리화를 추진하는 것을 매우 중시하고 있으며 이 분야에서의 국제협력을 강화하고 있다. 이와 동시에 3국은 APEC 무역편리화 행동계획 중에서 여러 개의 행동계획을 실행했으며 두 단계의 무역편리화 행동계획에서 모두 다 무역 비용을 5% 인하하는 목표를 완성했다.

이밖에 3국은 무역편리화의 각 구체적인 영역에서도 단독 행동계획을 심도 있게 전개함으로써 본국의 무역편리화 조건을 실제적으로 개선하려 했다. 그러나 현재 3국간의 무역편리화 협력은 여전히 초급 단계에 있으며 서로 간에 성숙된 협력과 조율 메커니즘을 형성하지 못했으며 협력 범위도 제한되어 있다. 때문에 한·중·일 FTA는 무역편리화 분야에서 거대한 협력 잠재력을 가지고 있다.

1. 중국 무역편리화의 진행과정과 평가

21세기에 들어선 후 중국의 대외무역 규모가 끊임없이 확대됨에 따라 거래 비용과 관련된 각종의 무역편리화 조치의 개진과 발전이 광범위하게 주목을 받았다. 투명한 무역제도와 정책 법규, 빠르고 편리한 통관 절차, 국제관례와 일치한 관리 방법과 표준, 이런 화물무역 비용과 직접적으로 관련된 편리한 제도적 배열은 무역 발전을 추진하는 중요한 힘이 되었다.

중국정부는 무역편리화 업무를 매우 중시하고 그 전략적 의의에 대해 거시 평가를 하고 주요 부문의 정책을 배치했다. 중국 중앙정부는 역대의 업무보고 및 5개년 계획 요강에서 무역편리화 업무의 중요성을 반복적으로 강조했으며 각 부문은 관련된 법 제정 시스템의 개선, 집행기구의 건립, 국제기구와의 조율 등의 방면에서 적극적인 노력을 하여 뚜렷한 성과를 거두었다. 이밖에 기업과 시장도 중국 무역 편리화 진행과정을 추진하는 중요한 힘이 되었는데 특히 전자 상거래 등의 분야에서 기업의 자발적인 행위 역시 편리화 수준을 높이는데 긍정적인 역할을 했다.

1. 무역편리화 추진에 대한 중국의 기본 입장

최근 몇 년간 중국은 무역편리화 문제를 높이 중시해왔으며 이를 정부의 대외무역 업무 중의 중요한 목표로 삼고 「정부업무보고」에 포함시켰다.

2006년 「정부업무보고」는 "중국의 WTO 가입 과도기가 거의 끝나가고 있으며 각 대응 업무를 잘 해야 한다는 긴박감을 높여야 한다. 섭외 경제 관리체제와 메커니즘을 진일보적으로 개선하고 무역과 투자의 편리화 수준을 높여야 한다."고 지적했다. 2009년의 「정부업무보고」는 금융위기 상황에서 대외무역의 안정적인 성장을 보장하기 위한 7가지 중요한 조치를 제기했는데 그중 한 가지가 바로 "무역편리화 수준을 높이는 것"이었다.

아울러 "세관, 품질 검사, 외환 등 방면의 감독관리와 서비스를 최적화하고 국경 통상구 건설을 강화해야 한다."고 강조했다. 2010년의 보고는 계속해서 "각항의 수입 추진 정책과 편리화 조치를 안정시켜야 한다"고 강조했다.

이상의 「정부업무보고」의 내용은 중국정부가 무역편리화 문제를 제기에서부터 세분화하고 실행하기까지 인식을 끊임없이 심화시키는 과정을 보여주었다. 특히 2008년 세계 금융위기가 일어난 후 무역의 지속적인 발전을 유지하기 위해 중국정부는 무역편리화에 대한 중시를 높였으며 이를 계기로 중국의 대외무역 정책 환경을 전면적으로 제고, 개선하고 국민 경제의 회복과 발전을 추진하는 동시에 국제 무역 관례와 메커니즘과 더 잘 융합되어 국가 경쟁력을 높일 수 있기를 바랐다.

중국은 다자, 역내 및 양자 경제협력 분야에서도 무역편리화 진척에 적극 참여하고 추진했으며 거래 원가를 낮추고 무역 장벽을 줄이는 조치를 실행하여 뚜렷한 성과를 거두었다. 이밖에 중국은 또한 관련 국제기구의 협력에 적극 참가하여 주요한 무역편리화 분야에서 자체의 국제 의무를 이행했으며 또한 각종의 국제 규칙을 제정하는데 적극 참가하고 있다.

통관절차 분야에서 중국은 1983년 7월 18일 관세협력이사회(1994년에 세계관세기구로 개칭)의 공식 회원국이 되었으며 이 조직이 제정한 6개의 국제 공약을 잇달아 체결했다. 즉 「관세협력위원회 건설에 관한 공약」, 「국제통일 상품분류제도에 관한 국제협약」, 「물품의 일시수입을 위한 통관증서에 관한 관세협약」, 「통관절차의 간소화 및 조화를 관한

국제협약」(교토협약으로 약칭),「일시수입통관증서에 관한 관세협약」및
「전시회, 박람회, 회의 등 사항의 편리한 전시와 화물 수입 세관공약」이다.
중국은 또 유엔 국제해사기구가 제정한「1972년 컨테이너 통관공약」에
가입했는데 세계세관기구는 이 공약을 구체화하는 행정관리 업무를
책임진다.

　표준적합성 분야에서 중국 국가기술감독국은 국제 표준화기구의
회원으로 국제표준시스템의 제정 및 중국에서의 구체적인 실현에 진력하고
있으며 중요한 진전을 이룩했다.

2. 중국과 다자 무역시스템 중의 무역편리화 의제

　다자 경제협력 분야에서 중국은 WTO에 가입한 후 WTO 가입 시의
약속을 진실하게 이행하고 해당 국제기구가 제정한 규칙을 잘 집행했으며
WTO 무역편리화 의제가 주목하는 GATT 1994 제5, 제8, 제10조항 방면에서
탁월한 효과가 있는 조치를 취했다. 세계무역기구 무역편리화 담판은 중국가
WTO에 가입한 후 처음으로 회원국의 자격으로 다자무역의 신 규칙 작성
담판에 참가한 것으로 국제무역과 세관 사무에서의 중국의 중요한 지위를
정립함으로써 세계 다자무역시스템에 더욱 심층적으로 유입되는 중요한
전략적 기회가 되었다.

　중국입장에서 말하면 무역편리화의 의제 중에 언급된 역사적 부담이
비교적 적고 의제가 제기한 통관 편리화 요구와 중국의 개혁목표,
개혁실천은 일치하는 것이며 또한 중국 대외무역의 발전에 양호한
추진역할을 일으킬 수 있다. 때문에 세계무역기구의 무역편리화 의제

담판에서 중국은 적극적인 태도를 가하고 여러 가지 제안을 제출했는데 언급된 내용이 비교적 광범위했는데 구체적으로 다음과 같은 것이 포함되어 있다. 첫째, GATT 제10 조례를 규명하고 개진한다. 둘째, 세관 리스크 관리 및 통관 조사를 실행한다. 셋째, 특수 차별화 대우 및 기술 지원과 능력 건설 지원을 할 것을 제안했다.

또 각 회원국이 자체의 무역편리화 수요, 우위 분야 및 당면의 편리화 수준을 평가함과 아울러 개발도상국에 더욱 긴 과도기와 원활하고 특수하고 차별적인 대우를 부여할 것을 건의했다. 이밖에 중국은 또 일부분 개발도상국과 협력하여 구체적인 무역편리화 조치 담판에서 어떻게 개발도상국의 이익을 고려하고 그들의 권익을 보장하고 그들에게 필요한 기술 지원과 능력건설을 제공할지에 대한 관련 의안을 제출했다.

3. 중국과 역내 경제협력 중의 무역편리화 의제

21세기에 들어서 세계는 역내 경제협력이 쾌속 발전하는 단계에 진입했다. 각종 유형의 역내경제협력기구가 꼬리를 물고 나타났다. 무역과 투자자유화를 추구하는 동시에 무역편리화 협력 역시 역내 경제협력의 중요한 구성부분으로 되었다. 중국도 주변 국가 및 지역과의 경제 협력을 끊임없이 강화했는데 APEC 협력에 비교적 일찍 참가했을 뿐만 아니라 선후로 일부분 국가 및 지역과 FTA를 건설하기 시작했다. 이 과정에 중국은 시종일관 무역편리화 의제의 중요한 영향을 중시하면서 그것을 다른 차원 및 양식의 지역 경제협력 범위에 포함시켰다.

(1) 중국과 아시아태평양 경제협력기구의 무역편리화 협력

APEC은 중국이 비교적 일찍 참가한 지역성 경제협력기구이며 또한 지금까지 중국이 참가한 협력 범위가 가장 크고 관련 회원국이 가장 많고 협력 수준이 비교적 높은 역내경제협력기구이다. 최근 몇 년간 APEC은 무역편리화 협력 및 그와 밀접하게 관련된 규제협력을 우선 의제로 삼고 여러 가지 형식의 협력을 펼쳐갔다. 중국은 APEC의 중요한 회원국으로서 이 분야의 협력을 높이 중시해왔으며 「상하이 공동인식」을 관철 실행하기 위해 적극적인 노력을 했다. APEC의 「무역편리화 행동계획」을 더욱 효과적으로 실행하기 위해 중국은 정책 법규의 투명도 및 실행 효율을 높이고 세관 통관 효율을 개선하고 국제 표준을 적극 보급시키고 사용하는데 진력했으며 전자무역을 실행하는 필요한 환경 조건을 마련하기 위해 노력했다. 현재 상술 노력이 적극적인 성과를 거두었으며 각 우선 분야에서 다 실질적인 진전을 거두었다.

(2) 중국-아세안 FTA 프레임의 무역 편리화

중국-아세안 FTA는 중국이 최근 몇 년 사이에 가동하여 건설한 규모가 가장 크고, 경제적 의의가 가장 중요한 FTA이다. 2002년에 체결한 「중화인민공화국과 동남아국가연합의 전면적인 경제협력 기본협의」의 제7조 제3항은 양자가 화물무역, 서비스무역 및 투자 분야에서 협력을 강화한다고 규정했으며 그중의 구체적인 무역편리화 협력에는 표준적합성 평가, 기술성 무역장벽과 비관세조치, 세관 협력, 전자상무 등이 포함된다.

(3) 중국이 참가한 양자 FTA 중의 무역편리화 협력

최근 몇 년간 중국은 양자 간 FTA의 담판과 건설을 적극 추진시켰으며 무역편리화와 관련된 각 분야를 FTA 속에 포함시켰으며 무역 편리화 수준을 전면적으로 높이는데 진력했다.(도표 5-1를 참조) 중국이 이미 체결한 양자 FTA 중 위생과 식물위생 검역, 통관절차 및 자연인의 이동 등의 내용은 이미 협정의 불가결의 조항과 내용으로 되었다. 양자 간 무역 자유화 협력이 끊임없이 깊어지면서 더욱 많은 무역편리화 협력이 담판의 의사일정에 포함되었으며 중국에 거래 원가를 낮추어주고 더욱 안정적이고 편리한 무역 환경을 제공해주고 더욱 많은 무역 기회를 창조해주었다.

도표 5-1 중국이 이미 체결한 양자 FTA에 언급된 무역편리화 분야 (2012년 12월)

번호	협정 명칭	협정에 언급된 편리화 관련 분야
1	내륙과 홍콩 간의 더욱 긴밀한 경제무역관계를 구축할 데 관한 협정 및 그 보충협의	통관편리화, 상품검사검역, 식품안전, 품질기준, 전자 상거래, 법률법규 투명도
2	내륙과 마카오 간의 더욱 긴밀한 경제무역관계를 구축할 데 관한 협정 및 그 보충협의	통관편리화, 상품검사, 동식물 검사검역, 식품안전, 위생검역, 인증인가 및 표준화관리, 전자 상거래, 법률법규 투명도
3	중국-파키스탄 FTA	위생과 식물위생 검역
4	중국-칠레 FTA	위생과 식물위생 검역
5	중국-뉴질랜드 FTA	통관절차, 위생과 식물위생 검역, 자연인의 이동
6	중국-싱가포르 FTA	통관절차, 위생과 식물위생 검역, 자연인의 이동
7	중국-페루 FTA	통관절차, 위생과 식물위생 검역, 자연인의 이동
8	중국-코스타리카 FTA	통관절차, 위생과 식물위생 검역, 자연인의 이동

자료출처 : 상무부의 '중국 자유무역협정 사이트' (http://fta.mofcom.gov.cn)가 발표한 FTA와 관련된 각 파일을 정리한 것임.

2. 일본 무역편리화 진행과정과 평가

아시아태평양지역의 중요한 선진국과 국제무역의 적극적인 참가자로서 일본은 무역편리화 협력에서 적극적인 태도와 입장을 보여주었다.

도하라운드 다자무역담판이 가동된 초기에 일본은 미국 등 선진국과 일치하는 입장을 가졌으며 무역편리화 의제를 지지했다. 일본은 이 문제에 깊은 관심을 가진다고 명확히 표시했는데 무역편리화가 무역과 투자흐름을 확대하여 다자무역 시스템을 강화하는데 유리하기 때문이다.

일본은 이후의 무역편리화 담판에도 적극 참가하게 될 것이다.[58] 역내 경제협력 방면에서 일본은 APEC의 무역편리화 협력에 적극적인 태도를 보여주었으며 여러 가지 항목의 협력 계획을 완성했다. 역내 및 다자 FTA에서 일본은 무역편리화 협력 의제를 약속에 포함시켰다. 이밖에 일본은 또 세계 관세 기구, 국제표준화기구 등 편리화 협력 분야의 국제협력기구의 회원국으로 세계 무역편리화 규칙의 제정과 집행 등의 방면에서 적극적인 역할을 발휘했다. 일본 국내에는 무역편리화와 관련된 관리기구 및 법률법규 시스템이 비교적 완벽하며 관련된 기술과 인원의 자질이 기본적으로 세계 선진 수준에 도달했다. 최근 몇 년간 일본은 무역편리화의 일부분 분야에서 비교적 좋은 발전을 이룩하였으며 세계무역기구 등은 일본을 무역편리화 협력의 최우수 모델로 삼고 일본의 경험을 인정하고 널리 보급시켰다.

그러나 일본은 농산물무역에 비교적 많은 무역장벽을 설치했고 관련된

---

58) 쉐롱지우(薛榮久), 판잉(樊瑛)의 「WTO 도하라운드와 중국」, 대외경제무역대학출판사 2004년판, 제200쪽.

무역 제한 조치가 비교적 많기 때문에 농산물과 관련된 통관절차, 검사검역 조치 및 국제표준화의 사용 등의 방면에 아직 개진할 공간이 비교적 많이 존재한다.

1. 일본과 다자무역 담판 중의 무역편리화 의제

다자무역 담판의 무역편리화 의제에서 일본의 입장은 유럽연합과 미국 등의 회원국처럼 선명하지는 않지만, 전반적으로 볼 때 여전히 적극적인 태도를 보여주었다. 일본은 각 층면에서 국가든 지역이든 부문이든 모두 다 다른 목표를 가지고 있기 때문에 이런 각자 다른 목적에 공동의 기반과 공동의 방향을 건설할 필요가 있다고 생각한다.[59] 무역편리화의 구체적인 실천 과정에 일본은 통관절차 등의 분야에서 특히 화물의 사전 검사 기술 등의 방면에서 비교적 좋은 경험을 쌓았으며 WTO의 인정을 받았다.[60] 이밖에 일본은 또 WTO의 무역편리화 담판에 기술 지원을 제공했는데 예를 들면 개발도상국의 요청에 응해 인원 훈련과 전문가 자문서비스 등을 제공한 것이다.[61]

---

59) 쉐룽지우(薛榮久), 판잉(樊瑛)의 「WTO 도하라운드와 중국」, 대외경제무역대학출판사 2004년판, 제200쪽.
60) WTO: Trade Facilitation Implementation of Pre-Arrival Examination, JAPAN, www.wto.org, home 〉 trade topics 〉 trade facilitation 〉 reports and case studies.
61) WTO:Trade Facilitation:Technical Assistance Activities of Japan, TN/TF/W/52, 6 July 2005, www.wto.org.

2. 일본과 역내 경제협력 중의 무역편리화 의제

(1) 일본과 APEC 무역편리화 협력

APEC의 중요한 회원국으로서 일본은 APEC의 두 단계의 무역편리화 행동계획에 적극 참가했으며 무역편리화의 각 협력 분야에서 현저한 진전을 이룩했다. APEC이 발표한 「보고르목표 평가보고서」에 따르면 무역편리화 행동계획 중에서 일본은 통관절차와 관련된 56가지 계획, 표준적합성과 관련된 18가지 계획, 자연인의 이동과 관련된 5가지 계획, 전자 상거래와 관련된 10가지 계획을 완성했다. 이 평가보고서의 결론에 따르면 1996년부터 일본은 무역편리화 분야에서 탁월한 성과를 거두었다. 표준적합성 분야에서 일본이 채용한 국제표준의 수량은 1996년의 1가지에서 2009년의 254가지로 증가되었으며 동시에 APEC의 통신설비 적합성 평가 상호인증협정, 싱가포르와의 전자제품 상호인증협정, 태국과의 전자제품 상호인증협정, 필리핀과의 전자제품 상호인증협정에 참가했다.

통관절차 분야에서 일본은 HS2007을 통과하고 수정 후의 「교토협약」에 가입해j 통관절차의 투명도를 높이고 무서류 무역을 추진했으며 아울러 각종 선진 기술과 조치를 취해 화물인도통관시간을 줄이고 화물의 안전을 보장하고 세관의 검사확인 속도를 높였다. 자연인의 이동 분야에서 1996년 일본과 상호 비자 면제를 실시한 국가 또는 지역이 48개였고 2009년에 이 수치는 63개나 되었는데 그중에 APEC 회원국이 11개였다. 이밖에 일본은 2003년에 APEC 비즈니스 관광카드 계획에 가입하였으며 기타 관련 조치를

취하여 비즈니스 인원의 유동에 편리를 제공했다.[62]

(2) 일본의 EPA 중의 무역편리화 협력

많은 아시아태평양 회원국처럼 일본은 2000년 이후 점차 지역 및 양자협력을 대외경제협력 전략의 중요한 구성부분으로 업그레이드 시키고 본국의 FTA 전략을 제기했으며 무역파트너국과의 EPA 협력을 적극 도모했다. 일본이 이미 체결한 각 EPA 중 무역편리화 의제는 불가결의 내용이다. (도표 5-2를 참조할 것.)

도표5-2 일본이 이미 체결한 EPA 중에 언급된 무역편리화 분야 (2012년 12월까지)

번호	협정 명칭	발효 시간	협정에 언급된 편리화 관련 분야
1	일본–아세안 EPA	2008년 12월 1일	통관절차, 위생과 식물위생 검역, 표준적합성.
2	일본–브루나이 EPA	2008년 7월 31일	통관절차, 비즈니스 환경 개선, 에너지 협력.
3	일본–칠레 EPA	2007년 9월 3일	통관절차, 위생과 식물위생 검역, 기술 규칙, 표준적합성, 비즈니스 인원의 이동, 경쟁정책, 비즈니스 환경 개선.

---

62) APEC, Fact Sheet on Individual Efforts Made towards the Achievement of the Bogor Goals:Japan,www. apec. org.

4	일본–인도 EPA	2011년 8월 1일	통관절차, 기술 규칙, 표준적합성, 자연인의 이동, 경쟁정책, 비즈니스 환경 개선.
5	일본– 인도네시아 EPA	2008년 7월 1일	통관절차, 자연인의 이동, 에너지 및 광산자원, 경쟁정책, 비즈니스 환경 개선.
6	일본– 말레이시아 EPA	2006년 7월 13일	통관절차, 기술 규칙, 표준적합성, 위생과 식물위생 검역, 경쟁정책, 비즈니스 환경 개선.
7	일본–멕시코 EPA	2005년 4월 1일	자연인의 이동, 경쟁정책, 비즈니스 환경 개선.
8	일본–페루 EPA	2012년 3월 1일	통관절차, 위생과 식물위생 검역, 기술 규칙, 표준적합성, 비즈니스 인원의 이동, 경쟁정책, 비즈니스 환경 개선.
9	일본–필리핀 EPA	2008년 12월 11일	통관절차, 무서류 무역, 상호인증, 자연인의 이동, 경쟁정책, 비즈니스 환경 개선.
10	일본–싱가포르 EPA	2002년 11월 30일	통관절차, 무서류 무역, 상호인증, 자연인의 이동, 정보와 통신기술, 경쟁정책, 과학기술협력, 인력자원개발, 무역과 투자 촉진, 중소기업.
11	일본–스위스 EPA	2009년 9월 1일	통관절차, 위생과 식물위생 검역, 기술 규칙, 표준적합성, 자연인의 이동, 전자 상거래, 경쟁정책.
12	일본–태국 EPA	2007년 11월 1일	통관절차, 무서류 무역, 상호인증, 경쟁정책.
13	일본–베트남 EPA	2009년 10월 1일	통관절차, 위생과 식물위생 검역, 기술 규칙, 표준적합성, 자연인의 이동, 경쟁정책, 비즈니스 환경 개선.

자료출처 : 세계무역기구 RTA 데이터베이스, www.wto.org.

3. 한국의 무역편리화 진행과정과 평가

국제무역 시스템에서의 한국의 영향력은 일본, 미국 등 선진국보다 못하며 그로 인해 무역편리화 진행과정에서의 태도 및 입장은 보편적인 관심을 받지 못했다. 그럼에도 불구하고 한국이 통관절차 및 표준적합성 등 편리화 분야에서 거둔 성과는 얕볼 수 없다.

최근 몇 년간 한국은 통관절차를 끊임없이 개혁하여 현대화수준을 높이고 '지능형 통관 관리'를 실현하도록 추진시켰다. 특혜무역협정의 네트워크가 나날이 확대되고 관련된 원산지규칙이 끊임없이 세분화, 차별화되면서 세관 통관절차가 더욱 복잡해졌다. WTO의 무역정책 평가보고서는 한국이 세관사무 방면에서 비교적 선진적인 기술을 확보하고 있으며 국제사회에 일부분의 최우수 범례를 제공했다고 했다. 한국은 특히 농업, 임업 및 어업 제품 무역과 관련된 세관절차의 개혁을 중시하고 있다. 2007년 8월, 한국은 특별히 사전 조기경보시스템을 도입하여 위에서 이야기한 유형의 제품이 비법률적인 경로를 통해 한국으로 들어오는 것을 막았다.

표준적합성 분야에서 2005년부터 2010년 사이에 한국의 공업 표준 수량은 한 배 증가했다. 국제표준시스템과 맞물리기 위해 한국은 현재 국내 표준과 국제 표준을 적극 조화시키고 있는데 그중에는 많은 신기술제품의 표준이 포함되었다. 이밖에 한국은 또 식품 라벨 표준에 대해 심사를 함으로써 국제표준과 일치해지도록 하고 있다. [63]

한국은 법률의 투명도와 이용 가능함을 높이 중시하고 있는데 해당

---

63) WTO, 「한국 무역정책 심의 보고」, www.wto.org.

정부기관의 사이트에서 많은 법률의 영문 버전을 찾아볼 수 있다. 아울러 한국은 감독관리개혁의 중점을 법률규정을 줄이던 것으로부터 법률규정의 질을 높이는 것으로 조정했다. 한국은 이미 세계무역기구의 요구대로 다자 층면에서 투명도 의무를 실행하는 절차에 들어갔다.

하지만 국외 협력자의 입장에서는 한국의 법률법규 투명도가 더욱 높아지기를 바라는데 외국 투자자와 무역업체가 여전히 일부분 법률 법규의 영문 버전을 얻기 힘들기 때문이다. 한국 지식경제부는 「수출입에 관한 종합 공개 지침」을 통해 국외무역에 영향을 주는 조례를 발표했으며 필요할 때에 수정을 한다. 한국의 무역과 관련된 주요 법률은 2004년에 수정을 했다. 2004년 6월, 한국 대통령은 FTA 체결 규칙을 도입하여 모든 자유무역담판의 투명도를 보장할 것을 명령했다.[64]

한국은 세계무역기구 회원국이고 또한 세계 관세기구, 국제표준화기구 등 무역편리화 국제협력기구의 회원국으로 무역편리화 국제협력 분야에서 중요한 역할을 발휘했다. 역내 경제협력 분야에서 한국은 APEC의 무역편리화 행동계획에 적극 참가했으며 이 계획이 제정한 단계별로 무역거래 비용을 낮추는 목표를 실현했다. 또한 양자 FTA 협력 중 한국은 무역편리화와 관련된 분야의 협력을 협력 의정에 포함시키고 적극적인 진전을 이룩했다.(도표 5-3) 한국이 체결한 주요한 FTA 중의 무역편리화 약속은 도표 5-4를 참조한다.

---

64) WTO, 「한국 무역정책 심의 보고」, www.wto.org.

도표 5-3 한국이 이미 체결한 FTA 중에 언급된 무역편리화 분야 (2012년 12월까지)

번호	협정 명칭	체결 및 발효 시간	협정에 언급된 편리화 관련 분야
1	한국–칠레 FTA	2003년 2월 15일 체결, 2004년 4월 1일 발효.	통관절차, 위생과 식물위생 검역, 표준 관련 조치, 비즈니스 인원의 이동, 경쟁 정책.
2	한국–싱가포르 FTA	2005년 8월 4일 체결, 2006년 3월 2일 발효.	통관절차, 위생과 식물위생 검역, 기술성 무역장벽과 상호인증, 비즈니스 인원의 이동, 전자 상거래, 경쟁정책, 투명도.
3	한국–EFTA FTA	2005년 12월 15일 체결, 2006년 9월 1일 발효.	경쟁정책, 통관절차, 투명도, 기술규칙, 국제 수지.
4	한국–아세안 FTA	2009년 6월 2일 체결, 2009년 9월 1일 발효.	통관절차, 표준적합성 평가, 위생과 식물위생 검역, 인력자원 개발 등.
5	한국–인도 FTA	2009년 8월 7일 체결, 2010년 1월 1일 발효.	통관협력, 자연인의 이동, 시청각 제품의 합동제작, 경쟁정책.
6	한국–유럽연합 FTA	2010년 10월 6일 체결, 2011년 7월 1일 발효.	기술성 무역장벽, 위생과 식물위생 검역, 세관과 무역 편리화, 전자 상거래, 국제 수지와 자본 유동, 경쟁정책, 투명도.
7	한국–페루 FTA	2011년 3월 21일 체결, 2011년 8월 1일 발효.	세관관리와 무역편리화 등.
8	한국–미국 FTA	2007년 6월 30일 체결, 2012년 3월 15일 발효.	세관관리와 무역편리화, 위생과 식물위생 검역, 기술성 무역장벽, 전자 상거래, 경쟁사무, 투명도.

자료출처: 세계무역기구 RTA 데이터베이스, www.wte.org.

도표 5-4 한국이 이미 체결한 주요한 FTA 중의 무역편리화 약속 (2012년 12월까지)

구분	한국-미국 FTA	한국-유럽연합 FTA	한국-인도 FTA
기술 무역 장벽 (TBT)	주요한 조항에는 적용범위, 국제표준, 양자협력, 적합성 평가절차, 투명도, 자동차기술표준과 법규 등이 포함된다. 　양자는 WTO/TBT 협정 중의 권리와 의무를 재언명하고 적합성 평가 절차와 관련된 정보교류를 강화한다. 　양자는 전신설비 적합성 평가 상호인증 협정을 조속히 실현하고 자동차제품의 환경 안전 표준을 조율하게 된다. 　양자는 TBT위원회와 자동차 업무팀을 설립하여 관련 업무를 조율하고 해결하는데 동의했다.	주요한 조항에는 양자협력, 기술규칙, 기술표준, 협력평가와 인증, 시장 감독, 합격 평가 비용, 표지, 라벨, 조율 메커니즘 등이 관련되었다. 　양자는 WTO/TBT 협정을 토대로 국제표준을 더욱 많이 채용하고 기술법규의 투명도를 높이고 관련 수속을 간소화한다. 동시에 양자는 각각 TBT 협조원을 파견하여 TBT 업무의 대화와 협조를 강화한다.	양자는 정보 소통의 중요성을 강조하고 이 CEPA가 발효된 후 1년 내에 전신설비와 전공전기설비 두 분야의 TBT 공동인증 자문 업무를 가동하는데 동의했으며 3년 내에 양자인증 업무를 완성하기로 합의했다.
위생과 식물위생 조치 (SPS)	주요 조항에는 협정의 목표와 범위, 각 측의 권리와 의무, SPS사무위원회 및 분쟁 해결 등 문제가 언급되어 있다. 　협정은 「SPS협정」에서의 각자의 권리와 의무를 재차 천명했으며 각자의 SPS사무를 책임진 인원으로 구성된 SPS위원회를 설립하여 SPS협정의 집행을 강화하고 협상과 협력을 강화할 것을 요구했다. 위원회는 매년 최소 1차례 회의를 소집한다.	주요 조항에는 투명도와 정보 교류, 국제 표준, 수입 검사검역 요구, 동식물 건강조치, 동물 복지 협력, 협력 메커니즘 등이 언급되어 있다. 　양자는 공동으로 SPS위원회를 설립하여 관련 절차와 협정을 제정하는 것을 책임지고 본 장의 실행 상황을 감독하고 포럼을 건설하여 SPS 관련 업무에 대해 논의한다.	양자는 SPS 분야에서 상호 이해와 협력을 강화하고 인원 양성, 합동연구, 다자간 이미 허용한 SPS표준의 실행 등을 통해 협력을 강화한다. 합동 업무팀을 구성하기로 합의하고 두 분야에서의 협력 협정의 실행을 감독한다.

구분	한국-미국 FTA	한국-유럽연합 FTA	한국-인도 FTA
통관 무역 편리화	주요 조항에는 법규의 발표, 화물 통과 허가, 자동화, 리스크 관리, 협력, 기밀, 화물 특급 배송, 선결적 판결 등이 언급돼 있다. 　양자는 통관 사무와 관련된 규정을 제때에 발표하고 아래 분야에서 협력하게 된다. 통관 절차를 간소화하여 화물이 도착한 후 48시간 내에 통과를 허가한다. 전자 방식으로 화물이 도착하기 전에 관련 정보를 제출한다. 정보기술의 응용을 널리 보급시킨다. 전자 또는 자동화의 리스크 관리 시스템을 채용한다. 법규, 훈련 및 리스크 관리 등 분야에서 협력을 강화한다. 특급 배송 화물에 각종 편리한 조치를 제공한다.	주요 조항에는 화물의 통과 허가, 세관절차 간소화, 리스크 관리, 투명도, 선결적 판결, 소송 절차, 기밀 조항, 비용과 요금, 선적 전의 검사, 사후 조사, 세관의 가격 평가, 통관 협력 등이 언급된다. 　양자는 수출입 화물이 편리하게 빠른 속도로 통관하도록 확보함으로써 통관절차를 더욱 간소화하고 투명해지게 함과 아울러 본 영역에서 양자의 정보교류와 협력을 추진한다. 　양자는 세관위원회를 공동으로 건설하여 세관기구의 연락처를 건설한다.	주요 조항에는 목표와 원칙, 화물의 통과 허가, 자동화, 리스크 관리, 특급 배송, 투명도, 선결적 판결, 통관협력 등이 언급된다. 　양자는 국제표준을 토대로 세관절차를 간소화, 조율하고 절차의 적합성과 투명도를 높이며 리스크 평가 효율을 높이고 다자 협력, 기술 지지와 정보교환으로 무역편리화 조치의 실행을 추진한다. 　양자의 세관 간의 협력을 강화하여 공동으로 세관위원회를 건설하고 세관기구의 연락처를 건설한다.
자연인의 유동	협정에 포함시키지 않았다.	"서비스무역, 기업의 설립과 전자 상거래" 장절의 첨부 파일에서 '포지티브 리스트'의 방식으로 '중요한 인원, 졸업 인턴과 상업 영업 직원'이 각 산업부문에 취업하거나 또는 무역투자 활동을 하는 것에 대한 구체적인 규정과 조건을 열거한다.	자연인의 이동을 편리하게 하는 조치를 규정했는 바 일반 원칙, 적용범위, 단시기 입국 허가, 가족의 고용, 상관 규제의 투명도, 분쟁 해결 등의 내용이 포함되었다. 　협정의 첨부파일에는 또 전문가로 분류할 수 있는 구체적인 업무 직위를 규정했다.

구분	한국–미국 FTA	한국–유럽연합 FTA	한국–인도 FTA
전자 상거래	양자는 전자 상거래의 발전과 응용이 무역장벽을 제거하는데 대한 중요한 의의를 강조했다. 양자는 조건이 부합되는 디지털 제품에 대해 면세 대우를 하기로 약속했다. 요구에 부합되는 전자인증과 전자 사인에 대해 그의 법률적 효율을 인정하고 그의 사용을 유보하거나 방애하는 제도나 조치를 취하지 못한다. 전자 상거래 활동에서 소비자에 대한 보호를 강화한다. 무역 심사 비준 서류의 전자화를 추진하고 무서류 무역의 발전을 추진하고 정보의 국가간 자유로운 유동을 허락하고 무역에 편리를 제공한다.	양자는 경제성장과 무역기회 증가에 대한 전자 상거래의 중요성을 인식하고 전자 상거래의 발전을 적극 지지하기로 약속했으며 아울러 중간서비스로서의 정보 전송과 저장, 전자 상거래 환경하의 소비자 보호, 무서류 무역 등 분야에서 중점적으로 대화와 협력을 하게 된다.	협정에 포함시키지 않았다.
투명도	주요 조항에는 다음과 같은 것이 포함된다. 관련 규정 및 행정 결정의 발표. 다른 한 측의 인원이 초안의 규장제도에 대해 논평을 발표하고 문제를 제기하는 것을 허락한다. 상술 인원을 공개하고 그가 최종행정결책 전에 의견을 발표하는 것을 허락한다. 상술 인원이 행정결책에 대해 평의하는 것을 허락한다.	협정의 기타 장절도 투명도 문제에 대해 관련 규정을 내렸다. 목표는 양국의 기업 경영자에게 더욱 효율적이고 예측 가능한 정책감독관리 환경을 조성해주는 것이다. 주요 조항에는 발표, 자문과 연락처, 행정절차, 심의와 상소, 감독관리 질과 성과 및 양호한 행정 행위, 무차별 원칙 등이 언급된다.	협정의 기타 장절에 투명도 문제에 대해 관련 규정을 내렸다.

자료출처 : 세계무역기구 RTA 데이터베이스(www.wto.org)가 발표한 협정 내용을 정리한 것임.

4. 한·중·일 무역편리화에 대한 비교

종합적으로 말하면 한·중·일 3국은 무역편리화 협력 방면에 공통이익이 존재하고 협력을 강화할 기반이 마련돼 있으며 3자의 기본 태도가 일치한다. 하지만 협력원칙 및 주목하는 중점 분야 등의 방면에 다소 차이가 있다.

1. 기본 태도가 일치한다.

3국은 다자 및 지역성 무역편리화 협력 과정에 모두 다 적극적인 태도를 보였다. 3자가 공동으로 도하라운드의 무역편리화 담판에 참가하여 담판을 추진했으며 APEC의 두 단계 무역편리화 행동계획을 성공적으로 완성하고 적극적인 진전을 이룩했다. 또한 양자 FTA 담판 과정에 3국은 모두 다 일부분의 무역편리화 의제를 포함시키고 구속력 있는 협정을 달성했다.

2. 기본 원칙에 다소 차이가 있다.

3국의 경제발전수준 및 세계 경제 분업 중의 위치가 다르기 때문에 3국이 무역편리화 협력 과정에 엄수하는 원칙도 서로 다르다. 아시아태평양지역의 가장 큰 개발도상 회원국으로서의 중국은 시종일관 국제경제협력 중에서 공동의 그러나 차별적인 원칙을 견지하고 있으며 개발도상국에 일정한 특수 대우를 부여할 것을 강조해왔다. 무역투자자유화 협력에서 그러했고 무역편리화 협력 중에서도 그러했다.

이밖에 개발도상국이 정보기술 및 관리 방식 등의 방면에서 전부 다 선진국보다 뒤떨어졌기 때문에 중국은 또 WTO 도하개발의정의 원칙과 보조를 같이하고 무역편리화 협력 분야의 경제기술협력을 강화하여 개발도상국이 더욱 효과적으로 통관관리 등의 방면에서 업무효율을 높이도록 도울 것을 주장했다.

3. 관심을 두는 분야에 각각 편중하는 점이 있다.

한·중·일 3국이 경제발전 수준 및 산업 비교 우위 방면에 차이가 존재하기 때문에 3국은 무역편리화의 구체적인 분야에서 주목하는 정도가 다르다. 중국은 여전히 경제의 발전 및 전환시기에 있어 무역정책 투명도, 관리방식, 기술수준 등의 방면에서 여전히 일본, 한국에 비해 일정한 차이가 있다.

때문에 중국은 편리화협력 분야의 능력 건설을 더욱 중시하며 서로간의 경제기술 협력을 통해 선진적인 관리경험을 교류하고 관리 효율을 높이기를 바란다. 이밖에 중국은 세계에서 완제품 무역의 대국이기 때문에 이런 유형 제품의 무역편리화 수준에 대해 더욱 관심을 가지고 있다.

이밖에 이미 체결한 기타 FTA 중 중국은 학력과 학위의 상호 인증, 기술기준의 상호 인증 및 자연인의 이동 등의 분야에도 높은 관심을 가지고 있다.

그러나 일본과 한국은 경제발전수준이 상대적으로 높고 무역편리화 관련 기술도 비교적 성숙되어 있기 때문에 정책집행 경험을 널리 보급시키고 관련 표준을 보급시키는 것을 더욱 중시한다. 무역편리화 협력은 국제무역협력의 새로운 분야이기 때문에 세계적으로 주요한 발달한 나라로서 일본과 한국은 어떻게 게임법칙 제정에 참가할지 하는 것에 더욱 큰 관심을 가질 수 있다.

구체적인 산업의 무역편리화 협력 과정에 농산물은 일 한 대외무역에서 민감한 것이기 때문에 양국은 농산물의 무역편리화 방면에 모두 다 어느 정도 유보하는 것이 있다.

제3절
한·중·일 무역편리화 협력의 중점 분야

현재 한·중·일 3국이 다자 및 역내 협력의 프레임 속에서 무역편리화 협력을 진행한 상황을 분석해보면, 통관절차, 표준적합성, 자연인의 이동은 3국이 보편적으로 관심을 가지는 의제이다. 3국은 각자가 체결한 FTA 중에서 보편적으로 상술 의제에 대해 관련된 약속을 했다. 앞으로 한·중·일 FTA 건설 과정에서 위에서 이야기한 분야 역시 각국이 공동으로 주목하고 중점적으로 추진하는 중점 분야가 될 것이다.

1. 통관절차 협력

통관절차는 한 나라의 무역편리화 수준을 보여주는 중요한 분야이다. 세계무역기구의 무역편리화 담판 및 APEC 무역편리화 협력은 전부 다 이를 중요한 우선분야로 확정했다. 세계무역기구 및 APEC의 회원국으로 한·중·일 3국은 모두 다 이 분야에서 적극적인 노력을 했다.

1. 중국의 통관절차 평가

중국은 WTO에 가입한 후 적극적으로 약속을 이행하고 통관절차에 대한 개혁을 단행하여 통관 효율, 법률법규의 투명도, WTO 관련 협정의 집행 등의 방면에서 적극적인 진전을 이룩했다. 아울러 국제기구 및 지역성 경제 협력기구와의 협력, 교류를 통해 중국의 통관절차와 국제관례가 끊임없이 통합되었고 편리화수준이 현저하게 개선되었다.

중국 세관은 출입국 감독관리 방면에서 지역 통관, 분류 통관, 선적 화물 명세서 관리 등 일련의 개혁을 실행하여 현저한 성과를 거두었다. 2010년 세관은 수출입 세관신고서 5,722만 7,000장을 취급했고 화물 세관신고서 248만 7,000 장을 검사, 수출입 화물 29억 4,600만 톤을 감독 관리했는데 화물의 가치가 2조 9,700억 달러에 달했으며 대외경제무역과 과학기술의 문화적 왕래를 힘 있게 추진했다. 중국 세관의 감독관리 하에 연 3억 8,611만 3,000 명의 여객, 누계로 약 44만 대의 비행기, 51만 6,200대의 선박, TEU[65] 수출입 화물수송 컨테이너 8,350만개가 국경을 드나들었다.[66] 2009년, 중국 세관은 기업에 대한 법 준수 관리를 전면 추진하고 분류 통관을 다그쳐 추진하고 '소속지에서 신고, 통상구에서 검사 통과'하는 것을 실행하고 다지역 화물통관 등의 조치를 실행했다. 통관 보세 감독관리 화물의 유전 관리를 틀어쥐고 통관 특수 감독관리 구역, 보세 감독관리 장소와 통상구

---

65) TEU는 Twenty foot Equivalent Unit의 약자이다. 길이 20피트의 컨테이너를 국제 계량단위로 하는데 또 국제표준컨테이너단위라고도 한다. 일반적으로 선박의 컨테이너 적재량을 가늠하는데 사용한다.

66) 중국세관총서, 『금일중국세관 2011』, 중국세관총서 사이트: http://www.customs.gov.cn, 2012년 4월 19일.

감독관리 현장의 연동적인 통관을 실현했다.[67] 중국은 통상구의 '대통관'과 '전자 통상구'의 건설을 조속히 추진하고 통상구 업무연락협조 메커니즘을 건설하고 그 역할을 발휘시켰으며 전국 대부분의 통상구 특히 중점 통상구의 통관효율을 끊임없이 높였다. 대통관(세관, 검사검역, 운송, 하역 등 단계 포함) 통계에 따르면 현재 해운 방식으로 수출입하는 화물은 일반적으로 24시간이면 통과할 수 있고 항공 수송 방식으로 수출입하는 화물은 일반적으로 10여 시간이면 통과하고 동식물 상품 등의 급한 화물은 평균 몇 시간 내에 통과할 수 있다. 광동 공항과 광동통상구의 정상적인 통행시간은 차량은 1시간을 초과하지 않고 여객은 30분을 초과하지 않는다.

아울러 중국 세관은 선진적인 과학기술 수단을 이용하여 세관의 관리수준과 업무효율을 높이는 것을 중시했으며 '전자 세관', '전자 통상구', '전자총서' 등의 응용 구도를 기본적으로 형성했고 세관 통관 작업의 네트워크화, 감독 방법의 지능화, 직능 관리 디지털화 및 행정결책의 과학화를 전면적으로 실행했다. 세관은 '전자 통상구'를 전국 수출입 무역의 관리와 서비스의 '단일창구'로 건설하는데 진력했다.[68] 1995년 전에 세관은 종이서류로 통관수속을 했다. 1995년, 전국 세관은 H883 통관작업 시스템을 널리 응용하여 전국 세관에서 세관신고서의 전자 신고를 시작했으며 아울러 기업은 종이로 된 세관신고서 및 첨부서류를 준비하여 현장 작업 단계에서 세관에 제출해야 했다. 2000년, 중국 세관총서는 세관

---

67) 중국세관총서, 『금일중국세관 2009』, 중국세관총서 사이트, http://www.customs.gov.cn, 2012년 3월 29일.
68) 중국세관총서, 『금일중국세관 2011』, 중국세관총서 사이트, http://www.customs.gov.cn, 2012년 4월 19일.

통관작업시스템(H2000)을 개발하여 2002년에 전국 세관에 보급시켰으며 세관의 컴퓨터관리시스템 응용이 더욱 개선되고 성숙됐다. 이전의 전자, 종이서류 세관신고를 토대로 2009년, 세관은 분류통관 개혁을 가동하여 리스크가 낮은 화물은 쾌속통관을 시키고 리스크가 높은 화물에 대해서는 감독관리 강도를 높여 화물의 통관시간을 단축시키고 비용을 낮추었다. 2012년 8월 1일, 중국 세관총서는 상하이 등 12개의 세관에서 무서류 통관 개혁의 시점을 가동했으며 세관신고서를 전산화함과 아울러 세관신고서 첨부파일도 전산화하여 통관 전 과정의 무서류화를 완성했다.

세관 관리의 법제화 수준을 높이고 정책관리의 투명도를 보장하고 세관의 법에 의한 행정수준을 높이기 위해 중국은 APEC 첫 단계 무역편리화 행동계획을 완성한 후 계속해서 통관관리, 통관절차와 관련된 법률법규 시스템을 개선해나갔는데 여기에는 세관의 각항 법규를 건전히 하고 개선해나가는 것, 세관 인원에 대해 법규 선전 교육을 실행하는 것, 법집행 인원의 양성, 세관법의 이론 연구 등이 포함된다. 현재 중국은 세관 법률 시스템이 기본적으로 건립되었고 법 집행 절차와 법 집행 감독검사제도가 진일보적으로 완벽해졌고 법집행 업무가 점차 규범화되었으며 법에 의한 행정 수준이 뚜렷하게 높아졌다. 2010년 세관은 권리침해 화물 1억1,000만 건을 사출해냈는데 가치가 2억5,000만 위안에 달했다.[69] 아울러 법률법규의 투명도를 높이기 위해 세관은 전문적으로 사이트를 건설하여 각종 관련된 법률 정보를 발표했으며 2020년 전까지 모든 법률법규를 영문으로 번역하여

---

69) 중국세관총서, 『금일중국세관 2011』, 중국세관총서 사이트, http://www.customs.gov.cn, 2012년 4월 19일.

사이트에 공개함으로써 각종 국제경제무역 왕래에 편리함을 제공할 계획이다.[70]

중국 세관은 국제 세관의 다자, 양자 및 지역 간 행정 공조 교류와 협력을 적극 펼쳐갔다. 국제협력 분야에서 중국 세관은 국제사무에 점점 더 많이 참가했으며 국제 경제와 무역에서 점점 더 중요한 역할을 발휘하고 있다.

WTO 도하라운드에서 무역편리화 담판은 주로 GATT 제5조항, 제8조항과 제10조항의 내용에 언급된다. 그중 GATT 제5조항 즉 출입국 자유와 관련해 중국은 「세관법」,「화물수출입관리조례」,「세관 조사 조례」 등의 관련 법률법규에서 상세한 규정을 내렸으며 중국이 WTO에 가입한 후 갱신하고 수정했다. GATT 제8조항 즉 수출 소정 수수료와 수속에 관해 중국은 WTO에 가입한 후 여러 가지 조치를 취해 통관 효율을 높이고 통관 비용을 낮추면서 대외무역의 발전을 지지했다.

구체적인 조치에는 통관업무 개혁을 심화시키고 개선하여 정보기술과 리스크 관리기술의 응용수준을 제고한 것, 통관 편리를 제공하고 수출입 화물의 검사와 통과 시간을 단축시킨 것, 전자 통상구 건설을 추진하여 온라인 세관신고와 무서류 통관을 실현한 것, 유엔 전자데이터 상호교환(UN/EDIFACT) 표준 양식과 기타 표준 전자양식을 채용한 것, 관세와 기타 세금의 반환 절차를 간소화한 것, 세관 인원의 업무수준과 관리수준을 높인 것 등이 포함된다. GATT 제10조항 즉 무역법규의 발표와 실행에서 중국은 WTO에 가입한 후 약속한 내용에 따라 수백 쪽의 국내 입법 및 관련 행정 법규를

---

70) APEC, 『중국 단독행동 계획』, www.apec.org.

정리하고 수정하여 서면, 전자 등의 여러 가지 형식으로 공시를 하였으며 무역법규의 투명도가 현저하게 제고되었다.

중국 세관은 1983년에 세계 관세 기구(WCO)에 가입한 후 WCO 상설 기술위원회, 집법위원회, 협조제도위원회, 세관가격평가기술위원회, 원산지기술위원회 및 자동데이터처리 소위원회의 활동에 적극 참가했으며 「교토협약」,「나이로비협약」의 수정과 「협조제도」의 심사결정, 원산지규칙의 제정 등의 업무에 적극 참가했다. 아울러 중국 세관은 다각 참여 강도를 높였고 추천한 후보가 세계관세기구 법준수편리사 사장으로 되었으며 상하이에서 세계관세기구 제64기 정책위원회 회의를 성공적으로 개최하여 중국 세관의 국제 세관에서의 영향력을 확대했다.[71]

이밖에 중국 세관은 지역 및 양자 간 세관 협력에 적극 참가하여 현저한 진전을 이룩했다. APEC 협력 과정에 중국은 두 단계의 무역편리화 행동계획이 설치한 목표를 전면적으로 완성했다. 2010년에 열린 제2라운드 중미전략경제대화에서 중국 세관은 전략과 경제 두 궤도에서 동시에 미국 세관과 대화를 펼쳤으며 중미 세관은 공급사슬 안전과 편리화 협력에 관한 양해각서를 체결했다. 제3라운드 중국-유럽연합 경제무역 고위층 대화에서 우리 측이 제기한 「감독관리 상호인증, 집법 공조, 정보 상호 교환(3M)」을 기반으로 하는 중국-유럽연합 세관 전략적 협력 기본협의를 체결했다.

2009년까지 중국 세관은 117개 국가(지역)의 세관과 우호왕래 관계를

---

71) 중국세관총서, 『금일중국세관 2011』, 중국세관총서 사이트, http://www.customs.gov.cn, 2012년 4월 19일.

건립했으며 대외로 42개의 정부 간 세관 상호협력 파일을 체결했다.[72]

2. 일본의 통관절차 평가

세계무역의 중요한 참가자로서 일본은 통관절차의 최적화를 매우 중시하고 있으며 본국의 기업과 무역 파트너에 더욱 편리한 무역환경을 제공한다. 일본 세관은 세관 법규의 관리와 집행을 책임졌다. 기타의 개인 부문과의 협상 및 세관사무의 조화를 책임진 부문에는 또 무역편리화 위원회가 포함된다. 통관절차와 관련된 주요 법률에는 「세관법」, 「세관 관세법」 및 기타 관련 법률법규가 포함된다. 일본 세관은 인터넷에 세관 사무와 관련된 결정, 판정, 조례, 감독관리 건의 등을 공개하며 개인 정보와 관련된 것은 예외로 한다.

일본은 수입 제품의 신고에 특별한 요구를 제기하지 않았으며 세관 중개인이 통관 수속을 대리하도록 허락하고 있다. 세관 중개인은 경영 지역 세관의 비준을 받아야 하며 경영자의 국적에는 제한이 없다. WTO가 일본을 상대로 진행한 무역정책 심의에 따르면 2006~2009년 사이에 해운 화물이 일본에서 통관수속을 하는데 필요한 시간은 어느 정도 감소되었으나 공수 화물의 통관시간은 오히려 증가되었다. 2009년의 수치에 따르면 해운 화물이 세관에 도착해서부터 입국 허가를 얻기까지 평균 62.4 시간이 걸렸으나 2006년에는 이 수치가 63.8 시간으로 1.4 시간 감소되었다. 2009년 공수

---

72) 중국세관총서, 『금일중국세관 2009』, 중국세관총서 사이트, http://www.customs.gov.cn, 2012년 3월 29일.

화물이 세관에 도착해서부터 입국허가를 받기까지 평균 16.0 시간 걸렸는데 이는 2006년의 14.4시간보다 1.6 시간 증가된 것이다.[73]

일본의 세관 법규에 따르면 모든 수입상은 반드시 세관에 신고를 해야 한다. 대다수 제품은 화물이 반드시 보세구역 또는 기타 지정 지역에 도착한 후 신고를 해야 한다. 세관의 허가를 받은 특정된 수입상이 수입하는 상품은 화물이 보세구역에 도착하기 전에 신고할 수 있다. 이밖에 일본은 일부분 화물의 통관절차에 대해 특별관리 조치를 제정하여 화물의 통관 속도를 빨리했다. 2009년 7월, 일본은 인증 경영자(AEO)를 제조상 분야로 확대할 계획을 내어 놓았다. 제조상, 창고 운영상, 세관 중개상과 물류서비스 업체가 모두 다 AEO가 될 자격을 가졌다.

AEO의 계획에 따르면 화물을 안전하게 관리하고 법규를 잘 지킨 기록이 있는 수입상은 단독으로 수입신고와 통관신고를 할 수 있고 그들은 관세 신고를 하기 전에 화물을 통과시킬 수 있다. 그들은 또 개인허가를 받지 못한 상황에 보세운송을 하는 편리함을 얻었다. 일본은 뉴질랜드(2008년 5월), 미국(2009년 6월), 유럽연합과 캐나다(2010년 6월)와 AEO 계획에 관한 자격 상호인증 협정을 체결했다. 자격 상호인증 협정에 따라 일본 세관은 자체에 대한 리스크 평가를 할 때 기타 AEO 회원의 자격 지위를 고려하게 되었다.

관세는 다종의 지불 네트워크 시스템을 이용하여 지불하는데 이 시스템은 출납기구(정부 당국)와 금융기구를 연결시켰다. 이 시스템을 이용함에 있어 정부는 아무런 비용도 받지 않고 관련된 금융기구가 변동 요금을

---

73) WTO: Trade Policy Review, Japan, Report by the Secretariat, WT/TPR/S/243, 11 January 2011, www.wto.org.

받는다. 수입상과 기타 해당 각 방면의 서면 요구가 있을 경우 서면으로 사전심사결정서를 체결할 수 있다. 주관부문은 이런 심사결정서는 원칙적으로 세관 공식사이트에 공개한다고 밝혔다. 사전심사결정서는 법률적 효력을 가지지 않는다. 차세대 단일창구의 통용 관문이 2010년 2월에 완성되었는데 각 기구 간의 전자출원 수속을 통일시켰다.

일본의 「세관법」 제89~93 조례, 「행정상소법」 제14 조례와 제45 조례 및 「행정사건소송법」 제14조례는 특정 세관의 결정에 대한 행정심의 절차를 규정했다. 세관 결정에 대해 2개월 내에 세관 제너럴디렉터에 상소를 제기할 수 있다. 세관 제너럴디렉터의 결정에 대해 1개월 사이에 대장성에 상소할 수 있다. 대장성의 결정에 대해서는 6개월 사이에 법원에 소송을 제기할 수 있다.

APEC이 보고르목표를 실행한 이후 일본의 통관절차 방면의 진전과 성과는 도표 5-5를 참조한다.

도표 5-5 APEC 「보고르목표 평가 보고서」의 일본 통관절차에 대한 평가

항목	1996년 상황	2009년 상황	주요한 진전 또는 최적 예증
HS2007 채용	–	채용	관세조율제도의 실행은 오사카 행동 아젠다 중의 한 가지 집단행동계획이다.
수정 후의 교토협약과 일치함을 유지	–	접수	오사카 행동 아젠다의 집단행동계획의 하나로 수정 후의 「교토협약」을 토대로 간소화하고 조율했다.
투명도	공식 성명으로 세관 법률과 법규를 발표했다. 세관 자문위원을 두어 대중의 자문과 신고를 접수한다. 상술 조례를 집행했다.	세관 사이트를 정기적으로 업데이트했다(주로 세관 법률 법규, 세관 문답, 관세 세율이 포함됨) 세관 법규를 수정할 때 대중의 건의를 접수한다.	오사카 행동 아젠다의 집단행동계획 중의 '정보의 공개와 제공'과 '상소 조례'. 세관 사이트가 이미 업데이트 되었고 사이트의 이용 가능함과 이용도를 높이고 내용을 충실히 했다. 예를 들면 영문 버전으로 된 일본 관세표, 사전심사결정서 정보와 AEO 절차 등.

정보기술과 자동화 (예를들면 단일창구, 무역 데이터베이스, 무서류 무역 등)	일본 세관의 자동통관시스템(NACCS)을 도입하여 세관, 세관 중개인, 은행과 기타 관련 기구를 밀접히 연결시켰다. 시스템 리스크 관리를 채용하였다. 예를 들면 세관 지능관리시스템(CIMAS), 세관 지능 데이터베이스(CIS).	NACCS에서 'UN/EDIFACT' 표준을 채용했다. NACCS를 업그레이드 시켰다. 단일창구 시스템을 도입하여 모든 수출입 절차와 항구의 관련 절차에 사용했다. 무서류 절차를 추진시켰다.	1995년, 오사카 행동 아젠다는 'UN/EDIFACT' 전산화라는 집단행동을 제기했는 바 취지는 1999년 전까지 'UN/EDIFACT' 표준을 채용하여 세관 절차의 전산화를 실현하는 것이었다. 일본은 1999년에 'UN/EDIFACT' 표준을 도입했다. 오사카 행동 아젠다의 집단행동계획의 하나 즉 '공동 데이터 요소'와 '정보기술'. 일본은 새 일대 단일창구 포털 시스템을 개발하여 수출입 절차와 항구의 관련 절차에 사용했다.
무역 안전 조치	시스템 리스크 관리를 채용했다. 예를 들면 세관 지능 관리시스템(CIMAS), 세관 지능 데이터베이스(CIS).	도착 전에 화물 정보 교부. 해운 화물을 위한 영상 감독시스템 개발. 컨테이너 안전에 관한 창의를 제기. 종합적 AEO 계획 도입. 컨테이너 스캐너 도입	일본은 AEO 시스템을 도입하고 그 피복 범위를 넓혔는데 여기에는 수입상, 수출상, 창고 매니저, 세관 중개인, 대리상과 제조상이 포함돼 있다. '리스크 관리 기술'은 오사카 행동 아젠다의 집단행동 계획으로 일본은 화물이 항구에 진입하기 전에 화물 정보를 제출하는 것을 의무화했다.

기타 무역편리화 조치, 예를 들면 사전 급별 판정 제도, 화물 석방 시간 조사 등.	사전 급별 판정 제도 채용. 화물 석방시간 조사 실시. 공수 화물 도착전 검사. 공수 화물 도착 동시에 수입 허가를 하는 제도 실시. ATA 공약. 주요 공항의 서비스 시간 연장.	해운화물에 대해 도착 전 검사 실시. 가격 결정과 원산지 인증에 대한 사전 판정 제도 실시. 가격 결정과 원산지 인증에 대한 사전 판정 제도 실시 해운 화물이 도착하는 동시에 수입허가를 하는 제도 실시. WCO 즉시석방 표준에 부합되는 저가치 화물에 대해 통관절차를 간소화한다. WCO 즉시석방 표준에 부합되는 저가치 화물에 대해 통관절차를 간소화한다. 주요한 항구의 서비스 시간을 연장한다.	'사전판정 시스템', '임시 수입', 'WCO 화물 즉시석방 지침'은 오사카 행동 아젠다의 집단행동계획 내용의 하나이다. 매 사전 급별 판정의 정보는 다 세관 사이트에서 찾아볼 수 있다. 1991년 이래 일본은 9 차례 화물석방시간 조사를 실행했다.

자료출처 : APEC 보고르 목표 평가 보고서, www.apec.org.

3. 한국의 통관절차에 대한 평가

한국은 시종일관 통관절차의 효율과 현대화 수준을 높이는데 진력했으며 원산지 표시에 대한 관리를 강화했다. WTO 무역정책 심의 보고서는 한국의 세관서비스가 일부분의 국제 최우수 관례를 제공할 수 있고 국제 인가를 얻었다고 밝혔다. 끊임없이 효율을 높이고 투명도를 강화하고 통관시간을 감소시키고 성실, 청렴한 정치 건설을 강화하고 경험이 풍부한 인원을 고용하는 등의 조치를 취함과 아울러 리스크관리 시스템을 사용하면서 한국의 세관 관리는 최근 몇 년간 세인이 주목하는 진보를 이룩했다. 이밖에 신기술을 채용한 것도 통관절차의 혁신에 지극히 중요한 역할을 했다.[74]

한국의 법률 법규는 선적인, 세관대리상, 세관통관을 책임진 단체 또는 법인만이 수입신고를 할 수 있도록 규정했다. 필요한 증명재료에는 상업 영수증, 가격신고서와 인수증 사본이 포함된다. 어떤 상황에서는 상세한 화물명세서, 수입허가증, 위생과 검사검역증(주로 농산물과 가공식품) 및 특혜 원산지증서도 필요하다. 심사를 거쳐 자격이 양호한 수입상은 더욱 신속히 세관을 통과할 수 있으며 더욱 편리한 방식으로 관련 세금을 납부할 수 있다. 정보 기술이 발전함에 따라 한국의 통관절차는 고도의 전산화를 실현 했으며 신고 와 화물관리 등을 포함한 수입 통관절차는 전부 다 컴퓨터 시스템을 이용해 관리하고 있다. 통관효율을 더한층 높이고 비용을 낮추기 위해 한국세관은 2005년 10월에 인터넷에 의한 통관시스템을 건설하여 수출입 통관 업무를 처리하고 있다. 이 단일창구 시스템에는 조건 확인 절차, 검사검역 절차 및 세관의 통관 절차가 포함되어 있다.

한국세관은 특수화물 수입의 심사비준을 책임진 기타 32개의 기구(예를 들면 건강사회복지보장 부문, 농업 · 임업 · 목축업 · 부산물 · 어업 부문)와

---

74) 한국 통관절차 편리화 상황 및 수치의 출처는 다음과 같다. WTO: Trade Policy Review of Korea, www.wto.org; APEC: Fact Sheet on Individual Efforts Made towards the Achievement of the Bogor Goals: Repubic of Korea, www.apec.org.

연계하여 위에서 이야기한 화물의 수입에 필요한 특정된 전자인증을 제공한다. 아울러 한국은 또한 특별인증이 필요한 수입 화물의 수량을 끊임없이 줄여 통관절차를 간소화하고 있다. 「제약조례」와 「식품 위생 조례」를 포함한 49개의 법률 규정에 근거하여 상술 특별검사가 필요한 통관화물의 종류를 2004년의 4,810종으로부터 2008년에는 4,356종으로 감소시켰다. 아울러 한국은 이 수치를 진일보적으로 낮출 계획이다. 이밖에 한국은 현재 무서류 통관시스템의 적용범위를 확대하는 조치를 취하고 있다.

2007년 연중까지 4만2,000개의 무역기업이 전자 수치교환(EDI) 시스템을 사용했다. 2008년, 한국의 무역화물 관리는 100% 무서류화를 실현했으며 수입 통관의 무서류화도 80%에 도달했다. 동시에 한국세관은 컴퓨터 자동화 기술을 세관의 가격결정 및 관세징집 업무에도 적용하면서 기술수준을 끊임없이 높임으로써 세계적인 정보기술의 발전에 적응해갔다.

2007년 2월부터 한국세관은 12개의 주요 정부기구를 대표하여 단일창구 네트워크 관리 시스템을 이용하여 수출입 심사 비준의 인증관리를 실시했다. 이 관리시스템에 포함된 정부 관리기구에는 한국 식품의약품안전청, 한국 국립수산물품질검사원과 국립수산물품질관리원이 포함된다. 위에서 이야기한 정부기구가 관리하는 수입허가 수량은 수입허가 수량 전부의 93%를 차지한다. 현재 아직도 수입 심사와 허가를 책임진 일부분의 정부기구가 이 단일창구 네트워크 관리 시스템에 가입하지 않았는데 이런 부문이 가입할 경우 화물의 통관효율이 더욱 높아지게 된다.

2006년 3월부터 2007년 12월까지 상술 시스템은 7만4,435개의 거래를 처리했다. 시간과 비용 절약 역할이 뚜렷하기 때문에 시스템 사용자의 수량도 대폭 증가해 827개 기업으로부터 1,255개 기업으로 증가했으며 편리화 정도가 무역 참가자의 보편적인 인정을 받았다. 2008년, 한국세관의 통관절차에는 평균 1.2시간이 소요되어 2003년의 1.3시간에 비해 다소 감소되었다. 한국세관이 일부분의 수입 화물에 사전에 통관 신고를 하는 것을 허락했으나 대다수의 수입 화물(약 80%)은 세관의 창고에 들어간 후에야 통관할 수 있었다. 2007년, 화물이 입항해서부터 통과되는 평균 통관시간은 3.54일이었는데 그중 공수화물은 1.78일, 해운 화물은 5.85일이었다. 그러나 2003년에 이 수치는 9.6시간이었으며 그중 공수화물은 4.6일, 해운화물은 16.2일이나 걸렸다. 신청을 거쳐 한국세관은 부산, 인천, 광양 등의 주요한 항구에서 쾌속통관 절차를 집행하여 신용이 양호한 업체의 수입은 수입신고서를 제출하기 전(10일 이내)에 통과시키는 것을 허락했다. 약 60%의 내부 화물이 이 시스템을 이용했고 화물은 항구 밖의 창고까지 가지 않고 통과될 수 있었다.

한국세관은 전반적으로 통관절차를 간소화하는 한편 2005년 8월부터 농산물에 대한 더욱 엄격한 통관 검사조치를 실행하여 현지 농민과 생산자를 보호했으며 날로 증가되는 저가의 수입 농산물에 대처해나갔다. 이런 부류의 수입 농산물에는 후추, 마늘, 참깨, 양파, 당근, 조미료 등과 같은 것이 포함되어 있다. 가격 검사가 필요한 수입 화물 견본도 20% 증가했다. 한국 당국은 이런 조치를 실행하는 목적은 수입을 제한하기 위해서가 아니라 불법 수입과 탈세 등의 행위를 막기 위해서라고 했으나 사실상 이 조치가 한국에 대한 기타 국가의 농산물 수출에 일정한 영향을 주었다.

한국은 2003년 2월에 수정 후의 「교토협약」에 가입해 특정된 유보 조항에 복종했다. 이 협정은 2006년 2월에 발효했다. 한국세관은 국제적으로 통용되는 상품코드와 조화제도(HS코드)에 근거하여 무역화물을 분류

관리했다. 모 특정된 제품의 분류에서 분쟁이 발생할 경우 공공부문과 사적부문으로 구성된 한국세관 관세분류위원회가 최종 결정을 내린다. 이 위원회가 일치하는 의견을 달성하지 못할 경우 세계세관기구 사무실에 보내 그들의 의견을 청취한다.

한국세관은 대외로 관리정보 발표 범위를 확대시켰으며 인력을 증가하여 인터넷 자문에 더욱 빨리 회답했다. 한편 한국세관은 위반제소 및 분쟁처리 메커니즘을 설립했다. 2004년, 한국세관은 세관 위반신고센터와 온라인 부패신고센터를 내어 놓아 세관 직원과 무역참가자들이 세관의 불법 행위를 한국세관 사이트에 신고할 것을 건의했다. 이밖에 매 세관기관에 전부 다 전문인원을 두어 통관과 가격제정 과정에 일어난 분쟁과 신고를 처리하도록 했다. 특정된 무역활동의 통관절차를 간소화하기 위해 한국은 국가 관세영역 밖에 특정 구역을 설치하여 통관 절차를 면제하고 있다. 이런 보세구역은 일반적으로 번화한 공항, 항구 및 기타 구체적인 화물저장 지역에 설치되어 있으며 화물 및 서비스무역의 편리화 수준을 높이게 된다. 한국 지식경제부는 지방정부의 요구에 따라 이런 유형의 특별구역을 설치하게 된다. 구역 내의 무역활동은 수입절차와 관세의무를 면제받고 세금을 감면받을 수 있다.

(부가가치세와 법인세를 감면받는 것) 외국 화물은 자유롭게 보세구역을 드나들 수 있고 간소화 절차를 향유하도록 허락받을 수 있다. 이 구역에 들어온 한국 화물은 수출 화물로 간주되어 관세 환급의 권리를 부여받는다.

이런 구역에 들어온 화물은 원칙적으로 수출용이지만 국내에서 판매될 경우 수입세와 부가가치세 등의 내국세수입을 납부해야 한다. 한국의 법률 해석에 따르면 이 특혜는 보조금을 주는 것이 아니고 또 특별히 한 기업이나 기업그룹에 제공되는 것이 아니기 때문에 WTO 협정 제25조의 보조금 및 보상조치의 규제를 받지 않는다. 이런 유형의 보세구역은 주로 인천국제공항과 부산, 광양, 인천, 마산, 익산, 군산, 대불, 동해 등의 항구에 있다.

4. 한·중·일의 통관절차 방면의 협력의 진전

한·중·일 3국은 통관절차 분야에서 협력하여 적극적인 진전을 이룩했다. 2007년부터 한·중·일 3국 정상회의 메커니즘 하에 3국 세관 지도자회의 메커니즘이 공식적으로 건설되어 3국 세관이 지역성 사무에서 협조 및 협력을 강화하는데 중요한 플랫폼을 제공했다. 2011년 연말까지 한·중·일 3국 세관 지도자는 모두 4차례 회의를 가졌다. 3국 세관 지도자는 주로 무역편리화, 유효한 법집행, 안전조치 및 지역 공헌 등과 관련하여 대화와 의논을 펼쳤다. 3자 세관 지도자회의의 틀 안에 도합 3개의 업무팀이 있는데 그것은 각각 지적소유권 업무팀, 세관 법집행과 정보 업무팀, 인증경영자 (AEO) 업무팀이다. 인력자원개발 분야에서도 3국은 적극적으로 협력을 펼쳤다.

제1차 한·중·일3국 세관지도자회의는 2007년 4월 일본 도쿄에서 열렸다. 3국의 세관은 각각 법집행 경험을 교류했으며 세관 직능의 역할을 발휘하여 무역안전과 편리의 보장, 지적소유권 보호, 지역 경제무역 왕래 추진, 기업에 양질의 서비스 제공 등 공동관심사를 심도 있게 연구 토론하면서 3국간 관세협력 메커니즘을 건설하는 것에 관한 공통인식을 달성했고 아울러 「중일 한 3국의 세관지도자회의 강요」 를 채택했다.

제2차 한·중·일 3국 세관지도자회의는 2008년 11월 한국 제주도에서 열렸다. 3국 세관 지도자는 기준 프레임의 실행, 무역안전과 편리화협력 강화, 지적소유권 보호, 3국 세관의 국제사무에서의 조율과 협조강화 등의 의제를 둘러싸고 의견을 교환했다.

제3차 회의는 2009년 8월 중국 베이징에서 열렸다. 3국 세관 지도자는 무역편리화 분야의 협력을 강화하고 공동으로 3국 경제무역의 지속 가능성 회복과 발전에 진력하기로 결정했다. 3국 세관 지도자는 지적소유권 보호, 세관 법집행과 정보협력, AEO 상호인증, 인력자원 개발과 무역편리화 등의 의제를 둘러싸고 심도 있게 논의했다. 3국 세관 지도자는 「한·중·일 세관협력 행동계획」(「베이징 계획」이라고도 함)을 심의하여 통과시키고 3국 세관의 앞으로의 협력 방향을 계획하였는데 이는 안전하고 편리한 3국 무역환경을 창조하고 역내 경제의 건강하고 지속적인 발전을 추진하는데 중요한 의의를 가진다.

제4차 회의는 2011년 11월 일본 도쿄에서 열렸다. 3국 세관 지도자는 제3차 회의 이후 한·중·일 세관이 지적소유권 보호, 세관 법집행 및 정보협력, 인증경영자(AEO) 상호인증과 인력자원 개발 분야에서 거둔 진전에 환영을 표했다. 지적소유권 보호에 관해 3국 세관 지도자는 지적소유권 업무팀의 보고를 토대로 협력을 강화하기 위한 합동행동을 정기적으로 펼치고 「제로 위조품 계획」을 수정할 필요성이 있다고 재차 천명했다. 세관 법집행 및 정보업무팀은 최근 몇 년간 정보교환 분야에서 실시해온 행동과 앞으로 펼쳐나갈 상업사기 단속을 포함한 새로운 행동을 보고했다. 3국 세관 지도자는 다음 3국 세관지도자회의 때 새로운 행동에 관한 보고서를 제출할 것을 세관 집법 및 정보 업무팀에 지시했다. AEO 상호인증에 관해 3국 세관 지도자는 「한·중·일 세관협력 행동계획」이 취득한 진전에 환영을 표했는데 예를 들면 각자가 AEO 제도에 대해 연구토론을 한 것, 양자 간 상호인증을 위해 펼친 업무 등이다. 3국 세관 지도자는 계속해서 「수정 후의 한·중·일 세관협력 행동계획」에 따라 해당 업무를 펼친다는 것을 확인했다.

이밖에 3국 세관 지도자는 인력자원 개발 분야의 협력이 진전을 이룬 것도 칭찬하여 높이 평가했고 양자협력 양해각서의 추진 역할을 높이 평가했으며 양자 양해각서를 토대로 3국 세관 양성기구들 간에 경험교류를 심화시키기로 만장일치로 합의했다. 한·중·일 3국 지도자회의 선언이 발표되면서 3국 세관 지도자는 무역편리화 및 세관수속 개진의 중요성을 강조했으며 통관수속 업무팀 설립 및 그 업무계획을 적극적으로 지지한다고 표했다. 미래 3자간 세관협력의 방향을 진일보적으로 명확히 하고 실무적인 협력을 심화시키기 위해 3국 세관지도자는 「수정 후의 한·중·일 세관협력 행동계획」을 채택 했으며, 이 행동계획을 온당하게 집행하면 앞으로 3국의 세관협력이 반드시 강화될 것이라고 굳게 믿었다.

2. 표준적합성 협력

경제의 세계화가 끊임없이 심화되면서 세계적인 생산 분업 시스템 및 세계 소비 네트워크가 점차 형성되었으며 생산자와 소비자가 모두 다 제품의 표준적합성 수준에 더욱 높은 요구를 제기했다. 표준적합성 수준의 높이는 3국 기업 제품의 국제시장에서의 경쟁력 수준 및 각국의 무역상황에 직접 영향을 준다. 세계 제조업의 주요 기지 및 무역대국으로서 한·중·일 3국은 표준적합성 문제를 높이 중시하고 있다. 앞으로 한·중·일 3국의 협력 과정에 표준적합성은 3국이 공동으로 관심을 가지는 협력 분야가 될 것이다.

1. 중국의 표준적합성 정책평가

세계무역 대국이고 세계 제조업 생산기지인 중국에게 표준적합성 문제는 중요한 의미가 있다. 중국은 정책적으로 표준적합성 문제를 자체 발전전략의 중요한 구성부분으로 삼고 본국 표준이 국제 표준으로 발전하도록 격려함과 아울러 국제표준을 국가표준으로 확정하고 두 가지 업무를 조화롭게 발전시키고 있다. 국내정책 방면에서 2001년 WTO에 가입한 후 중국은 표준시스템 재건 방면에서 적극적인 노력을 했다. 중국정부는 2006년에 거액의 예산을 지불해 표준 업무를 지원하는데 사용했다. 여기에는 인원양성 등을 통한 표준적합성 분야의 인력자원 개발이 포함된다. 중국정부는 '중국표준 창의성 공헌상'을 설립하여 기업 표준의 연구와 개발을 격려했다.

표준의 사용과 경신 속도를 높이고자 국가표준화관리위원회는 IT 플랫폼을 가동했다. 2005년부터 전부의 신청과 심사비준은 국가표준화관리위원회 사이트의 온라인 신청 시스템을 통해 진행된다.

이밖에 중국정부는 표준화 분야의 지역 및 국제협력에 적극 참가하고 양자 및 다자 경로를 통해 테스트 증명 상호 인증을 획득했다. 중국 국가인증인가감독관리위원회는 이미 20여 개의 정부 또는 표준적합성 평가기구와 공장 검사 테스트에 관한 상호인증협정을 체결했다. APEC에서 중국은 식품안전표준을 적극 추진하고 APEC 식품안전 창의를 제기했다.

(1) 법률법규 및 관리기구

중국이 표준적합성 업무를 실행하는 주요한 법률법규 근거에는 「표준화법」(1988년 발표, 1989년 4월 1일부터 집행) 및 그 실시조례가 있다.

중국 표준화업무는 통일적인 관리와 책임 분담이 상호 결합된 관리 시스템을 실행한다. 국무원이 부여한 권한대로 국가품질감독검사검역총국의 관리 하에 국제표준화관리위원회가 전국의 표준화 업무를 통일적으로 관리한다. 국무원의 관련 행정 주관부문과 국무원에서 권한을 부여받은 관련 산업협회가 본 부문, 본 업종의 표준화 업무를 분담한다. 성 자치구 직할시의 표준화 행정주관 부문이 본 행정구역의 표준화업무를 통일적으로 관리한다. 성, 자치구, 직할시 정부의 관련 행정 주관부문이 본 행정구역내 본 부문, 본업 종의 표준화 업무를 분담하여 관리한다.

(2) 중국의 표준 시스템

「중화인민공화국 표준화법」의 규정에 근거하여 중국의 표준은 국가표준, 산업표준, 지방표준과 기업표준 4개 등급으로 나뉜다. 그중 국가표준과 산업표준은 또 강제표준과 권고표준 두 가지로 나뉜다. 인체 건강과 인신 재산 안전을 보장하는 표준과 법률 행정 법규가 강제적으로 집행한다고 규정한 표준은 강제표준이고 기타 표준은 권고표준이다.

성 자치구 직할시의 표준화 행정 주관부문이 제정한 공업제품의 안전,

위생요구에 관한 지방표준은 본 행정구역내에서 강제표준이다. 이밖에 기술이 아직 발전 중에 있고 상응한 표준파일로 그의 발전을 지도할 필요가 있는 것, 표준화 가치가 있으나 아직 표준으로 제정하지 못한 항목 및 국제표준화기구(ISO), 국제전기기술위원회(IEC), 기타 국제기구의 기술보고를 채용한 항목은 국가표준화 지도적 기술파일을 제정할 수 있다. 국가표준이란 전국 범위에서 통일해야 할 기술적 요구에 따라 제정한 표준을 말한다. 국가표준은 국무원 표준화 행정 주관부문이 제정한다. 2011년 6월 말까지 중국은 2만7,114개의 국가표준을 비준하고 발표했는데 그중 강제표준은 3,408개, 권고표준은 2만3,443개, 지도적 기술 파일은 263개다.

산업표준이란 국가표준이 없고 또 전국의 모종 산업 내에서 통일시킬 필요가 있는 기술요구에 대해 제정한 표준을 말한다. 산업표준은 국무원의 해당 행정 주관부문이 제정하고 국무원의 표준화 행정 주관부문에 제출하여 등록한다. 산업표준은 상응한 국가표준이 실시된 후 자동적으로 폐지된다. 2011년 6월 말까지 등록된 산업표준은 누계 4만5,613개였다.

지방표준이란 국가표준과 산업표준이 없지만 성 자치구 직할시 범위에서 통일된 기술요구에 의해 제정한 표준을 말한다. 지방표준은 성 자치구 직할시 표준화 행정 주관부문이 제정하고 국무원 표준화 행정 주관부문과 국무원 관련 행정 주관부문에 등록한다. 지방표준은 상응한 국가표준 또는 산업표준이 실시된 후 자동적으로 폐지된다. 2011년 6월말까지 등록된 지방표준은 누계로 2만299개였다.

기업표준은 국가표준, 산업표준, 지방표준이 없지만 기업 내에서 조율, 통일할 필요가 있는 기술요구, 관리요구, 업무요구에 의해 제정된 표준을 말한다. 기업표준은 기업이 조직, 제정하고 기업 내부에 적용되며 성 자치구 직할시 인민정부의 규정에 따라 등록한다.

중국은 자체로 각종 표준을 제정하는 한편 국제표준도 적극 채용하고 있다. 국제표준 채용이란 국제표준의 내용을 분석, 연구하고 테스트와 검증을 거친 후 그대로 사용하거나 또는 수정하여 중국 표준(국가표준, 산업표준, 지방표준, 기업표준 포함)으로 전환시키고 중국 표준의 심사비준, 발표절차에 따라 심사비준하고 발표하는 것을 말한다. 중국 표준이 국제표준을 채용한 정도는 동일채용과 수정채용으로 나뉜다. 동일채용((Identical to, IDT로 약칭)이란 국제표준과 기술 내용, 텍스트 구성 방면에서 똑같거나 또는 국제 표준과 기술내용이 같고 소량의 편집성 수정만 거친 것을 말한다. 수정채용(Modified in Relation to, MOD로 약칭)이란 국제표준과 기술성 차이가 존재하고 이런 차이와 차이가 생긴 원인을 분명하게 명시한 것을 말하며 편집성 수정을 허락한다. 수정채용에는 국제표준의 소량 또는 중요하지 않은 조항만 포함된 상황은 제외된다. 수정채용을 할 때 중국 표준과 국제표준은 텍스트 구성 방면에서 서로 대응되어야 하며 국제표준과 내용, 텍스트 구성을 비교하는데 영향을 주지 않는 상황에서만 텍스트 구성이 개변되는 것을 허락한다.

(3) 중국 표준적합성 업무의 진전 및 평가

중국은 2001년에 WTO에 가입한 후 TBT와 SPS 협정과 일치함을 유지하기 위해 거대한 노력을 기울였으며 국내 표준 시스템에도 매우 큰 변화가 발생했다. 이밖에 상당히 많은 부분의 수출 상품은 외자 기업이 생산한 것이고 이런 기업이 각자 본국의 표준을 사용했기 때문에 중국도 점차 국제표준을 적극적으로 사용하는 나라로 되었다. 2007년, 중국은 「국제표준 채용 관리방법」을 수정함으로써 국제표준 사용 비례를 높였다.

2009년 1월 국가표준화관리위원회는 중국 경내에 설립된 외자기업이 기술위원회의 투표자로서 국가표준 제정에 참가할 수 있다고 선포했다.

국가표준화관리위원회는 또 중국을 대표하여 국가와 지역성 표준 화기구의 협력에 참가했다. 이밖에 WTO 협의 관련 규정에 따라 회원국은 기술에 관한 법규 표준 합격 평정 절차를 수정할 때 국제표준이 없거나 또는 국제표준과 일치하지 않아 기타 회원국의 무역에 뚜렷한 영향을 미칠 수 있을 경우 반드시 발표하기 60일 전에 WTO 사무처에 통보함으로써 기타 회원국에 평의할 시간을 일정하게 부여하고 그들의 합리한 의견을 될수록 고려해야 한다. 2011년 6월 말까지 중국은 이미 WTO에 국가 강제표준 718개를 통보했다.[75]

국내 표준화 업무에 대한 관리를 강화하고 국제화 수준을 높이기 위해 중국 국가표준화관리위원회는 국가 강제표준의 전자열독시스템을 개발 하였는데 중국 국가표준화관리위원회 사이트(http://www.sac.gov.cn)를 통해 자유로이 접속할 수 있다. 중국국가표준 분류도 이 사이트를 통해 조회할 수 있다. 매달 관련 간행물을 통해 새로운 국가 표준을 발표한다.

TBT와 SPS 협정의 규정에 근거해서 중국은 국가 강제표준의 발표 및 관리 시스템을 개선하고 WTO 회원국에 보고했다. 동시에 6개월에 한 번씩 WTO에 국가표준 수정계획을 통보한다.

---

75) 중국 국가표준화관리위원회 사이트, http:/ www.sac.gov.cn.

대중은 SAC 사이트를 통해 새로운 표준에 대한 건의를 제출할 수 있다. 중국표준의 투명도를 더한층 높여 WTO/TBT 협정규정에 부합되도록 하기 위해 국가 표준화관리위원회는 국가품질감독검사검역총국과 함께 중국「표준화법」수정작업을 펼쳤다. 국가표준이 TBT 협정 제2.4조와 일치해지게 하려고 중국은 5년에 한 번씩 기술법규에 대해 평가를 한다. 중국은 더욱 많은 전문가를 국제표준화 기구의 기술위원회 또는 소기술위원회 업무에 참가시키는 한편 TC/SC 회의를 더욱 많이 주재하기 위해 노력했다. 이밖에 중국은 또 APEC 무역편리화 행동계획펀드 프로젝트를 이용하여 일련의 심포지엄과 훈련을 펼쳤으며 APEC의 전자전기 설비 적합성 평가 상호인증 협정(APEC EE MRA)에 참가했다.

2011년, 중국 국무원은「품질발전강요 (2001-2020)」를 발표해 표준 적합성 업무를 어떻게 강화할지 업무 목표와 중점적으로 추진할 분야를 제기했다. 그중 표준화 분야에서 중국정부는 현대화 농업, 선진적인 제조업, 전략적 신흥 산업, 현대서비스업, 에너지 절약 및 온실가스 감축, 사회 관리와 공공서비스 등 분야의 국가표준 시스템 건설을 다그칠 것을 제기했다. 표준 분류 관리를 실시하고 강제표준 관리를 강화한다. 표준 제정과 수정 주기를 단축시키고 표준의 선진성, 유효성, 적용성을 높이다.

국제표준을 적극 채용하여 국제표준화 활동에 참가하는 능력을 실제적으로 높이며 중국 우위기술과 표준이 국제표준으로 되도록 추진한다. 중국의 관련된 산업 발전에 영향을 주는 국제표준의 제정과 수정에 적극 참가해 세계 기술표준 방면의 경쟁 능력을 높인다. 표준화관리 시스템을 최적화하고 표준화 업무 메커니즘을 혁신하고 표준화와 과학기술, 경제, 사회발전 정책을 효과적으로 연결시키고 군민 표준화업무를 효과적으로 융합시킨다. 표준화 과학기술 지지시스템과 공공서비스 시스템을 구축하고 국가 기술표준자원서비스 플랫폼을 건전히 한다.[76] 인증인가시스템을 건설하는 과정에 「강요」는 국제통용 규칙을 참조하여 법률법규, 행정 감독관리, 인가 규제, 산업 자율, 사회감독이 상호 결합된 건전한 인증인가 관리패턴을 건설함으로써 인증인가시스템을 최적화하고 인증인가서비스 능력을 높이고 상품의 강제인증의 유효성을 높이고 상품의 권고인증이 건강하고 질서 있게 발전하도록 추진시키고 관리시스템과 서비스 인증제도를 최적화할 것을 요구했다. 인증, 검측 시장을 진일보적으로 육성 규범화하고 인증기구, 실험실, 검사기구에 대한 감독관리를 강화한다. 국제상호인증을 온당하게 추진하고 세계적인 인증인가규칙 제정에 대한 참가도와 발언권을 높여 중국 인증인가의 국제적 영향력을 높인다.[77] 「품질발전강요 (2011-2020)」는 2011-2020년 중국의 표준적합성 업무에 명확한 설계도를 그려주었으며 중국이 중·일 ·한 3국의 표준적합성 협력에 참가하고 심화시키는데 중요한 정책 지침이 될 것이다.

2. 일본의 표준적합성 정책 평가

일본의 기술법규, 합격평정 절차는 법률 방면에서 정부의 지지를 받고

있다. 관련된 주요한 법률 법규에는 「의약법」, 「공업표준법」 및 농림업 제품의 표준화 라벨과 관련된 법률이 포함되어 있다. 이런 법률은 일본이 WTO 「기술적 무역장벽 협정」을 실행하는 기반이다. 외국과 무역표준 정책의 담판 조율을 책임진 정책기구에는 외무서, 통상 산업성, 농림 수산성, 후생성, 운수성 등이 포함되며 각 부문은 각자 맡은 바 업무를 완수한다.

그중 일본 외무성의 국제무역국은 주로 약물, 화장품, 의료기계, 식품, 식품첨가제, 통신시설, 자동차, 선박, 비행기, 철도설비 등과 관련된 표준 정보서비스를 제공하며 일본 무역진흥기구(JETRO)의 정보서비스부는 주로 전력설비, 가스 도구, 계량저울, 식품, 식품 첨가제, 관련 의료기계, 자동차, 선박, 비행기, 철도 설비 등과 관련된 표준정보서비스를 제공한다. 이밖에 일본은 표준 제정 절차의 공개, 투명성을 매우 중시한다. 기술법규와 합격평정 절차의 일환으로서 담당 기구는 반드시 제정 중인 법규를 공개해야 하며 모든 이익 당사자에게 의견을 발표할 경로와 기회를 제공해야 한다.

일본은 표준적합성 분야의 국제협력에 적극 참가하고 있다. APEC 평가보고에 따르면 일본은 선후로 APEC 통신설비의 적합성 평정 상호인증 협정에 참가했으며 유럽연합, 싱가포르, 태국, 필리핀과 전자제품 상호인증 협정을 체결했다.

(1) 자발적 표준

2009년, 일본의 자발적 표준에는 1만179개의 공업표준(JIS)과 214개의 농업 표준(JAS)(도표 5-6을 참조할 것)이 포함됐다. 일본은 자국 공업표준이 국제표준의 요구에 부합되도록 조정하는데 진력했다. 2009년까지 일본의

48%의 공업표준이 국제표준과 일치해졌는데 그중의 96%는 2009년에 조정한 것이었다. 2008년 4월부터 2010년 2월까지 일본은 597개의 공업 표준을 수정하고 297개는 폐지하고 새로 412개를 제정했다.

일본의 「농업표준법」은 농업표준법을 제정 또는 수정할 때 반드시 국제표준과의 적합성을 고려해야 한다고 규정했다. 예를 들면 유기농산물 표준을 제정할 때 국제식품규격위원회 표준 중의 "유기식품의 생산, 가공, 라벨, 판매규칙"을 참조해야 한다. 2008년 이후 일본은 모두 2개의 새로운 농업표준을 제정하고 2개를 폐지한 한편 39개의 농업표준을 수정하였다.

국내 판매 시 반드시 JIS 인증이 있어야 한다고 관련 법률이 규정한 제품 이외에 일본의 공업표준은 자발적으로 실행되는 것이다. 2010년까지 약 8,300개의 일본 국내 기업과 600개의 19개 국가 또는 경제체에서 온 외국기업이 JIS 인증 표시를 얻었다. JIS 표시를 인증하는 방면에서 일본은 국내와 국외 업체에 통일적인 표준을 적용했다. 현재 25개의 기구가 JIS 표시 인증 기구로 인가되었다. 일본은 수입 상품이 일본의 농업표준을 반드시 따를 것을 강요하지 않는다. 일본의 관련 법률에 따르면 농림수산성, 등록인증기구 및 해외에 등록된 인증기구가 JAS 표시를 감독하고 관리한다. 농림수산 장관은 인증기구가 등록표준을 준수하고 서비스를 개선하도록 명령할 권한이 있다.

일본 국내외 인증기구의 인증을 받은 외국 업체와 제조상은 자아 등급평가를 진행하고 자기 제품에 JAS 표시를 찍을 수 있다. 일본은 현재 27개의 해외 등록 인증기구가 있으며 그중 18개는 유기제품 인증을 책임졌고 9개는 임업 제품의 인증을 책임졌다.

도표 5-6 2009년 일본 주요 표준과 기술 법규 상황

구 분	표준/법규의 수량	국제 표준에 부합	국제표준과 같은 것	해외 인증을 접수한 비례 (%)	해외 테스트를 접수한 수치의 비례(%)
A. 강제적 기술 법규					
의약법	1954	..	..	..	..
식품위생법	618	..	..	..	..
전기 기구 설비와 재료 안전법	454	..	..	..	..
소비자 제품 안전법	9	0	0	0	..
고압기체 안전법	2	..	..	..	100
건축 표준법	..	..	..	..	..
도로 차량 안전 법규	237	29	4	11	33
사료의 품질 제고와 안전 보장에 관한 법규	..	..	..	..	..
화학물품 및 그의 생산과 검사에 관한 법률	7	..	..	..	100
공업 안전 건강법	..				
통신사업법	..	..	..	..	..

무선전법	..	..	..	..	..
비료관리법	..	..	..	..	..
B. 자발적 표준					
일본 공업 표준(JIS)	10179	48	96	..	..
일본 농업 표준(JAS)	214	32	74	..	..

자료출처: WTO: Trade Policy Review, Japan, Report by the Secretariat, WT/TPR/S/ 243,11 January 2011, www.wto.org.

(2) 강제적 기술 법규

전기제품 사고와 오염된 쌀을 불법 판매하는 사건에 대처하기 위해 일본은 법률을 수정하여 제품의 안전, 제품의 중개 판매 방면의 기술요구에 관한 여러 가지 법규를 도입했다. 2009년 9월 1일부터 이런 법규의 실행은 소비자사무국과 기타 정부기관이 책임지고 조화했다. 이밖에 화학물질의 위험을 평가하기 위해 2009년에 화학물질통제법을 수정하고 2010년 4월 1일부터 발효시켰다. 2009년 4월 1일, 기름 연소 보일러와 기름 연소 렌지가 「소비자 제품 안전법」이 규정한 기술요구 범위에 포함되었다.

2009년 8월 27일, 유기식물에 대한 강제적 기술법규를 수정했다. 유기식물 생산에 허용된 물질 명단에서 일부 물질을 증가하거나 삭제했다. 2010년 5월 12일, 가정용 압력솥과 소독기(특정 용기) 및 헬멧이 「소비자 제품 안전법」의 기술요구에 포함되었다. 2005년, 일본은 204개의 도로 차량안전

표준 법규를 제정했는데 그중 20%는 국제 표준에 부합되었다. 2009년 이런 유형의 법규가 237개로 증가되었다. (도표 5-6을 참조)

일본은 제품의 합격 평정과 인증 방면에서 생산기업에 일정한 편리를 제공했다. 예를 들면 전기제품과 소비류 제품을 생산하는 외국 제조상은 「전기시설 및 재료 안전법」, 「소비자 제품 안전법」 등 관련 법규의 규정에 따라 국외에 등록한 합격된 평정기구에서 합격 평정과 인증을 받을 수 있다.

이밖에 「고압기체 안전법」 의 규정에 따라 고압 기체를 생산하는 용기 또는 지정된 설비를 생산하는 외국 제조상은 정부에 등록되었을 경우 자체로 제품의 합격을 증명할 수 있다. 일본은 기타 국가의 화학공업제품 테스트 수치를 접수하고 있으나 이런 수치가 반드시 OECD 테스트 표준을 토대로 하고 OECD의 관련 규정에 부합되어야 한다.

일본 통상산업성(METI)은 22개의 검사 기구를 지정하였는데 그중 7개는 외국 기구로 일본 경제산업성 소속의 주요 표준과 인증 시스템을 근거로 제품을 검사한다. 이런 기구에는 7개의 「소비자 제품 안전법」 을 토대로 하는 검사기구, 12개의 「전자설비와 재료 안전법」 을 토대로 하는 검사기구, 2개의 「액화 석유 가스 거래의 안전과 최적화 확보에 관한 법」 을 토대로 하는 검사기구, 2개의 「천연가스 공공사업 산업법」 을 기반으로 하는 검사기구가 포함된다. 2010년, 약 9%의 JIS 표준이 정부 또는 부급 강제적 기술법규의 조례로 지정되었다. 「공업안전과 건강법」 에 근거한 '지정된 외국 검사기구' 제도는 보일러, 압력 용기, 폭발성 기체 환경에서 사용되는 전기설비의 수입이 외국 검사기구의 검사를 받는 것을 허락했는데 이런 기구는 반드시 후생노동대신이 지정하고 일본의 산업표준에 부합되어야 한다.

검사 결과는 일본 주관 당국 또는 일본의 검사기구에 제출해 검사를 받아야 한다. 의료기계의 제3자 인증시스템은 2005년 4월에 출범했으며 현재 13개의 등록 기구(6개는 외국 것임)가 있다. JAS 표준은 2010년 3월까지 25개의 해외 등록 인증 기구가 있다.

(3) 동식물 검사검역 조치(SPS)

식품안전은 일본이 최근 몇 년간 매우 관심을 가지는 협력 분야로 이와 관련된 동식물 검사검역 법규와 조치도 끊임없이 최적화되고 있다. 일본의 SPS 조치를 책임진 기구에는 농림수산성, 후생성 및 식품안전위원회가 포함된다. 농림수산성은 관련 표준을 높임으로써 생산으로부터 소비까지 각 단계에서 국내 식품 생산의 안전을 보장하는데 그 직능에는 동물 건강과 식물 보호가 포함돼 있다. 후생성의 직책은 대중의 건강을 보호하는 것이다.

식품안전위원회(FSC)는 '리스크 관리자' (예를 들면 위에서 이야기한 2개의 부문)가 제기한 요구에 대하여 리스크 평가를 하고 평가 결과를 리스크 관리자에게 전달한다. 유전자조작식품에 대한 평가는 식품안전위원회가 세계 식품규격위원회 표준(Codex 표준)에 따라 진행한다.

SPS 조치의 제정은 「식품위생법」, 「검역법」, 「식물보호법」, 「가금전염병 예방치료법」 등 일련의 법률법규의 규제를 받는다. 일본정부는 SPS와 관련된 법률법규를 수정 또는 폐지할 때 리스크 평가를 진행하고 평가 결과를 공개할 것이라고 선언했다. 위에서 이야기한 관련 법률의 실시 세칙은 국산과 수입 농산물에 대한 검사 방법을 제정했다. 이런 법률 법규를 근거로 제품은 전부 다 똑같은 검사방법으로 검사를 받는다. 식물, 동물에 대한 검사검역 조치는 식물검사소와 동물검역소에 의해 실행되며 양자는 전부 다 농림수산성 소속이다. 일본은 국제식품규격위원회 표준과 기타 국가의 최고 잔류량 표준을 참고로 하여 2006년에 758종의 농업 화합물 또는 조성물에 대한 임시 최고 잔류량 인가표를 제정했으나 시간이 긴박하기에 그에 대한 리스크 평가는 하지 않았다. 「식품위생법」에 따라 2009년 이후 일본의 식품규범표준은 수차례 수정을 거쳤는데 그중에는 농약 최고 잔류량과 식품 첨가제에 대한 수정이 포함된다.

　정부는 이는 일본인의 음식물 섭취량을 고려했고 순 과학적인 각도에서 목표 화합물의 최대 잔류량의 위험을 계통적으로 평가했으며 허락되는 최대 잔류량에 대해 수정을 했다고 밝혔다. 일본 농림수산성은 수입 수요를 설치해 무역파트너로부터 신선한 과일을 수입하는 것을 허락했는데 여기에는 호주의 유자, 중국 타이완의 용과, 콜롬비아의 망고, 페루의 망고, 남아프리카공화국의 포도, 터키의 유자, 미국의 체리와 베트남의 용과 등이 포함된다. 일본은 위에서 이야기한 인가표를 근거로 수입제 농산물의 농약 최고 잔류량을 조사하고 표준을 비교적 낮은 정도로 조정했다. 2009년부터 일본은 이미 WTO에 39개의 신 SPS 조치 또는 수정한 SPS 조치에 관한 통지를 제출했다. 일본이 세계무역기구 SPS 협정에 의해 지정한 자문업체와 통보기구는 외무성 소속 경제사무국 국제무역과의 표준정보서비스부이다. 일본의 검역 절차는 2009년 후에 별로 큰 변화가 없다. 세계무역기구의 SPS 위원회에서 일부분 회원국은 일본의 SPS가 대다수 상황에서 국제 표준 및 리스크 평가 절차보다 더욱 엄격한에 여기에는 농약 최고 잔류량 표준이 포함된다고 지적했다. 일본은 광우병과 조류독감의 전파를 방지하기 위해 많은 나라로부터 쇠고기와 가금 수입을 금지하고 있다.

당국이 수입 금지령을 해제하는 절차에는 기술협상과 수입 수요에 대한 고려가 포함된다. 수입 수요는 세계동물위생기구가 규정한 리스크 평가, 국내 관련 산업 및 소비자와의 협상을 고려해야 한다. 2005년 12월부터 일본은 미국, 캐나다로부터 '지정된 위험 물질'의 방식으로 쇠고기를 수입했는데 일본에 수출되는 모든 쇠고기는 다 20개월 이하 또는 더욱 어린 소여야 한다. 「식품위생법」에 따르면 일본이 수입하는 식품이 수출국 정부의 검사기구에서 검사를 받았고 검사 결과를 책임질 수 있다면 수입검사를 면제할 수 있다. 이런 검사기구는 반드시 수출국 정부가 일본정부에서 등록을 마친 것이어야 한다. 2010년 6월까지 3,778개의 이런 검사기구가 등록을 마쳤다.

(4) 라벨과 포장에 대한 요구

2008년 이후 일본의 포장 요구에는 주로 다음과 같은 변화가 생겼다. 양념 어묵, 특수 포장을 한 쇼트닝, 정제 돼지기름, 어묵(젓갈)의 품질 라벨 표준을 취소했다(2009년 8월 31일). 라면과 원료형 라면의 품질 라벨 표준을 통일시켰다(2009년 5월 9일). 이런 라벨 표준은 일본 수입상이 실행했다.

일본의 식품 라벨은 JAS 법률과 식품위생법이 규정한다. 모두 54개의 기술법규가 JAS법에 의해 발효되었는데 여기에는 가공식품·신선·식품 유전자조작식품의 여러 종류를 아우르는 품질 라벨 표준, 개별적인 품질 라벨 표준, 유기식물 식물로 생산한 유기가공식품 표준이 포함된다. 식품 첨가제가 포함된 식품은 반드시 모든 식품첨가제의 명칭을 밝혀야 한다.

수입한 가공식품은 식품의 원재료 생산지를 표명할 것을 강제적으로 요구하지 않는다. 일본 시장에서 판매되는 모든 유기식물과 유기가공식품은 반드시 JAS 유기 표준에 부합되고 JAS 유기 표지를 달아야 한다.

「식품위생법」에 따르면 가공식품 중에 포함된 모든 과민성 물질은 반드시 밝혀야 한다. 현재 26개가 표명 지정 성분에 포함되었는데 그중 8개는 강제 사항(계란, 우유, 밀, 메밀, 땅콩, 참새우, 게, 새우)이고 18개(전복, 오징어, 연어알, 오렌지, 키위, 쇠고기, 호두, 고등어, 연어, 젤라틴, 콩, 닭고기, 돼지고기, 송이버섯과 버섯, 복숭아, 마, 사과, 바나나)는 건의 사항이다.

「식품위생법」과 JAS법에서는 유전자조작식품은 라벨에 반드시 표명할 것을 강제적으로 요구했는데 리스트에는 7종 작물(콩, 옥수수, 유채씨, 감자, 목화씨, 거여목, 사탕무)과 32종의 지정된 가공식품(주로 콩 또는 옥수수 및 새로 추가된 사탕무, 리신 함량이 높은 옥수수 등으로 가공한 것) 및 이런 작물을 주요 성분으로 하는 가공 식품이 포함됐다. 후생노동성은 안전요구에 부합되지 않는 유전자조작식품의 수입을 허락하지 않는다.

(5) 표준적합성 조치의 국제 조율과 협정

일본은 국제식품규격위원회 회원국이고 세계동물위생기구(OIE)의 회원국, 국제식물보호공약(IPPC) 체결 당사국이다. 그의 정부 연락 기구에는 농림수산성, 문부성의 각 소속기관이 포함된다. 이밖에 일본은 또 표준제정 법규의 조율과 관련된 많은 국제기구 및 회의에 참가했다.

양자 FTA를 체결하는 과정에 일본은 표준적합성 및 기타 관련 문제를 중요한 담판에 포함시켰다. 일본이 이미 체결한 각항 경제파트너관계 협정 중에서 표준적합성 문제는 전부 다 중요한 내용이다. 이밖에 일본은 또 기타 국가와 제품의 상호인가 협정을 체결해서 무역의 편리화 정도를 높였다.

예를 들면 일본은 유럽연합과 제품합격 평정에 관한 양자인가 협정을 체결하여 2002년 1월부터 집행했는데 그중에는 전자제품, 통신단말기, 라디오방송설비, 화학실험의기, 의약제품 생산기기 등의 내용이 포함된다. 2002년 11월, 일본이 싱가포르와 체결한 상호인가협정에는 전자제품, 통신단말기, 라디오방송 설비가 포함되었다. 2008년 1월, 일본은 미국과 상호인가협정을 체결했는데 통신단말기, 라디오방송 설비가 포함되었다. 일본은 이하 조건에 부합될 경우 '상호인가협정' 담판을 시작할 수 있다고 밝혔다. 공산물에 대한 상대국 국가의 기술성 무역장벽이 확실히 감소될 수 있다고 예측될 경우, 양국 법규의 가용성에 관한 약속을 했을 경우, 인증과 감독관리 방면에서 양국의 평등한 지위가 보장될 경우.[78]

3. 한국의 표준적합성 정책평가

(1) 표준관리

한국 국가기술표준원(KATS)은 지식경제부 산하의 국가표준화기구로 한국의 국가표준 업무를 취급하고 있다. KATS는 한국을 대표하여 국제표준화기구(ISO), 국제전자위원회(IEC), 태평양지역 표준대회(PASC)

---

78) 일본 표준적합성 상황 및 수치의 출처는 다음과 같다. WTO: Trade Policy Review, Japan, Report by the Secretariat, WT/TPR/S/243, 11 January 2011, www.wto.org; APEC, Fact Sheet on Individual Efforts Made towards the Achievement of the Bogor Goals: Japan, www. apec. org.

등 국제 및 지역성 표준화기구에 참가하여 중요한 역할을 발휘하고 있다. KATS는 또한 WTO「기술성 무역장벽협정」중 공산물 표준에 관한 공식 자문처이다.

KATS는 1883년에 설립되었으며 1996년에 중소기업청 산하 기구로 되어 공업기준과 품질안전을 책임지는 기능을 증가했다. 1999년, KATS는 산업자원부 산하 기구로 변경된 후 명실상부한 국가표준 대표기구로 되었으며 국가공업표준(KS), 공산물의 안전관리와 품질관리, 공산물의 법정계량 측정, 신기술 신제품의 기술평가와 인증 등의 업무를 주관했다. 2006년, 표준 및 제품의 안전정책 기능을 강화하기 위해 KATS는 개편을 단행했다. 2008년, 신정부의 실용형 기구 간소화 개편 요구에 따라 KATS는 또 지식경제부 산하 기구로 개편되었다. 현재 KATS 내에는 기술표준정책국, 제품안전정책국, 지식산업표준국, 표준기술기초국 등 4개의 국이 있고 기타 KATS가 설립한 기구도 표준과 관련된 업무에 종사하고 있는데 그중에는 한국표준 과학연구소 등 계량표준과 측량을 책임진 사영기구가 포함된다.

표준문제와 관련된 법률법규에는「국가표준조례」와「공업표준조례」 등이 포함되었다. 1999년 2월,「국가표준조례」가 발효되었다. 2000년 11월, 「국가표준조례」의 보충으로「국가표준계획」이 총리에게 제출되었다. 「국가표준조례」와「국가표준계획」은 국가표준의 근본이다. 국제표준과 더욱 일치해지기 위해 관련 기구는 기술 규정 및 적합성 평가시스템을 수정 했다. 한국은 2006년 5월에 두 번째「국가표준계획」(2006~2010년)을 채택했다. 이 계획의 핵심 목표는 한국 국가표준의 국제표준과의 적합성을 계속 추진하고 국가 적합성 평가시스템을 개선함으로써 기술장벽을 제거하고 국제표준화 활동 및 다자협정에 적극 참가하는 것이다. 기술표준 또는 자발적 표준을 만들거나 수정하는 과정에 감독관리 당국은 되도록 국제 표준을 적용하게 된다. 국가표준위원회가 모든 표준의 검사, 국내와 국외 표준의 조화를 책임졌다. 2009년 12월까지 KATS는 도합 21개의 업종에 대해 2만3,372개의 국가표준을 제정했으며[79] 1만4,461개의 표준을 조정, 수정함으로써 관련된 국제표준과 서로 적용되게 했다. 국제표준을 채용한 비율은 62.7%이고 한국 국내 표준과 국제표준이 일치한 비율은 99.9%에 달했다.[80] 한국 표준화시스템은 부처와 국가기구가 제정한 기술 규칙, KATS가 제정한 표준 이 두 개의 부분으로 구성되었다.

한국은 정보기술과 서비스를 대표로 하는 신형 기술제품의 표준적합성을 매우 중시한다. 2007년, KATS는 5개의 우선분야를 선택해 916개의 신 표준을 발전시켰는데 여기에는 차세대 성장엔진, 서비스 업종, 공공안전 편리화 부문, 에너지개발 부문, 국가 인프라시설 부문 등이 포함된다. 한국 표준은 점점 빈번하게 국제표준으로 채용되었는데 반도체와 전자분야에서 특히 그러했다. 한국이 제출한 4개의 디지털 사인기술이 ISO/IEC 표준으로 채용되어 발표되었다. 또 5개의 전자기술이 IEC 표준으로 채용되어 발표되었다. IEC는 한국의 반도체, 디스플레이 장치에 관한 16개의 기술을 국제표준으로 채용하는데 관한 실행 가능성을 평가하고 있다.

한국 기술표준서는 또 투명도와 표준의 객관성을 높이는데 진력했다. 투명도를 높이기 위해 새 표준 또는 수정한 표준은 정부공보를 통해

---

79) 자료출처, 중국 국가표준화관리운회 사이트, www.sac.gov.cn.
80) APEC: Fact Sheet on Individual Efforts Made towards the Achievement of the Bogor Goals: Republic of Korea, www.apec.org.

발표된다. 2003년, 표준의 체결, 수정, 폐지를 지지하기 위해 KATS는 인터넷을 기반으로 하는 한국표준개발시스템을 만들었다. WTO의 TBT/SPS 협정에 따라 한국도 관련 정보를 발표하고 통지했다. KATS는 자체의 사이트(www.kats.go.kr)를 통해 대중에 정보를 제공했다.

2007년말 한국은 24개 국가의 30개 기구와 협정 또는 양자 양해각서를 체결하여 세계 표준화운동, 표준적합성 평가에 관한 기술교류, 표준화회의기구, 합동교육계획의 운행 및 전문가 교류 등의 분야에서 상호 협력하기로 했다. 한국 기업이 제때에 신속하게 기술성 무역장벽에 대처 하도록 돕기 위해 KATS는 TBT 기구를 설립해 관련 문제를 해결했다.

이 부문은 전문적으로 WTO/TBT와 관련된 사건을 취급한다. 2007년 2월 1일부터 시작하여 KATS는 국가의 기술규칙과 관련된 정보서비스 기구를 설립했다. 2007년 2월, KATS도 TBT 경고통지 서비스를 제공하기 시작했는데 이 서비스는 이메일 방식으로 TBT 통지를 권익 관련자에게 전달하고 그들이 의견을 올리도록 격려했다.[81]

(2) 적합성 평가

KATS는 적합성평가, 공산물이 자발적 표준에 부합되는지를 증명, 등록, 검사 측정하는 것을 책임졌다. 한국은 인증기구가 국외 관련 부문과 협상하여 상호인증협정 시스템(MRAs)을 건설하는 것을 격려했다.

---

81) WTO : Trade Policy Review, Republic of Korea 2008, www.wto.org.

한국교정시험기관인정기구(KOLAS)는 국제시험소인정기구협의체(ILAC)와 다자 인가협정을 체결했다. 한국은 넓은 상호인증협정 네트워크를 보유하고 있는데 특히 APEC의 경제체와 그러하다. 한국은 2001년에 태평양인증시스템에 가입했다. 1999년, 한국은 국제인가포럼(IAF)의 다자승인협정(MLA) 품질관리시스템을 체결했고 2004년에 IAF의 MLA 환경관리시스템에 가입했다. APEC의 회원국으로서 한국은 이 기구의 표준 적합성 방면의 여러 가지 활동, 창의에 참가했다.

한국은 APEC의 전자 전기 설비 적합성 평가 상호인증협정(APEC EE MRA)의 첫 단계와 두 번째 단계의 일원이며 현재 세 번째 단계의 가입을 고려하고 있다. 이밖에 한국은 캐나다(1997년), 미국(2005년), 베트남(2006년)과 각각 APEC 통신설비 검측 상호인증협정을 체결했는데 이 협정은 통신설비의 검사결과에 대한 인증이다. 1998년, 한국은 아시아태평양 실험실인증연맹(APLAC) 상호인증협정의 검사 분야에 가입했으며 2001년 성능측정 분야에 가입했다. 2006년 한국과 싱가포르는 한국-싱가포르 FTA 프레임 안에서 통신설비와 전자 전기 설비 검측 상호인증협정을 체결했다.

(3) 표기와 라벨

한국은 식품의 라벨, 표기에 대한 검사를 매우 중시했으며 자주 경신하여 국제표준과 일치함을 유지했다. 한국은 식품과 기타 많은 수입품(674 종의 HS4 위 제품)에 대해 원산지 표시를 할 것을 강제적으로 요구했다. 2005년 11월부터 한국세관 서비스부는 원산지 표시 및 검색 시스템을 건설했는데 이 시스템은 수입 상품의 원신지 표시를 전자영상으로 기록했다. 사용자는 거래업체 또는 화물을 통해 표시를 확인할 수 있다. 한국세관은 표시를 위조하거나 파괴하는 행위를 엄격하게 제재했다. 2007년 12월 말, 시스템의 데이터베이스에는 92만3,166개의 원산지표시가 등록되었다.

4. 중 · 한 표준적합성 협력

한 ·중·일 3국은 표준적합성 분야의 협력을 중시하고 높여가기 시작했다. 2010년 5월 29일, 제3차 한 ·중·일 정상회의 기간에 3국은 「한 ·중·일 표준 화협력 공동선언」을 발표하여 표준화 협력이 경제성장에 미치는 중요한 의의를 긍정적으로 평가했으며 미래협력의 우선 분야를 확정했다. 이 성명에서 한 ·중·일은 "3국 사이에 표준화 협력을 강화해야 한다고 생각하며 최근 3국의 이런 유형의 협력이 진전된 상황 및 국제표준화 분야에 대한 기여에 만족한다. 우리는 표준화 협력이 불필요한 기술 장벽을 해소하고 무역 추진을 위해 중요한 역할을 한다는 것을 인식했다. 우리는 표준화협력이 동북아지역의 경제성장을 위해 새로운 동력을 창조한다고 생각한다.

우리는 3국의 표준화 협력을 강화할 구체적인 조치를 논의해야 한다고 생각하며 우리가 동북아지역의 공업과 기술 협력을 통해 세계 경제복구를 위해 더욱 큰 역할을 발휘하도록 해야 한다는 것을 확인했다. 우리는 3국의 정부, 산업계, 학술계의 적극적인 참가가 표준화 협력을 구축, 추진하는데 매우 관건이라는 것을 강조한다. 상술 이유를 바탕으로 우리는 이하 분야에서 협력을 추진하기로 결심했다.

공동으로 관심이 있는 중점 분야의 표준을 연구하여 함께 일치한 국제표준을 제정하고 제기한다.

정보 전문가 교류를 펼치고 동북아표준협력포럼을 통해 국제표준화 및 상응한 동북아지역 표준을 일치하게 조정한다.

표준화와 합격 평정을 통해 무역을 추진하는 가장 좋은 방법을 연구한다.

- 우리는 표준화 협력을 전면적으로 펼쳐가면서 현저한 성과를 거두기 위해 끊임없이 노력할 것이다."

3. 자연인의 이동협력

1. 중국의 자연인의 이동정책 평가

투자와 무역이 신속히 증가되면서 중국은 인원 이동의 요구가 끊임없이 높아졌다. 최근 몇 년간 중국은 개별실행계획(IAP) 중에서 APEC의 비즈니스 인원의 유동 목표를 실현하기 위한 다종 조치를 공개했다. 중국은 이미 APEC 비즈니스 관광카드 계획에 가입했으며 관광카드의 신청 허가 시간을 끊임없이 단축시키고 있다. 비자 신청도 비교적 편리하고 빠르다. 관광과 비즈니스 비자신청은 1일 내에 비준이 가능하고 1~5년의 워크비자 신청은 1~5일 내에 완성된다. 아울러 중국은 또 특정 인원에 포트비자의 편리를 제공한다. 중국은 2002년 2월 22일에 APEC 비즈니스 관광카드 계획에 가입했으며 2003년 10월에 정식으로 발효됐다. 2009년부터 중국은 각 수출입 통상구에서 APEC 비즈니스 관광카드 소지자에게 특별통로를 개통했다. 2009년부터 관광객들에게 더욱 편리하고 빠른 수출입서비스를 제공하기 위해 중국은 아래와 같은 편리화 조치를 내놓았다.

전국의 모든 항구 통상구의 수출입 검사소는 매주 7일 매일 24시간의 통관서비스를 제공한다.

출입국 차량의 온라인 사전 신고 검사 시스템 밈 파일 신청 예약 서비스를 제공한다.

2009년 12월에 「국경검문 표준화수첩」 을 발표하여 출입국 통관절차를 가일 층 표준화하고 관련 서비스를 개진했다.

2. 일본의 자연인 이동정책 평가

「APEC 보고르목표 평가보고」 의 평가 결과에 따르면 1996년부터 2009년 사이에 일본의 자연인의 이동 정책 제도의 편리화 수준이 현저하게 개선되었다. 1996년, 일본이 무사증 대우를 부여했거나 일본과 사증면제협정을 체결한 국가, 지구가 48개였으며 2009년에는 이 숫자가 63개로 증가되었다. 2009년까지 모든 APEC 회원국 가운데 일본이 무사증 대우를 부여했거나 사증면제협정을 체결한 회원으로는 호주, 브루나이, 캐나다, 칠레, 중국 홍콩, 한국, 멕시코, 뉴질랜드, 싱가포르, 중국 타이완, 미국이다. 일본은 2003년 4월 1일 APEC 비즈니스 관광카드 계획에 가입했다.

일본의 단기 비즈니스 방문사증을 받는데 걸리는 평균 심사비준 시간은 5개 근무일이다. 무역편리화 수준을 높이기 위해 일본은 또 기타 비즈니스 인원의 이동과 관련된 정책 조치를 내왔다. 일본정부는 「입국 통제와 난민식별 법안」을 수정하였는데 목적은 새로운 주민관리시스템을 도입하여 외국적 인원을 공평하게 관리하기 위한 것이었다. 법안에 따르면 최장 체류시간을 3~5년으로 늘리고 유효한 국민여권과 거류카드를 소지한 외국인은 재입국허가를 신청하지 않은 상황에 다시 입국해 1년간 체류할 수 있으며 재입국허가를 받은 인원의 재입국 최장 유효기간은 3년으로부터 5년으로 연장한다고 규정되어 있다. 이밖에 일본은 APEC 엔지니어 계획 창시자의 하나로 2000년 11월부터 등록하기 시작했다. 2001년 12월, 일본은 부급 조례를 수정하여 외국 IT 엔지니어의 입국과 체류에 대한 요구를 완화했다. 2003년 12월, 일본은 기업내부 이동의 비자신청 파일을 간소화했다.

2004년 3월, 일본은 표현이 양호한 기업이 제기한 거류자격 신고 시험을 간소화하고 빠르게 했다. 2005년 이후 일본은 세계 해외기구의 비자 절차를 간소화했는데 특히 자격인증 절차와 비자 절차가 중첩되지 않게 했다. 일본은 APEC 엔지니어 계획에 가입했으며 2005년부터 등록하기 시작했다. 일본은 호주(2008년 7월), 뉴질랜드(2009년 7월)와 APEC 엔지니어 계획 내에서 건축사 등록 수권 협력 양해각서를 완성했다. 양해각서는 수권 건축사의 등록 과정을 단축시켰다.[82]

---

82) APEC: Fact Sheet on Individual Efforts Made towards the Achievement of the Bogor Goals: Japan, www. apec. org.

3. 한국의 자연인의 이동 장책 평가

「APEC 보고르목표 평가보고」의 평가 결과에 따르면 1996년부터 2009년 사이에 한국의 자연인의 이동 정책 제도의 편리화 수준이 끊임없이 제고되었다. 1996년에 한국과 사증면제협정을 체결한 국가와 지구가 61개였으나 2009년에는 51개의 국가 또는 지역이 한국에 사증면제 대우를 부여했고 90개 국가 또는 지역이 한국과 사증면제협정을 체결했다. 1996년, 모든 APEC 회원 중 캐나다 한 개 국가만이 한국에 무사증 대우를 부여했고 한국과 사증면제협정을 체결한 국가, 지구가 6개 즉 뉴질랜드, 태국, 말레이시아, 페루, 싱가포르, 멕시코였다. 그러나 2009년에 한국에 사증면제 대우를 부여한 APEC 회원 수량이 8개로 증가했는데 각각 호주, 중국 타이완, 일본, 중국 홍콩, 브루나이, 캐나다, 미국, 인도네시아(외교, 공무 여권에만 해당됨)였다.

그리고 한국과 사증면제협정을 체결한 APEC 회원은 9개로 각각 뉴질랜드, 태국, 칠레, 말레이시아, 페루, 싱가포르, 멕시코, 베트남(외교, 공무 여권에만 해당됨), 필리핀(외교, 공무 여권에만 해당됨)이었다. 한국은 1997년에 APEC 비즈니스 관광카드 계획에 가입했다. 한국으로부터 단기 비즈니스 방문 사증을 받는데 소요되는 평균 심사비준 시간은 5개 근무일이었다. 동시에 한국은 또 기타 조치를 취해 비즈니스 인원의 이동에 편리를 제공했다. 2004년 2월, 한국은 국내의 주요한 국제공항에 외국 투자자들을 위한 쾌속이민통로를 개통했다. 2006년, 한국정부는 외국인에게 이민과 관련된 정책, 절차, 사증 등의 사항과 관련된 정보를 제공하는 전문 웹 사이트를 개통했다. 2009년, 한국은 본국의 외국 지사기구 고용자에게 기업 내 인원 이동 사증을 발급했다. 한국 국내에 기업을 설립할 의사가 있는 지적소유권

기업소유권 보유자에게 투자사증을 발급하기 시작했다. 또 외국 투자자가
영구거류 허가를 얻는 기준을 500만 달러에서 200만 달러로 낮추었다.[83]

4. 한·중·일 자연인의 이동협력

자연인의 이동 분야의 편리화 협력은 한·중·일의 미래 협력의 중요한
분야이며 그의 중요성이 3국의 보편적인 인정을 받았다. 그러나 지금까지
3자의 협력은 여전히 일방조치의 개진 및 APEC 범위 내의 협력을 주도로
하고 있으며 유효한 3자 협력 메커니즘을 형성하지 못했다. 3국 지도자는
이미 이 분야에서 협력해야 할 중요성을 인식했으며 몇 차례의 한·중·일
지도자 정상회의 기간에 이 분야의 협력 필요성 및 앞으로 협력을 강화할
결심을 강조했다. 2011년에 발표된 「제4차 한·중·일 정상회의 선언」은
"우리는 2010년 제5차 한·중·일 관광장관회의가 정한 목표를 지지한다. 즉
2015년에 3국의 인원 왕래 규모를 2,600만 명으로 확대할 것이다. 우리는
3국이 공동으로 노력해 이 목표의 실현과 관광 및 우호왕래를 조성하기 위한
양호한 환경을 단호히 수호하도록 노력해야 한다는데 의견을 합쳤다.

우리는 3국이 호혜를 바탕으로 진일보적으로 자유화를 실현하는 것을
통해 항공서비스 네트워크를 확대하는 것이 매우 중요하다는 것을 확인했다.
우리는 또 사증 절차 간소화 방면에서 한 노력을 확인했다."고 지적했다.

2012년 한·중·일 제5차 정상회의 기간에 원자바오 중국 총리는 사증

---

83) APEC: Fact Sheet on Individual Efforts Made towards the Achievement of the Bogor
Goals:Republic of Korea,www. apec. org.

수속의 간소화, 인원왕래의 편리화 등의 문제에 대해 중국 측의 적극적인 태도를 표시한 바 있다. 현재 3국의 자연인의 이동 방면의 편리화 조치는 주로 관광, 교육과 관련된 사증 편리화에 집중되었다. 여기에는 관광객의 사증 신청자격에 대한 요구, '아시아 캠퍼스' 계획과 관련된 학생에게 사증의 편리를 제공하는 것 등이 포함된다. 앞으로 한·중·일한 FTA 건설 과정에 3국은 비즈니스 인원의 이동 협력 방면(기업 내부인원의 이동 및 비즈니스 인원의 잠시거류 입국 허가 등)에도 비교적 큰 협력 공간이 있게 된다.

제4절
한·중·일 FTA 무역편리화의 발전전망

무역편리화는 한·중·일 3국이 최근 몇 년간 대외경제협력 과정에 보편적으로 관심을 가지고 있는 분야로 3국은 전부 다 이 분야에서 적극적인 노력을 했으며 일부분 의제에서 초보적인 공통인식을 달성했다. 한·중·일 정상회의를 대표로 하는 기존의 한·중·일 협력 프레임 안에서도 이미 무역편리화 협력 문제에 대해 일부분의 장관급회동 메커니즘을 건설했다.

무역편리화가 광범위한 한·중·일 3국간의 무역 왕래 확대, 3국 경제복지에 중요한 의의가 있기 때문에 앞으로 한·중·일 FTA 중 이 분야의 협력은 비교적 큰 잠재력을 가지고 있다.

1. 한·중·일 FTA 무역편리화 협력의 전망

종합적으로 말하면 한·중·일 FTA 프레임 안의 무역편리화 협력에는 큰 잠재력이 있고 넓은 협력공간이 있다. 우선, 3국의 긴밀한 무역투자 연계는 편리화협력의 기반이다. 무역참가자의 수요가 편리화 의제로 하여금 협력의 중요한 분야로 되게 하고 무역투자 활동을 추진하게 된다. 현재 3국간의 경제무역 활동은 이미 더욱 깊은 차원으로 발전했으며 다국적 투자가 끊임없이 확대됨으로써 서로간의 경제적 연계를 더욱 밀접해지게 했고 3국 경제의 통합 수준을 끊임없이 향상시켰다. 위에서 말한 발전 추세가 3국의 통관절차, 검사검역, 기술표준, 비즈니스 인원의 왕래 및 물류수송 등의 편리화 협력에 더욱 높은 요구를 제기했다.

다음, 세계적 범위 내에서 무역편리화 협력의 강화가 한·중·일 FTA의 무역편리화 협력에 양호한 외부 동력을 제공하게 된다. 비록 다자 무역담판 중의 편리화 의제는 잠시 실현될 수 없지만 APEC 등 지역협력기구가 편리화협력을 각별히 중시하고 있으며 최근 몇 년간 공급사슬 협력 및 규제 개혁 등 관련 의제를 협력의 주요 의제에 포함시켰다. 마지막으로 한·중·일 3국은 모두 다 협력을 강화하는 것이 3국의 경제 통합의 진전에 유리하고 세계 경제에서 공동의 역량을 형성할 수 있다는 것을 인식했다. 그럼에도 불구하고 3국간의 무역편리화 협력은 또한 외부 요소 및 3국 국내 정치 요소의 방해를 받게 된다. 때문에 이 협력은 굴곡적으로 전진하는 과정이 될 것이다.

2. 한·중·일 FTA 무역편리화 협력에 영향을 끼치는 주요 요소

한·중·일 FTA 무역편리화 협력은 많은 요소의 영향을 받게 되지만 그중에서 가장 중요한 영향 요소에는 다자 및 역내 무역편리화 협력의 진전, 3국간 무역 관련성 발전, 무역편리화에 대한 3국의 태도와 입장 및 기타 정치적 요소의 간섭 등이 포함된다.

1. 다자 및 역내 무역편리화 협력의 진전

한·중·일 FTA 프레임의 무역편리화 협력은 세계 및 지역의 무역편리화협력 구도의 변화와 밀접하게 연결되어 있다. 다자 무역담판이 현재 정체된 상황이기 때문에 도하라운드의 중요한 의제로서 무역편리화 협력의 전망에는 매우 큰 변수가 존재한다. 비록 각 회원국이 일부분의 무역편리화 의제 담판에서 적극적인 진전을 이룩했지만 기타 분야의 모순이 단시기 내에 해결될 수 없고 최종 성과를 달성할 희망이 묘연하기 때문에 지역성 협력에 대한 다자 담판의 추동 역할이 실현될 수 없다. 그러나 일부분 지역성 기구가 무역편리화 협력을 실현하고 심화시키는데 박차를 가하고 있는데 이는 중한·중·일 FTA프레임의 무역편리화 협력에 매우 좋은 추진 역할을 할 수도 있다. APEC를 예로 들면 최근 몇 년간 이 기구가 창도한 무역편리화협력 및 규제개혁 등의 행동은 편리화 의제에 대한 각 회원국의 높은 중시를 불러일으켰으며 점차 협력을 심화시키고 세분화하고 있다.

이밖에 3국이 각자 기타 국가 또는 지역과 달성한 무역편리화와 관련된 약속도 한·중·일 FTA 무역편리화 협력 수준에 어느 정도 영향을 주게 된다. 일본을 예로 들면 현재 이 나라 정부는 TPP에 가입할 것이라고 명확히 태도표시를 했다. 이 협정은 미국이 주도하고 있고 협력 목표는 높은 자유화와 전면적인 FTA를 실현하는 것이기 때문에 일본이 이 협정에 가입할 경우 무역편리화 의제에서 더욱 많은 약속을 하게 될 것이고 이런 약속은 또한 일본이 중국과 한국에도 더욱 많은 무역편리화 조건을 요구하도록 할 것이다.

2. 3국의 무역 관련성

무역편리화 협력을 하는 최종 목표는 3국간의 날로 증가되는 무역활동에 편리하고 빠른 서비스를 제공하는 것이고 이는 또한 3국간 날로 밀접해지는 경제적 연계의 객관적인 요구이기도 하다. 한·중·일 FTA가 건설된 후 무역창조 효과가 실현됨에 따라 3국간의 무역과 경제적 연계가 지금보다 가일 층 높아지게 되며 따라서 무역편리화 정도에 대한 요구도 끊임없이 높아지게 된다. 이런 파생수요는 3국이 서로간의 무역편리화 협력을 강화하도록 추진하게 된다.

3. 무역편리화에 대한 3국의 태도와 입장

한·중·일 3국이 무역편리화와 관련된 의제에서 보여준 기본 입장과 태도가 미래의 FTA 편리화협력의 정도 및 범위에 매우 큰 영향을 주게 된다. 중국은 역내협력 진행과정에 시종일관 개발도상국의 지위를 강조했으며 공동의 그러나 차별적인 대우 원칙을 견지해왔다. 한·중·일 FTA의 무역편리화 협력 과정에, 특히 비교적 높은 기술요구와 개방도를 요구하는 협력분야에서 중국의 이 원칙과 입장이 존중받고 실현될 수 있을지는 3자의 무역편리화 협력의 진전에 직접 영향을 주게 된다. 한편 농림수산물 무역편리화 조치에 대한 일본과 한국의 성의와 약속 수준도 3자의 협력 효과에 영향을 주게 된다.

4. 기타 정치 경제 요소의 방해

무역 자유화 및 투자 등 경제 분야의 지역협력과 마찬가지로 무역편리화협력도 각국 간의 정치·경제·외교 등 각종 관계의 영향을 받는다. 현재 한·중·일 3국은 정치 외교 방면에서 때때로 마찰이 일어나곤 한다.

제2차 세계대전이 남긴 역사문제가 아직 철저하게 해결되지 않아 중일 및 한일 간의 상호 관계에 영향을 주고 있다. 이밖에 미국 등 외부세력의 간섭과 개입 또한 지역의 정세를 더욱 복잡하게 만들었다. 편리화협력은 정부 간의 행위로 나타나고 각국의 국내 법률, 법규 및 정책 조정과 관련되기 때문에 서로간의 정치적 왕래, 상호 관계 및 정책 조정 등에 관한 각국의 의향이 특히 중요해진다. 상술 모순과 마찰의 존재와 발전은 미래의 한·중·일 FTA 프레임의 무역편리화 협력에 더욱 많은 불확정 요소를 가져다주게 된다.

3. 중국의 한·중·일 FTA 무역편리화 협력 추진에 관한 정책 건의

미래의 한·중·일 FTA 틀 안에서 무역편리화 협력을 전면적으로 심도 있게 추진하고 중국 국가이익을 수호하는 전제하에 무역편리화 정책과 조치에 대한 개혁을 심화시키며 한·중·일 3국간의 날로 밀접해지는 경제무역 협력과 왕래에 적응하기 위해, 그리고 3국의 무역 참가자에게 더욱 빠르고 편리하고 투명한 비즈니스 환경을 제공하기 위해 중국은 앞으로 아래의 업무를 잘 해야 한다.

첫째, 중국은 무역편리화를 추진하는 방면에서 기존 입장과 원칙을 계속 견지하고 FTA 틀 안에서 3국의 무역편리화 진행과정을 심화시키고 공동으로 추진해야 한다. 무역편리화 진행과정을 심화시키고 추진시키는 것은 세계 경제발전의 추세이다. 경제 글로벌화가 끊임없이 심화되고 무역편리화에 대한 각국의 요구가 날로 높아지고 있다. 한·중·일 FTA 틀 안의 경제 및 무역 활동도 무역편리화 협력에 더욱 높은 요구를 제기하게 된다. 때문에 중국은 기존의 입장과 관점을 견지하면서 무역편리화 협력을 적극 추진하고 심화시켜 이를 한·중·일 FTA 틀 안의 새로운 협력 포인트로 되게 해야 한다. 협력 진행과정에 중국은 역내 경제협력의 기본 원칙을 견지하고 호리공영(互利共贏)을 실현하는데 주의해야 하며 중국은 개발도상국으로서 특수한 수요와 요구가 있다는 것을 강조함으로써 일부분의 중요하고 민감한 분야에서 공동의 그러나 차별적인 협력 원칙을 견지함으로써 중국의 기본 이익을 효과적으로 지켜야 한다.

둘째, 기존의 무역편리화 협력 메커니즘을 가일 층 업그레이드하고 관련 부문의 제도화 협력을 실현할 것을 제안해야 한다. 한·중·일 3국이 각자 체결한 FTA 중에는 다 세관협력, SPS, 표준적합성 및 기타 편리화와 관련된 분야에 전문적인 위원회제도를 건설했으며 각자 관련된 정부부문 및 전문가팀으로 전문위원회를 구성해 정기적으로 회동함으로써 각자의 정책 조치를 진일보적으로 개진, 조정하여 협력 효율을 가일 층 높이고 있다. 한·중·일 FTA의 무역편리화 협력도 이런 방식을 채용하여 지금의 장관급 비제도화 방식으로부터 협력의 중시 정도를 높이고 업무효율을 높일 수 있다.

셋째, 정보공유를 강화하여 3국이 정책 차원에서 교류와 이해를 증진할 것을 제안한다. 무역편리화협력은 각국 정부 간의 정책 소통 및 조정과 많이 관련되어 있기 때문에 정부 간 정보의 투명한 공개 및 정보공유를 강화하는 것이 매우 중요하다. 현재 3국은 정책 투명도 방면에서 적극적인 노력을 했는데 관련 법률법규의 영어 번역본이 끊임없이 최적화되면서 서로간의 상호 이해와 소통을 위해 좋은 기반을 마련했다. 미래의 FTA 협력 틀 안에서 중국은 3국간 정책 소통과 교류를 강화하고 정보공유를 증진하고 정책조치의 협동 협력을 심화시킬 것을 제안해야 한다. 각종 형식의 정부 간 포럼 및 심포지엄을 구축하고 서로의 편리화정책 조치를 이해하면서 가장 좋은 정책 조치 범례를 찾아 널리 보급시킬 것을 주장해야 한다.

넷째, 관련된 능력건설 업무를 중시하고 경제기술협력을 증진할 것을 주장한다. 빠르고 편리한 현대화한 무역정책과 조치는 선진적인 정보, 네트워크, 검사검역, 물류 등의 기술과 자질 높은 인재를 바탕으로 한다.

개발도상국으로서 중국의 관련 기술인원의 자질은 아직 많이 부족한 편이다. 때문에 미래 한·중·일 FTA 중에서 우리는 관련된 능력건설을 중시, 강화하고 이 분야에서 경제기술 협력을 심도 있게 펼쳐가면서 짧은 시간 내에 통관관리, 동식물 검사검역, 인원이동 등이 세계 선진수준에 도달하도록 노력해서 미래 한·중·일의 날로 증가되는 경제무역 왕래 수요를 더욱 잘 만족시킬 것을 주장한다.

제6장

● ● ●

한·중·일 FTA의 발전 추세

제6장
한·중·일 FTA의 발전 추세

    한·중·일 FTA는 세인의 주목을 받는 자유무역협정으로서 동아시아지역 경제통합 진행과정의 이정표로 될 뿐만 아니라 아시아태평양지역 내지 세계의 번영과 안정에 중요한 기여를 하게 된다. 그러나 객관적으로 말하면 한·중·일 3국은 현재 정치, 경제 등의 방면에 각양각색의 문제와 폐해가 존재하기 때문에 한·중·일 관계를 FTA를 건설하고 실행할 수 있는 수준으로 끌어올리려면 결코 쉬운 일이 아니다. 한·중·일 협력이 직면한 어려움을 명백하게 인식하고 이런 어려움을 제거하는 방법을 찾아서 한·중·일 FTA의 미래의 발전의 길이 더욱 평탄해지게 해야 한다.

제1절
한·중·일 FTA 발전에 영향을 미치는 내부 요소

한·중·일 FTA가 하루빨리 건설되고 실행될 수 있을지는 우선 내부요소에 의해 결정된다. 가까운 동북아 이웃나라로서 한·중·일 사이에는 유구한 내왕의 역사가 있으며 밀접하고 복잡한 정치적 경제적 관계를 형성했다. 이런 정치적 경제적 요소는 한·중·일 FTA의 발전 전망에 중요한 영향을 미치게 된다.

1. 한·중·일 FTA 발전에 영향을 주는 경제적 요소

1. 3국 산업구조의 경쟁관계가 점차 심화되다

1950년대부터 시작해 한·중·일 3국은 공업화를 추진하는 과정에 선후로 유사한 산업발전과 구조조정 양식을 경험했다. 즉 석유화학, 강철, 방직 등 노동집약형을 위주로 하는 산업으로부터 전자, 자동차 등 기술집약형, 자본집약형 산업으로 변화했다. 상당히 오랜 동안 3국의 산업 분업은 '기러기행렬 패턴'을 특징으로 하는 수직형 분업을 유지했으며 그중에서 일본이 선도적 지위에 있었고 한국이 중간, 중국은 마지막에 위치해 있었다. 그러나 1990년대 이후 일본 제조업의 발전 속도가 눈에 띠게 늦춰졌다. 아울러 한국과 중국의 기술 수준과 생산능력이 끊임없이 향상되면서 3국간의 산업분업이 점차 '수직-상호 보완'에서 '수평-경쟁'의 방향으로 발전했다. 현재 일본의 제조업 기업은 해외투자를 위주로 하고 있으나 핵심기술의 내부화 특징이 매우 뚜렷하며 따라서 가전, 자동차 등의 산업이 여전히 매우 강한 경쟁력을 가지고 있다. 상대적으로 일본과 한국의 산업구조가 더욱 비슷하기 때문에 양국은 대다수의 전통제조업 분야에 비교적 치열한 경쟁 관계가 존재한다. 최근 몇 년간 중국은 선진적인 기술을 도입하고 흡수하는 능력 및 자체혁신 능력이 끊임없이 높아졌고 중국 제조업의 전반 기술 수준과 국제 경쟁력이 뚜렷이 높아졌다.

이밖에 중국의 원재료와 노동력 원가가 상대적으로 낮기 때문에 중국의 가전, 사무 기계, 방직 등의 산업은 품질이나 가격 방면에서 일본, 한국의 동종 제품의 유력한 경쟁 대상이 되었다. 예를 들면 구미 시장에서 중국의 방직 제품과 소형 가전제품의 시장 점유율이 이미 일본, 한국을 초과했다. 앞으로 중국의 산업구조 고도화의 업그레이드 속도가 끊임없이 빨라지면서 점점 더 많은 제조업 제품이 국제 시장에서 일한 제품과 치열한 경쟁을 하게 될 것이다. 이런 추세는 3국이 한·중·일 FTA 프레임 안에서 새로운 산업분업 시스템을 구축하는데 객관적으로 어려움을 가져다주게 된다.

2. 3국간의 무역은 여전히 불균형적이다.

세계적인 무역대국으로서 한·중·일 3국은 최근 몇 년간 대외무역 방면에서 기본적으로 흑자를 유지했으나 3국간의 무역에는 장기적으로 불균형 현상이 존재했다. 3국의 무역불균형을 조성한 원인은 다방면인데 예를 들면 비교우위의 이동, 외상투자기업의 가공무역 등이다. 그리고 부동한 국가 간 양자무역의 불균형 정도와 원인에도 다소 차이가 난다.

중·한 양자무역의 불균형 정도가 상대적으로 가장 엄중하다. 1992년 정식으로 수교한 이후 중·한 양자무역이 신속히 증가했으나 한국의 대 중국 수출 성장률이 대 중국 수입 성장률보다 훨씬 빨랐으며 중국은 해마다 적자를 냈다. 특히 1998년 이후 어떤 해에는 중국의 대 한국 수출액이 대 한국 수입액의 절반도 안 되었다. 2001년, 중국의 대 한국 무역적자가 108억7,000만 달러였으나 10년 후인 2010년에는 중국의 대한국 무역적자가 695억7,000만 달러에 달해 기록을 창조했다. 중국의 대 한국 무역이 장기적으로 적자 상태가 된 원인은 다방면적이다.

우선 구조적인 요소를 들 수 있다. 다년간 중국이 한국에 수출하는 상품은 주로 1차생산품 또는 기술함량이 낮은 저부가가치의 공업생산품을 위주로 했는데 예를 들면 원재료, 농산물과 광산물, 방직 복장, 피혁 등이었다. 그러나 한국이 중국에 수출하는 상품은 주로 기술밀집, 자본집약형 산업제품인바 예를 들면 화학공업제품, 전자통신제품, 전기기계제품 등이다. 다음, 한국의 대 중국 직접투자가 끊임없이 증가되면서 한국산 부품의 수입을 증가시켰다. 한국은 국내시장이 작은데 공업화를 완성한 후 국내 생산원가가 높아지자 기업들은 투자를 통해 해외시장을 개척하여 세계에서의 경쟁력을 확보하거나 높여야 했다.

중국은 시장과 비용 우위로 신속히 한국의 대외 직접투자의 주요 목적지국의 하나로 되었다. 삼성, LG, 현대 등 한국 기업들이 중국에 대형 생산기지를 건설하였으며 이로써 한국의 화학공업, 비닐, 화학섬유,

전자부품, 자동차 부품 등 제품의 대 중국 수출을 이끌었다. 마지막으로 한국은 수입정책 방면에서 상당히 보수적인데 관세 수준이 비교적 높을 뿐만 아니라 각종 형식의 비관세 조치를 실행하고 있으며 심지어 일부분 종류의 중국 제품(예를 들면 농산물)에 '특별보호조례'를 실행하여 중국이 한국에 대한 수출을 확대하는데 매우 큰 어려움을 가져다주었다.

일·한 간의 무역불균형도 매우 뚜렷한데 한국은 다년간 적자 상태에 있었다. 2010년 한국의 대 일본 무역 적자가 337억8,700만 달러에 달해 사상 기록을 냈다. 이런 현상이 생긴 근본적인 원인은 일본 산업에 대한 한국의 구조적 의존성이 너무 높기 때문이다. 한국 경제는 초보단계에 있었고 주로 일본의 자본, 기계설비와 부품을 도입하는데 의지했다. 그 후 한국이 점차 완벽한 현대화제조업 산업시스템을 건설했지만 한국이 수출하는 주요 제품 예를 들면 반도체, 전자제품 등의 핵심적인 중간재료(원료와 관건적인 부품 포함)는 여전히 일본에서 대량 수입했다. 때문에 최근 몇 년간 한국의 이런 유형의 제품 수출이 증가되면서 일본으로부터의 중간재료 수입도 끊임없이 성장하는 추세를 보였는데 이런 장기적인 의존성이 대일본 무역 적자를 만성적으로 확대시켰다.

이밖에 엔화의 평가절상과 한화의 평가절하도 일본에서 수입하는 제품의 가격을 높여주었으며 따라서 한국의 무역 적자가 증가되었다. 한국 삼성경제연구원이 2011년 1월 4일 발표한 「엔화 평가절상에 대처하기 위한 대책」이라는 제목의 보고서는 "일본은 수출 거래에서 엔화로 결산하는 비례를 2000년의 36%로부터 2010년의 41%로 높였고 이런 방법을 통해 환율변동으로 판매량이 감소되어 생긴 영향을 줄였다.

일본은 압도적인 품질우위와 시장점유율을 이용하여 가격협상 능력을 높이는 한편 환율변동으로 조성된 원가 부담을 해외로 전이시켰다"고 지적했다. 이로부터 일·한간의 무역불균형 현상이 계속 장기적으로 존재하게 된다는 것을 알 수 있다. 최근 몇 년간 중·일 양자무역의 불균형이 끊임없이 악화되는 추세를 보였다. 2001년 이후 중국의 대 일본 무역 역시 해마다 적자였는데 2010년에 적자가 556억5,000만 달러에 달해 2001년의 51억3,000만 달러의 10.8 배였다. 중국이 일본과의 무역에서 적자가 생긴 원인은 한국과 비슷한 점이 매우 많다.

중국은 가공무역 비중이 크고 수출제품(특히 구미에 수출하는 제품)은 일본의 관건적인 부품, 양질의 원재료, 기계설비 등에 많이 의존하고 있다. 최근 몇 년간 중국에 대한 일본의 가공기계, 동력전기설비, 반도체, 집적회로, 자동차 부품, 강철, 플라스틱, 의류 원단 등의 수출이 급속히 증가한 것이 이 점을 설명한다. 이밖에 일본은 수입 농산물에 매우 높은 관세를 정했으며 관세쿼터, 수입허가제도 등의 비관세조치도 관리절차가 매우 복잡하고 투명도가 높지 못하여 일본에 대한 중국의 수출 성장을 제한했다.

한·중·일 3국은 모두 다 대외무역 의존도가 비교적 높기 때문에 대외무역이 본국 경제성장에 주는 견인차 역할을 매우 중시하고 있다. 이런 배경을 바탕으로 3국은 양자무역의 불균형에 매우 민감하며 한·중·일 FTA 체결이 본국의 국제 수지 불균형을 가일 층 심화시킬까봐 걱정한다. 때문에 한·중·일 FTA가 조속히 체결, 실행되게 하려면 3국은 협상과 협력을 강화하여 3국 사이에 존재하는 무역불균형 문제를 효과적으로 해결하거나 완화시켜야 한다.

3. 민감한 산업의 시장개방

앞으로 한·중·일 FTA 틀 안에서 민감한 산업의 시장개방이 각자의 높은 관심을 받게 될 것이다. 역내 자유무역협정의 시장개방 문제에 대해 GATT/WTO는 명확한 규정을 내렸는데 그 핵심적인 조례는 GATT 제24조에 규정된 "실제적으로 모든 무역"의 관세를 취소한다는 것과 GATT 제5조에 규정된 "많은 서비스부분"을 포함해 "기존의 차별적 조치를 취소", "새로운 또는 더욱 많은 차별조치를 금지"한다는 것이다. 이미 완성된 한·중·일 FTA 합동 실행가능성 연구에서 3국은 한·중·일 FTA를 광범한 영역을 아우르는 높은 수준의 자유무역협정으로 건설한다는 공통인식을 달성했다. 이는 한·중·일 3국이 모두 다 본국 시장을 비교적 전면적으로 개발하고 국민경제 안전과 관련된 특수 분야의 일부분 제품에만 예외조치를 실행한다는 것을 설명한다. 이는 반드시 3국의 민감한 산업에 정도가 다른 영향과 충격을 주게 될 것이다.

일본으로 말하면 개방 압력이 가장 큰 것은 농업이다. 일본의 농산물 문제는 사실상 복합한 정치, 경제 요소와 관련된 종합성 문제이다.

우선, 국내 자원이 결핍하고 인구가 많은 일본에게 식량안전은 지극히 중요한 국가안전 문제이다. 농업생산은 국민 총생산량에서 매우 작은 비례를 차지하지만 국가의 전략적 차원에서 중시를 받고 있다. 다음, 일본은 경제와 산업 발전이 매우 불균형적이고 농업생산 원가가 매우 높으며 정부로부터 대량의 보조금을 받고 국내 정책의 지지를 받고 있다. 더욱이 여러 가지 공개적인 또는 은폐된 보호조치를 실행함으로써 일본의 농업은 기형적으로 발전해서 짧은 시간 내에 구조개혁과 체제 조정을 완성하기 어렵게 됐고 농산물시장을 전면적으로 개방하면 농업생산이 거대한 충격을 받게 된다.

마지막으로 일본이 국내 농산물시장을 개방하는 것은 단지 경제적 문제뿐만이 아니라 민감한 정치 문제이기도 하다. 1,300여 만 명의 농촌 인구는 어느 당파도 홀시할 수 없는 '표밭'이다. 이 '표밭'에 의해 일본 국회의원 중의 '농수족(農水族)'이 강대한 전통 세력을 유지하고 일본 정계에서 중요한 지위를 차지할 수 있었다. 일본에서 어느 세대의 내각이든 이 세력의 미움을 받게 되면 큰 정치적 위험을 무릅써야 한다. 이런 국내 정치적 압력에 의해 일본정부는 다년간 농업을 과도하게 보호하는 정책을 실행해왔다.

일본에서 장기적으로 높은 보호를 받아온 농산물로는 쌀, 밀가루, 사탕, 쇠고기, 돼지고기, 유제품 등이 있는데 이런 제품은 현재 거의 다 일본의 WTO 가격제정 및 자유무역협정에서 제외되어 있다. 앞에서 말한 바와 같이 일본이 싱가포르를 첫 EPA 동반자국으로 선택한 중요한 한 가지 원인이 바로 싱가포르는 농업이 거의 없는 국가로 일본의 농업생산에 충격을 주지 않기 때문이다. 일본은 일본-멕시코 FTA가 농산물 무역을 담판에 포함시킨 첫 FTA라고 했지만 사실 이 부분이 담판에서 가장 어려운 점이었으며 일본은 최종적으로 일부분의 농산물만 개방했다. 이밖에 일본과 한국, 페루, 호주의 자유무역담판도 농산물 문제로 저해를 받았다. 지적할 필요가 있는 것은 일본은 자유무역지대를 건설하는 방면에서 계속 농업을 보호하게 될 뿐만 아니라 심지어 정상적인 무역관계에도 농업을 보호하기 위한 관세와 비관세장벽 조치를 실행한다는 것이다.

예를 들면 일본은 중국에서 수입하는 표고버섯, 골풀 매트, 파 등 농산물의 수입에 긴급제한 조치를 실행했으며 까다로운 기술 표준으로 중국에서 수입하는 채소에 대해 엄격한 검사를 실행하여 중국 농산물의 수입을 제한했다. 주목할 것은 국내외의 압력 하에 일본의 농림수산성의 태도가 최근 몇 년간 변화가 생겨 "FTA 담판에 농산물 문제를 포함시키지 않는다"라고 하는 것에서 부터 "FTA 담판에서 모든 농산물 무역을 예외 처리하는 것은 현실적이 아니다"라고 했고 이어서 "경쟁력과 경쟁 잠재력이 있는 농산물을 국제 시장에 진출시키기 위해 노력한다"라고 입장을 변화 시켰다. 그러나 정부 부문의 태도 변화는 일본이 농산물 시장을 신속히 개방시킬 것이라는 것을 의미하지 않는다. 일본 국내 농업개혁의 침체, 농업과 관련된 이익집단의 저항으로 단시기 내에 농산물 무역 자유화가 실현될 가능성이 매우 희박할 전망이다.

한국에서도 농림어업은 시장 개방의 난이도가 가장 큰 민감 부문이다. 종합적으로 말하면 한국은 국내시장이 협소하고 농산물의 생산 원가가 높고 자급률이 낮으며 가격과 품종 방면에서 전부 다 수입한 농산물과 경쟁이 되지 않는다. 때문에 한국정부는 수입 농산물에 높은 관세를 부과했으며 엄격한 쿼터제도, 수입허가제도 및 기타 비관세 장벽으로 농산물의 수입을 제한했다.

한국은 자유무역협정 담판 과정에서도 농산물 시장의 개방에 보수적인 입장을 취했다. 한국이 가장 중시하고 가장 많은 양보를 했으며 자유화 수준이 가장 높은 한국-유럽연합 FTA, 한국-미국 FTA에서도 한국은 쌀, 감귤, 파, 양파, 고추, 흑설탕, 콩, 밀, 인삼 등 수십 종의 농산물을 예외 제품으로 정했으며 기타 여러 가지 농산물에도 5~20년의 과도기를 설치했다.

한·중·일 3국의 상황을 보면 한국 농산물의 최대 수출 상대국은 일본으로 다년간 비교적 큰 규모의 흑자를 유지하고 있었는데 이는 한국의 농산물이 일본에 비해 상대적으로 우위에 있다는 것을 설명한다. 그러나 중국의 농산물과 비하면 한국은 뚜렷한 경쟁 열세에 있다. 최근 몇 년간 한국에 대한 중국 농산물의 수출이 끊임없이 증가되면서 중국은 이미 한국의 가장 중요한 농산물 수입원천지국이 되었다. 하지만 양국 사이에 농산물 무역 마찰이 자주 발생하곤 한다. 한국이 수입조정세를 징수하는 20여 종의 농산물 중 절대다수가 중국에서 수입한 농산물이며 그중 반수의 제품은 전부 또는 대부분 중국에서 수입한다. 이밖에 한국은 마늘, 생강, 양파, 마른 고추, 녹두, 팥, 참깨, 땅콩, 콩, 메밀 등 농산물에 대해 관세쿼터제도를 실행하고 있는데 쿼터 분배는 정부가 한국 농수산물유통회사에 의뢰해서 통일적으로 수입 입찰하는 방식을 취한다. 쿼터 이외의 민간무역 부분에는 높은 관세를 부과하는 방법을 사용한다. 예를 들면 녹두의 쿼터 내 세율은 30%이지만 쿼터 외의 세율은 607.5%이고 팥의 쿼터 내 세율은 30%지만 쿼터 외 세율은 420.8%, 콩의 쿼터 내 세율은 5%인 반면 쿼터 외의 세율은 487%이다.

사실상 쿼터 외의 수입을 금지한 거나 다름없다. 수입 입찰에 참가한다 해도 중국의 농산물 수출 기업은 매우 피동적인 지위에 처하게 된다. 한국이 수입 입찰에 대리제도를 실행하기 때문에 중국 기업은 한국 정부의 수입 구매 입찰에 직접 참가할 수 없고 한국의 대리업체를 통해야만 참가할 수 있다. 아울러 한국은 기업이 응찰하기 전에 5%의 응찰 보증금을 지불해야 하고 낙찰된 후 10%의 낙찰 보증금을 지불해야 한다고 규정했다. 국제관례에 따르면 판매자가 약속을 이행한 후 매입자는 제때에 보증금을 상대방에게 돌려줘야 한다. 그러나 한국은 약속이행 보증금을 6개월(마늘은 4개월) 이후에야 환급한다고 규정했다. 6개월 내에 판매자의 화물에서 품질 문제가 발견된다면 한국은 배상을 요구할 권리가 있다.

상술 상황이 설명하다시피 한·중·일 FTA 틀 안에서 한국의 농산물 시장

개방이 온갖 어려움에 직면하게 된다. 중국의 상황을 보면 한·중·일 FTA 틀 안에서 시장개방이 상대적으로 민감한 부문은 주로 공업에 집중됐으며 특히 자본 집약형, 기술 집약형 공업이다. 사실상 중국이 WTO에 가입하기 위한 담판을 하는 과정에 농산물 시장의 개방뿐만 아니라 자본과 기술 집약형 공업의 개방 정도 및 스케줄 역시 중국이 가장 관심하는 문제였다.

다년간의 발전을 거쳐 특히 WTO에 가입한 이후 세계의 경쟁 환경에 가일 층 적응하면서 중국의 자본 집약형, 기술 집약형 공업의 생산능력과 시장경쟁력이 상당히 많이 제고되었다. 그러나 일본, 한국과 비하면 중국의 자동차 제조, 강철, 석유화학, 첨단기술 산업은 뚜렷한 열세에 있으며 단시기 내에 시장을 전면적으로 개방하게 되면 매우 격렬한 충격을 받게 된다. 이에 대해 정부 산업계 학계가 실행가능성 연구를 하는 과정에 위에서 이야기한 산업부문의 중국 기업계 대표들이 우려를 표시했다.

2. 한 · 중 · 일 FTA 발전에 영향을 주는 정치적 요소

한·중·일 FTA 건설은 경제 차원의 역내 협력이지만 정치적 상호신뢰가 이 지역의 경제협력에 매우 중요한 영향을 주게 된다는 것은 부인할 수 없는 사실이다. 사실상 경제 글로벌화와 역내경제통합의 큰 배경 하에 국제 정치적환경은 여전히 나라와 나라 간의 경제무역관계의 기본 구도에 영향을 주게 된다. 정치적 관계를 끊임없는 개선하는 것은 한·중·일 FTA가 조속히 건설되고 순조롭게 실행되도록 하는 효과적인 보장이며 정치적 마찰, 분쟁, 충돌은 필연적으로 한·중·일 FTA의 발전에 방해를 하게 될 것이다.

현재 한·중·일의 관계가 일부 정치적 요소의 속박을 받고 있는 것은 사실이다. 그중에서 가장 돌출한 것은 영토와 해양 권익 쟁탈, 국가전략과 민족주의의 충돌, 일본의 침략역사에 대한 태도 등이다.

1. 영토와 해양권익 분쟁

영토 주권 문제는 예로부터 국가 관계에서 가장 민감한 문제였으며 이는 국가와 민족의 존엄에 영향을 줄 뿐만 아니라 거대한 경제적 이익을 내포하고 있다. 때문에 각국이 영토주권 문제를 처리할 때 누구도 쉽게 양보를 하지 않으려 한다. 각종 역사적 원인으로 중일, 한일, 중한 간에 미해결로 남아있는 영토 또는 영해 주권 분쟁이 존재한다. 이런 분쟁이 효과적으로 해결되지 못한다면 격화될 가능성이 있으며 이로써 한·중·일 3국의 경제통합협력에 거대한 도전이 될 것이다.

중·일 간의 영토와 해양 권익 분쟁의 초점은 댜오위다오(釣魚島, 조어도)와 둥하이(東海, 동중국해) 석유천연가스전 문제이다. 댜오위다오는 동중국해 대륙붕 동부 변두리의 군도로 댜오위다오, 황웨이위(黃尾嶼, 황미서), 츠웨이위(赤尾嶼, 적미서), 난샤오다오(南小島, 남소도), 베이샤오다오(北小島, 북소도) 5개의 도서와 다베이샤오다오(大北小島, 대북소도), 다난샤오다오(大南小島, 대남소도), 페이라이다오(飛瀨島, 비뢰도) 3 개의 작은 섬으로 구성되었으며 총 면적이 약 6.34제곱킬로미터이다.

지질구조와 해저 지형을 보면 댜오위다오는 중국 타이완의 부속도서이고 또 자고로 중국의 고유영토였다. 중일갑오전쟁 후 일본이 청나라 정부를 강박하여 「마관조약(馬關條約)」을 체결하여 타이완 및 그 부속도서(그중에

댜오위댜오 포함)와 펑후열도(澎湖列島, 팽호열도)를 일본에게 떼어주게
했다. 제2차 세계대전이 끝난 후 「카이로 선언」, 「포츠담 선언」 등 국제
서류의 규정에 따르면 일본은 전패국으로서 마땅히 타이완 및 그 전부의
부속도서를 중국에 반납해야 했다. 그러나 댜오위댜오는 줄곧 미국이
점령하고 있었으며 1972년이 되어서야 미국은 오키나와를 일본에
반환하면서 댜오위댜오도 일본에 넘겨주었다. 이는 중국의 강력한 항의를
불러일으켰다. 최근 몇 년간 일본이 댜오위댜오를 절취하려는 의도가 점점
더 분명해졌는데 공개적으로 댜오위댜오를 일본의 '고유 영토'라고 하는가
하면 댜오위댜오에 군사적 통제를 강화하여 중일관계의 발전에 엄중하게
영향을 주었다.

중국과 일본의 동중국해 석유천연가스전에 관한 분쟁은 댜오위댜오
문제와 밀접한 내재적 연계가 있다. 댜오위댜오가 소재한 동중국해 대륙붕
지역에는 풍부한 석유와 천연가스 자원이 매장되어 있으며 중일 양국에게
지극히 중요한 경제적 전략적 의의가 있다. 그러나 중 · 일 양국은 동중국해
대륙붕의 경계선을 정하는 문제에서 큰 의견차이가 있었다.

「유엔해양법공약」의 규정에 따르면 연안국은 해안기선으로부터 시작해
계산하여 200해리 이내 해역을 자국의 배타적 경제수역으로 정할 수 있고
배타적 경제수역 내의 모든 자원은 본국이 소유한다. 그러나 중 · 일 양국
간의 동중국해 해역의 많은 해면 너비가 400해리 미만이다. 때문에 중국은
동중국해 해저 지형과 지모 구조에 따라 '대륙붕 자연 연장'의 원칙으로
중일간의 배타적 경제수역 경계선을 정할 것을 요구했다. 그러나 일본은
양국의 해안 기준선의 중간선으로 배타적 경제수역의 분계선을 확정하려고
했다. 이 분쟁에 대해 중국 측은 일관적으로 '분쟁을 보류하고, 공동으로

개발'하는 원칙을 견지하면서 담판으로 해결하려고 했다. 2004년부터 중·일 양국은 여러 차례 동중국해 문제에 관한 협상을 벌여왔으나 양국이 제출한 방안이 엄중하게 대립되다보니 실질적인 진전을 이룩하지 못했다. 전망을 보면 동중국해 석유천연가스전 문제를 해결하려면 중·일 양국이 호리공영을 기반으로 정치적 결단을 내릴 것이 필요하다.

한국과 일본 간의 영토와 해양 권익에 관한 분쟁은 독도(일본명 다케시마) 문제에 집중되어 있으며 최근 몇 년간 이 문제가 끊임없이 격화되는 추세이다. 독도는 일본해(한국명 동해)에 위치한 화산도로 동, 서 두 작은 섬으로 구성되었으며 총 면적은 약 18.6제곱킬로미터이다. 이 섬은 한국 울릉도와 약 90 킬로리터 떨어져 있고 일본의 가장 가까운 오키 제도와는 약 160 킬로미터 떨어져 있다. 조선의 역사 자료에 따르면 일찍 신라왕조(기원 500년) 때에 독도에 대한 기록이 있었다. 1881년, 조선은 이 섬을 정식으로 독도라고 명명했고 1914년 행정구역 개편 시에 경상북도에 편입시켰다.

최초에 일본정부는 독도가 조선의 영토라는 것을 인정했으나 1905년 일·러 전쟁이 일어난 후 독도의 중요한 가치를 인식하고 그해 2월 일방적으로 독도의 이름을 다케시마라고 고친 후 일본 시마네현에 편입시키고 그 후부터 줄곧 독도에 대한 영토 소유권을 주장했다. 1950년대부터 시작해 독도는 한국의 실제적인 통제 하에 있었는데 한국은 해마다 독도에 무장경찰을 파견하여 영구적인 부두를 건설했다. 그러나 일본도 독도 주권에 대한 성명을 포기한 적이 없다. 1999년 12월, 일본 시마네현의 일부 주민들이 호적을 다케시마에 옮겨가겠다고 선언함으로써 일·한 관계가 급격히 긴장해졌고 그 후 독도문제를 둘러싼 양국의 분쟁이 끊이지 않았다. 사실상 똑같이 해양과 인접하고 있는 일·한 양국으로 말하면 독도 주권에 대한 분쟁은 거대한 해양 권익에 대한 쟁탈전이다.

독도 주변 해역에는 어업자원과 석유자원이 매우 풍부하여 거대한 경제적 가치를 가지고 있다. 더욱이 독도의 귀속 문제는 한일 양국의 총 400해리 미만의 일본해(동해) 서남부 해구에 대해 양국의 배타적 경제수역 경계선을 어떻게 긋는가 하는 문제와도 관계된다. 때문에 최근 몇 년간 이 문제에 대한 일 한 양국의 입장은 더욱 강경해졌으며 양국의 정치적 관계에 극히 큰 부정적인 영향을 일으켰다.

2. 국가 전략과 민족주의의 충돌

최근 몇 년간 종합국력이 끊임없이 높아지면서 중국은 이미 아시아 태평양 지역의 대국으로 되었고 세계 대국이라는 목표와도 점점 가까워지고 있다. 자체 발전 과정에 중국은 시종일관 한 가지 기본 원칙을 견지하고 있는데 즉 평화적이고 우호적인 대국으로 되고 절대 패권을 치지하지 않는다는 것이다. 중국의 이웃나라인 일본과 한국도 경제가 매우 발달했으나 정치적 실력과 영향력은 중국과 비길 바가 못 된다. 때문에 중국의 신속한 굴기가 자연스레 일본과 한국에 불안감과 압력을 가져다주게 됐으며 '중국 위협론'이 일본과 한국에서 시장을 가졌다.

특히 일본은 다년간 강대한 경제적 힘을 바탕으로 본국의 정치적 지위를 향상시키려 애썼고 중국과 동아시아지역에서의 주도권을 쟁탈하려 했으며 이로써 국가 전략 간의 구조적 충돌이 일어났다. 이밖에 한·중·일 3국의 민중들은 강렬한 민족 자신감, 자부심, 응집력을 가지고 있다. 민족주의는 한편으로는 국가의 발전에 유리하지만 모종 특정된 상황에서는 국가 관계의 걸림돌이 될 수도 있다. 한·중·일 3국간에 이런 모순과 마찰이 일어날 경우 일부 언론매체의 부정적인 보도의 부추김으로 민족주의가 외국인 혐오증으로 변화되어 민중들 사이에 우호적이지 못한 분위기를 조성할 수 있으며 이로써 3국이 진일보적으로 협력하는데 것을 막게 된다.

3. 침략역사를 대하는 대한 일본의 태도

중·한 양국은 모두 다 근대에 일본제국주의의 야만적인 침략과 노역을 받았으며 두 나라 인민에 깊은 재난을 가져다주었다. 전쟁이 끝난 후 일본은 중·한 양국에게 심각한 재난을 가져다준 역사에 대해 충분히 반성하거나 인식하지 못했다. 일본정부와 민간에는 일본 군국주의 침략 역사를 뒤집는 언론과 행위를 하는 사람이 늘 존재했으며, 일본의 일부 정부 각료는 중·한 양국의 강렬한 반대에도 불구하고 해마다 정기적으로 일본의 제2차 세계대전 A급 전쟁범을 공양하고 있는 야스쿠니 신사를 참배하곤 한다.

이밖에 일본 문부성은 또 우익세력이 조직 편찬한 침략역사를 왜곡한 교과서를 심의하여 통과시켰다. 위에서 이야기한 행위는 중·한 인민의 민족 감정에 엄중히 손상을 주었으며 중·일, 한·일 간의 외교관계에 매우 큰 장해물을 만들어주었다. 앞에서 서술한 객관적인 요소가 존재하기 때문에 현재 3국간에 전략적 상호 신뢰도가 부족한 상황이다. 국제관계의 관련 이론에 근거하면, 이른바 '전략적 상호 신뢰'란 국제 행위체 간에 서로의 전략적 의도, 전략적 능력, 중요한 행위에 대해 판단하는 긍정적인 이기적 경향으로, 상호관계에 대한 적극적인 기대이며, 전통 및 비전통적인 안전이익을 추구하는 행동의 불확실성과 위험성을 감소시킬 수 있는지에 대해 인지하는 것이다. 이 이론을 바탕으로 한 학자는 한·중·일 3국의 전략적 상호 신뢰도에 영향을 주는 요소를 3개 방면으로 귀납했다.

즉 역사적 요소, 3국간 서로의 외교정책과 현실행위에 대한 이해, 3국이 국제규칙 또는 협의를 준수하려는 의향과 행동능력이다. 구체적인 영향 요소에는 전통적인 내왕 역사와 동아시아 신분 인정, 근대 중국과 한국에 대한 일본의 침략 역사, 정치 제도, 의식형태와 가치관, 영토 해양 권익과 도서에 관한 분쟁, 국가 정책의 투명성 등이다.

현 단계에 중·한 간의 전략적 상호 신뢰도는 56%, 한·일 간의 전략적 상호 신뢰도는 46%, 중·일간의 전략적 상호 신뢰도는 40%, 한·중·일 3국간의 종합적인 전략적 신뢰도는 42%인 것으로 추산된다.[84] 이로부터 한·중·일 FTA가 체결되어 순조롭게 실행되려면 3국은 반드시 서로의 전략적 상호 신뢰에 영향을 주는 소극적인 요소를 없애기 위해 노력해야 하며 더욱 안정적인 전략적 동반자 관계를 구축하여 역내 경제 통합의 발전을 이끌어가야 한다는 것을 알 수 있다.

---

84) 워이즈장(魏志江), 「중 일 한 3국의 전략적 신뢰도 분석」, 『동강학간(東疆學刊)』 2011년 제1기, 86쪽.

제2절
한·중·일 FTA 발전에 영향을 끼치는 외부 요소

경제 글로벌화를 배경으로 한·중·일 FTA와 같은 대형 지역 경제 무역 협정의 설립은 지역 내지 세계적으로 영향을 일으키게 되며 필연코 비회원 국가 및 지역의 주목을 받게 된다. 다른 각도에서 말하면 역외의 모종의 요소도 중·일·한 FTA의 발전에 외부적 영향 또는 압력을 주게 된다. 이런 요소에 대해 심도 있게 분석하는 것은 우리가 한·중·일 FTA의 전망에 대해 더욱 객관적인 예측을 하는데 도움이 된다.

1. 아시아태평양지역의 기타 다자 협력 메커니즘이 한·중·일 FTA에 미치는 영향

한·중·일이 FTA를 추진시키고 있을 때 아시아태평양지역 경제통합이 바야흐로 힘차게 발전하고 각종 유형의 협력 메커니즘이 부동한 정도로 진전을 보였다. 예를 들면 '10+3', '10+6', 동아시아정상회의(East Asia Summit, EAS), 범태평양동반자협정, 건설 중인 아시아·태평양자유무역지대(Free Trade Area of the Asia-Pacific, FTAAP), 곧 담판을 가동하게 될 역내 포괄적 경제동반자관계협정(Regional Comprehensive Economic Partnership, RCEP) 등이 있다. 그렇다면 이런 협력메커니즘이 한·중·일 FTA에 영향과 충격을 주지는 않을까?

1. '10+3' 협력 및 그것이 한·중·일 FTA에 미치는 영향

다년간 '10+3' 협력 메커니즘은 시종일관 아세안을 주도로 하고, 의견 일치, 순차적 진행, 각자의 편안함을 돌보는 것, 호혜 평등, 상호 존중, 공통점을 취하고 차이점을 보류하는 것 등을 특징으로 하는 협력 원칙을 받들고 양호한 발전추세와 왕성한 활력을 유지했다. 이 틀 안에서 점차 정상회의, 장관급회의, 고위층회의 등 일련의 대화 협력 메커니즘을 건설했으며 무역, 투자, 금융, 인력자원 개발, 인프라 건설, 재난 감소 등 광범한 분야에서 많은 실질적인 협력 성과를 따냈다.

위에서 이야기한 협력은 아세안과 한·중·일 간에 더욱 밀접한 통합협력 메커니즘을 건설하는데 튼실한 기반을 마련했다. 이를 위해 2004년 제8차 '10+3' 정상회의에서 각국 지도자는 합동전문가팀을 두어 '10+3' 회원국들이 동아시아자유무역지대(East Asia Free Trade Area, EAFTA)를 건설하는 문제에 대하여 실행가능성 연구를 하기로 결정했다. 2005~2009년, 합동전문가팀은 EAFTA 첫 단계와 두 번째 단계 실행가능성 연구를 하고 학술연구보고를 완성했다. 연구결과에 따르면 동아시아 자유무역지대의 건설은 동아시아 각국의 총 GDP를 1.2% 성장시키고 1,046억 달러의 경제수익을 증가시키게 된다. 그중 아세안 각국의 총 GDP는 3.6% 높아지게 되고 한·중·일 3국의 국내 총생산량은 평균 0.9% 높아지게 된다.[85] 세계 금융위기가 일어난 후 동아시아지역의 각국은 무역 자유화와 경제통합을 실현하는 것이 본 지역의 경제발전에 중대한 의의가 있다는 것을 진일보적으로 인식했으며 EAFTA를 구축할 시기가 더욱 성숙되었다고 생각했다. 그 원인은 주로 아래와 같은 몇 개 방면으로 나타난다. 첫째, 2010년에 '10+3' 국가의 역내 무역이 차지하는 비례가 50%를 초과했고 동아시아지역의 역내 생산 네트워크는 주로 '10+3' 국가들 사이에 건설되었다. 때문에 본 지역에 EAFTA를 건설하는 것은 무역 자유화와 역내경제통합을 실현하는 절박한 수요로 다가오고 있다.

둘째, 아세안은 통합과정을 추진하고 2015년에 아세안경제공동체를 건설하는데 진력하고 있는데 이는 EAFTA 건설 과정에 아세안의 견인차 역할이 강화되게 했다. 셋째, 한·중·일 3국은 이미 선후로 아세안과 3개의 '10+1' 자유무역협정을 체결했고 순조롭게 실행하고 있다. 2010~2018년 사이에 3국은 아세안과 90% 이상의 제품에 대해 제로 관세를 실행했다.

이밖에 한·중·일과 아세안 간의 3개의 자유무역협정에는 전부 다 공동의 자유화 핵심 내용이 포함되어 있으며 프레임 패턴이 비슷한 편이다. 예를 들면 화물무역 관세인하 패턴은 모두 다 정상제품과 예외제품으로 나뉘고, 베트남, 라오스, 캄보디아, 미얀마 등 아세안 새 회원국에 특수차별 대우를 부여했고, 다 능력건설 강화와 경제기술협력 등의 내용이 포함되어있다. 이를 바탕으로 3개의 '10+1' 자유무역협정의 통합을 연구하는데 더욱 성숙된 조건이 구비되었다.

---

85) Joint Expert Group: Towards an East Asia FTA: Modality and Road Map, A Report by Joint Expert Group for Feasibility Study on EAFTA, July 2006, p. 21.

2011년 동아시아 통합 과정을 재촉하기 위해 한·중·일과 아세안 각국은 EAFTA의 실현 방법을 깊이 연구했는데 구체적인 사고 맥락은 아세안경제공동체 각항 협의의 내용과 패턴을 핵심으로 하고 한·중·일과 아세안 간의 3개의 '10+1' 협정을 조정, 통합하는 것이었다. 이를 위해 각국 고위층은 지도자에게 조속히 권한을 부여하여 기존의 4개의 아세안이 이끌고 있는 '10+3' 업무팀(각각 원산지규칙 업무팀, 세칙분류 업무팀, 통관절차 업무팀, 경제협력 업무팀) 이외에 화물무역,서비스무역, 투자 등 3개의 업무팀을 새로 구성해 자유화 문제에 관한 연구를 시작하고 정부 측 실행가능성 연구보고를 작성할 것을 제안했다. 그중에서 화물무역 업무팀은 3개의 '10+1' 자유무역지대의 관세인하 패턴 통합, 예외제품과 관세인하의 과도기 설치 등의 문제를 연구하고 더욱 높은 수준의 관세감면, 자유화를 실현하는데 진력한다.

서비스무역 업무팀은 기존의 협정에서 각국이 WTO보다 높이 약속한 부분을 중점적으로 대조하고 분석하며 서비스협의의 개방 정도와 구체적인 약속의 개방 수준을 높이는데 진력한다. 투자 업무팀은 투자자유화, 투자 촉진과 보호 등의 내용을 중점적으로 연구하고 기존의 협의의 유사 조항을 통합하며 본 지역에 더욱 양호한 투자환경과 제도를 건설하는데 진력한다.

3개 업무팀의 실행가능성 보고는 2012년에 완성되어 '10+3' 정상회의에 제출되며 지도자들이 언제 EAFTA 담판을 가동할지 참고로 사용된다.

위에서 얘기한 바와 같이 '10+3' 협력이 최근에 실질적인 진전을 이룩 했으며 이런 추세는 한·중·일 FTA의 발전에 유리한 것이다. 사실상 지역과 회원국 구성으로 말하면 한·중·일 FTA는 '10+3' 범위를 아우르는 준지역자유무역협정으로 양자에게 경쟁관계가 존재하지 않는다. '10+3'

협력의 다음 단계 목표가 EAFTA를 건설하는 것이고 아세안과 한·중·일 사이에 이미 각각 자유무역협정을 체결했기 때문에 한·중·일 FTA를 건설하여 그것을 3개의 '10+1' 자유무역협정과 통합시키는 것은 EAFTA라는 목표를 실현하는 가장 효율적이고 가장 원가가 낮은 추진 방법이 된다. 이런 현실에서 '10+3' 협력의 실질적인 진전은 한·중·일 FTA의 빠른 체결에 외부 추동력이 될 것이다. 뿐만 아니라 '10+3' 틀 안에서 펼쳐지는 각항 협력, 예를 들면 치앙마이 이니셔티브 다자화, 역내외화보유고 건설, 아시아채권시장 건설, 인프라 상호연결 등은 객관적으로 한·중·일 3국의 경제적 연계를 강화하는데 도움이 되고 또 이로써 한·중·일 FTA의 건설에 더욱 양호한 기본 조건을 제공하게 된다.

2. 동아시아 정상회의 협력 및 그것이 한·중·일 FTA에 미치는 영향

'10+3'이 빠른 발전을 강구하는 한편 '10+6'의 동향도 주목할 만한 가치가 크다. 이른바 '10+6'이란 '10+3'에 호주, 뉴질랜드, 인도 세 새 회원국을 가입시켜 구성된 동아시아정상회의 메커니즘이다. 동아시아정상회의의 건설은 전에 마하티르가 제기한 '동아시아경제공동체'의 구상과 밀접한 관계가 있다. 사실상 '10+3' 협력 메커니즘을 '동아시아경제공동체' 구상의 초기 형식으로 볼 수 있고 동아시아정상회의는 이 구상을 실현하기 위한 새로운 시도이다. '10+3'은 설립된 후 1999년 10월에 각 회원국 전문가와 학자들로 구성된 동아시아비전그룹(EAVG)을 구성하여 동아시아지역 통합협력을 어떻게 심화시킬지에 관한 연구를 전면적으로 펼쳤다. 2001년 제5차 '10+3' 정상회의에서 동아시아비전그룹은 「동아시아공동체로

나아가다」는 제목의 연구보고를 제출했다. 이 보고는 경제협력 방면에서 '동아시아자유무역지대'와 '동아시아투자지대' 설립, 지역 환율메커니즘 조정 및 최종적으로 동아시아 공동통화구역 형성 등을 제기했으며 이밖에도 제도건설 방면에서 정식으로 '10+3' 협력을 동아시아정상회의로 변화 발전시킬 것을 제기했다.

　일본은 중국이 '10+3'에서 주도적 지위를 차지하는 것을 방지하기 위해 동아시아정상회의 건설에 적극적인 태도를 보였으며 호주, 뉴질랜드를 동아시아정상회의에 포함시킬 것을 제안했다. 아세안은 동아시아협력에서 주축 지위를 유지하기 위해 새로운 회원국이 동아시아정상회의에 가입하는데 3가지 표준을 설치했다. 첫째는 「동남아우호조약」에 가입하는 것, 둘째는 아세안국가와 대화동반자관계를 건립하는 것, 셋째는 아세안국가와 광범하고 밀접한 관계를 가지하는 것이다. 호주, 뉴질랜드, 인도가 위에서 이야기한 조건에 동의한 상황에 아세안 각 회원국은 합의를 달성하여 이 세 국가를 동아시아정상회의에 초청했다. 2005년 12월, 첫 아세안정상회의가 말레이시아 쿠알라룸푸르에서 열렸다. 그 후 동아시아정상회의는 아세안정상회의, '10+3' 정상회의와 같은 시기에 진행되었으며 아세안 집행이사회 의장국이 주최했다.

　동아시아정상회의 1개 회원국의 총 인구는 30억 명으로 세계 총 인구의 절반을 차지하고 GDP 총액은 약 세계의 22%를 차지한다. 외화보유액은 유로존을 훨씬 초과하고 경제의 상호 보완성이 뚜렷하며 매우 큰 발전 잠재력과 협력 공간을 가지고 있다. 원자바오 총리가 말했던 바와 같이 동아시아정상회의를 소집한 것은 동아시아협력 진행과정의 한 개의 대사이고 경제 글로벌화와 지역협력을 빨리 발전시키기 위한 객관적인 요구이며 역내 각국이 상호 의존하고 공동이익을 끊임없이 확대시키는 필연적인 결과이며 동아시아협력이 새로운 발전 단계에 들어섰음을 상징한다.

동아시아정상회의는 회의참가국들이 공동으로 발전대계를 논의하는데 새로운 플랫폼을 제공했으며 동아시아협력이 더욱 큰 범위, 더욱 광범한 영역, 더욱 높은 수준으로 매진하도록 추진할 것이다. [86]

이밖에도 동아시아정상회의의 중요한 의의는 아래 몇 개 방면에서 체현된다.

첫째, 지역협력 방식의 혁신에 양호한 범례를 제공했다. 동아시아정상회의의 회원국은 3개 부동한 지역에서 왔는 바 16개 회원국은 같은 지역이 아니라 같은 전략적 이익을 바탕으로 함께 모였으며 역내협력의 지역 제한을 타파했다.

둘째, 동아시아 역내협력을 추진하는데 새로운 효과적인 루트를 제공했다. 동아시아정상회의는 '10+3'을 토대로 발전한 것이지만 '10+3'을 대체하지 않는다. 이 두 개의 협력메커니즘은 회원국이 다르고 기능도 다르며 목표도 일치하지 않는다. 동아시아정상회의는 '포럼' 성질을 띠며 각 회원국은 공동으로 흥취와 관심을 가진 정치, 경제, 안전 문제에 대해 전면적인 대화를 할 기회를 가진다.

---

86) 원자바오(溫家寶), 「동아시아 협력의 투명함과 개방을 지지하고 호리공영을 실현한다」, 제1회 동아시아정상회의에서의 연설, www.xinhuanet.com, 2005년 12월 14일.

셋째, 동아시아정상회의가 개방성을 띠고 있기 때문에 더욱 많은 회원국이 동아시아지역협력에 참가하도록 기회를 제공한다. '10+3' 회원국이 동아시아지역의 주권국가에만 국한된 것과 달리 동아시아정상회의는 아세안이 중간에서 조율하고 역내와 역외 회원국에 개방하는 형식이며 매우 큰 발전 잠재력을 가지고 있다. 넷째, 동아시아지역에서 '남북협력'을 펼치는데 새로운 플랫폼을 구축했다. '10+3' 에는 일본 하나만이 선진국이라 '남북협력'의 특징이 별로 뚜렷하지 않았다. 그러나 호주, 뉴질랜드 두 나라가 경제가 발달한 선진국이기 때문에 그들의 가입으로 회원국의 '북방' 농도가 높아지고 동아시아정상회의의 '남북협력' 특징이 뚜렷해졌다. 주목할 것은 2010년 동아시아정상회의가 회원 확대 방면에서 중대한 진전을 이룩했다는 것이다. 2010년 10월, 베트남 하노이에서 열린 제5차 동아시아정상회의에서 회의참가국 정상들은 2011년부터 러시아, 미국을 동아시아정상회의에 초청하는데 일치하게 동의했다. 이번 회원국 확대의 배후에 아세안, 미국, 러시아 각자가 다 서로의 전략적인 동기를 가지고 있다.

아세안으로 말하면 '작은 것으로 큰 것을 이뤄내고' 대국의 틈서리에서 생존 발전하는 것이 현실적인 목표이기도 하고 장기적으로 직면한 도전이기도 하다. 때문에 아세안 내부에서는 집단의 힘을 빌려 대국균형 전략을 실행하고 경제적 이익을 챙기고 동아시아지역 협력을 추진한다는 공통인식을 달성했다. 동아시아정상회의 협력 메커니즘에 대해 아세안은 개방적인 태도를 가진 한편 자체의 종합실력을 고려하여 발언권을 잃을까 걱정을 하기도 한다. 때문에 내부의 통합협력을 강화하는 한편 더욱 많은 실력 있는 국가를 동아시아정상회의에 끌어들여 대국 간의 힘을 균형시킴으로써 자체의 정치, 경제, 안전 공간을 확대하려 한다.

미국 입장에서 말하면 동아시아정상회의는 미국이 21세기 아시아태평양 신전략을 실행하는 중요한 절차이다. '아시아태평양의 세기'가 나타나면서 최근 몇 년간 미국의 세계에서의 이익과 전략 중점이 끊임없이 '동쪽으로 옮겨'지고 있다. 안전-무역을 주축으로 하던 기존의 동아시아전략이 중국의 굴기 및 동아시아경제통합의 신속한 발전과 더불어 도전에 직면했다. 아시아 동맹국을 위로하고 지역통합이 미국의 주도권을 배척하거나 약화시키는 경향을 무너뜨리기 위해 미국은 공동전략, 공동가치, 공동이익을 기반으로 하는 아시아태평양 3환 외교 시스템을 확립했다. [87] 이 시스템을 통해 미국은 동아시아지역 협력 메커니즘에서 유리되었던 곤경에서 빠져나와 동아시아 및 아시아태평양 경제협력의 미래를 주도하고 미국을 중심으로 하는 아태지역 새 질서를 구축하려 했다. 정치, 경제, 안전 등 광범위한 분야를 아우르는 동아시아정상회의라는 전략적 대화협력 메커니즘은 미국이 위에서 이야기한 전략적 목표를 실현하는데 매우 좋은 플랫폼을 제공한 것이 분명하다.

러시아가 동아시아정상회의에 가입한 것은 정치, 경제상의 여러 가지를 고려해서였다. 첫째, 러시아를 위해 더욱 큰 전략적 공간을 얻어내려 한다. 러시아가 유럽지역에서 미국을 위수로 하는 서방의 전면적인 배척을 받았기 때문에 아시아지역은 러시아가 전략 공간을 확대하는 한 중요한 방향이 되었다. 둘째, 러시아의 전통적인 대국 지위를 수호하기 위해 노력한다.

21세기의 아태지역은 이미 세계 경제 정치의 중요한 플랫폼이 되었으며

87) 왕이웨이(王義桅), 「미국 아시아태평양 질서의 새로운 변화 및 직면한 도전」, 『국제관찰』 2009년 제3기, 4쪽.

3분의 2의 국토가 아시아에 있는 러시아로 말하면 아시아태평양 사무에 적극 참가하는 것은 대국 이미지와 대국 지위를 수호하는데 유리한 것이었다.

셋째, 경제적 이익을 도모한다. 아태지역은 현재 세계에서 경제발전이 가장 빠르고 가장 활력을 가진 지역으로 러시아는 경제 방면에서 이 지역과 매우 강한 상호 보완성을 가지고 있고 자체의 경제적 이익을 확대할 수 있는 많은 유리한 조건이 있다. 이상 문제를 고려하여 러시아는 2005년 제1차 동아시아정상회의 때부터 옵서버의 신분으로 회의에 참가하면서 계속 정식 회원이 될 것을 요구 해오다가 5년간의 노력을 거쳐서야 소원을 이루었다.

미국과 러시아가 동아시아정상회의에 참가한 것은 지역시스템 조정의 촉매제로 작용할 가능성이 있다. 이로써 일어난 다자 경쟁이 동아시아지역 경제통합의 미래 발전에 중대한 영향을 일으키게 되며 이는 한·중·일 FTA의 전망에 불확정 요소를 가져다주게 된다. 동아시아정상회의가 각 회원국 간의 양성 연동을 효과적으로 추진하여 동아시아지역 기존의 역내 협력메커니즘 기능의 결함을 미봉하고 동아시아지역의 통합을 가일 층 심화시킨다면 한·중·일 FTA의 건설에 더욱 좋은 외부 환경을 창조해주게 될 것이다. 반대로 미국, 러시아의 가입이 동아시아지역의 기존의 평형을 파괴할 경우 각자의 이익분배 및 권리, 의무의 확정 방면에서 새로운 갈등을 불러일으키게 되며 이로써 소극적인 관망의 태도를 취하게 되고 심지어 각자의 이익충돌을 조정할 수 없게 되어 동아시아정상회의가 또 하나의 대국 경쟁의 장이 될 것이며 한·중·일 FTA의 미래 발전에 불리한 요소로 될 수밖에 없다.

3. RCEP가 한 · 중 · 일 FTA에 미치는 영향

역내 포괄적 경제동반자협정(RCEP)은 아세안이 발기한 것으로 '10+6'을 기반으로 하는 동아시아지역 경제통합의 새로운 프레임이다. 2011년 2월 26일 열린 제18차 아세안경제장관급회의에서 회의에 참가한 장관들은 아세안 경제동반자국과 어떻게 종합적인 자유무역협정을 달성할지를 우선적으로 토론했으며 이로써 RCEP 편성 초안이 생겨났다.

RCEP의 회원국 계획에는 아세안과 이미 '10+1' 자유무역협정을 체결한 중국, 일본, 한국, 호주, 뉴질랜드, 인도가 포함되며 그 목표는 16개국 내부의 무역장벽을 감소하고 투자환경을 가일 층 개선하고 서비스무역을 확대하며 지적소유권 보호, 경쟁 정책 등 여러 분야에서 협력을 펼침으로써 RCEP의 자유화 수준을 지금의 아세안과 6개국이 달성한 자유무역협정보다 높아지도록 하는 것이다.

2011년 11월, 인도네시아 발리 섬에서 소집된 제19회 아세안정상회의는 RCEP 프레임을 건설할 데 관한 특별 공동인식 파일을 채택했다. 공동인식 파일은 RCEP의 취지는 포괄적 호혜의 경제동반자협의를 달성하는 것으로 이 협의는 개방성이 있고 아세안의 모든 자유무역지대 동반자국의 가입을 허락한다고 지적했다. 공동인식 파일은 또 RCEP 설립의 일반 원칙을 규정했는데 여기에는 다음과 같은 것이 포함된다.

① 포괄 범위. ② 진행 과정. ③ 가입 개방. ④ 투명성. 체결한 협의를 공개함으로써 이익 당사국이 경제 통합 협력을 이해하고 이용할 수 있도록 보장한다. ⑤ 경제기술 협력이 협의의 불가분의 한 부분이 되어 아세안 회원국을 지지하고 협의 집행 이익을 최대화할 것이다. ⑥ 편리화. 이 협의에는 실행 가능한 조치가 포함되어야 하고 공동으로 노력하여 무역과

투자의 편리를 도모해야 하며 거래 비용을 낮추는 조치가 포함되어야 한다. ⑦ 경제 통합. 이 협의는 아세안경제통합, 경제의 균형적인 발전, 아세안 회원국 간 및 아세안과 기타 동반자국 간의 경제협력을 강화하는데 유리해야 한다. ⑧ 특별대우와 차별대우. 이 협의는 아세안 회원국 특히 캄보디아, 라오스, 미얀마, 베트남에게 특별대우 차별대우를 부여해야 한다. ⑨ 이 협의는 WTO 협의에 부합되어야 한다. ⑩ 이 협의에 대해 정기적으로 심사를 하여 효과적이고 유익하게 집행되도록 보장해야 한다.

2012년 8월 말에 소집된 '10+6' 경제장관급회의에서 RCEP 담판을 가동하기 위한 원칙적인 공통인식을 달성했으며 「RCEP 담판의 지도적 원칙과 목표」를 채택했다. 그 뒤를 이어 RCEP 담판 화물무역 업무팀, 서비스 업무팀, 투자 업무팀이 잇달아 건설되었다. 2012년 11월, 캄보디아 프놈펜에서 열린 동아시아시리즈정상회의에서 「역내 포괄적 경제동반자협정' (RCEP) 담판을 가동할 데 관한 공동성명」을 체결하여 2013년 연초에 RCEP 담판을 가동하고 2015년 말에 담판을 마치고 실질적인 단계에 들어가기로 했다. RCEP가 건설된다면 약 35억의 인구가 포괄될 것이고 GDP 총액이 약 13조 달러에 달하여 세계 총 GDP의 3분의 1이 되어 세계 최대의 자유무역지대로 될 것이다. 아세안이 RCEP를 적극 추진하는 것은 주로 RCEP를 이용하여 동아시아지역 경제통합 협력 과정에 자체의 주도적 역할을 공고히 하고 발전시킴으로써 아세안의 국제적 지위를 가일 층 높이기 위한 것이다.

최근 몇 년간 동아시아의 독특한 지정학적 환경의 영향으로 이 지역에는 역내경제통합을 주도할 대국이 없었다. 아세안은 자체의 우위를 이용하여 교묘하게 이 공백을 메우고 자신을 중심으로 하는 '10+1' 자유무역지대 네트워크를 건설함으로써 RCEP에서 유리한 기본 조건을 갖추도록 했다.

아울러 RCEP는 또 중·일 양국의 동아시아지역 경제통합의 미래 발전 방향에 대한 다른 입장의 차이를 해소시켰다. 중국은 '10+3' 자유무역지대를 주요한 루트로 할 것을 주장해왔고 일본은 '10+6' 자유무역지대를 건설하려 했다.

그러나 RCEP는 자발적 가입의 원칙을 취했는 바 즉 RCEP는 최초에 꼭 16개국이 참가하는 것이 아니고 앞으로 회원국 수량이 16개를 초과할 수도 있다. 이로써 '10+3'과 '10+6' 방안의 갈등을 해결하여 동아시아지역 경제통합의 진행과정에 새로운 길을 제공했다.

스케줄을 보면 RCEP가 한·중·일 FTA와 동시에 가동되고 한·중·일 3국 또한 다 RCEP 담판에 적극 참가할 것이라고 태도표시를 했다. 때문에 양자는 상부상조, 상호 추진하는 역할을 하게 될 것이다.

4. FTAAP 착상이 한·중·일 FTA에 미치는 영향

FTAAP는 APEC 틀 안에서 제기된 야심만만한 자유무역협정 착상으로 APEC 문제를 연구하던 학자가 2003년에 최초로 제기했으며 일차로 APEC 산업계의 호응을 얻었다. 2004년 11월, APEC 기업인자문위원회(APEC Business Advisory Council, APEC)가 각 방면의 관점을 요약하여 공식 보고서를 내오고 APEC 지도자들에게 "강력한 정치적 약속을 하고" FTAAP 건설에 착수할 것을 제안했다. 이 제안을 지지하는 APEC 회원국이 있는 한편 적지 않은 회원국이 반대 의견과 의문을 제기했다. 이 점을 고려하여 2004년의 APEC 정상회의는 이 제안에 환영을 표했을 뿐 실질적인 약속은 하지 않았다.

FTAAP 의제를 빠른 속도로 추진시키기 위해 ABAC는 2005년에 미국, 일본, 중국, 뉴질랜드, 싱가포르, 인도네시아의 여러 전문가들을 초청해 FTAAP 건설에 관한 실행가능성 연구를 펼치고 연구보고서를 작성했다.[88] 연구보고서에서 전문가들은 FTAAP를 건설하는 비용과 수익, 직면하게 될 문제와 장애물 등에 대해 다시각적, 다차원으로 정치, 경제 방면의 분석을 했다. 전문가들은 FTAAP를 건설하면 아래와 같은 몇 개 방면에서 이득을 얻을 수 있다고 생각했다. 첫째, APEC의 무역 자유화 진행에 활력과 동력을 주입한다. 둘째, 침체 상태에 있는 WTO 도하라운드 담판의 진전을 격려하고 이로써 다각 무역시스템에 촉매 작용을 한다. 셋째, WTO 도하라운드 담판의 실패를 대비한 대체성 준비 즉 이른바 '방안 B'가 된다. 넷째, APEC 지역에 FTAs/RTAs가 범람하는 추세를 막고 그것을 단일한 역내협정의 프레임 속에 통일시켜 부동한 원산지규칙이 높은 거래비용을 가져다주는 것을 피하고 이로써 규모경제, 더욱 효과적인 경쟁 등 동적인 효과를 산생할 수 있다. 다섯째, 동아시아 자유무역지대 또는 유사한 무역그룹의 형성을 막고 이로써 APEC이 분열되어 동서 두 개의 내부지향적 플레이트(즉 동아시아자유무역지대와 아메리카자유무역지대)로 분열되는 것을 막는다.[89]

2006년 11월 18~19일, 베트남 하노이에서 열린 제14기 APEC 정상회의에서 FTAAP 의제가 중대한 진전을 이룩했다. 미국은 FTAAP에 대한 이전의 유보

---

88) 이 보고서의 영문 정식 명칭은 「An APEC Trade Agenda? The Political Economy of a Free Trade Area of the Asia Pacific」이며 8 개의 하위 보고서를 가지고 있다.

89) C. Fred Bergsten: "A Free Area of the Asia Pacific in the Wake of the Faltering Doha Round: Trade Policy Alternatives for APEC", An APEC Trade Agenda? The Political Economy of a Free Trade Area of the Asia Pacific 2006, PECC and ABAC, October 2006, pp. 16-20.

태도를 바꾸어 WTO 도하라운드 담판을 서둘러 성사시키는 한편 FTAAP에 대한 홍보와 연구를 강화함으로써 FTAAP의 일부 세칙과 정의에 대해 조속히 광범한 공동인식을 달성할 것을 제안했다.

미국의 강력인 추진 하에 APEC 정상은 처음으로 FTAAP 건의를 공식적으로 고려해보는데 동의했고 각자의 관리들에게 FTAAP의 추진방식을 진일보적으로 연구하게 함으로써 FTAAP 문제를 처음으로 APEC 의사일정에 포함시켰다. 2007년과 2008년의 APEC 정상회의 선언은 FTAAP의 진전을 주목할 것을 강조하고 APEC 장관급회의와 고위층회의에 FTAAP 건설의 전망과 패턴을 더욱 심도 있게 연구할 것을 요구했다. 앞서 말한 내용을 종합해보면 FTAAP는 여전히 추진 중에 있는, 전체 아시아태평양지역의 많은 회원국을 아우르는 자유무역협정이며 초심은 지역 자원을 통합하여 아시아태평양 범위 내에 각종의 양자, 준지역 FTAs/RTAs가 대량 생겨나 APEC 협력의 진행에 도전을 가져다주는 것에 대처하고 동아시아와 아메리카 지역에 서로 대항하는 두 개의 큰 무역집단이 형성되는 것을 방지하는 것이다. 이로 보아 추진 중의 한·중·일 FTA는 FTAAP의 중점 통합 대상 이다. FTAAP가 최근에 정식으로 가동될 수 있다면 한·중·일 FTA에 큰 외부압력을 가져다주게 될 것이다. 그러나 현재의 상황을 보면 APEC 각 회원국의 경제 발전수준, 정치 체제, 사회 제도, 문화가 현저한 다양화 특징을 가지고 있기 때문에 그들은 FTAAP의 추진 방법, 포괄 분야, 자유화 수준 등 중대한 문제에서 여전히 거대한 의견 차이를 가지고 있다.

이밖에 많은 회원국은 자체의 이익, 담판 비용, 실효성 등의 요소를 고려해 양자 또는 준지역 자유무역협정 체결을 우선적인 지위에 놓게 된다. 때문에 FTAAP가 앞으로 갈 길은 여전히 매우 멀며 한·중·일 FTA의 실질적인 제약 요소로 되지 않는다.

5. TPP가 한·중·일 FTA에 미치는 영향

TPP는 처음으로 태평양 동서 양안을 넘어 아시아, 라틴아메리카, 대양주의 여러 회원국을 아우르는 자유무역협정으로서 최초로 21세기 초기 미국이 발기한 P5(미국, 호주, 뉴질랜드, 칠레, 싱가포르) 자유무역협정에서 발원했다. 그러나 그 후 미국이 주요한 정력을 양자 FTA에 돌리면서 P5가 정체되었다. 그러나 칠레, 뉴질랜드, 싱가포르 등 국가들의 환태평양지역 무역협정을 체결하려는 열정은 식지 않았다. 2002년 10월, 멕시코 로스카보스에서 열린 APEC 비공식 정상회의 기간에 칠레, 뉴질랜드, 싱가포르의 정상들은 「환태평양 3국의 더욱 긴밀한 경제동반자협정」(P3으로 약칭) 담판이 정식으로 가동되었음을 선포했다. 2004년 브루나이가 P3의 옵서버로 되었다가 2005년 4월에 공식 협상측이 되었다. 2005년 7월 4개국은 「환태평양전략경제동반자협정」을 체결했으며 이 협정은 2006년 5월에 공식적으로 발효했다.

TPP의 내용은 비교적 전면적이며 화물무역의 시장진입 이외에도 통관절차, 원산지 규칙, 동식물 검사검역, 무역기술 장벽, 무역구제, 지적소유권, 정부조달, 경쟁정책, 분쟁해결 메커니즘 등의 방면의 조항이 포함된다.

화물무역 방면에서 이 협정은 관세 인하에 진력했는데 협정이 발효된 후 4개국 간의 90% 이상 무역 상품의 관세가 면제되었고 최종적으로 2015년 전까지 모든 수입 관세를 취소한다. 투자와 금융무역의 담판은 협정이 발효한 2년 후에 시작된다. TPP 체결국은 또 규제력이 있는 「환경협력협의」, 「노동자협력 양해각서」를 체결했다.

TPP의 4개 초기멤버는 경제 규모가 크지 않고 시장 개방 정도가 비교적 높아 협정 자체의 복지효과와 영향력이 뚜렷하지 않았다. 그러나 P5 발기자였던 미국이 2008년 초에 다시 TPP에 눈길을 돌려 TPP가 곧 시작할 투자와 금융서비스에 관한 담판에 가입할 의향을 명확히 밝혀왔다. 미국의 이 거동으로 TPP가 더욱 큰 주목을 받게 됐고 아시아태평양지역의 기타 경제체 중에서도 선도적 역할을 할 수 있게 됐다. 이를 계기로 TPP 체결국은 2008년 6월에 열린 APEC 무역장관급회의 기간에 "2009년 3월 전까지 APEC 회원국의 의향을 널리 조회함으로써 더욱 많은 회원국이 TPP에 참가하도록 어필할 것"이라고 밝혔다. 2008년 9월, 당시 미국 측 무역담판 대표였던 슈바프는 미국이 2009년부터 TPP 프레임의 자유무역담판에 참가할지 고려할 것이라고 밝혔다. 2008년 11월, 호주, 페루, 말레이시아가 TPP 담판에 가입하겠다고 공식적으로 약속을 했다.

2009년 이후 TPP가 새롭게 확대되었다. 2009년 3월, TPP의 4개 초기멤버는 베트남이 '연결 회원국'의 신분으로 TPP 담판에 가입하는데 동의했다. 2009년 11월 14일, 일본을 공식 방문 중인 오바마 미국 대통령은 미국이 TPP 담판에 공식적으로 가입한다고 선포했다. 이로써 TPP 제2단계 담판에 참가한 경제체가 9개로 늘었다. 이밖에 일본, 캐나다, 멕시코, 필리핀 등의 나라도 잇따라 TPP 담판에 가입할 의향을 비치거나 관심을 보였다. 2010년 3월, TPP 제2단계의 첫 라운드 담판이 호주에서 가동되었다. 2012년 5월까지 9개국이 12라운드의 담판을 진행했다. 2012년 6월, 멕시코에서 열린 주요 20개국 정상회의 기간에 멕시코와 캐나다가 허락을 받고 TPP 담판에 가입했다.

일본은 국내 의견차이가 심한데다가 미국, 호주, 뉴질랜드 등 회원국의 공식 인가를 받지 못해 TPP 담판 가입이 연기됐다.

TPP는 태평양 동서 양안을 연결하는 역내무역협정으로 규모 방면에서 아시아태평양지역의 기존의 어떠한 FTAs/RTAs도 초과하는 발전 잠재력을 가지고 있다. 아울러 TPP는 신흥 무역집단으로서 아시아태평양지역 회원국들 사이에서 매우 강한 경쟁적인 자유화 효과를 일으킬 것이며 더욱 많은 회원국이 이 집단에 가입하여 비주류화로 되어 손실 보는 것을 피하려 노력할 것이다. 이와 비슷한 동기로 인해 기존의 일부 FTAs/RTAs들도 확장과 합병을 통해 더욱 큰 규모의 무역집단을 형성함으로써 TPP의 영향력을 제약하려 하게 될 것이다.

이로부터 TPP가 아태지역 경제통합 구도를 근본적으로 개변시킬 수 있다는 것을 알 수 있으며 추진 중의 한·중·일 FTA에 충격으로 다가올 것이 분명하다. 미국이 TPP의 확대를 주도하는 의도는 동아시아통합 진행과정을 견제하려는 것, 특히 역내 경제협력에서 중국의 영향력을 억제하려는데 있다. 그런데다가 TPP 자체의 자유화수준이 매우 높고 또 중국이 접수하기 어려운 노동자, 환경, 국유기업 방면의 조항이 있어 중국은 TPP에 가입할 조건이 아직 성숙되지 않았다. 이런 상황에서 일본과 한국이 최근에 TPP에 가입할지 여부는 한·중·일 FTA의 미래 발전에 매우 중요한 변수가 된다.

사실상 미국은 TPP 담판에 가입하기로 결정한 후 일본을 가입시키려고 적극 노력해왔다. 미일동맹 관계를 고려하여 일본도 적극적으로 호응했다. 2009년 12월 10일, 당시 일본 외무대신으로 있던 오카다 가츠야(岡田克也)는 일본이 TPP 협력 프레임에 관심을 가지며 참가할 의향이 있다고 처음으로 공개적으로 밝혔다. 일본 국내의 많은 학자들은 무역, 투자,서비스 등의 광범위한 분야를 아우르는 아시아태평양 경제협력의 중요한 메커니즘인 TPP에 가입하는 것은 일본이 국문을 전면적으로 개방하는데 도움이 되고 농업을 포함한 국내 경제개혁을 선도하고 경제 활력과 경쟁력을 분발시킬 수 있다고 여겼다.

2010년 11월, 일본 내각은 「포괄적경제동반자 기본정책」이라고 하는 중요한 파일을 채택하여 일본정부의 새로운 FTA 전략을 전면적으로 상세하게 논술했으며 TPP 가입을 통해 농업정책을 대담하게 개혁하고 국내 농업시장의 개방 수준을 점차 확대할 것이라고 특별히 지적했다. 같은 해 11월, 일본은 APEC 요코하마 정상회의의 개최국으로서 자체가 주도하여 작성한 제18차 APEC 정상선언 - 「요코하마 비전」에서 무역과 투자를 더욱 자유화하고, 더욱 개방된 APEC 공동체를 건설할 목표를 제기했을 뿐만 아니라 '10+3', '10+6', TPP 세 기존의 지역성 협력메커니즘을 기반으로 하고 그것을 더욱 발전시켜 최종적으로 아시아태평양자유무역지대를 건설하는 목표를 달성할 것이라고 강조했다. 2011년 1월 13일, 일·한 양국 정부는 워싱턴에서 TPP와 관련된 첫 양자 업무급별 협상을 진행했다. 미국은 TPP 담판 9개국의 핵심이며 협상이 가동된 것은 일본이 TPP 담판에 가입하기 위해 중요한 한걸음을 내디뎠음을 의미한다. 그 후 일본정부는 여러 차례 외무성, 경제산업성, 농림수산성 등의 관리들을 해외로 파견하여 TPP 관련 국가들과 협상을 벌이고 TPP 담판에 관한 정보를 수집했으며 2011년 6월 전까지 TPP 담판에 가입할지 최종 결정을 내릴 계획이었다. 그러나 2011년 3월, 일본에 큰 지진과 해일이 일어나 경제가 엄중한 타격을 받으면서 TPP 가입 계획이 연기될 수밖에 없었다. 아울러 일본 국내에서 TPP 가입 여부에 대한 논쟁이 날로 치열해졌다.

게이단렌(經團連)을 위수로 하는 공상업계는 일본의 TPP 가입을 강력하게 주장하면서 TPP 가입은 일본이 무역 자유화 쾌속열차에 탑승하는 마지막 기회라고 했다. 농협을 대표로 하는 농림업계는 이를 끝까지 반대했는데 TPP 가입이 일본의 농업을 훼멸시킬 것이라고 했다. 이밖에 일본 농림수산성의 추산에 따르면 TPP에 가입하면 일본은 농업생산량이 7조9,000억 엔 감소되고 농업부문의 일자리가 350만 개 줄게 된다.

일본 국회의 중의원과 참의원에서도 절반에 가까운 의원들이 TPP 가입에 반대 입장을 보였다. 그중에는 오자와 이치로(小澤一郎)와 일본의 전 총리 하토야마 유키오(鳩山由紀夫) 등 자민당의 거물급 인물들이 포함되며 심지어 100여 명의 집정 민주당 의원들도 포함된다. 거대한 국내 압력 앞에서 일본 민주당 정부는 정치, 경제, 외교 등 각 방면을 종합적으로 고려한 후 여전히 TPP에 가입하기로 결정했다. 2011년 11월 11일, 일본 총리 노다 요시히코(野田佳彦)는 미국 하와이로 APEC 정상회의에 참가하러 떠나기 전에 일본이 각 당사국들과 TPP 담판에 가입하는 문제에 관하여 공식적으로 협상과 교섭을 할 것이라고 선언했다. 그러나 국내의 반대 태도를 가진 각계 인사들을 위로하기 위해 노다 요시히코 총리는 일본이 담판에 참가하는 것은 전면적으로 포기했음을 의미하지 않으며 지킬 것은 지키고 쟁취할 것은 쟁취할 것이라고 밝혔다. 이로써 일본은 TPP 가입에서 중요한 한걸음을 내디뎠다.

일본정부가 TPP 담판에 가입할 의사를 공식적으로 밝혔지만 일본의 국내 상황을 보든 TPP의 현재 기준을 보든 일본은 정치, 경제, 사회 등의 방면에서 여전히 많은 어려움과 제약 요소에 직면해 있고 나중에 TPP에 가입할 수 있을지는 확실치 않다. 전망을 분석해보면 일본은 국내와 국외 두 방면으로 착수하여 TPP 가입에 더욱 좋은 기본조건과 내부 외부 환경을 마련하는데 진력하고 있다. 국내 층면으로 보면 일본은 농업 개혁을 중점으로 경제사회의 구조개혁을 적극 추진해야 하는데 높은 관세, 세수특혜, 보조금 등의 방식으로 국내 농업을 엄격하게 보호하던 상황을 조속히 개변해야 한다. 이밖에 일본식 경제체제와 경영방식에 폐쇄성과 독점성 규제 또는 상업 관례가 존재하여 일본의 대외개방과 무역 자유화 발전을 제약했다. 이를 위해 일본은 또 규제개혁을 강화함으로써 일반적인 또는 잠재적인 비관세 장벽을 제거하는 방면에 힘을 기울여 국내시장의 개방 정도를 가일 층 높여야 한다.

국외 층면에서 아시아태평양지역의 복잡한 정치 경제 구도와 회원국의 다양성을 고려하면 TPP는 절대 아시아태평양지역 경제통합 무대에서 유일한 주인공이 될 수 없다. 때문에 일본은 자체의 이익을 고려하여 여전히 '상황에 따라 행동하고 다방면으로 병진하는' 방식으로 아시아태평양 경제통합 진행과정에 참가할 것이다. 그렇게 하는 것은 TPP 담판 진행과정에 상부상조하는 역할이 될 뿐만 아니라 전략과 기술 층면에서 일본이 담판의 카드를 더 많이 가지게 한다. 아울러 TPP 담판이 교착 상태에 빠진 상황에서 일본이 대체적인 선택을 할 수 있게 하고 담판의 압력을 완화시켜준다.

TPP 가입에 대한 한국의 태도는 일본보다 적극적이지 못하다. 그 원인을 따져보면 한국이 이미 대다수 TPP의 회원국과 양자 FTA를 체결했거나 곧 체결하게 되기 때문이다. 특히 한국이 가장 중요시하는 미·한 FTA가 2011년에 다시 수정을 거친 후 미국 국회의 비준을 받아 발효되기만을 기다리고 있다. 때문에 경제적 효과로 말하면 TPP 가입이 한국에 흡인력이 별로 크지 않다.

다음, 일본과 비슷한 상황으로 한국은 농업에 대한 개방에서 거대한 어려움에 직면하고 있다. 2011년 초기, 한국정부가 TPP 가입을 고려할 것이라고 시험적으로 태도표시를 하자 즉시 국내 농업기구의 강력한 반대와 시위행진을 불러일으켰다. 이밖에 한국도 중·미 사이에서 전략적인 균형을 유지하려 하고 있으며 TPP 가입이 경제방면의 이런 균형을 깨뜨려 한·중·일 FTA가 교착상태에 빠지면서 본국의 이익을 해칠까 우려하고 있다. 때문에 한국은 TPP 가입에 신중한 태도를 보이고 있으며 구도가 분명해지기 전까지 관망의 태도를 취하게 된다.

앞서 말한 내용을 종합해보면 TPP가 주목할 만큼 빠른 발전을 이룩한 것은 우연한 것이 아니라 심각한 정치적 경제적 원인을 내포하고 있다. 최근 몇 년간 아시아태평양지역 각국의 실력 대비가 끊임없이 변화하면서 아시아태평양지역의 전체 전략적 구도가 조정되고 변화했다. 특히 2008년 이후, 세계 금융위기가 발생하면서 아시아태평양지역은 전략적 구도 조정의 속도를 다그쳤다. "취옹(醉翁)의 뜻은 술에 있지 아니하다"고 TPP는 경제적 의미의 역내 무역협정인 동시에 관련 당사국의 더욱 깊은 전략적 의도를 내포하고 있으며 그 핵심은 담판 각 당사국 간의 국제지위에 대한 다툼 및 아시아태평양지역 협력의 주도권 쟁탈이다.[90] 만약 TPP 제2라운드 담판이 일본을 공식 담판자로 접수하고 가까운 시기에 높은 표준의 최종 협정을 달성하게 된다면 한·중·일 FTA에 매우 큰 원심 작용을 일으키게 될 것이다.

---

90) 류천양(劉晨陽), 「환태평양전략 경제동반자협정'의 발전 및 영향에 대한 정치적 경제적 분석」, 『아태경제』 2010년 제3기, 13쪽.

2. 미국이 한 · 중 · 일 FTA 발전에 미치는 영향

　미국은 당면 세계에서 정치적 경제적 실력이 가장 강한 나라로 다년간 본국을 중심으로 하는 아시아태평양 다자협력기구 건설에 진력해왔으며 중 일 한 3국이 위치한 동아시아지역을 높이 중시했다. 한 ·중·일 FTA의 건설은 동아시아지역 경제통합의 진행과정에 구조적 변화를 불러일으키게 되며 아시아태평양지역에서의 미국의 전략적 이익에 중대한 영향을 조성하게 된다. 때문에 미국은 필연적으로 각종 방식을 통해 한 ·중·일 FTA 진행과정에 외부 압력을 가하게 될 것이며 그 동향을 밀접히 주목해야 한다.

　1. 미국의 아시아태평양 경제전략 및 그것이 한 ·중·일 FTA에 미치는 영향
　제2차 세계대전이 일어난 후 미국은 주로 관세무역일반협정(GATT)의 자유무역원칙에 근거하여 자체의 세계경제전략을 추진했다. 그러나 1980년대 중 후기 이후 자체의 경제발전 속도가 늦춰지고 역내 경제통합 붐이 세계 범위에서 활발하게 일어나면서 내부 및 외부 압력을 받은 미국 정부는 다자협력과 지역협력을 병행하는 정책을 실행하기 시작했으며 지역주의가 점차 미국의 대외 경제 전략의 중요한 고리가 되었다. 미국의 대외 경제 전략에 변화가 생긴 이때에 마침 아시아태평양지역이 고속 성장을 시작했으며 새로운 '아시아태평양 세기'가 곧 형성되는 중이었다. 미국과 태평양 주변국가 및 지역과의 무역, 투자 규모가 끊임없이 확대되면서 아시아태평양지역은 1990년대부터 미국의 가장 큰, 가장 잠재력을 가진 수출시장과 투자지역이 되었다. 때문에 미국은 아시아태평양지역을 점점

더 중시하게 됐으며 정세의 변화에 따라 새로운 아시아태평양지역 전략을 작성하기 시작했다.

아시아태평양지역은 지역이 넓고 경제체의 수량이 많기 때문에 이 지역의 경제통합 과정은 비교적 복잡하고 뚜렷한 다원화 특징을 보여줬다. 이런 상황에 미국은 본국이 주도하는 효과적인 역내협력 다자 메커니즘을 통해 아시아태평양지역에서 자체의 경제적 정치적 이익을 수호하려 했다. 미국이 제일 먼저 선택한 상대는 APEC이었다. APEC는 아시아태평양지역에서 범위가 가장 크고 회원국이 가장 많은 역내 경제협력기구로서 미국에게 세계적으로 경제성장이 가장 빠른 지역의 시장을 개척하는 통로를 열어주었을 뿐만 아니라 미국이 자체의 아시아태평양전략을 실행하는데 유리한 기본조건을 제공했다. 1993년, 당시의 클린턴 미국 대통령이 APEC 각 회원국에 '신아시아 태평양공동체' 건설을 제안함으로써 아시아태평양지역을 "진정한 공동체, 공식적이고 합법적인 기구일 뿐만 아니라 이익 공유, 목표 공유, 책임 공유의 호혜협력의 공동체"로 전변시키려 했다. 이 제안을 추진하기 위해 미국은 1993년 시애틀에서 제1회 APEC 비공식 정상회의를 소집했다. 그러나 APEC의 많은 개발도상 회원국이 아시아태평양지역에 과도하게 제도화되고 범위가 넓은 '공동체'를 건설하는 것에 유보 태도를 보였기 때문에 클린턴의 '신아시아태평양공동체' 착상이 정상회의에 접수되지 못했으며 회의에서 발표된 「정상선언」에서 배제되었다. 그 후 1994년 보고르목표가 확립되면서 APEC는 자발적 원칙을 바탕으로 하고 무역 투자의 자유화, 편리화, 경제기술협력을 버팀목으로 하고 집단행동계획과 일방행동계획을 결합시켜 추진하는 협력의 길에 들어섰으며 이로써 미국이 제안한 '신아시아태평양공동체'가 무산되었다.

1990년대 이후 세계적 범위에서 새로운 역내경제통합의 붐이 일어났으며 아시아태평양지역에도 대량의 자유무역지대와 역내무역협정(FTAs/RTAs)이 생겨났다. 이런 상황에 대비해 미국도 시급히 FTA 전략을 실시하고 복잡한 FTAs/RTAs의 '차축-바퀴살' 구조 중에서 자기에게 속하는 네트워크 시스템을 구축하여 세계 및 지역에서의 본국의 이익을 위해 봉사할 필요가 생겼다.

2003년부터 미국은 짧은 몇 년 사이에 잇달아 싱가포르, 칠레, 호주, 페루 등 몇 개 아시아 국가와 양자 FT 협의를 체결했다. 양자 FTA를 체결하는 한편 미국이 아시아태평양지역에서 FTA 전략을 실행하는 핵심적인 목표는 여전히 많은 회원국이 참가하고 전면적인 내용을 아우르는 자유무역협정을 체결하고 이를 빌어 미국의 주도적 지위를 확립하는 것이었다. 이런 이유로 미국은 아시아태평양자유무역지대(FTAAP)를 중점 추진 상대로 삼게 된다.

앞에서 서술한 바와 같이 FTAAP의 목표는 APEC 틀 안에 전체 아시아 태평양지역을 아우르는 자유무역지대협정을 체결하는 것이다.

아시아태평양지역에서 전면적, 고퀄리티, 강제 구속력을 띤 FTAAP 담판을 진행하는 것은 분명 아시아태평양지역의 경제통합협력 진행과정을 주도하고 본 지역에서의 정치적, 경제적 패권 지위를 유지하려는 미국의 전략적 요구 에 부합된다. 때문에 미국의 추진 하에 2006년부터 시작해 역대의 APEC 정상회의가 다 FTAAP 의제에 관심을 보였으며 해당 부문에 FTAAP의 패턴 선택과 실행 방법에 대한 실행가능성 연구를 하도록 지시했다. 그러나 APEC 회원국들은 경제발전수준, 정치, 문화 등 방면에 매우 큰 차이가 존재하기 때문에 FTAAP의 설립이 매 회원국에 미치게 되는 영향은 확연히 다르며 심지어 부정적인 영향을 끼칠 수 있다. 때문에 자체의 이익을 고려하여 대다수 APEC 핵심 회원국들은 신중하고 관망하는 태도를 보였으며 이로써 FTAAP가 실질적인 진전을 이룩하지 못했다.

　　바로 이런 상황에 미국은 TPP가 내포하고 있는 전략적 가치를 인식하고 그것을 본국의 아시아태평양전략과 FTA 전략을 실행하는 새로운 플랫폼으로 삼았다. 어떤 방식으로 가동될지 아직 확정되지 않은 FTAAP에 비해 TPP는 이미 발효된, 개방정도가 매우 큰 FTA이다. 회원국 수량이 끊임없이 증가되면서 TPP는 아시아태평양지역 내지 세계 범위에서 가장 큰 자유무역협정으로 부상할 잠재력을 가졌다. TPP가 끊임없이 확장될 경우 앞으로 FRAAP가 요절된다 하더라도 미국은 TPP를 통해 따로 길을 개척함으로써 그것을 미국의 주도하에 아시아태평양지역 경제통합을 추진하는 주요 통로로 만들 수 있다.[91] 미국은 TPP를 빌어 아시아태평양지역에 많은 회원국을 가진, 광범한 내용을 아우르는 고퀄리티의 FTA를 건설함으로써 이 지역에 대량의 FTAs/RTAs가 생거나 '파스타 볼' 효과가 생기는 것을 막고 미국을 위해 더욱 많은 경제적 이익을 도모할 수 있기를 바랐다. 앞에 서술한 바를 종합하면 다년간 미국의 아시아태평양 경제 전략은 매우 큰 연속성과 전체성을 보였으며 점차 전통적인 동맹시스템을 기반으로, 지역의 핫이슈를 손잡이로, 신흥국가의 굴기와 지역구도 변화에 대처하는 것을 중점으로, 미국의 아시아태평양지역에서의 주도적 지위 강화를 목표로 하는 전면적인 아시아태평양전략 구도를 점차 형성했다.[92]

---

91) 류천양(劉晨陽), 「'환태평양전략 경제동반자협정'과 미국의 아시아태평양지역 협력 신전략」, 『국제무역』 2010년 제6기, 58쪽.
92) 왕홍강(王鴻剛), 「미국의 아시아태평양 전략과 중미관계의 미래」, 『현대국제관계』 2011년 제1기, 9쪽.

21세기에 들어 특히 세계 금융위기가 발생한 후 아시아태평양지역은 점차 미국의 세계전략의 가장 중요한 부분이 되었다. 객관적으로 말하면 아시아태평양지역은 최근 몇 년간 세계범위에서 경제성장이 가장 활성화된 지역으로서 '포스트 크라이시스' 시대 세계 경제의 중심적 지위가 더욱 뚜렷해졌다. 이로써 자체가 주도하는 아시아태평양지역 다자협력 메커니즘을 건설하려는 미국의 욕망도 점점 더 강렬해졌다. 거대한 규모를 가진 폐쇄적인 준지역 자유무역협정인 한·중·일 FTA가 미국의 전략적 이익에 부합되지 않는 것이 분명하며 미국의 아시아태평양 경제 전략의 실행에 비교적 큰 충격을 주게 된다. 때문에 이성적인 판단에서 비롯해 미국은 한·중·일 FTA 진행을 저지하고 방해하게 된다.

2. 미국의 동아시아전략 및 그것이 한·중·일 FTA에 미치는 영향

　정치, 안전, 경제 등 각 방면으로 보면 동아시아지역은 미국의 아시아 태평양 및 세계 전략의 가장 중요한 부분이다. 동아시아에서의 미국의 주도적 우세 지위를 강화하는 것은 미국이 전략을 동쪽으로 이동하는 과정에서 핵심적인 중요한 임무이다. 때문에 우리는 아시아 태평양 전략이라는 상대적으로 거시적인 시각으로 미국이 한·중·일 FTA의 발전에 미치는 외부 영향을 분석한 후 또 미국의 동아시아전략에 착수해 이 문제를 심도 있게 상세히 분석해야 한다. 동아시아지역은 지정학 관계가 복잡하며 제2차 세계 대전과 냉전 후 많은 문제가 남았다. 특히 동북아 지역에서 한·중·일 3국의 양자관계가 미국에게는 중대한 전략적 이익으로 된다. 그중에서 미·한 관계는 주로 한반도의 안정과 북핵문제와 관련된다.

　이 문제는 미국의 아시아태평양 전략의 최고 차원까지 상승하지는 않았지만 장기적으로 미국의 높은 관심을 받았다. 미국과 일본의 양자관계를 말하면 미 일동맹은 줄곧 미국의 아시아태평양전략의 한 주춧돌이었다.

　그러나 최근 몇 년간 일본정부는 본국의 정치와 경제적 이익을 고려하여 '미국과 멀리하고 아시아에 들어가는' 시도를 하고 중국과 미국 사이에서 '재균형' 등의 새로운 전략을 실시했으며 미국의 세계 행동을 지지하고 협조하는 방면에서 열정이 내려갔다. 이밖에 일본의 정부와 민간에서 일본 군사기지에 주둔한 미군에 대한 원망이 날로 커졌고 오키나와 후텐마(普天間) 비행장을 옮기는 문제를 둘러싸고 분쟁이 생겼는 바 이는 미일사이에 자주 의견이 맞지 않는다는 것을 설명한다. 미국에 대한 미·중관계의 중요성은 말하지 않아도 알 수 있다. 최근 몇 년간 중국의 종합국력이 끊임없이 상승 하면서 아시아태평양지역 각국의 정치 경제적

연계가 날로 밀접해졌다.

　중국의 영향력은 이미 아시아태평양지역의 구석구석까지 미치고 있으며 중국은 이 지역에서 상당한 영향력을 가진 '이해관계자'의 하나로 되었다. 미국은 자체의 아시아태평양전략을 실행하는 과정에 각개 방면에서 전부 다 중국을 피해갈 수 없다. 다른 각도에서 보면 이 지역에서의 미국의 행동은 중국의 이익 및 주변관계에 정도부동하게 영향을 미치게 된다. 사실상 최근 몇 년의 많은 사실이 보여주다시피 미국은 아시아태평양지역 각국에 '중국 위협론'을 퍼뜨려 미국이 아시아태평양지역에 '복귀'해야 할 필요성과 합리성을 증명하려 했으며 또 늘 기회를 찾아 지역의 열점 문제에서 중국에 전략적 '헤징'을 해왔다. 21세기에 들어서 두 개의 눈길을 끄는 역사적 진행 과정으로는 중국의 굴기와 미국의 전면적인 '복귀'가 있는데 이 두 가지는 아시아태평양지역에서 시간과 공간적으로 중첩되었다. 때문에 미래를 내다보면 중·미 양국의 아시아태평양지역에서의 상호 작용과 경쟁이 이 지역의 구도와 질서에 큰 영향을 주게 된다. [93]

　보충해야 할 것은 역사와 지정학 원인으로 한·중·일 3국간에 때때로 모순과 마찰이 생기곤 하는데 이는 미국에게 틈을 보여주고 앉아서 어부지리를 얻을 수 있는 기회를 주었으며 미국이 자체의 동아시아전략을 실행하는 과정에 주동권을 가지는데 유리해지게 했다. 그러나 한·중·일 FTA가 건설되어 경제무역 연계가 강화된다면 3국의 정치관계가 개선되는데 효과적인 플랫폼과 루트를 제공하게 되고 이로써 미국이 주도하던 기존의

---

93) 왕훙강(王鴻剛), 「미국의 아시아태평양 전략과 중미관계의 미래」, 『현대국제관계』 2011년 제1기, 9쪽.

지역안전구도가 개변될 가능성이 생기고 미국의 동아시아지역에서의 전략적 공간이 진일보적으로 축소될 수 있는 바 이는 미국이 용납할 수 없는 일이다. 미국은 정치 방면만 고려한 것이 아니라 한·중·일 FTA가 경제 방면에서 부정적인 영향을 일으킬까 더욱 걱정했다. 구체적으로 말하면 미국은 어떠한 역내 강국이든 동아시아통합 진행과정을 주도하는 것을 바라지 않으며 또한 절대 동아시아통합 진행과정 밖에 배제되는 것을 원하지 않았다. 미국으로 말하면 동아시아는 거대한해외시장과 중요한 투자 장소일 뿐만 아니라 아시아태평양지역의 경제발전을 이끌어가는 핵심 지역이다.

아시아태평양지역과의 경제무역관계를 강화하는 것은 미국이 수출을 확대하고 취업을 늘리고 경제구조 불균형을 시정하는 목표를 실현하는데 중요한 의의를 가진다.

'서브프라임 모기지론' 위기로 일어난 세계 금융위기의 발원지인 미국은 경제가 큰 타격을 받았고 실업률이 대폭 높아졌다. 오바마 정부는 미국 경제를 조속히 곤경에서 벗어나게 하기 위해 수출촉진전략을 새로운 높이로 끌어올리고 5년 내에 수출을 한 배 늘린다는 슬로건을 내걸었다. 사실 이 행동의 근본적인 목표는 미국경제를 '소비구동형'에서 '수출구동형'으로 전변시키고 수출을 확대하는 것으로 국내 취업을 늘리고 경제의 지속적인 성장에 에너지를 제공함으로써 미래 세계 경쟁에서 미국의 우위 지위를 유지하는 것이다.

이를 위해 미국은 특별히 '수출촉진내각'과 '대통령수출위원회'를 설립해 2009년부터 신속한 융자, 심사비준 간소화 등의 부양 조치를 잇달아 출범했다. 아울러 미국은 자유무역협정 추진에 냉담한 태도를 보이던 데로부터 열정을 보였다. 오바마 본인도 기타 경제체가 적극적으로 자유무역담판을 추진하는 상황에 미국이 가만히 앉아 "일자리를 창조할 기회를 잃어버리지 않을 것"이라고 밝힌바 있다. 지역 위치로 보면 유로존과 동아시아지역은 미국의 대외무역에서 중요한 지위를 차지하고 있다. 그러나 현재 유로존의 경제는 곤경에 처했고 앞으로 몇 년간 계속 높은 적자, 높은 실업률과 싸워야 할 것이다. 반면 동아시아지역의 경제성장률은 최소 2015년 전까지 세계 평균 성장률보다 높을 것으로 예상된다. 이런 상황에 동아시아지역은 미국이 수출촉진전략과 FTA 전략을 실행하는 우선적인 선택이다. 론 커크 미 무역 대표부 대표가 말했다시피 "동아시아지역은 세계 경제의 성장 및 회복의 촉매제로 특수한 배역을 맡고 있으며 특별한 잠재력을 가져 미국의 무역 발전에 지극히 중요하다."[94]

활기에 넘치고 고속으로 발전하는 동아시아 경제통합 진행과정에서 제외되는 것을 방지하기 위해 미국은 동아시아지역에 한·중·일한 FTA와 같은 미국이 포함되지 않은 대형 자유무역협정이 나타나는 것을 원하지 않으며 그 진행과정을 방해하고 견제할 수밖에 없다. 최근 몇 년간 미국이 있는 힘을 다 해 TPP의 발전을 추진하고 일본과 한국을 서둘러 가입시키려 한 것도 이 방면을 많이 고려해서였다. 이로부터 한·중·일 FTA가 앞으로 발전 과정에 반드시 미국이라는 제약 요소에 직면하게 될 것임을 알 수 있다.

---

94) 자료출처 : 론 커크 미 무역대표부 대표가 2009년 11월 14일 2009년 APEC 비즈니스 정상회의에서 한 연설의 일부분이다. http://www.ustr.gov/about-us/press-office/blog/2009/november/ambassador-kirk-delivers -address-asia-pacific-trade-apec-ce.

제3절
한·중·일 FTA의 추세에 대한 전망

새로운 국제와 지역 환경에서 한·중·일 3국이 FTA 체결을 통해 경제통합 협력을 강화하는 것은 이미 전체적인 발전추세로 되었으며 다방면의 중요한 의의를 가진다. 한·중·일 FTA의 설립은 3국간의 무역과 투자를 효과적으로 추진시킬 뿐만 아니라 3국이 제도적 틀 안에서 광범위한 내용과 다양한 형식의 협력을 펼치면서 3국간 전략적 동반자 관계를 전면적으로 끌어올릴 수 있게 한다. 때문에 한·중·일 FTA가 순조롭게 추진되고 신속히 성사될 수 있을지 매우 큰 주목을 받고 있다.

1. 한·중·일 FTA를 추진하는 종합적인 사고맥락

앞에 서술한 바와 같이 한·중·일 FTA 설립은 다방면으로 기본조건이 구비되었으나 한편 내부와 외부에서 오는 각종 제약 요소를 받고 있어 기회와 도전이 병존한다고 말할 수 있다. 이런 상황에 3국은 이견은 미뤄두고 의견을 같이하는 부분부터 협력하는 원칙과 공통인식에 의해 정치적 상호 신뢰 증진, 경제무역 구조 최적화, 민간과 기업계의 교류 촉진 등 각 방면으로 착수하여 공통이익을 적극 찾아내고 상호 이익을 주는 것을 토대로 한·중·일 FTA를 추진해야 한다.

1. 정치적 상호 신뢰 증진에 진력

양호한 정치 관계는 나라와 나라 사이에 경제통합 협력을 펼쳐가는 선결조건의 하나이다. 특히 한·중·일 사이에 아직 정치적으로 불안정 요소가 존재하기 때문에 3국이 전반 국면을 돌보아 정치적 상호신뢰를 끊임없이 증진할 수 있을지가 한·중·일 FTA의 전망에 중요한 영향을 미치게 된다. 지난 오랜 시기의 실제 상황을 살펴보면 한·중·일 3국의 정치관계와 경제무역 관계는 상대적으로 독립적이고 불가분의 관계였다.

이른바 상대적으로 독립적이라는 것은 3국간의 정치관계가 '냉각'되면서 경제무역관계도 따라서 '냉각'될 때가 있는가 하면 또 3국의 정치 관계가 좋아지는 한편 경제무역관계가 오히려 나빠질 때도 있는 것 즉 정치와 경제 무역관계가 따로따로 노는 것이다.

이른바 불가분이란 3국간의 정치 문제가 경제화로 나가거나 또는 경제 문제가 정치화로 가는 것 즉 정치와 경제무역 관계가 상호 제약하는 것을 말한다. 특히 21세기에 들어서 중일, 한일 양자 간에는 정치관계가 '냉각'되는 한편 경제무역 관계가 '열기'를 띠는 현상이 자주 나타나 3국간의 무역 투자가 전반적으로 지속적으로 상승하는 추세를 보여주었다. 그러나 한·중·일 FTA 설립 목표는 한·중·일 3국의 정치관계에 더욱 높은 요구를 제기했다. '정치적 추위'가 해결되지 못하면 '경제적 열기'도 최종적으로 이어지기 어렵다.

한·중·일 FTA라는 역내 경제통합협력의 틀 안에서 세 나라의 핵심적인 이익은 일방적으로 얻어지는 것이 아니라 양방향 또는 3자의 합력에 의해야 한다. 정치적 상호신뢰 증진은 3자가 다 같이 이익을 얻는 필연적인 전제이다.

2. 여러 층면, 다종 형식의 대회협력 메커니즘을 건설한다.

한·중·일 FTA 건설은 3국 정부가 담판을 통해 실현해야 하지만 민간과 지방의 추진 역할도 매우 중요하다. 특히 당면의 정치와 경제 상황에서 더욱 많은 기업과 학술단체가 원활하고 다양한 대화 협력을 펼쳐 한·중·일 FTA 건설에 양호한 분위기를 조성하도록 격려해야 한다. 아울러 3국은 또 환발해지역과 도문강지역 등 조건이 성숙된 지역에서 준지역 협력을 펼칠 수 있다. 그렇게 함으로써 한·중·일 FTA 건설에 선행 테스트 역할을 할 수 있으며 아울러 3국의 민중이 한·중·일 경제통합협력이 가져다주는 긍정적인 효과를 절실하게 체험할 수 있다.

3. 기업과 산업 간 협력을 우선적으로 펼친다.

한·중·일 FTA를 건설하고 실행하는 것은 비교적 긴 과정이다. 때문에 3국은 먼저 기업간 및 산업간 협력을 펼쳐 한·중·일 FTA의 건설과 미래의 순조로운 실행을 추진할 수 있다. 기업은 시장의 미시적인 주체이고 앞으로 한·중·일 FTA 틀 안에서 각종 통합 협정을 실천하는 실천자이며 또한 시장 환경의 변화가 가져다주는 각종 도전과 직접 대면하게 된다. 때문에 3국간에 산업협력을 펼치게 되면 각국 기업이 지역 산업구조 중에서의 자체의 위치를 더욱 정확하게 확립하고 제때에 생산구조를 조정함으로써 시장 경쟁력을 높일 수 있다. 2010년 5월에 열린 제3차 한·중·일 정상회의가 발표한 「한·중·일2020년 협력 전망」에 따르면 한·중·일 3국은 앞으로 10년간 정보, 전신, 문화 산업과 기타 분야에서 진일보적으로 협력을 강화하게 된다.

이로부터 미래 한·중·일 FTA가 3국의 산업협력에 더욱 많은 기회를 제공하게 된다는 것을 알 수 있다. 협력 효율을 높이고 투명한 정책 환경을 마련하기 위해 3국은 민영부문간의 소통을 추진하고 중점 분야의 산업협력 방면에서 정책 정보 공유를 강화해야 한다.

2. 한·중·일 FTA 틀 안의 중요한 의제 처리

한·중·일 FTA를 건설하는 핵심적인 목표는 3국이 다 그중에서 경제적 이익을 얻고 복지수준을 높이는 것이다. 때문에 앞으로 진행될 한·중·일 FTA 담판에서 3국은 실제적으로 실행이 가능한 이익 균등의 협정을 달성하려고 노력하게 된다. 그중에서 3국이 관세양허, 원산지규칙, 무역구제 등 중요한 의제를 어떻게 처리할지 더욱 주목을 받게 된다.

1. 관세 할인(減讓)

최근 몇 년간 한·중·일 간의 화물무역이 지속적으로 빠른 성장을 했으며 3국은 서로 가장 중요한 무역동반자가 되었다. 무역 구조를 보면

3국의 무역은 상호 보완성과 경쟁성을 가지고 있으며 우위산업부문과 열세산업부문이 다 비교적 뚜렷하다. 때문에 관세양허가 필연적으로 한·중·일 FTA 담판의 가장 중요한편이 될 것이며 관세양허의 폭과 제품 도달 범위, 감세 스케줄과 과도기, 예외제품 등 일련의 문제에 대해 3국이 어떻게 규정할지 매우 큰 주목을 받게 된다. 현재 전체적인 관세 수준을 보면 일본이 가장 낮고 중국이 중간이고 한국이 가장 높다.

관세 구조를 보면 일본은 비농업 관세가 가장 낮지만 농산물 관세는 비교적 높은 편이고 많은 관세봉(關稅峰)과 비종가세목이 존재한다. 중국은 농산물 관세가 한국, 일본보다 낮지만 비농산물 관세는 비교적 높은 편이다. 그러나 중국은 비종가세 세목이 적고 관세 구조가 비교적 평탄하며 너무 높은 관세봉이 없다. 한국의 비농산물 관세도 비교적 낮지만 농산물의 관세는 매우 높으며 관세봉과 비종가세의 수량도 비교적 많다.

앞으로 한·중·일 FTA 틀 안에서 3국이 다 관세조정 압력을 적지 않게 받을 것이 분명하다. 일본과 한국은 농산물 방면에서 압력을 받게 되고 중국은 주로 비 농산물 방면에서 압력을 받게 된다.

도표 6-1 일본-인도 FTA, 한국-인도 FTA 화물무역 시장접근 상황비교

구 분	일본-인도 FTA	한국-인도 FTA
화물 무역의 시장 진입	• 협정이 발효된 날(2011년 8월 1일)부터 일본이 인도에서 수입하는 제품 종류의 44.75%와 인도가 일본에서 수입하는 제품 종류의 18.44%에 대해 즉시 관세를 취소한다. • 협정이 발효된 5년 후 일본이 인도에서 수입하는 제품 종류의 44.75%와 인도가 일본에서 수입하는 제품 종류의 22.96%에 대해 관세를 취소한다. • 협정이 발효된 10년 후 인도는 전부의 관세 양허를 완성하게 되며 일본에서 수입하는 제품 종류의 86.36%에 대해 관세를 취소한다. • 협정이 발효된 15년 후 일본은 전부의 관세 양허를 완성하게 되며 인도에서 수입하는 제품 종류의 79.28%에 대해 관세를 취소한다. • 인도는 1540 종의 관세인하에 참가하지 않는 예외 제품을 유보하는데 이는 일본에서 수입하는 제품 종류의 13.64%를 차지한다. • 일본은 363 종의 관세인하에 참가하지 않는 예외제품을 유보하는데 인도에서 수입하는 제품 종류의 20.72%를 차지하며 절대다수가 농산물이다.	• 협정이 발효된 날(2010년 1월 1일)부터 한국이 인도에서 수입하는 제품 종류의 60.60%와 인도가 한국에서 수입하는 제품 종류의 3.93%에 대해 즉시 관세를 취소한다. • 협정이 발효된 5년 후 한국이 인도에서 수입하는 제품 종류의 81.11%와 인도가 한국에서 수입하는 제품 종류의 7.76%에 대해 관세를 취소한다. • 협정이 발효된 8년 후 한국은 전부의 관세 양허를 완성하게 되며 인도에서 수입하는 제품 종류의 86.66%에 대해 관세를 취소한다. 이밖에 0.3% 제품의 관세를 1%~5%로 낮추고 4.24%의 제품은 관세협정이 발효될 때에 비해 50% 감소된다. • 한국은 765 종의 관세인하에 참가하지 않는 예외제품을 유보하게 되는데 이는 인도에서 수입하는 제품 종류의 6.79%를 차지한다. 그중에서 가공유, 목재, 판재 등 소수의 공업 완제품을 제외하면 절대다수 예외제품이 농산물이다. • 협정이 발효된 8년 후 인도는 한국에서 수입하는 제품 종류의 69.70%에 대해 관세를 취소하며 이밖에 8.07% 제품의 관세를 1%~5%로 낮춘다. 협정이 발효된 10년 후 인도는 전부의 관세 양허를 완성하게 된다. 이밖에 6.02%의 제품이 관세협정이 발효될 때에 비해 50% 감소된다. • 인도는 1879 종의 관세인하에 참가하지 않는 예외제품을 유보하는데 이는 한국에서 수입하는 제품 종류의 16.21%를 차지한다. 그중에서 농산물이 약 30%를 차지하고 공업 완제품이 약 70%를 차지한다.

자료출처: WTO RTA Database가 발표한 일본-인도 FTA, 일본-한국 FTA 협정 파일을 근거로 계산하고 정리한 것임.

이상 현실 상황으로 비추어 앞으로 한·중·일 FTA의 화물무역 담판에서 3국은 제품 도달 범위의 전면적 원칙을 접수하는 것을 전제로 융통성 원칙을 강조하면서 본국의 민감한 산업을 보호하는데 진력하고 아울러 자체의 우위산업 방면에서 담판 동반자가 더욱 높은 수준의 양허 약속을 할 수 있도록 노력할 것이다. 중국과 마찬가지로 신흥 시장경제 대국인 인도는 이미 각각 일본, 한국과 FTA를 체결했다. 때문에 우리는 일본-인도 FTA, 한국-인도 FTA 조항의 내용을 참조하면서 한·중·일 FTA의 화물무역의 시장진입 방면의 담판이 어떤 전망일지 예측할 수 있다. 인도와 체결한 FTA에서 일한 양국이 다 많은 세목의 농산물을 관세인하에 참가하지 않는 예외 제품에 포함시켰으며 대부분 농산물에 10~15년의 과도기를 설치했다.

일본, 한국에 비해 인도는 더욱 많은 수량의 예외제품을 유보했는 바 그중에서 비농산물이 매우 높은 비례를 차지하고 있으며 관세 양허를 전부 완성한 후에도 시장진입 허가 수준이 일, 한 양국에 비해 현저하게 낮다.

(도표 6-1을 참조) 한·중·일 3국간의 무역 구조, 산업 경쟁력 및 기타 요소를 종합적으로 고려해보면 한·중·일 FTA는 화물무역의 시장진입 방면에서 일본-인도 FTA, 한국-인도 FTA의 수준을 초과하기 매우 어렵다.

2. 원산지 규칙

원산지규칙은 FTA와 같은 경제통합 형식이 정상적으로 운행되도록 보장하는 기본적인 전제조건의 하나이다. WTO의 「원산지규칙협정」과 「도쿄협약」에 따르면 화물의 원산지를 판정하는 기준에는 주로 '완전생산' 또는 '실질적변형' 두 가지가 있다. 이 두 가지 기준은 이미 광범위하게 인정을 받고 자유무역지대협정과 특혜원산지규칙에 보편적으로 응용되고 있다. '완전생산' 기준은 주로 수입 화물이 완전하게 모 회원국의 국토에서 생장, 수확했는지 또는 그 나라의 토양에서 얻어낸 것인지 검사하는데 사용한다.

'실질적 변형'은 비원산지 재료를 이용하여 생산한 비완전생산 화물의 원산지를 판정할 때 채용하는 기준이다. '실질적변형'을 검증하는 구체적인 방법에는 세칙분류개변(CTC), 지역가치성분요구(RVC), 특정된 제조공정(SP) 등 세 가지가 있다.

일본과 한국이 이미 체결한 FTA/EPA는 비 완전생산 제품에 대해 대다수 경우 세칙분류개변 기준을 위주로 하고 지역가치성분 요구를 보조로 하는 원산지판정 기준을 사용하고 있으며 이 두 가지 기준을 때로는 단독적으로 채용하고 때로는 종합적으로 채용한다. 중국의 상황을 보면 전기에 체결한 몇 개의 FTA는 전부 다 단일한 최저 지역가치성분기준(일반적으로 40% 또는 그 이상)을 채용하여 비완전생산 제품에 '실질적변형'이 이루어졌는지를 판정한다. 예를 들면 중국-아세안 FTA, 중국-파키스탄 FTA, 중국-칠레 FTA, 중국-싱가포르 FTA 등이다.

이 기준은 비교적 느슨하지만 실제 응용 과정에 빈틈이 생기기 쉽다. 때문에 중국은 그 후에 뉴질랜드, 페루, 코스타리카 등의 국가들과 양자 FTA를 체결할 때 원산지규칙을 개진하여 세칙분류개변 기준을 위주로 하고 지역가격성분요구를 보조로 하는 원산지규칙을 사용했다. 때문에 미래 한·중·일 FTA 틀 안에서 3국이 상술 두 가지 방법을 종합적으로 사용할 가능성이 매우 크다. 구체적인 판정 기준 이외에 한·중·일 FTA가 관세양허에 포함된 모든 제품에 대해 어떤 원산지규칙 실행방법을 채용할지 주목할 필요가 있다. 한 가지 실행 가능한 방법은 총체 규칙을 제정하는 것인데 대다수 세 번(稅號)의 제품에 적용되고 나머지 세번의 제품에는 수량이 제한된 특정 규칙을 제정한다. 이 방법의 우점은 규칙을 간소화하고 FTA 담판의 업무량을 줄이는 것이지만 부동한 제품의 특징을 어느 정도 무시하게 되고 실행 과정에 허점이 생기기 쉽다. 다른 한 방법은 매 세번의 제품에 특정된 규칙을 세우고 전체적인 규칙을 제정하지 않는 것이다. 이런 방식의 우점은 매 한 가지 제품의 특징을 최대한 중시하여 사용자가 임의의 세목의 제품의 원산지규칙을 확정하는데 편리해지지만 결점은 판정 난이도가 크고 업무량이 방대하며 협정 파일에 제품의 특정된 원산지규칙 서식을 장황하게 열거해야 하는 것이다.

이상 두 가지 방식은 한·중·일 3국이 체결한 FTAs/EPAs에 모두 다 채용되고 있다. 예를 들면 중국은 아세안, 파키스탄, 칠레, 싱가포르와 체결한 FTA에서 '40% 지역 가치성분'의 총체 규칙을 제정했고 뉴질랜드, 페루, 코스타리카와 체결한 FTA에서는 매 세번의 제품에 특정된 원산지규칙을 열거하여 설명했다. 일본은 대다수의 EPA에서 매 세번의 제품에 특정된 원산지규칙을 열거했으나 아세안, 베트남, 스위스와 체결한 FTA에서는 총체 규칙을 제정했다.

한국은 미국, 유럽연합, 페루와 체결한 FTA에서 매 세번의 제품에 특정된 원산지규칙을 열거했고 인도, 아세안과 체결한 FTA 에서는 총체 규칙을 제정했다. 종합적으로 3국 무역의 발전을 추진하고 집행과 관리 비용을 낮추기 위해 한·중·일 FTA 틀 안의 원산지 규칙은 3국의 이왕의 경험과 현행 수요를 바탕으로 최소한 간소화해야 한다. 세칙분류개변과 지역가치성분요구 등 주체 규칙 사이에서 선택을 해야 할 뿐만 아니라 미소함량규칙, 누적규칙, 중간제품규칙 등 부가규칙을 포함시켜 원산지규칙을 더욱 최적화시켜야 한다. 아울러 3국은 또 원산지 증명의 심사 발급과 인증, 원산지 감사 등 방면에서 전면적으로 심도 있게 협력해야 한다.

3. 무역구제 조치

무역구제 조치에는 반덤핑, 반보조금, 무역보장 조치가 포함된다. 무역구제 제도의 주요 목표는 덤핑과 보조금 등 불공평한 무역행위를 시정하거나 또는 수입국의 관련 산업 때문에 받는 손해 또는 위협을 향해 보상 구제를 제공하는 것이다. 다자 무역 시스템에서 무역구제 조치는 규제에 명시돼 있고 WTO의 허가를 받은 것이다. 그러나 FTA가 창조한 무역 자유화 환경에서 수입국의 경쟁력이 부족한 일부분 산업이 무역구제조치를 이용하여 자신을 보호함으로써 수입 제품과의 경쟁에서 오는 시장 압력을 줄이려는 경향이 있다. 무역구제조치를 남용하는 것은 FTA의 긍정적인 효과에 손실을 조성하게 된다. 때문에 FTA 각 당사국은 적당한 무역구제 규칙을 제정하여 무역 자유화 효과와 국내 산업에 대한 적당한 보호가 균형을 이루게 해야 한다. 때문에 앞으로 한·중·일 FTA 틀 안에서 3국은 WTO의 관련 협의의 규칙을 엄격하게 따르는 정신으로 무역구제조치를 제정, 실행하여 그것이 남용되는 것을 방지해야 한다.

한·중·일 3국이 이미 체결한 FTA/EPA에 모두 다 무역구제 장절이 들어 있으며 주요 조항에는 다음과 같은 것이 포함된다. 각 회원국이 GATT 제19조의 관련 규정에 따라 세계적인 무역구제조치를 취하거나 또는 GATT 제6조의 규정에 따라 반덤핑, 반보조금 관세 조치를 취하는 것을 허락한다.

협정 체결국이 양자 무역구제시스템을 채용하여 한 나라의 수출 급증이

다른 한 나라의 국내의 관련 산업 및 직접적으로 경쟁관계에 있는 제품에 엄중한 손해를 조성할 경우 수입국은 관세인하를 잠시 중단하거나 또는 잠시 관세인상 조치를 취할 수 있다.

특히 지적할 것은 일본과 한국이 국내 농업을 보호할 목적으로 이미 체결한 다수의 FTA/EPA에서 특별히 농산물 특수보장 조치를 제정했다는 것이다. 구체적인 상황을 보면 일·한 양국의 농산물 특수보장 조치에는 쇠고기, 돼지고기, 사과, 보리, 감자, 사탕, 술 등을 비롯해 다양한 종류의 제품이 포함됐으며 실행 기한은 일반적으로 10~25년이다. 이런 품종의 농산물 수입량이 최고 한도를 건드리면 일본과 한국은 협정을 근거로 높은 관세를 징수한다. 중국은 일본과 한국의 중요한 농산물 수입 원천지국이기 때문에 일본과 한국은 분명히 한·중·일 FTA 틀 안에서 농산물 특수보장 조치를 제정하고 더욱 많은 종류의 농산물을 포함시키려 노력할 것이다. 중국으로 말하면 농업은 일본, 한국과의 담판에서 중점적인 조건제시 부문이라 쉽게 과도한 양보를 하지 않을 것이다. 때문에 무역구제조치 특히 농산물의 특수보장 조치가 한·중·일 FTA 담판의 초점이 될 것이다.

3. 한 · 중 · 일 FTA 틀 안의 다 영역 협력의 전망

한·중·일 FTA 합동연구 보고서에서 3국은 중요한 공통인식을 달성했는데 공동의 노력으로 한·중·일 FTA를 광범한 영역을 아우르는 높은 수준의 FTA로 건설한다는 것이다. 이에 앞서 3국은 합동연구에서 화물무역, 서비스무역, 투자자유화의 전망을 심도 있게 논의했을 뿐만 아니라 기타 광범한 분야의 3자 협력에 대해서도 정보와 의견을 충분히 교류했다.

미래의 한·중·일 FTA가 다 영역 협력이라는 목표를 세운 이유는 우선 지금의 FTA를 담체로 하는 역내경제통합의 특점과 추세를 체현한 것이다.

1990년대 전의 FTA에 비해 최근 몇 년에 새로 체결한 FTA는 점차 지리적 거리와 경제발전수준 차이 등 요소의 제약을 극복했고 협력 분야와 내용도 많이 확대되었다. 성질을 보면 당면 대다수 FTA는 더 이상 각 회원국이 자유무역 추진을 주요 목표로 하는 경제협정뿐만이 아니라 동시에 협정 각 당사국이 전면적인 경제동반자관계를 도모하는 효과적인 도구이기도 하다. 광범한 내용의 FTA는 협정의 각 당사국이 전면적인 경제제도 협응을 하는데 효과적인 플랫폼을 제공하고 무역투자자유화 진행에 더욱 좋은 시장 환경을 창조해주고 각자의 이익 균형에 유리하며 특정된 상황에 고도로 민감한 의제에 대한 각자의 의견 차이를 약화시키고 담판 과정에 각자에게 변통의 여지를 높여준다. 사실상 한·중·일 3국이 최근 몇 년에 체결한 일련의 자유무역협정의 절대다수는 광범한 분야를 포함하고 있다.

이런 협정을 통해 한·중·일 3국은 본국의 관련 정책과 조치를 개선했을 뿐만 아니라 각 분야에서 협력 경험을 쌓음으로써 한·중·일 FTA 틀 안의 다영역 협력에 더욱 튼실한 기반을 마련했다.

다음, 가까운 이웃나라로서 한·중·일 3국은 장기적으로 밀접하게 경제내왕을 해왔을 뿐만 아니라 각종의 지역, 준 지역, 3자, 양자 메커니즘을 이용하여 다양한 협력을 펼쳐왔는데 한·중·일 FTA 틀 안의 다 영역 협력을 위한 선행 테스트 역할을 했다. 예를 들면 APEC, '10+3', 동아시아정상회의 등 메커니즘 하에 한·중·일 3국은 무역, 투자, 금융, 인력자원 개발, 인프라 건설, 환경보호, 재해 방지와 손실 감소 등 광범한 분야에서 많은 실질적인 협력 성과를 거두었다. 이밖에 2008년에 시작된 연례 한·중·일 정상회의를 통해 3국은 이미 과학기술, 정보통신, 재정, 인력자원, 환경보호, 운송과 물류, 경제무역, 문화, 위생, 세관, 지적소유권, 관광, 재해관리 등 다양한 분야에서 16개의 장관급회의 메커니즘을 설립했으며 많은 협력협정 및 양해각서를 체결했다. 한·중·일 FTA의 건설은 3국이 다영역 협력을 펼쳐 나가는데 더욱 안정되고 투명하고 구속력 있는 제도적 보장을 제공하게 될 것이다.

구체적으로 말하면 무역과 투자자유화 이외에 한·중·일 FTA 틀 안의 기타 협력은 대체로 3가지 종류로 나뉜다. 첫 번째 종류는 무역편리화와 밀접히 관련되는데 예를 들면 통관절차, 비즈니스 인원의 이동, 위생과 식물위생조치(SPS), 기술적 무역장벽(TBT), 전자 상거래 등이다. 두 번째 종류는 국내 규제의 범위에 속하는데 예를 들면 경쟁정책, 투명도, 지적소유권, 정부조달 등이다. 세 번째는 더욱 광범위한 경제기술 협력이 포함되는데 예를 들면 산업협력, 환경보호, 식량과 에너지 안전 등이다. 비록 상술 협력 분야가 전부 공식 조항의 형식으로 최종 협정에 포함되지는 않지만 우리는 여전히 미래 한·중·일 FTA 틀 안의 경제통합협력의 폭과 깊이에 대해 많은 기대를 걸게 된다.

각 분야의 구체적인 상황을 보면 통관절차, SPS, TBT 등과 같이 무역 편리화와 관련된 몇 개 분야가 한·중·일 FTA의 중요한 구성부분이 될 것이다. 무역편리화는 무역비용 감소, 회원국 간의 무역연계 강화, 무역 자유화 추진 등의 방면에서 뚜렷한 역할을 하고 있고 민감 정도가 상대적으로 낮아 각 회원국 간에 공통인식을 달성하기 쉬우며 이로써 한·중·일 3국이 최근 몇 년에 체결한 절대다수 FTA의 '필수 조항'이 되었다.

예를 들면 통관절차 방면에서 3국은 함께 노력해 세관의 응급처리 능력을 높이고 통관절차를 간소화하고 정보기술, 전자방식의 응용을 보급하고 화물이 이동하는 통관환경을 점차 개선하여 기업의 비용을 낮춰주게 된다. SPS 분야에서 3국은 WTO/SPS 협정의 실행을 진일보적으로 강화하고 국제기구가 제정한 기준, 지침, 건의를 충분히 고려하면서 과학적인 원칙과 근거를 바탕으로 하고 협상과 협력을 통해 공통이익과 관련된, 직접 또는 간접적으로 3국의 무역에 영향을 주는 SPS 사항을 적절히 처리한다. TBT 분야의 협력도 매우 주목할 가치가 있다. 최근 몇 년간 일본과 한국은 국내 농산물을 보호하기 위해 늘 가혹한 기술 기준으로 중국에서 수입하는 채소, 과일 등 농산물에 대해 엄격한 검사를 함으로써 중국 농산물의 수출을 제한했다.

앞으로 한·중·일 FTA 틀 안에서 3국은 기술규정, 표준, 합격평정절차로 인해 조성된 불필요한 무역장벽을 피하고 감소시키는데 진력할 것이고 국제기준 사용을 보급하고 3국간 기술기준 상호 인정을 강화하며 정부 관련 부문의 정보교류와 협상을 추진하고 3국이 기술무역장벽 방면에서 직면하게 될 문제를 적절하게 처리하게 될 것이다.

최근 몇 년간 한·중·일 3국은 역내 경제통합에 참가하는 과정에 관세와 비관세 장벽을 제거하는데 진력해온 한편 국내 규제 개선이 국가의 전체 경쟁력을 높이고 시장 개방과 협력을 추진하는 방면에서 가지는 중요성을 점점 더 깊이 인식했다. 때문에 경쟁정책, 투명도, 지적소유권 등 국내 규제와 관련된 몇 개 중점 분야가 기본상 다 한·중·일 3국이 최근에 체결한 FTA에 포함되었는데 목적은 경쟁, 혁신, 경제성장을 방해하는 일련의 장애물을 제거하여 정부의 관리시스템, 법률, 규장이 경제와 사회 목표를 위해 더욱 잘서비스하고 시장 환경을 최적화하려는데 있다.

한·중·일 FTA 틀 안에서 3국은 투명도 강화 방면에서 전면적으로 협력을 강화하게 되고 무역투자 법규, 정책의 정보교류 및 실행을 중점적으로 추진함으로써 시장 효율을 제고하고 공평한 시장경쟁을 수호하게 된다. 지적소유권 분야에서 3국은 「WTO의 무역과 관련된 지적소유권 협정」을 바탕으로 지적소유권 행정관리절차를 간소화하고 지적소유권의 신청, 등록, 사법절차를 개선하고 각자가 지적소유권 보호 법규의 집행을 강화하게 된다.

앞으로 한·중·일 FTA 틀 안에서 3국의 경제기술 협력도 넓은 전망을 가지고 있다. 한·중·일3국은 자연자원의 부존 차이가 비교적 크며 경제발전수준도 부동한 차원에 있다. 이로써 3국의 산업구조와 기술수준은 비교적 뚜렷한 상호 보완성, 전염성을 가지고 있어 3국의 경제기술협력에 양호한 기본조건을 마련해주고 있다. 이밖에 미래의 한·중·일 FTA는 3국이 호리공영을 토대로 환경 보호, 식량·에너지 안전 등 분야의 협력을 진일보적으로 강화하는데 새로운 플랫폼을 제공하여 지속가능한 발전이라는 공통 목표를 실현하도록 할 것이다.

참고문헌

참고 문헌

[1] 덩리핑(鄧力平), 천허징(陳賀菁): 「국제서비스무역 이론과 실천」,
고등교육출판사 2005년 판.

[2] 둥옌(東艷): 「역내 경제통합의 뉴 패러다임-'차축-바퀴살' 쌍무주의
이론과 실증분석」,『재정연구』 2006년 제9기.

[3] 판샤오신(範小新): 「서비스무역 발전사와 자유화 연구」,
중국사회과학원 박사학위 논문 2002년.

[4] 푸징쥔(富景筠): 「통합 순서로 보는 동아시아 협력」,『세계 경제와
정치』 2012년 6기.

[5] 한국 지식경제부: 「통계 발표」, http://www.mke.go.kr/language/chn/
economic/key_list.Jsp.

[6] 황지워이(黃繼煒): 「중 일 한과 아세안 자유무역협정 비교」,
『아태경제』 2011년 제4기.

[7] 리밍취엔(李明權): 「농업의 시각으로 일본이 TPP 담판에 참가할 가능성
분석」,『세계 농업』 2011년 제6기.

[8] 유엔무역개발협의회: 『세계투자보고』, 2011년.

[9] 유엔무역개발협의회: 『세계투자보고』, 2012년.

[10] 류창리(劉昌黎):「일본이 TPP 담판에 참가하는 원인, 제약 요소와 정책 조치」,『일본학간(日本學刊)』, 2011년 제1기.

[11] 류천양(劉晨陽):「환태평양경제동반자협정'의 발전과 그 영향에 대한 정치적 경제적 분석」,『아태경제』 2010년 제3기.

[12] 류천양(劉晨陽):「환태평양경제동반자협정'과 미국의 아시아태평양지역 협력의 새로운 전략」,『아태경제』 2010년 제6기.

[13] 먼훙화(門洪華):「중국 국제전략 이념의 변혁」,『이론 최전방』 2004년 제12기.

[14] 먼훙화(門洪華):「중국의 평화적 굴기의 국가전략 프레임」,『세계 경제와 정치』 2004년 제6기.

[15] [미] 피터 롭스:『국제통합경제학』, 상무인서관(商務印書館), 2001년 판.

[16] 왕훙강(王鴻剛):「미국의 아시아태평양전략과 중미관계의 미래」,『현대국제관계』 2011년 제1기.

[17] 왕시원(王喜文):「한국 경제의 국제적 지위가 빠른 속도로 상승한 원인 분석」,『당대한국』 2011년 제2기.

[18] 왕이즈(王義桅): 「미국의 아시아태평양질서관의 새로운 변화 및 직면한 도전」, 『국제관찰』 2009년 제3기.

[19] 왕잉잉(王英英): 「동아시아지역 협력 중의 미국 요소와 주도권 문제」, 『아시아태평양경제』 2012년 제3기.

[20] 위이즈장(魏志江): 「한·중·일 3국의 전략적 신뢰도 분석」, 『동강학간(東疆學刊)』 2011년 제1기.

[21] 원자바오(溫家寶): 「동아시아협력 투명도 개방을 지지하여 호리공영 실현」, 제1회 동아시아정상회의에서 한 발언, www.xinhuanet.com, 2005년 12월 14일.

[22] 세캉(謝康): 『국제서비스무역』, 중산대학출판사 1998년 판.

[23] 쉬메이(徐梅): 「한·중·일 FTA의 진전, 영향 및 전망 분석」, 『일본학간』 2012년 제5기.

[24] 쉬창(徐强): 「세계 자유무역협정 발전과 중국의 책략-역내경제협력의 흥기가 세계 정치·경제 진행과정에 미치는 영향을 겸하여 논함」, 『국제경제협력』 2004년 제12기.

[25] 쉬샹원(許祥雲): 「한국 FTA 정책의 변화 과정으로부터 중한 FTA의 전망을 본다」, 『당대한국』 2009년 제4기.

[26] 쉐룽지우(薛榮久), 판잉(樊瑛): 『WTO 도하 라운드와 중국』,
대외경제무역대학출판사 2004년판.

[27] 장빈덩(張彬等): 『국제와 지역 경제통합의 비교연구』, 인민출판사
2000년 판.

[28] 장한린(張漢林): 『국제서비스무역』, 중국대외무역출판사 2002년 판.

[29] 장전(張震): 「FTA: 동아시아협력의 새로운 붐」, 『동남아』 2004년
제3기.

[30] 자오쉐옌(趙雪燕), 궈스신(郭世信): 「90년대 이후 일본의 경제침체
원인 분석」, 『현대일본경제』 2004년 제1기.

[31] 중국 국무원: 「품질발전개요(2011-2020)」, 중국
국가표준화관리위원회 사이트, www.sac.gov.cn.

[32] 중국 세관총서: 「금일 중국 세관 2009」, 중국 세관총서 사이트,
http://www.customs.gov.cn, 2010년 3월 29일.

[33] 중국 세관총서: 「금일 중국 세관 2011」, 중국 세관총서 사이트,
http://www.customs.gov.cn, 2012년 4월 19일.

[34] 중성(鍾聲): 「한·중·일 자유무역지대가 동아시아 경제통합을
추진」, 『인민일보』 2012년 5월 11일.

[35] 중국 상무부 공식 사이트: www.mofcom.gov.cn.

[36] 중국 외교부 공식 사이트: www.mfa.gov.cn.

[37] 중국 자유무역지대서비스 사이트: www.fta.mofcom.gov.cn.

[38] Adlung Rudol, Martin Roy: "Turning Hills into Mountains? Current Commitments Under the General Agreement on Trade in Services and Prospects for Change", Journal of World Trade, Vol. 39, No. 6,2005, pp. 1161-1194.

[39] Ali M. El-Agraa: Regional Integration: Experience, Theory and Measurement, Div of Rowmand & Littlefield Pubs.,1999, p. 126.

[40] Amiti,M.,Wei,S. J.:"Fear of Service Outsourcing:Is It Justified?" Economic Policy,Vol. 20, No. 42,2005, pp. 308-347.

[41] APEC Policy Support Unit: APEC Achievements in Trade Facilitation 2007-2010, Final Assessment of the Second Trade Facilitation Action Plan (TFAP II).

[42] APEC:Assessing APEC Trade Liberalization and Facilitation, September 1999.

[43] APEC Economic Committee: The Impact of Trade Liberalization in APEC, Submitted to the Experts' Seminar on Impact of Trade Liberalization,Tokyo, June 1999.

[44] APEC: Fact Sheet on Individual Efforts Made towards the Achievement of the Bogor Goals: Republic of Korea, www.apec.org.

[45] APEC: Fact Sheet on Individual Efforts Made towards the Achievement of the Bogor Goals: Japan, www.apec.org.

[46] Ashizawa,Kuniko: "Japan's Approach toward Asia Regional Security: From Hub-and-Spoke Bilateralism to Multi-Tiered", The Pacific Review,Vol 16,No. 3,2003, pp. 361-382.

[47] Baier,S.L.,Bergstrand,J.H.: "Do Free Trade Agreements Actually Increase Member's International Trade?" Journal of international Economics, Vol. 71,No. 1,2007, pp. 72-95.

[48] Baldwin,R.E.: "A Domino Theory of Regionalism", NBER Working Paper, No. 4465, 1993.

[49] Baldwin,R.E.: "The Causes of Regionalism", The World Economy, Vol. 20,No. 7, 1997,pp.865-888.

[50] Baldwin,R.E.,Krugman,P.: "Agglomeration, Integration and Tax Harmonization", European Economic Review, Vol 48,No. 1,2004,pp. 1-23.

[51] Behrens,T.E.,Berg,H.J.,Jbabdi,S.et al.: "Probabilistic Diffusion Tractography with Multiple Fibre Orientations: What Can We Gain?" Neuroimage, Vol 34,No. 1,2007,pp. 144-155.

[52] Bin,C.H.: FDI in the Financial Sector: The Experience of ASEAN Countries over the Last Decade, in CGFS, Central bank papers submitted by Working Group members, 2004, http://www.bis.org/publ/cgfs22cbpapers.htm.

[53] Blomstrom, M.,and A. Kokko: "Regional Integration and Foreign Direct Investment: A Conceptual Framework and Three Cases", Policy Research Working Paper,No. 1750,Washington DC,Unitd States,World Bank,1997.

[54] Borck,R.,Pfl ger,M.: "Agglomeration and Tax Competition", European Economic Review,Vol 50,No. 3,2006,pp. 647-668.

[55] Brakman,S.,Garretsen,H.,Schramm,M.: "The Strategic Bombing of German Cities during World War II and its Impact on City Growth", Journal of Economic Geography, Vol. 4,No. 2,2004,pp. 201-218.

[56] Burgess, David F.: "Is Trade Liberalization in the Service Sector in the National Interest?" Oxford Economic Papers, Vol. 47,No. 1,1995,pp. 60-78.

[57] Burgess,David F.: "Services as Intermediate Goods: The Issue of Trade Liberalization", in Ronald Jones and Anne Krueger (eds.), The Political Economy of International Trade,Oxford: Basil Blackwell,1990.

[58] C. Fred Bergsten: "A Free Area of the Asia Pacific in the Wake of the Faltering Doha Round: Trade Policy Alternatives for APEC", An APEC Trade Agenda? The Political Economy of a Free Trade Area of the Asia Pacific 2006, PECC and ABAC, October 2006,pp. 15-28.

[59] Chang Jae Lee: Rationale for a China-Japan-Korea FTA and Its Impact on the Korean Economy, Korea Institute for International Economic Policy, 2005,pp. 5-7.

[60] Cooper,C.A.,Massell,B.F.: "Towards a General Theory of Customs Unions for Developing Countries", Journal of Political Economy, Vol.73,1965,pp. 461-476.

[61] Cummins,J. David, Maria Rubio-Misas: "Deregulation Consolidation and Efficiency:Evidence from the Spanish Insurance Industry", Journal of Money, Credit and Banking,Vol. 38,No. 2,2006,pp. 323-355.

[62] Deardorff,Alan V.:"Comparative Advantage and International Trade and Investment in Services", in Robert M. Stern (ed.),Trade and Investment in Services: Canada/US Perspectives,Toronto: Ontario Economic Council,1985,pp. 39-71.

[63] DeGrauwe,P.:The Economics of Monetary Integration, Oxford University Press,1997.

[64] Egger,H.,Egger,P.,Greenaway,D.: "The Trade Structure Effects of Endogenous Regional Trade Agreements", Journal of International Economics, Vol. 74,No. 2,2008,pp. 278-298.

[65] Ekholm,K.,R. Forslid,and J. Markusen: "Export-Platform Foreign Direct Investment", Journal of the European Economic Association,Vol.5,No. 4,2007,pp. 776-795.

[66] Feketekuty,G.:International Trade in Services: an Overview and Blueprint for Negotiations,Cambridge MA:Ballinger Publications,1988.

[67] Fink,Carsten,Aaditya Mattoo and Ileana Cristina Neagu: "Trade in International Maritime Services: How Much Does Policy Matter?" World Bank Economic Review,Vol. 16, No. 1,2002,pp. 81-108.

[68] Forslid,R.,Ottaviano,G.I.P.: "An Analytically Solvable Core Periphery Model", Journal of Economic Geography,Vol. 3,No. 3,2003,pp. 229-240.

[69] Francois,Joseph F.: "Producer Services, Scale and the Division of Labor", Oxford Economic Papers,Vol. 42,No. 4,1990,pp. 715-729.

[70] Francois,Joseph F.: "Trade in Producer Services and Returns Due to Specialization under Monopolistic Competition", Canadian Journal of Economics, Vol. 23, No. 1,1990,pp. 109-124.

[71] Fujita,M.,Mori,T.: "The Role of Ports in the Making of Major Cities: Self-Agglomeration and Hub-Effect", Journal of Development Economics, Vol. 49, No. 1,1996, pp. 93-120.

[72] Haufler,A.,Wooton,I.: "Competition for Firms in an Oligopolistic Industry: The Impact of Economic Integration", Journal of International Economics, Vol. 80,No. 2,2010, pp. 239-248.

[73] Hindley,B.,and Smith,A.: "Comparative Advantage and Trade in Services", The World Economy,Vol. 7,No. 4,1984,pp. 369-389.

[74] Hoekman,Bernard: "Liberalizing Trade in Services: A Survey", World Bank Policy Research Working Paper Series,No. 4030, 2006.

[75] Hoekman,Bernard: "Assessing the General Agreement on Trade in Services", in Will Martin and L. Alan Winters(eds.), The Uruguay Round and the Developing Countries. Cambridge: Cambridge University Press,1996,pp. 88-124.

[76] Hoekman,Bernard: "Competition Policy and the Global Trading System", The World Economy,Vol. 20,No. 4,July 1997,pp. 383-406.

[77] Hoekman,Bernard,and Carlos A. Primo Braga: "Protection and Trade in Services: A Survey", Open Economics Review,Vol. 8,No. 3,1997,pp. 285-308.

[78] Hoekman, Bernard,and Pierre Sauv : "Regional and Multilateral Liberalization of Trade in Services: Complements or Substitutes?" Journal of Common Market Studies,Vol. 32, No. 3,September 1994,pp. 283-317.

[79] Hoover,E.M.:The Location of Economic Activity. New York: McGraw-Hill,1948.

[80] James R.Markusen:Multinational Firms and the Theory of International Trade, MIT Press,2002.

[81] James R. Markusen: "Trade in Producer Services and in Other Specialized Intermediate Inputs", American Economic Review, Vol. 79, No. 1, 1989, pp. 85-95.

[82] Johnson,H. G.: "An Economic Theory of Protectionism, Tariff Bargaining and the Formation of Customs Union", Journal of Political Economy, Vol. 73,1965,pp. 256-283.

[83] Joint Expert Group:"Towards an East Asia FTA: Modality and Road Map", A Report by Joint Expert Group for Feasibility Study on EAFTA, July 2006,p 21.

[84] Kemp,Murray C.:A Contribution to the General Equilibrium Theory of the Preferential Trading, Amsterdam:North-Holland Publishing Company,1969.

[85] Kemp,M.,H.Wan:"An Elementary Proposition Concerning the Formation of Custom Unions",Journal of International Economics,Vol. 6,No. 1,1976,pp. 95-97.

[86] Kindleberger,C.P.:"European Integration and the International Corporation", Columbia Journal of World Business,Vol. 1,1966,pp. 65-73.

[87] Krugman,P.,"Increasing Returns and Economic Geography",Journal of Political Economy, Vol. 99,No. 3,1991,pp. 483-499.

[88] Krugman,P.,Venables,A.:"Integration,Specialization,and the Adjustment", National Bureau of Economic Research,No. 4559,1993.

[89] Levy-Yeyati,E.,Stein,E.,Daude,C.:"Regional Integration and the Location of FDI",IDB Working Papers,WP-492,2003.

[90] Lipsey,R. G.:"The Theory of Customs Unions: Trade Diversion and Welfare", Economica,Vol. 24,No. 93,1957,pp. 40-46.

[91] Lloyd,Peter,J.:"3 3 Theory of Customs Unions", Journal of International Economics,Vol. 12,1982,pp. 41-63.

[92] Marshall,A.: "Some Aspects of Competition", The Address of the President of Section F-Economic Science and Statistics-of the British Association, at the Sixtiet Meeting, held at Leeds, in September,1890,Journal of the Royal Statistical Society,Vol. 53,No. 4, 1890,pp. 612-643.

[93] McMillan,John,and McCann,Ewen:"Welfare Effects in Customs",Economic Journal,Vol 91,1981,pp. 697-703.

[94] Meade,J.:The Theory of Customs Union,Amsterdam:North Holland,1955.

[95] Montout,S.,H. Zitouna:"Does North South Integration Affect Multinational Firms' Strategies?" Review of International Economics,Vol. 13,No. 3,2005,pp. 485-500.

[96] Monfort,P.,Nicolini,R.:"Regional Convergence and International Integration", Journal of Urban Economics,Vol. 48,No. 2,2000,pp. 286-306.

[97] Motta,M.,Norman,G.:"Does Economic Integration Cause Foreign Direct Investment?"International Economic Review,Vol. 37,No 4,1996,pp. 757-783.

[98] Myrdal,G.:Rich Lands and Poor:The Road to World Prosperity,New York: Harper,1957.

[99] Nishikimi Koji: "Trade,Agglomeration and Growth under Economic Integration:A Survey of Spatial Economic Approaches", Economics of East Asian Economic Integration, Midterm Report, Institution of Developing Economies,2008.

[100] Ottaviano,G.I.P.,Van Ypersele,T.:"Market Size and Tax Competition", Journal of International Economics,Vol. 67,No. 1,2005,pp. 25-46.

[101] Paluzie,E.,Pons,J.,Tirado,D. A.:"Regional Integration and Specialization Patterns in Spain", Regional Studies,Vol. 35,No. 4,2001,pp. 285-296.

[102] PECC,ABAC:An APEC Trade Agenda?The Political Economy of a Free Trade Area of the Asia Pacific,October 2006.

[103] Puga,D.,Venables,A. J.: "Preferential Trading Arrangements and Industrial Location", Journal of International Economics,Vol. 43, No. 3-4,1997,pp. 347-368.

[104] Richard E. Baldwin:"The Spoke Trap:Hub and Spoke Bilateralism in East Asia",Center for Northeast Asian Economic Cooperation-CNAEC Research Series, No. 51,2004.

[105] Richard Baldwin, Rikard Forslid, Philippe Martin, Gianmarco Ottaviano, Frederic Robert Nicoud: Economic Geography and Public Policy, Princeton University Press, 2003,p 81.

[106] Richard E. Baldwin, Anthony J. Venables, "Regional Economic Integration", Handbook of International Economics,1995,pp. 1597-1644.

[107] Riezman, Raymond: "A 3 3Model of Customs Unions", Journal of International Economics,Vol 37,1979,pp. 47-61.

[108] Rodriguez-Clare,A.:"Clusters and Comparative Advantage:Implications for Industrial Policy",Journal of Development Economics,Vol. 82,No. 1,2007,pp. 43-57.

[109] Ron Kirk: "Address on Asia Pacific Trade at APEC CEO Summit", November 2009, http://www.ustr.gov/about-us/press-office/blog/2009/november/ambassador-kirk-delivers-address-asia-pacific-trade-apec-ce.

[110] Sampson,G.,and Snape,R.:"Identifying the Issues in Trade in Services",The World Economy,Vol. 8,No 2,1985,pp. 171-181.

[111] Sapir,A.:"North South Issues in Trade in Services", The World Economy, Vol. 8,No. 1,1985,pp. 27-42.

[112] Storper,M.: "Why Does a City Grow? Specialization, Human Capital or Institutions?" Urban Studies, Vol. 47,No. 10, 2010,pp. 2027-2050.

[113] Tekin Koru,A.,Waldkirch,A.:"North South Integration and the Location of Foreign Direct Investment", Review of International Economics,Vol. 18, No. 4,2010,pp. 696-713.

[114] Viner,J.:The Customs Union Issue. New York: Carnegie Endowment for International Peace,1950.

[115] Venables,A. J.:"Equilibrium Locations of Vertically Linked Industries", International Economic Review,Vol. 37,No. 2,1996,pp. 341-359.

[116] W.M. Corden: Trade Policy and Economic Welfare, Oxford University Press,1974.

[117] Wonnacott,Paul,and Wonnacott,Ronald: "Is Unilateral Tariff Reduction Preferable to a Customs Union?The Curious Case of the Missing Foreign Tariffs", American Economic Review,Vol. 71,No. 4,1982,pp. 704-714.

[118] Wonnacott, Paul,and Wonnacott, Ronald: "How General is the Case for Unilateral Tariff Reduction?"American Economic Review, Vol. 74,No. 3,1984,p. 491.

[119] Wonnacott, Paul, and Wonnacott,Ronald:"The Customs Union Issue Reopened",The Manchester School,Vol. 60,No. 2,1992,pp. 119-135.

[120] Weber,A.: Theory of the Location of Industries, Friedrich,C.J. (Trans.,1929), University of Chicago Press,1909.

[121] WTO: Trade Facilitation Implementation of Pre Arrival Examination, JAPAN, www.wto.org,home〉trade topics〉trade facilitation〉reports and case studies.

[122] WTO:Trade Policy Review,Republic of Korea 2008,www.wto.org.

[123] WTO:Trade Policy Review,Japan,Report by the Secretariat,WT/TPR/S/ 243,11 January 2011,www.wto.org.

[124] WTO,Trade Facilitation: Technical Assistance Activities of Japan, TN/ TF/ W/ 52, 6 July 2005,www.wto.org.

[125] Yannopoulos,G. N.: "Foreign Direct Investment and European Integration:The Evidence from the Formative Years of the European Community", Journal of Common Market Studies, Vol. 28,No. 3,1990,pp. 235-259.

[126] Young Ji Park, Kabsung Kim,James W.Harrington,Jr:"The Economic Effects of Economic Cooperation of Korea,China,and Japan",Regional and Sectoral Economic Studies, No. 1,2011,pp. 25-26.

후기

　이 책은 교육부 인문사회과학의 중점 연구기지의 중대 프로젝트(프로젝트 번호: 10JJDGJW001) 및 '985 공사' 3기 중점학과 건설항목인 「경제 글로벌화의 새로운 발전과 중국 경제발전의 뉴 패러다임」의 연구 성과이다. 연구팀 구성원은 주로 우한대학(武漢大學) 경제개발연구센터와 난카이대학(南開大學) APEC 연구센터 교수들로 구성되었다. 본 과제는 연구팀 성원의 공동 노력으로 2년 반이라는 시간이 걸린 끝에 연구 성과가 끝내 출판되었다. 전서는 장빈(張彬) 교수가 집필요강, 조직과 협동, 원고의 통일 및 최종 마무리를 책임졌다. 이 책은 총 6장으로 구성되었으며 각 장의 저자는 다음과 같다. 제1장: 류천양(劉晨陽); 제2장: 양용(楊勇), 장빈(張彬); 제3장: 위전(餘振), 왕잔아오(汪占熬); 제4장: 멍샤(孟夏); 제5장: 위샤오옌(于曉燕); 제6장: 류천양(劉晨陽).

한 · 중 · 일 자유무역지대 문제에 대한 연구는 복잡하고 어려운 작업으로 역사, 정치, 경제, 문화, 안전 등 많은 영역을 아우르고 있다. 2013년 3월 26일 한 · 중 · 일 자유무역지대 담판이 정식으로 가동되었지만, 담판이 진행되는 과정에 또 일련의 새로운 문제가 생겨나서 우리의 탐구가 필요했다. 저자들의 학문적 수준의 한계로 한 · 중 · 일 자유무역지대 진행과정의 모든 문제를 포함시키기 어려움 점이 있는데다 우리의 노력에도 불구하고 부족한 점이 있어 착오나 누락이 생기는 것은 불가피하다고 하겠다. 그런 점에서 독자들의 많은 지도와 편달을 바라는 바이다.

인민출판사 경제관리편집실의 정하이옌(鄭海燕) 부주임이 이 책의 출판에 큰 지원과 도움을 주었기에 저자들을 대표하여 감사를 표한다.

창작팀

2013년 5월 우창 뤄자산(珞珈山)에서